威尔伯观点	马斯洛需求	格雷夫斯 / 螺旋动力学价值观		
靛蓝	自我转化		珊瑚色	第三层级
青色			全球视野 青色	第二层级
蓝绿	自我实现	系统的	灵活流动（黄色）	
绿色		相对主义	人类纽带 绿色	第一层级
橙色	自尊	倍增的	成就驱动 橙色	
琥珀色	归属	专制主义	真理力量 蓝色	
红色	安全	自我中心	权力之神 红色	
紫红		万物有灵的	亲族精神 紫色	
红外	生理的		生存本能 米色	

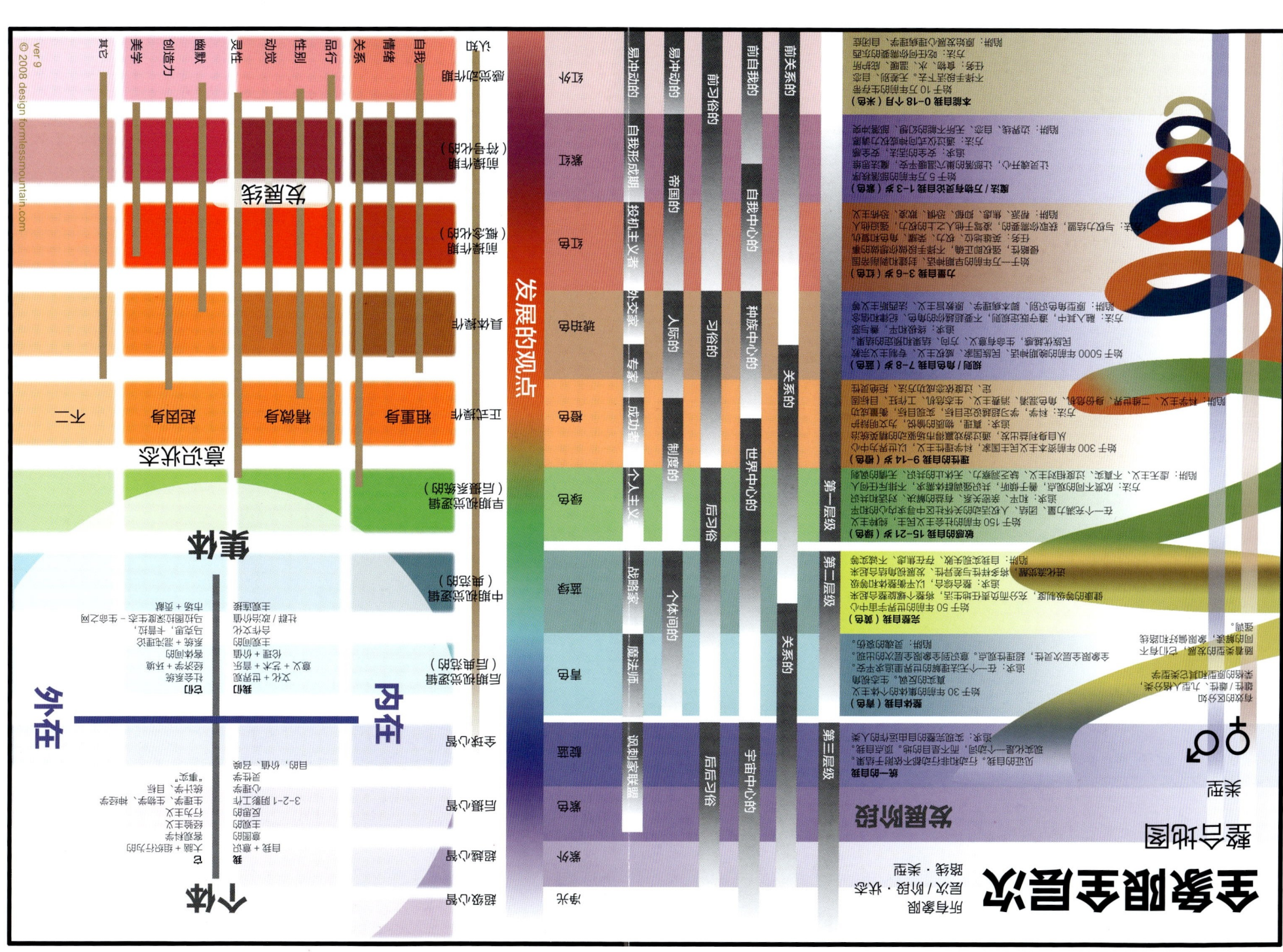

WILEY

螺旋动力系列

[美]唐·爱德华·贝克(Don Edward Beck)
[美]克里斯托弗·科万(Christopher C. Cowan)/著
王莉雯 蔡莹晶/译 胡尧/审校

螺旋动力学

Spiral Dynamics

Mastering Values, Leadership, and Change

华夏出版社
HUAXIA PUBLISHING HOUSE

图书在版编目（CIP）数据

螺旋动力学 /（美）唐·爱德华·贝克 (Don Edward Beck),（美）克里斯托弗·科万 (Christopher C.Cowan) 著；王莉雯，蔡莹晶译. -- 北京：华夏出版社有限公司, 2022.8

书名原文：Spiral Dynamics: Mastering Values,Leadership and Change

ISBN 978-7-5222-0128-3

Ⅰ.①螺… Ⅱ.①唐…②克…③王…④蔡… Ⅲ.①企业管理–研究 Ⅳ.①F272

中国版本图书馆 CIP 数据核字（2021）第 117789 号

Title:Spiral Dynamics:Mastering Values, Leadership and Change by Don Edward Beck and Christopher C.Cowan

ISBN:9781405133562

Copyright © 1996,2006 by Don Edward Beck and Christopher C. Cowan

All Rights Reserved. This translation published under license. Authorized translation from the English language edition, Published by John Wiley & Sons . No part of this book may be reproduced in any form without the written permission of the original copyrights holder.

Copies of this book sold without a Wiley sticker on the cover are unauthorized and illegal.

本书中文简体中文字版专有翻译出版权由 John Wiley & Sons, Inc. 公司授予华夏出版社。未经许可，不得以任何手段和形式复制或抄袭本书内容。

本书封底贴有 Wiley 防伪标签，无标签者不得销售。

北京市版权局著作权合同登记号：图字 01-2019-6726 号

螺旋动力学

作　　者	［美］唐·爱德华·贝克　　［美］克里斯托弗·科万
译　　者	王莉雯　蔡莹晶
责任编辑	马　颖
责任印制	刘　洋

出版发行	华夏出版社有限公司	
经　　销	新华书店	
印　　刷	三河市万龙印装有限公司	
装　　订	三河市万龙印装有限公司	
版　　次	2022 年 8 月北京第 1 版	2022 年 8 月北京第 1 次印刷
开　　本	710×1000　1/16 开	
印　　张	33.5	
字　　数	280 千字	
定　　价	159.00 元	

华夏出版社有限公司　　网址：www.hxph.com.cn　电话：（010）64663331（转）
地址：北京市东直门外香河园北里 4 号　邮编：100028

若发现本版图书有印装质量问题，请与我社营销中心联系调换。

目录 contents

001　序一　发现人类发展的螺旋
007　序二　人类意识进化最有力的元理论
001　导读：如何立即看懂人生
001　探索模因新科学
001　简介

001　第一部分　螺旋动力总览

003　第 1 章　不同时代产生不同思想
029　第 2 章　元模因系统的本质
049　第 3 章　螺旋思维

081　第二部分　螺旋元模因的动力学

083　第 4 章　变化与螺旋
130　第 5 章　领导力动力
146　第 6 章　螺旋魔法
189　第 7 章　螺旋对齐：将愿景变为现实
229　第 8 章　螺旋整合：在组织变革中精准发力

263　**第三部分　螺旋魔法师实战手册**

　　267　第 9 章　米色——生存本能：本能性元模因
　　276　第 10 章　紫色——亲族精神：氏族元模因
　　294　第 11 章　红色——权力之神：自我为中心的元模因
　　314　第 12 章　蓝色——真理力量：目的性元模因
　　335　第 13 章　橙色——成就驱动：战略型元模因
　　359　第 14 章　绿色——人类纽带：相对主义的元模因
　　379　第 15 章　进入第二层级（黄色）
　　395　第 16 章　在第二层级上迈出第二步（青色）

405　**第四部分　动态螺旋上的全球秩序与混乱**

　　407　第 17 章　全球觉醒："新世界秩序"（及混乱）
　　443　螺旋动力学资源
　　469　螺旋动力学彩蛋

序一　发现人类发展的螺旋

　　这是一本精彩绝伦的书，我强烈推荐。实际上，我认为这本书对于理解当今世界是非常必要的。在书中，你会找到一套感知过滤器："价值观元模因"。价值元模因是理解不同文化时不可或缺的。价值观元模因在每一个社会中传播——这似乎是迄今为止最好的诠释。

　　在阅读过程中，你将探索一个奇妙的系统，从中学习世界各地交流的各个方面的文化组织规则。最重要的是，你将获得广阔的视角，了解不同时代的文化是如何在关于人类关系本质的不同假设中成长和发展的。我们跟随8个强大的思想系统或文化模因的生命轨迹，探索什么样的秩序为拥有同种思维方式的人创造了最好的规范规则。

　　这本书展示了一个发展的阶梯以及这8个系统如何演变成不断涌现的舞蹈，无论它们在世界的哪一个角落涌现。我们获得了清晰的"阶段性视角"，从而可以超越各种思维方式喧宾夺主的细枝末节。通过这本书的清晰镜头，我们看到这些思维方式从10万年前开始，相继出现。我们看见，随着价值观系统以越来越快的速度发展，人类的思维方式也发生了巨大的转变。我们可以看到，过去涌现的8个发展阶段中的每一个都曾经占据整个"历史舞台"。在过去的30年里，世界各地的媒体仍然在诉说着每一种思维系统的语言。

　　我们还观察到，这些思维系统如何在个人思维与集体思维之间来回切换，随着"螺旋式动态对话"的每一个层次推动下一个层次而重新聚焦。我们看到各种类型的再平衡模式逐步发展，看见即使在旧有的思维系统阻碍整个系统的发展时，这些思维系统也显现出越来越多包容与协同的面向。用全新的视角来看，我们找到了希望，即人类的确能够摆脱当前的困境，走进新纪元，造福子孙后代。

这本书将向你展示通往智慧的阶梯。如果你是一个领导者，或者你想成为一个领导者，这本书会支持你提升领导力，支持他人逐级向上。

如果你是一名教练，或者想成为一名教练，这本书会帮助你识别出阻碍交流的认知障碍。它带来了广阔的视角，作为读者的你可以从中收获良多。你也可以对其进行检验，塑造全局观，培养倾听能力。这样你就可以深入理解不同个体、不同文化的感知过滤器，与他们进行交流。它还能训练你在"明智"与"钝感"的内在感知之间自如切换，从外部的文化和组织视角来看待领导者。只有你自己能将内在和外在的经验与观点结合在一起。这样的整合需要勇气和承诺，而这本书提供了强有力的支持。请深入其中，尽情感受这本书的魅力！一个影响广泛的研究表明，这些思维系统的混合体出现在了新闻中、文化里，也出现在了如今的每一个旅游城市或小村庄里！

通过几个小时的阅读，你将能够识别出世界上不同文化的内在逻辑，看见它们是如何自然推演的。正如最初的观察者克莱尔·格雷夫斯所做的那样，伴随着你对社会对话的好奇，你将了解到8个主要的价值观系统及其基本前提。你将学会用眼睛去看，用耳朵去听，如其所是地观察到在当今的社交媒体上，这些思维系统如何耀武扬威地宣称自己的主权。

就像学习骑自行车一样，这一洞察价值观的技能将永远属于你。我们该如何理解每个系统都希望显示自己的重要性？正如作者唐·贝克和克里斯托弗·科万所说：在不同的时代、不同的文化背景下，我们拥有完全不同的思维！

克莱尔·格雷夫斯在最初的研究中展示出了 8 个思维系统：本能驱动型、安全驱动型、权力驱动型、秩序驱动型、成功驱动型、以人为本型、流程导向型、协同导向型。从 10 万年前至今，这些思维系统先后登上了整个世界的历史舞台，形成了价值观和文化的动态螺旋。两位作者凭借着清晰精准的笔触和丰富的细节展现了这一动态。他们也展示了克莱尔·格雷夫斯所做的早期研究，那些研究阐述了改变的动态以及在组织和人类社会中实现持久变化的必备条件。仅仅是这些章节的阅读就会提升你的领导力，为你提供丰富的思考工具。

当我在中国授课时，曾有人跟我说，这本书与《庄子》有异曲同工之妙。如果你经营着一个组织，并希望在组织中推动持续的变革，这本书会给你带来帮助。

是时候把这本书交到我们所有人手中了。在当今所有媒体中，这些大规模的人类价值观系统在相互挑战。所有这些"文化模因"现在都在地球上以各自独特的价值链叫嚣着，在全世界的社交媒体平台上将拥护者和反对者区别对待，形成喜欢和不喜欢、赞成与反对的对立局面。时不时地，就像地壳板块摩擦后产生地震一样，暴力就此爆发。然而，通过了解这些思维系统，人类正准备朝着整体协同与尊崇知识的本质转变，从而释放出真正的人类潜能。

这是怎么实现的呢？从根本上说，我们发现，通过观察人类历史上各种思维系统的呈现，我们正在探索一些与智慧有关的东西，以及如何在社会中、在组织中以合适的方式获得智慧。在这本书中，你会发现一些关于"阶段性涌现"的有趣发现，书中展现出了对人类的生命意图与深层智慧的持续探索。

通过研读，你会发现这本书指出了两种发展智慧的绝佳方法。第一种方法是"由内向外看"。如此一来，智慧就是对意识的探索，是我们具备的发展深层临在的能力。每一个人都具备这种能力！

第二种方法，"从外向内看"——从纵观全局的视角或者从教练位置上看，我们可以发现想法的涌动，发现它们的秘密生命。就像3万年前的人发展了农业一样，我们也发现了如何通过社会实践来学会播种，培育深层社会认知的知识花园。我们发展自己弘扬文化的能力，从而发展我们的组织，发展我们的下一代。

螺旋动力学是强大的，因为它是整合的魔法。就像在自我教练的内在思维层次上，非二元对立的练习将所有层次与类型的智慧整合成广阔的内在觉知疆域一样，对螺旋动态发展的理解也同样适用于我们的相关实践。螺旋动力学直接打开了作为社会实践的整合人类真相之门，让我们可以进入藏书丰富的人类知识宝库。一切智慧都是那么宝贵。我们发现了人类的宝藏——持续发展的视角与能带来远见卓识的方法论。

在当今世界里，我们需要的是在所有这些生命影响生命的方式之间进行深入的、能带来支持的对话。首先，我们需要了解不同的生命形态。这本书将帮助我们实现这样的深入理解。其次，我们需要了解转变的动态力量。同样，这本书提供了关键的了解方法。我们需要同时从我们的外在世界和内在世界去看，从而形成一个真正的连接系统、一个富有悲悯心的系统，将我们彼此的心连接起来。在我们的内在现实与外在现实之间，我们可以有意识地在"你"和"我"，在主体与客体之间切换，并找到发展人性的路径。

螺旋动力学最初的研究工作是由20世纪中期的系统思考天才、心理学家克莱尔·格雷夫斯开始的。二位作者唐·贝克博士与克里斯托弗·科万，是克莱尔·格雷夫斯当时的学生。两位作者的细致描写以及体现出的专业素养贯穿了整本书，勾勒出了螺旋动力学的全貌。尽管在本书首次出版之前，我就曾经了解、教授并测试过克莱尔·格雷夫斯的价值观体系，但这本书出版后，我再次发现它依旧极大地丰富了我对克莱尔·格雷夫斯令人叹为观止的全局观与宏大愿景的理解。

说回我自己以及为什么我会来写这篇引言。因为直到本书首版后三十余年后的今天，我依旧在向我的学生们教授螺旋动力学，也得到了唐·贝克博士的首肯，将这个体系分享给更多教练。通过我创办的埃里克森国际教练学院，超过4万名教练通过螺旋动力学了解了价值观的划分，从而能更好地进行教练对话。正如许许多多的教练所验证的那样，螺旋动力学给他们带来了巨大的支持，帮助他们在每一种文化中，成为传播智慧的教练。

13世纪的诗人鲁米曾写道："在对与错之外，仍有一片天地。我在那儿等你！"

我们的文化也是如此。超越你我的文化背景，在那之外，有一场盛宴，一场属于我们所有人的可能性的筵席。让我们一起坐到桌子旁，尽情享受这份丰盛吧！

玛丽莲·阿特金森（Marilyn Atkinson）

埃里克森学院创始人及院长，

大师级培训师，成果导向的教练模型创造者。

注册组织心理治疗师，NLP大师级培训师，

埃里克森沟通模式专家。

序二　人类意识进化最有力的元理论

1997年年初，我从当时的同事那儿得到了一本《螺旋动力学》。这是他送给我的礼物，尽管他本人对这本书兴趣一般。但我收到这本书之后，整个晚上都读得如痴如醉。这本书变成了我的一面镜子，帮助我将那些凭直觉了解的、关于自我、关于人类本性的事物提炼成了语言，提炼成了某种认知结构。而在这次经历之前，我从来不知道如何将这些感知清晰地表达出来。

这本书打开了我的新世界，将我的意识提升到一个新的水平，也就是你将在本书中读到的第二层级思维。从遇见这本书的那个晚上开始，第二层级思维的"复杂性"本质成了我自我意识的核心，持续地激发我的好奇心，为我带来了源源不断的灵感。在第一版书中，我找到了作者的电话，并在第二天拨打了这通电话。电话接通了。也就是从那时起，一直到1998年年底，我都一直与作者唐·贝克博士和克里斯托弗·科万密切合作。这段经历让我越发坚定了投身于人类意识进化的决心。

这本书是延续了46年的国家级实证与研究的智慧结晶，建立在两位作者的导师克莱尔·格雷夫斯的开创性研究的基础上。早在20世纪70年代，唐·贝克博士就发现格雷夫斯的研究几乎完美地阐释了人性。也正是因为这一点，他始终致力于推广格雷夫斯的研究工作。克莱尔·格雷夫斯博士一直都是贝克博士和科万的朋友和导师，并对整个研究工作亲力亲为，直到1986年他去世。

本书中所阐释的观点，并非人类意识进化的终点。现在2022年简体中文版出版，作为人类意识进化的开创性理论，这一知识体系仍然能够从众多理论体系中脱颖而出。

这部作品的独特之处在于，它系统地阐释了人类、国家、组织和个人所经历的基本存在状态和转变。如果你真的想要拥抱变化，洞察个体及其环境之间的相互影响，螺旋动力学将是你能找到的最好的科学隐喻。在我看来，螺旋动力学提供了一个面向未来的概念框架，可以很好地支持你人生中的探索。螺旋动力学也预见了全人类的发展轨迹，教会我们如何创造一个可以包容所有生命的世界，扮演好我们在整个宇宙中独一无二的角色。

这本书是你开始了解整合心理学和关于集体意识的新兴心理学的最佳基础读物。本书的观点是关于人类意识进化的最有力的元理论之一。因此，你不能将它与书架上的其他工具书或其他方法论相提并论。和其他元理论书籍一样，这本书同样揭示了在整个宇宙中让人之所以为人的潜在力量。这些元理论书籍包括简·斯穆特（Jan Smuts）、亚瑟·杨（Arthur M·Young）、肯·威尔伯（Ken Wilber）和霍华德·布鲁姆（Howard Bloom）等人的作品。在元理论系列书籍中，你还会听见另外一些声音，如阿兰·萨沃里（Allan Savory）和坂口谦平（Kyohei Sakaguchi）等作者所阐释的世界观。这些声音底层的世界观都将刷新人们的认知。

这本书是一个邀请，召唤我们从旧思维中觉醒，开始采取行动。螺旋动力并不适合所有人。这是为那些知道自己在寻找什么、但却有点不确定的人准备的。只有当你读完或读过部分内容之后，你才会知道这本书是否适合你。我所要求的是，如果这本书不适合你，请把它送给一个好朋友，因为这可能是你送给他们的最好的礼物。

非常感谢把这本书带到中文世界的整个团队。

克里斯托弗·库克

整合螺旋动力学资深学者

"全谱潜能"理论开发者

整体式管理（Holistic Management）研究者与践行者

致力地球生态重建与资源再生

导读：如何立即看懂人生

嘿！正在看这里的你——

正在"地球号太空船"上，全天候24小时实时在线体验着——人生游戏。

作为人生游戏玩家的你——

你（的有机太空服——身体）的出生地、出生时间、父母（厂家）、家庭环境、社会环境、时代背景、地理环境、周围的人事物……所有这些都是人生游戏中的基础设定。

你（的游戏角色）被出生（出生是你主动选择的吗？）、被长大（长大是你可以拒绝的吗？）、被教育（你所知的一切难道不是被告知的吗？）、被就业／创业（饿肚子难道不是被迫的吗？）、被升职、被成家、被生病……到最后被退出游戏（死亡）……这样就结束了吗？不，曾有一些高级玩家留下游戏攻略告诉我们（看，又是被告知）——还没完……

如果上述描述让你内心震惊——或许是因为你沉迷人生游戏太久，入戏太深，已经完全忘我于人生游戏或人生游戏的分支游戏：工作、事业、婚姻、家庭……游戏中错综复杂的任务和难题，已经耗尽了你几乎所有的时间和精力，你甚至没有一丁点闲暇，思考自己的人生是怎么一回事。

如果上述描述让你欣喜雀跃——说明你还保有玩游戏的基本心态！

你还有清醒的意识，不盲从于大家都沉迷于人生游戏或人生游戏的分支游戏的做法/玩法！还有一些更深入、更高层次的思考萦绕着你，让你不得安歇……恭喜你！你很快就会有酣畅淋漓的大发现！

如果人生是一段旅程，那么我们就需要导航；

如果人生是一个游戏，那么我们就需要攻略。

人生游戏的"好玩之处（游戏设定）"就是没有导航、没有攻略……

所有游戏玩家必须自行摸索，以至于我们这波最早玩游戏的入驻玩家，用了数万年的时间，才在这个游戏中发展出玩家间可以彼此交流游戏经验的"口头语言"！而后，又发展出可以跨代交流的"文字语言"……此后，这个游戏的发展开始加速！

由于没有导航、没有攻略，几乎所有人都在游戏中盲人瞎马地试错摸索……从一个学校换到另一个学校，从一个专业换到另一个专业，从一份工作换到另一份工作，从一个恋爱对象换到另一个恋爱对象，从一家医院换到另一家医院，从一种信仰切换到另一种信仰……有些人换得频繁，有些人得过且过，有些人逆来顺受……都是游戏中的玩法！

聪明一些的玩家开始寻找有效的攻略——如果他们找到了或发现了某些诀窍式的策略、工具，可以大大提高游戏的效率，他们就会成为各个分支游戏领域中的专家：教育专家、就业专家、恋爱专家、亲密关系专家、医学专家……但不一定方向正确！

智慧一些的玩家可能会开始思考：何为正确的游戏玩法？工具、策略虽然可以提高效率，但如果方向不正确，会带来毁灭性的结果！如核电站、内燃机、滴滴涕（DDT）、橙剂、抗生素、维生素、放疗化疗……但，得累积多少错误的尝试，付出多大的代价（包括但不限于时间、精力、金钱、生命等），才有可能发现"正确"的方向！能指引正确方向的人，会成为人生游戏中的高级玩家——各个领域的开创性人物、领军人物、先知、先驱、古鲁、导师、鼻祖、大师、军师、帝师、天师、至师、魔法师、天人师……

有了文字，有了造纸术，有了印刷术——人类开始大量记录人生游戏的样本档案（社会历史记录和人生传记等），以便后面的游戏玩家可以找到更完备的游戏攻略！各种各样的人生攻略、心得点滴，以宗教、哲学、科学、心理学等诸多形式呈现。

当人类有了互联网后，人类便有了海量的人生游戏样本档案（社会历史记录和人生传记等）可供查阅、分析、研究，少数玩家就有可能利用自己的聪明才智充分探究人生游戏到底是怎么一回事，就有可能发现、总结出一套较为完备的人生游戏指南！

那么，有没有一套人生游戏指南，可以全方位指导人生游戏的各个层面——个人的、家庭的、组织的、社会的、全球的？

本书——《螺旋动力学》就在做这样的尝试！也只有站在这种上帝视角才有可能做出这样的尝试。虽然它不是最新的指南版本，也未必是最完备的攻略版本，但它是目前你能找到、看到的最新、较完备的版本！这就足够了！

立足于上述背景，你就可以立即看懂人生，看透本书的精髓所在！虽然书中可能有许多各行各业的术语——但请记住，那些只是人类在这个游戏中二次开发出的各种分支游戏系统用语。有些游戏已经有较为完备的游戏攻略（如经典物理学、工业体系、化工体系等），有些游戏还在探索中（如互联网文明、人工智能、虚拟现实等），有些游戏刚刚开发（如自动驾驶、太空旅行等），还要经历漫长的试错测试方能找到高效率玩法，进而找到正确的方向……当然，革命性的发现、技术等，会给全人类游戏带来全方位的影响！

在阅读本书的过程中，请结合你多年的人生游戏经验和种种社会现象与困惑细细品味，你一定会有许多豁然开朗的领悟、顿悟、惊喜、发现……

另：如果你在阅读本书的过程中卡壳了，感觉脑容量不够了，请记得重新回来读一下本文，相信本文可以帮助你急速扩容概念空间，并一次次校准思维航向。

或许，少数玩家会率先提出这样一个问题：为什么"我（们）"在这里（在这个地球号太空船人生游戏里）？对这个问题的探索和解答，会带来全人类最最伟大的发现……

胡尧

千面学堂创始人，瞭望人类全局和时代前沿，

和有缘人共创新活法范式。

《零极限》《无量之网》《开启宇宙奥秘的人》

等书译者。

2021年4月5日

探索模因新科学

本书为理解商业、个人生活、教育甚至地缘政治等人类事宜中的动态力量，呈现了新的框架。聚焦于最前沿的领导力、管理系统、流程与技术，螺旋动力学统合了多种变化动态，例如日益增长的文化多样性、强有力的新社会责任倡议以及真正的全球化市场的到来。

这本引人入胜的书能帮助人们更精准地理解人类价值观系统，深入了解21世纪的领导力，非常适合当今的管理人员、咨询顾问和战略家们。螺旋动力学引用了英国生物学家理查德·道金斯所提出的"模因"的概念，在克莱尔·格雷夫斯（Clare W. Graves）所提出的"存在层次理论"的基础上，列出了一个非常具体的工具包，来管理人与人之间最深层的差异。作者所提出的元模因是模因新科学中的新元素，它解释了人们的想法为何会产生共鸣或无法达成一致。螺旋动力学展示的是，任何一个聪明且好奇的人，若能在这样的深层次而非表层症状上，运用恰当的工具，就能非常简单地改变世界。

简介

螺旋动力学为理解商业、个人生活、教育甚至地缘政治等人类事宜中的动态力量，呈现了新的框架。

螺旋动力学并非又一个简单粗暴的"人的分类"模型，也不是温和的、认为"人人皆美好"的平等主义方案。基于几十年的研究、现实世界的应用以及组织发展学与神经生物学的最新发现，本书列出了一个非常具体的工具包，来管理人与人之间最深层的差异。这些核心智慧就像奇异吸引子[1]一样，存在于我们的价值观、信念以及道德体系之下。任何一个聪明且好奇的人，若能在这样的深层次而非表层症状上，运用恰当的工具，就能非常简单地改变世界。

在接下来的几页中，我将概述一下螺旋动力学的原理。

——罗尼·雷森（Ronnie Lessem）

螺旋魔法：掌握螺旋动力学

"螺旋魔法师[2]本能地漫游在广阔的天地间，能看到其他人觉察不到的模式与关联，而后者旧有的范式、'第一层级'滤镜不允许他们这样做。螺旋魔法师能穿过螺旋主干，唤醒、疏导、赋能或修复一个组织的每个价值观元模因（基因或文化密码）。这样的螺旋魔法师能理解混乱，他们思考起来更像是富有创意的设计师而非改造者。这一过程将各种功能、人以及想法连接成新的、更加自然的工作流，这使得工作的完成更精准、更灵活、更迅速、更具人文关怀和更有乐趣。这就是新范式的力量，'第二层级'思维方式的力量。它在持续审视整体的同时，巧妙地修补各个部件（价值观元模因）。在像当前这般大规模动荡与变革的时期，密切关注全螺旋尤为重要。"

导语

这本关于"螺旋动力学"的书是 40 年来研究与发展的顶点，专为全球管理者和世界公民而准备。螺旋动力学在 20 世纪 60 年代由美国心理学教授克莱尔·格雷夫斯提出，后来由他的两位忠实追随者唐·贝克与克里斯·科万，基于他们在北美和南非的广泛研究发展而来。

近年来，英国生物学家理查德·道金斯［Richard Dawkins，《自私的基因》（*The Selfish Gene*）作者］以及波兰裔美籍心理学家米哈里·契克森米哈［Mihaly Csikszentmihalyi，《进化的自我》（*The Evolving Self*）作者］的研究成果也被融会其中，这为普遍称为"价值观系统"或"心理存在层次"的理论，带来了全新的语言体系"模因"[3]（meme，取意于基因 gene）。最终的结果是，螺旋动力学有可能成为 20 世纪管理复杂性的三大突破性方法之一，另外两个分别是"系统理论"[4]和"混沌理论"[5]。

在介绍错综复杂的螺旋动力学之前，本书的第一部分为"螺旋动力总览"。在这一部分，贝克与科万为不同时代产生的不同管理思想设定了背景，向我们介绍了这种构成了不同管理时代基础的所谓吸引价值观的元模因（ᵛMEME，下文简称"价值观元模因"或"元模因"）系统，并概述了螺旋思维形形色色的结构属性。正如生化基因是细胞的DNA，元模因就是我们社会心理与组织的"DNA"。在第二部分，他们带我们感受人类系统螺旋上升的迷人动力，其中包括变化、领导力、螺旋魔法、对齐与整合的动力。

实际上，这可能是你为了提升管理多元性与复杂性的能力所必需的。无论如何，若你想深入理解潜在的螺旋结构——个人、组织或社会本身的价值观元模因，你需要阅读第三部分。在第三部分，你将依次了解个人、企业和社会当前正活跃的关于生存、亲族、力量、目的、成就、共识导向（旧范式），以及整合与整体观导向（新范式）的精准价值观元模因。两位作者预测，螺旋动力将进一步促进整合的"全球觉醒"，这又将催生出更多新的价值观元模因——因为阐述人类系统的进程似乎是永无止境的。

螺旋概览

思潮激荡

在本书第1章中，贝克与科万提到，在当前多元但内在尚未相互依存的世界中，存在着不稳定的信念系统和松散的锚定。"就像迁移的地壳板块一样，几种主要的思维方式（如果你愿意，也可以说成范式）正在相互磨合。古老部落与民族的伤口还在喷火，而卫星连接的跨国公司则在其伤口上开展业务。"

价值观元模因系统

世界观（Worldviews）

在第2章，两位作者开始他们所谓的"元模因狩猎"。价值观元模因反映了世界观、评估体系、信念系统、组织原则、心理存在层次、思维模式或适应方式。第一，它代表了形成系统和指导人类行为的核心智力。第二，作为一个决策框架，它影响所有的人生选择。第三，每种价值观元模因都可以以健康或不健康的形式体现出来。第四，价值观元模因是一种离散的思维结构，而不仅仅是一系列的想法、价值观或动机。第五，它可以随着生命背景（Life Conditions，后文多缩写为LC，并附以数字角标，如LC^5。生命背景包括历史时代、地理位置、生存困境以及社会环境）的变化而变明或变暗。

系统（Systems）

构成螺旋重要核心和发展过程的8个标志性元模因用不同颜色来表示。前6个元模因形成了"旧范式"的商业、管理、教育和社区。米色（BEIGE）元模因结构松散，以生存过程为基础。紫色（PURPLE）元模因的结构类似部落群体，以循环过程为基础。红色（RED）元模因由帝国构建，以剥削性的、追逐权力的过程为基础。蓝色（BLUE）元模因是金字塔式结构，以有目的的、可控的甚至独裁的过程为基础。橙色（ORANGE）元模因以授权的形式构建，以成果导向、寻求自主和战略为基础。绿色（GREEN）元模因由平等主义构建，以共同的经验和共识过程为基础。最后，黄色（YELLOW）与青色（TURQUOISE）元模因构成了"新范式"的开端。黄色元模因是以灵活、综合和基于知识为结构和过程的，而青色元模因在结构上是全面和全体性的，在过程上是流动和多维性的。

  第3章进入"螺旋思维"（Spiral Thinking）。贝克与科万提出了构成螺旋思维基础的七大原理。第一，人类天生具备一种能力，可以在不摒弃旧元模因的情况下唤醒新元模因。第二，不断变化的生活环境会激活元模因，使其显现、激增、退化或消逝。第三，整个螺旋是由自我表达、内部控制的"我"元模因（生存、力量、成就、灵活）与牺牲自我、外在锚定的"我们"元模因（亲缘、意义、共识、全体）之间钟摆式的交替形成的。第四，无论是在个人生涯还是在历史时期中，每种元模因都像海滩上的波浪一样，是分阶段出现的：先涌现进入（ENTER），紧接着以波峰（PEAK）占据主导位置，接下来被另一个元模因替代并退出（EXIT）主场。第五，沿螺旋涌现的思维方式，总是从简单趋向复杂。第六，元模因以混合的方式共存，比方说，向来寻求共识的绿色性格，会在运动中寻求红色元模因中的部分，以激活其力量，在营销会议上又会唤起橙色的成果导向。第七，也是最后一点，对两位作者来说，元模因聚合为6个层次。旧范式（作者称之为"第一层级"）聚合了我们在生存（Subsistence）层面的忧虑：温饱问题（米色）、魔幻心灵（紫色）、侵略者（红色）、触犯法律和扰乱秩序（蓝色）、丧失自主（橙色）及集体反对（绿色）。新范式的"存在"（Being）层级则将旧范式背景重置为信息丰富、高速流动的"地球村"，其中（黄色和青色）的所有元模因同时活跃，因此它们与悲悯力量共鸣，从而使彼此和全体增益。

改变的动力

改变的潜能

在接下来的 5 章里,贝克与科万进入"螺旋动力学"的核心。第 4 章关注变化,两位作者引用了克莱尔·格雷夫斯的发现,人们在其元模因系统中的潜力,随着"开放—受困—封闭"(OPEN‐ARRESTED‐CLOSED,缩写为 OAC)的连续序列改变而有所不同。他们指出,要想实现个体或组织的持久改变,必须满足 6 个条件:第一,必须要有改变的潜能。第二,如果在较低层次上仍有尚未解决的问题,不要期待高螺旋层次上会有可观的改变。第三,在拥抱改变之前,需要先感受当前元模因系统中的失调。第四,要对引发失调的起因有足够的洞察,并确定解决失调问题的替代方案。第五,能正确识别出改变的具体障碍,消除、绕过、中和障碍或将其重新界定为其他事物。第六,也是最后一点,当重大改变发生时,你可能会经历一段时间的困惑、错误的开始、漫长的学习曲线和令人不适的同化,同时新思维也得以巩固。在改变过程中,如果没有支持改变的滋养文化,新元模因很难发芽,更不用说开花了。

当 6 个条件都满足时,新元模因可能被唤醒,并沿着螺旋运转。但是,在设定你想去的目的地之前,你必须确定你在哪里。这促使贝克与科万列出了 5 个标志着序列改变的关键里程碑。在工作与生活的不同方面,你可能处于不同的改变进程中,正如我们同时拥有不同元模因一样。

> 摆脱了你不喜欢的东西并不意味着你得到了你想要的东西。

一阶段，阿尔法稳态（ALPHA Fit），个人、组织和社会的元模因与周围的生命背景处于健康的动态紧张状态中。二阶段，贝塔关口（BETA Conditions），当一个人进入其人生新阶段，或当公司失去了关键人员和市场份额时，疑虑便开始产生。当我们离开阿尔法进入贝塔时，我们首先尝试"更多之前的做法"，重新集中我们的精力，希望更努力、更明智地工作。这通常会让我们加快进入更深的贝塔。如果事情足够糟糕，我们就会离开焦躁的贝塔，经过一定程度的动荡，进入三阶段——混乱的伽马。我们可能会找到一条"改革方案"（Reform Option）的逃跑路线，绕过创伤，否则事情将变得更糟糕，甚至无路可走。这是四阶段——伽马陷阱（GAMMA Trap）！四阶段预示着逃离陷阱，带着德尔塔激流（DELTA Surge）涌向新系统。然而，这个生机勃勃的阶段也充满了危险。摆脱了你不喜欢的东西并不意味着你得到了你想要的东西。五阶段——新阿尔法（New ALPHA）带来一路穿越贝塔、伽马与德尔塔思想和洞见的融合。有那么一段时间，一切又重归于平衡与和谐，"世界一切正常"。

最后，在考虑改变动力时，贝克与科万又提出7种截然不同的改变回应（Variations）。他们指出：改变^1 ≠ 改变^2，但相反，每种改变回应都代表了一种适合特定情况的方法。这些改变回应沿螺旋弧线从"水平"（Horizontal）到"倾斜"（Oblique），再"垂直"（Vertical）改变方向。当第一层级的元模因稳定控制在阿尔法和贝塔早期阶段，且上述6个改变条件仅有少数几个被满足时，通常只会出现第一种和第二种改变回应的水平变化。水平变化形式包括对基础系统进行微调（Fine-TUNE）与扩展（Expand-OUT），基础系统本质上是保持不变的。

倾斜形式是第三种与第四种改变回应的改变，包括下延（Stretch-

DOWN）与上伸（Stretch-UP），修改基本的元模因系统，同时增添或去除其他临近的元模因。这种倾斜改变通常体现了第一层级旧范式思维的实际限制。实际上，全面质量管理运动[6]是倾斜改变的最佳案例。虽然不认真的再造尝试只差一点点，但只有第二层级（Second Tier）的干预，才能使跨元模因大规模转变成为可能。

第五、六、七种改变回应之垂直改变，即突破（Break-OUT）、升档（UP-Shift）及蜕变（Quantum）涉及唤醒新元模因，然而，也可能复活一些被认为是应摈弃的元模因。不管怎么说，垂直改变代表了"改变贯穿着螺旋，有可能是变革性的（第五种），也可能是演化性的（第六种），再或者是多个元模因同时，即第七种改变回应之蜕变"。垂直改变的发生需要同时满足所有六个条件，而且通常需要直击内在与外在的阻碍。

领导力动力

领导力动力开始于第 5 章，描述了贝克与科万所说的系统魔法师（System Wizard）、变革魔法师（Change Wizard）与螺旋魔法师（Spiral Wizard）。系统魔法师充分了解某个元模因，凭直觉知道如何在特定的元模因影响范围内"领导"他人。变革魔法师理解元模因之间的过渡点，以及如何在元模因之间切换。

第 6 章描述的是同时考虑广谱视野和回应多系统的能力。这是螺旋魔法师的领域。螺旋魔法建构在以黄色和青色元模因为开端的第二层级动力之上。前者带来内在指向的个人主义视角，将粒子与子系统衔接成自然序列。后者带来了对他人与灵性再觉醒的关注，使一切造化归于和谐。

首先，螺旋领导力涉及通过3个普遍原则与他人建立起积极的关系：礼貌、开放，以及一个让某些人感到意外的说法——坚定的独断（Politeness，Openness，Autocracy，缩写为P-O-A）。其次，螺旋魔法师能认出并尊重个人与组织层面上的个人元模因。最后，卓有成效的螺旋领导力能适应不同元模因下的不同人与不同情况。

归根结底，螺旋魔法涵盖对整个元模因频谱的管理。举例来说，要分别考虑人和工作，就需要同时考虑以下因素。

青色
- 精神纽带将人与组织联系在一起；
- 工作必须对生命的整体健康有意义。

黄色
- 人们喜欢做符合自己天性的事情；
- 员工需要自由地获取信息与资料。

绿色
- 人们想要和睦相处，而且能被同侪接纳；
- 分享和参与比竞争更好。

橙色
- 人们因得到物质奖励的成就而受激励；
- 竞争提高生产力，促进个人成长。

蓝色
- 当人们被告知如何正确做事时，他们工作得最好；
- 生命的意义就在于履行职责，否则人们甘愿受罚。

红色

- 人们需要由可带来奖赏的强权主导；
- 如能定期满足员工的基本需求，他们会忍受很多。

紫色

- 人们"嫁给"了自己的群体，所以裙带关系的存在是正常的；
- 员工的生命和灵魂都属于家长般的组织。

螺旋对齐：工程流

第 7 章的螺旋对齐（Spiral Alignment）是一个全面的设计过程，它帮助管理者们协调未来的愿景、进行战略思考以及做出长短期计划，并将其纳入一个单一的工程流（Stream）。整个工程流过程共包含十大要素。第一，判断你正在从事什么。可以问这类问题：你的企业为何存在？你正在做什么？你希望成为什么？第二，画出大局的模式与流程，先用假定的情节与剧本研究下游，然后在上游追溯最深处的潮流，即变革的源泉。第三，盘点资源、考查实用的能力和关注生命周期阶段。而后，才是第四：你是否准备好发展并传播战略愿景？确保用你的组织螺旋，用全部的语言去传递它，而不仅仅是让自己或同侪知道。第五，制定具体的变革策略时，你需要特别关注各个元模因。紫色希望你将变革体现在仪式、传统以及标志上。红色需要英雄般的领导者和讲故事的人来创造一个新的神话。蓝色需要以使命宣言和新规则的形式把战略"刻在石头上"。橙色则在寻找"这如何让我领先"的迹象。而绿色会用明确的人文主义术语来定义目的与手段。黄色将通过必要且一致的输出，来保持整个螺旋的健康。第六，就是将一切和其他一切连接在一起。"官僚制度只会自扫门前雪，而不关心工作流。"第七，据贝克与科万的说法，你需要创造一个理想组织的假设模型，它符合前面罗列的六要素，并与工作流本身是一致的。第八，重塑，改造当前系统来适应新模型。管理者应特别留意阻碍。改变仪式要顾及紫色；改变委任，需要附带实在的奖赏，能吸引得了红色；蓝色希望能支持一个新的理由。第九，为工作匹配最合适的人选。如果这项工作充满竞争且风险很高，选择一个橙色导向的领导者；如果你需要在危急时刻能做出强硬、冷血的决策，选一些红色导向的；如果你希望让人们融入团队一路前行，选择更多绿色的；如果复杂性与多样性是游戏主题，选黄色甚至青色标准的。最后，也就是第十，建立一个持续的调整过程，要认识到改变是持续发生的，并非闭环或循环，而是一个无尽的螺旋，它需要持续地调整，以穿越阿尔法、贝塔、伽马与德尔塔，朝新阿尔法前进。

螺旋整合：模板

第8章螺旋整合（Spiral Integration），总结了螺旋动力学。这部分内容包含了两位作者提到的模板（Templates）。模板共有3个，专为适应整个螺旋而设计。螺旋模板可不是僵化、永久定型的，而是相互融合、可拉伸、调整、网状的有机覆层，就像我们的皮肤那样相互依存。

工作流（Workflow）——X模板（X Template）

在X模板中，每个影响工作完成的变量都包含在工作流里。价值分析、价值链、企业网络与横向管理等术语都与此有关。该模板的目的就是将所有显著影响工作完成的变量放在一起，用一种协调且符合逻辑的方式来处理它们。这样做的最终产出将是干净的、聚焦的、战略的和精益的。

管理（Management）——Y 模板（Y Template）

人员与资源通过运用 Y 模板支持、促进、协助、增强和改进 X 模板的步骤和性能。因此，健康的 Y 模板是灵活的、非政治性的，需要"礼貌—开放—独断"（POA），并能随着 X 需求的出现而改变和重组自身。这里结合了管理、监督、战略规划等诸多传统职能，但始终着眼于整个螺旋及其元模因。

指挥智能（Command Intelligences）——Z 模板（Z Template）

对贝克和科万来说，Z 模板独到的洞见和智慧，是执行核心与专注智能的结合。执行核心像电脑中的 CPU 一样，监管整个过程。这是依据能力、经验以及成熟度遴选出来的小团队，代表了协调 X 与 Y 模板所需的缩影，而且保持瞭望，让该组织在大环境中茁壮成长。Z 模板还引入了解决问题的专注智能。在决策过程中，知识、技能和见识远胜过头衔。

所有模板中纳入 Z 模板的一些组合，可能包括：一个奇葩圈（wild duck pond），让那些聪明、不墨守成规的人可以探索稀奇古怪的想法；一个新手室（nursery），让新手可以在低风险组织中接触到任一模板中的主线功能；一个作战室（war room），展示公司的生命体征，包括环境模型与竞争对手概述；一个游乐场（play pen），为更新和改变而提供的宽松而富有创意的环境；一个危机小组（crisis team），由快速反应的专家组成，他们能迅速部署损失的防范和控制；一间魔法师树屋（Wizard's tree house），或是螺旋魔法师的定期会议，他们能扫描新趋势和新机会，并将其导入指挥智能中。正如之前所说，螺旋魔法师能在他们的意识中（如果没有体现在他们的领导方式中的话）跨越整个元模因频谱。

螺旋的元模因结构

第一层级

在本书的第三部分，贝克与科万为我们带来的是"螺旋魔法师实战手册"（Spiral Wizard's Field Manual），直接将螺旋动力学应用于日常活动中。其中包含对每个元模因的深入剖析，先从第一层级或称"旧管理范式"的 6 个元模因开始。在对每个元模因的讲解中，作者关注的不仅是元模因本身——它如何影响你、你周围的人和你所在的组织，还有你进入、接触并退出每个元模因影响的方式。作为预览，如下都是激活的：

· 米色元模因需要满足生存需求才能存活；

· 紫色元模因通过围观仪式、找到慰藉以及沉醉于生命的奇迹的感觉来获得滋养；

· 红色元模因对公司里的英雄故事、完成壮举后的庆功宴及赢得尊重的迹象感到兴奋；

· 蓝色元模因因秉持传统、公正对待所有人与尊重服务年限与忠诚度而强化；

· 橙色元模因通过展示成功的象征、凭借个人成就获得认可和挑战精进而得到锻炼；

· 绿色元模因通过强调以人为本、关注感受，并关爱有社会责任的社团而强化。

第二层级

在第 15 章，我们走进系统的、灵活流动的"新范式"世界，也就是贝克与科万提到的第二层级。当前的焦点是能力、功能和存在的品质，而非拥有或做，在灵活和开放的系统背景下，能首次考虑完整的螺旋，而不再有第一层级元模因的"眼罩"。普遍的世界观是信息丰富的、多维的，是一个复杂交互系统的一部分。混沌驱动各子系统在生理、经济与社会环境中互相影响，而黄色元模因在找寻聚集能量的自然生活方式。（读者们会发现，第二部分就是这一视角下的应用教程。）

克莱尔·格雷夫斯的理论预言，随着朝向青色元模因进发（第 16 章），那些在黄色元模因中首次提出的重大问题，将在这一新的整体秩序的存在中获得解答。从现在起，独立的自我成为一个更大的、有意识的整体的一部分，同时作为个体和组织存在。扩展使用心智工具和能力，已成为全球基础网络的常态，这已成为全球现实。此时的焦点则是，所有实体作为综合系统的美好生活。我们能清晰地感知到工作和生活中所有生命的能量场全息连接，在不牺牲个性的前提下，运用人类集体智慧来应对大规模难题。

螺旋混沌（Spiral Chaos）：全球觉醒

在最后一章，贝克与科万向我们展示了他们的新螺旋动力学对世界秩序和混乱的一些应用。作为螺旋魔法师，要想应对复杂的"全球觉醒"的多个层次，螺旋一致性（spiral congruence）是必需的。举例来说，如果你周围的文化处于较低层次的元模因中，那么目标必须更加直接且具体；在较高层次则可以更加抽象与高远。由于文化元模因在不断演化，每个社会宇宙都是一个不断交互的而非定帧的移动画面。

螺旋秩序（Spiral Order）：扫描环境中的模式

因此，在扫描地缘政治局势时，螺旋魔法师需要注意：

· 闪点（FLASHPOINTS），即不同元模因之间的碰撞而引发的危机；

· 热点（HOTSPOTS），即表层之下可能很快喷发的冒泡区域；

· 流散（DIASPORAS），涉及拥有相同元模因的人的流动或迁徙；

· 倒退（REGRESSIONS），由于生命背景的恶化而出现的螺旋降档；

· 谐波（HARMONICS），即两个或两个以上元模因系统同时运动；

· 阻塞（GRIDLOCK），即两个强大的元模因系统在冲突中来回振荡；

· 前沿（CUTTING EDGES），表示新元模因觉醒的首次闪现。

建立你的地缘模板（Geo-Templates）

在特定时间与特定地点下盛行的模板，取决于如下要素：地球生命的功能需求（青色）；当时当地正活跃的螺旋层级（黄色）；作为人类群体一员的需求（绿色）；经济与政治影响的主要领域（橙色）；由国家条约或宗教命令指定的权力（蓝色）；"大人物"留下其个人标志的地方（红色）；神灵或祖先走过的地方（紫色）；特定的一群人当前所占据的空间（米色）。

探测地缘趋势（Geo-currents）

国家和国际"地缘趋势"可以用螺旋术语来识别：紫—红色 种族关系、部落主义、专制独裁；红—蓝色 民族主义、意识形态、神权政治；蓝—橙色 自由市场与多党民主；橙—绿色 社会民主、共产主义以及平等主义者的人道主义。无论是从政治还是从商业的有利形势去宏观管理这个星球，螺旋魔法师都必须采取第二层级黄—青色的立场。首先，在这样的视角下，当每种元模因都能从积极、添彩的视角表达自己时，螺旋被视为是健康的。螺旋魔法师必须一直问这样一个问题："这种元模因的表达会延长还是缩短螺旋的整体生命以及附着其上的众多个体的生命？"换言之，其他元模因是否仍能自由地表达自己并发展自己的轨迹？

其次，当通往更复杂思维地带的道路开放时，这个人的螺旋就是健康的。强制阻塞会导致螺旋的停滞甚至内爆。在地狱开启之前，我们必须清除陷阱、障碍。例如，对贝克与科万来说，紫色与红色必须建立有效的蓝色权威，才能让橙色企业萌芽。要想实现绿色社会转型，必须具备蓝色的稳定性与橙色的企业家精神。与此同时，还需要一个非常重要的黄色来宏观调控整个过程。

最后，两位作者引用了他们的导师克莱尔·格雷夫斯在20年前的研究成果中的表述："当前，我们的社会正在试图应对迄今为止人类面临的最困难，但同时也最令人兴奋的转变。"格雷夫斯在1974年指出，未来将呈现出3种不同的可能性：

- 如果不能有效控制世界范围内武器和濒危资源的使用，我们将大规模倒退到石器时代；

·乔治·奥威尔（George Orwell）《1984》的一个版本，表现为掩盖在共同体主义色彩之下的蓝橙绿暴政、操纵政府；

·第二层级的商业和社会方式的出现，将与我们当前所知的方式有根本的不同，它具备本地规划、全球行动，同时全球规划、本地行动的能力。

毫无疑问，这个选择取决于我们。

注释

1. 奇异吸引子（strange attractors）：也称奇怪吸引子，是一种混沌系统中无序稳态的运动形态。

2. 螺旋魔法师：在本书中，指既能考虑全局，又能迅速回应变化的人。他通常是在第二层级的黄色与青色价值观元模因的影响下思考与行动。

3. 模因在英文里与主题（theme）一词有同样的韵脚。

4. 系统理论（systems theory）：研究系统的结构、特点、行为、动态、原则、规律以及系统间的联系，并对其功能进行数学描述的新兴学科。其基本思想是把研究和处理的对象看作一个整体系统。

5. 混沌理论（chaos theory）：一种兼具质性思考与量化分析的方法，用来探讨动态系统（如人口移动、化学反应、气象变化、社会行为等）中必须用整体的、连续的而不是单一的数据关系才能加以解释和预测的行为。

6. 全面质量管理运动（Total Quality Management，TQM）：20世纪70年代至80年代，美国政府部门广泛推行了全面质量管理运动，倡导政府部门积极行动以满足公众的基本需求，尽力追求产品与服务品质的提升，并通过不断发展的组织体系与能力稳定提升服务品质。

第一部分

螺旋动力总览

第一部分内容介绍强大的"模因"和"价值观元模因"概念,人类动态系统的演化,克莱尔·格雷夫斯博士的思考,以及将这一切融合在一起的动态螺旋。

作为一个引发想象的概念,螺旋最为美妙之处就是,它永远在生长,而非止步于某处,因此,它不仅是对过去的诠释,也是对未来的预测。它在定义并阐明过往的同时,也在不断指引着新的发现。

——西奥多·库克 [Theodore A. Cook,《生命的曲线》
(The Curves of Life) 作者]

在人类存在的每个阶段，成年人都在追寻自己的圣杯，即其所寻求的生活方式。在第一层次，他在寻求不假思索的生理满足。在第二层次，他寻求的是一种安全的生活方式，然后依次寻求的是，英雄地位，权力和荣耀，终极的平安，物质享受，亲密关系，对自我的尊重，以及在一个无法理解的世界中寻求内心安宁。而当他发现自己无法找到那份安宁时，他又会开启第九层次的追寻。

每次的启程追寻，他都相信他会找到自己为什么存在的答案，从而了悟自身存在的意义。然而，令他惊讶和沮丧的是，他发现在每个阶段，存在的答案并不是他所找到的答案。他到达的每个阶段都会让他感到不安和困惑。简而言之，在解决了一系列生而为人的难题之后，他又会发现一系列新的问题。他的探寻永无止境。

——克莱尔·格雷夫斯

第 1 章　不同时代产生不同思想

> 尽管这是一个混乱而又动荡的时代，但还不是一个疯狂的时代。理性和非理性都还有规律可循。秩序潜藏于混乱之中；而更深层的混乱仍然潜藏于秩序之中。那些有眼能看、有耳能听、有头脑能理解的人，知道天终究不会塌下来，因而更从容。我们当中的这些魔法师并非活在艾德温·阿博特（Edwin Abbot）[1]所描绘的二维平面（Flatland）中。他们的思考也不会陷入重复的循环中。在螺旋空间中，价值观、复杂性和变革被赋予了新的意义。可以说，螺旋空间是 21 世纪生活和经商的最佳场所。

20 世纪后期，人们陷入了价值观冲突的风暴中。种族冲突、危机和生态的不确定性给未来蒙上了阴影。就像混乱的锋面天气一样，政治、科技、经济和社会力量，正在全球市场上不断兴风作浪。大多数高管，像用过时飞行技术的飞行员那样，被困在下沉气流中。无论是商业专家还是社会预测专家，都没能让我们为动荡的到来做好准备。没有任何东西可以用来设定高度或对齐罗盘，更不用说给我们一个能够重新取得控制的手段了。

私营企业与公共部门的负责人都在进行结构调整，精简规模，重新设计组织架构，试图追赶变革曲线，结果却使其所在组织更加失衡。僵局无处不在。在许多层面上，我们都在经历剧烈而复杂的湍流风暴，而这从未在虚拟环境中被模拟过。为什么会这样？

首先,我们正处在千禧年的躁狂期。早在 10 世纪末,西欧陷入动乱。因为许多人相信,公元 1000 年世界将毁于愤怒的十进制神灵手中,基督徒团体几近恐慌。

即便是百年的过渡也会动摇社会。法国人用"世纪末"(法语 fin de siècle)这个词指代神秘主义者、占卜者和预言家纷纷进行末日预言的疯狂时期。也难怪得克萨斯州韦科附近的大卫·柯雷什(David Koresh)和大卫教派(Branch Davidians)[2],在 1993 年会以他们的世界末日信仰吸引了众多关注。同样,信奉权威的高管们如此拼命地把握月度重组,也就不足为奇了。

不过,这种周期病并不是单独感染欧洲或商界。它遍布全球。无论你位于哪个时区,当今世界都充斥着混乱与危机,而且复杂得令人难以置信。无论你是商人、牧师、军人,还是大街上闲逛的人,你都活在中国"谶语"中的有趣时代。

其次,根深蒂固的根本性信仰结构被撼动,导致我们质疑一切。在过去,我们被物理距离和有限的通讯所隔离。而现在我们知道得太多太快。当一个地方出现动荡时,它会在一小时内传遍全球。就像移动的板块一样,几种核心的思维方式或范式正在互相磨合。深层的摩擦与地表的大爆发交相呼应。这些冲击波动摇了不同的文化族群,重新划定了国界,重新定义了市场,并且改写了未来学家们的设想。剧烈的震动在地缘政治、种族关系、民族冲突、宗教分裂、性别关系、教育、商业、环境、司法以及我们对道德与正义的追问中持续着。

再次,我们生活在一个多语言、多元化,但内在尚未相互依存的世界中。从部落社会到信息技术,所有层次的人类生命形式,每天都在为利基和资源锱铢必较。超级大国所主导的两极分化世界的终结,带来了旧思维和人类黑暗与暴力历史中骇人的侵略者的复兴。同时，生活在地球上的新方式正在被解锁。我们正回到未来并走向过去，很快就会将历史上所有的恶棍和圣人都裹挟进来。

这种多样性的复杂性可能是压倒性的。古老民族的伤口还在喷火，而由卫星连接的跨国公司却无视它的封建历史而开展业务。事实上，只要善于公关，任何社会、环境或宗教问题，都可以在全球电视台被中央媒体曝光。在聚光灯下，处于各个发展层次的人们——从生活在偏远岛屿上的、没受过教育的土著人，到信奉某种主义的恐怖分子，再到沿着"信息高速公路"乱窜的网民——其出场本质上都是一样的。好像人类存在过的每种观念模式都在回归，并都想在阳光底下寻求一席之地和分得一杯羹。

最后，科学和技术的发展让所有人成为地球村的一员。没有人可以躲藏。泰德·特纳（Ted Turner）的CNN和波音飞机消弭了时间与空间。互联网汇聚了知识。任何地方发生的事，都可以瞬间传遍全球。好消息和媒体疯狂嗜好的坏消息都快速扩散。易变的想法像草原上的野火，焚烧稳定的机构并将其摧毁。

如果用里氏震级[3]"心理画像"标记当前的社会动荡，那么我们正在经历几级人类地震？4.5级？5.7级？7.2级？甚至更糟？想象一下后果。

- 如果说，由于规模合理化、管理扁平化和过时的产业裁员，导致成千上万专业人士失业，中层管理职位消失，而硅基行业的新雇员不要求福利待遇，那会怎样？
- 如果说，数百万第三世界的聪明人，受到城市"美好生活"的吸引，飞蛾扑火般涌向发达国家，但却没有足够的利基，那会怎样？

- 如果说，另一个阿提拉（Attila）[4]出现在电视屏幕上，并威胁要释放被解雇的物理学家为了生计而在黑市上出售的袖珍核武器，那会怎样？

- 如果说，某种恶毒版的充满恐怖的"主义"（如信奉"这是唯一的真相，我们将不惜一切代价取得胜利"）突然冒头，想要征服并统治世界，那该怎么办？地球村的玻璃纤维基础设施，能否承受恐怖分子的"圣战"或自以为正义的十字军东征？

- 如果说，一个经生物工程改造的生物溜入大海并扩散，像仙女座菌株[5]一样威胁到碳基生命的生存；抑或像埃博拉病毒这样的超级病毒，或像肺结核这类常见疾病的后代对抗生素嗤之以鼻，不断进化来折磨我们，而治疗的解药却在雨林大火中燃烧殆尽，那又该怎么办？

- 如果说，危及人类存亡的主因仍然是人类同胞，那会怎样？那些欺负弱小、没什么可失去、贱命一条的绝望暴徒，是否会让我们一致认同的文明，置于进一步的险境之中？

- 如果说，寻找外星智慧的射电望远镜，突然从遥远的星系中发现清晰的信号，证明我们不是孤单的宇宙主人；或者发现一张名片，名片的主人进行"纯学术研究"的预算没有被政府砍掉，那又会怎样？

> 人类历史充斥着大大小小的动乱与流散。有时对现状进行微调或重新调整能恢复平衡。但偶然爆发的大混乱，会引发数量级的划时代变革。看来当下正是这样一个时代。

混沌时代锻造出伟大思想

看来我们正处于转折点，正经历着意义深远的心理版图的转变。在1974年4月出版的《未来主义者》（*The Futurist*）杂志中，克莱尔·格雷夫斯提醒道，人类正在为"重大飞跃"做准备，我们应该留心。他长达25年的研究揭示了人性即将发生的变化，这些变化将给美国文化和全世界带来直击核心的影响。

这种剧变现象并不唯一。人类历史充斥着大大小小的动乱与流散。有时对现状进行微调或重新调整能恢复平衡。但偶然爆发的大混乱，会引发数量级的划时代变革。看来当下正是这样一个时代。

社会分析家海蒂（Heidi）与阿尔文·托夫勒（Alvin Toffler）警告说："旧世界地图已经过时了。我们正在经历自工业文明诞生以来全球力量的最深刻重整。"（《纽约时报》1993年10月31日，第17页）

这一切意味着什么？首先，我们需要灵活处理宗族、部落、帝国、意识形态、经济开发区、人民公社和美国鹰罩着的地球村。重要且紧急的事是，必须要与第一至第四世界的人类群体进行建设性的合作，适应他们各种各样的规则。我们再也无法否认科技的长期影响和"成功"的代价，更不能推卸我们潜在的责任。

其次，我们必须弄清造成巨大混乱的人性本质。在古代，和谐对生存至关重要，民众可以通过妥协或听从酋长的命令来解决重大冲突。在弓箭时代，即使是最糟糕的决定也只有有限的局部影响。今天的争端跨越了洲。不管愿意与否，每个人都受到影响。我们自身的一部分，而不只是我们的工具，已变得不那么有序，但却变得更加强大。

憨墩胖墩效应

在复杂时期，我们发现自己在锻炼自主管理的能力；有时地球看似完全失控了。那是因为，我们遭遇了"憨墩胖墩效应"（The Humpty Dumpty Effect）。正如熟悉的童谣中所唱的那样，胖乎乎的、快乐的憨墩胖墩从其坐着的墙上掉了下来。事实上，他摔得不轻。在刘易斯·卡罗尔的版本中，他甚至摔成了几块。这已经够糟糕了，但祸不单行。国王的所有人马——充分的资源——都不能将可怜的憨墩胖墩扶回原位。即使人们竭尽全力，也于事无补。没有一种强力胶水能将其黏合起来。即便是最负盛名的顾问与受人尊敬的专家尽心尽力也无济于事。熵增完胜！

憨墩胖墩效应的发生是有迹可循的。一份快速解决方案目录、风靡一时的培训套餐和巧舌如簧的销售人员正在登场。大多数人开始追忆过往——缅怀企业过去的辉煌，"如果再回到从前……"的管理方法开始盛行。对相互冲突的"真相"的争论，迫使每个人划清道德界限并捍卫自己的立场。尖锐的叫嚣盖过了平静的声音。狂热分子大肆宣扬简单而又狭隘的解决方案。潮流开始出现，导致每个人都急于复制他人的做法，不论其代价或成效如何。然后是大堵塞和僵局。企业中的晋升选手已无路可走。随着信任度的下降，压力不断攀升。无论是个人、部门，还是规模庞大的企业，开始形成一种"人人为己"的心态。憨墩胖墩效应带来的脆弱绝望变成了障碍，让整个世界颠倒，就像泰坦尼克号撞上了冰山。

为什么憨墩胖墩没能预见到他的困境？为什么他自己的经验、学术理论和训练让他如此失望？他是否过于自大，以为自己不会跌落？为什么即使同伴们已经进行了密切的通话，那些预测者和观察员仍没有告知他即将发生的危险？是他的信使害怕传递坏消息吗？是维持现状的卫士们阻止了信息的传递，还是说，他们反而期待他的跌落？

憨墩胖墩坐墙头
憨墩胖墩摔跟头
国王兵马都来到
无法修复憨墩头

毫无疑问，可怜的憨蹲胖墩先生希望预料到这样的结局。世界各地的企业高管和领导者们都感到了失衡，却不明白为什么会这样。当他们从自己的高墙上看去，憨墩胖墩几乎无处不在——在商务套房和金融中心；在学术象牙塔和智囊团；在州议会大厦和市政厅；在基督教堂、天主教堂、清真寺和犹太教堂；在联合国和加拿大议会；在"民主"国家和时刻保持警惕的独裁政府。然而，冰山的预警基本上被忽略了。

因为我们都被囚禁在自己的范式中,就像认为自己永不会沉没的泰坦尼克号一样,我们处在危险之中。我们的成功,就像憨墩胖墩的腰围,已经压倒了我们。我们原以为世界会永远沿着同一轨迹运行。我们原以为从我们所处的高度"推动变革"是稳妥的,却不知道自己的视角已经变得多么地局限和扭曲,也没有意识到因为墙的存在,我们被遮挡了多少。

在周期世界中扭曲

在《周期》(*Cycles*)一书中,作者小塞缪尔·施雷纳(Samuel A. Schreiner, Jr.)[6]邀请读者探索"周期世界"。他认为:"周期无处不在。极有可能,对周期的研究会在某一天揭示我们长期追求的统一原理,这将使人类了解宇宙真正的运行方式。"

从生命周期(出生、成长、成熟、衰老与死亡)到季节、宇宙、经济、人口、长波和世代的变化,钟摆式摆动和 S 曲线可以解释很多。石油行业一直在用周期来追踪市场。但即使是这些模式,也可能是虚幻的和有欺骗性的,特别是如果人们相信只要时间充足钟摆总会返回原地。如果陷入周期世界循环往复的节奏与模式中,我们将错失独特性、蜕变和演化流。

著名的北美历史学家小亚瑟·施莱辛格(Arthur Schlessinger, Jr.)多年来一直声称,从自由派到保守派的平均摆动周期为 30 年,反之亦然。鉴于美国共和党在 1994 年 11 月大获全胜,因为当时距离 1992 年美国自由党的比尔·克林顿获得压倒性胜利仅仅 2 年时间,他被迫撤回

> 我们的天性是解决问题,然后再创造出新的问题来。人类喜欢投身于这样或那样的探寻中。

这一说法。你可以忘掉可靠的30年周期,在你理解螺旋之后,你会的。

伟大的觉醒从过去的历史中破土而出,从而干扰了钟摆可预测的轨迹。在《企业网络:异地一起工作》(*Enterprise Networking: Working Together Apart*)一书中,雷·格尼(Ray Grenier)和乔治·梅兹(George Metes)观察到:"……在过去,由于可以预测周期,我们能够处理并管理变化。而现在,周期是模糊的、'突变的'或非连续的,进化式变革打败了趋势规划。"他们打破了周期,并引入了新的维度。

对于依靠已知的解决方案来界定问题的人来说,这是个令人不安的消息。其中包括那些依赖可靠周期的人。憨墩胖墩效应对既定秩序来说是毁灭性的,但对必将发生的事却至关重要。

思想与时俱进

不同的时代迫使我们以不同的方式思考。最先预示变革的通常是"旧约"型先知,他们大声疾呼出场,预言毁灭和黑暗,要求人们忏悔,用火与硫黄来加以威胁。接下来登场的是怀有救世主愿望与梦想的空想家,他们指向前方的涅槃。他们主动引领我们走向甜蜜、救赎与极乐——尽管通常需要付出一定的代价。然后,更加务实的探路者出现了,他们既没有大张旗鼓,也不会狂妄自大,他们在混乱与困惑中寻找出路,并着手播撒新路径的种子。

我们的天性是解决问题,然后再创造出新的问题来。人类喜欢投身于这样或那样的探寻中。长长的探寻名单包括:圣杯、失落的亚特兰蒂斯、救世主弥赛亚、和平、香格里拉、统一场、自我实现、涅槃重生、永生不朽、金枝以及亚瑟王的神剑传说。

如今，当我们试图打破另一块石头，揭开人类思维的本质时，这一永无止境的传说翻开了新的篇章。通过这种像罗塞塔石碑[7]般的解读，聪明人——普通人——可以在矛盾与难题中找到答案，这将指引我们走向未来。各种各样的魔法师都会涌现。在被蚀刻的碑上，他们将读出什么信息呢？人类在说着怎样的心理语言？为什么在地球上有如此多不同的世界？

历史的证明很明显：新时代产生新思想。

- 在人类发展早期，通过唤醒感知神灵和用魔法安抚神灵的能力，我们得以在宗族中找到栖息之所，在充满威胁的世界里获得安全。新时代，新思想。
- 当魔法和仪式消失，通过维护原始的自我意识并杀死潜伏在黑暗中的龙，我们逃离了部落。有力量的人会试图支配亲友和自然。新时代，新思想。
- 当混乱和无政府状态占据主导时，在绝对的、不容置疑的更高力量或合法权威的秩序下，我们寻找意义和内心的平静，其组织原理比任何个人或团体都重要。新时代，新思想。
- 当绝对的秩序变成压迫和压抑时，我们又厌倦了等待未来的回报，特立独行者开始挑战权威，并试图马上创造富足的美好生活。新时代，新思想。
- 当以进步为导向的唯物主义未能带来幸福时，我们会感到孤独。然后，我们又想重新探索人类的感知，重新找回灵性，找到"我们"。新时代，新思想。

从猿人直立行走那时起，我们从一次觉醒跋涉到另一次，每个人都变得稍微有些不同。新时代产生新思想，与此同时，出现了万物的新理论，修正了历史，重新排列了优先级和价值观。人们感到惊奇的是，他们以前从未如此清晰地看到这一切。

汤姆·彼得斯与托夫勒的转移观点

过去10年里，很少有管理大师像汤姆·彼得斯（Tom Peters）那样享有盛誉。他曾是麦肯锡的顾问，后成为图书作家、专栏作家和电视名人。最初，他因在1982年宣扬"追求卓越"和"走动管理"（management by wandering around, MBWA）而声名鹊起。10年后，他似乎改变了主意，认为整个"卓越"主题是些"古怪的想法"，而那些曾被他认为是"卓越"的企业毕竟不是那样的。它们只是做了一些"卓越"（这也是"古怪"的意思吗？）的事情。

杰克·法尔维（Jack Falvey）在《华尔街日报》（1992年12月31日，第A5版）中，对汤姆·彼得斯1992年出版的《解放型管理》（*Liberation Management*）一书，给予了冰冷的点评。在点评中，他选用了彼得斯先生的一段话：

> 最后一章"市场与创新"的目标是让你感到困惑，而不是帮你理清思路。我坚信，在这个动荡的时代，那些没有被彻底弄糊涂的人将没有成功的机会。

值得赞扬的是，汤姆·彼得斯直言不讳地承认，他对正在发生的一切一无所知。显然，如他所承认的那样，他在 1982 年时也是一无所知。但是，就像许多曾做过"古怪"事情的人一样，他并没有不诚实。他已经尽力了。他发表自己的所见所想。他不知道他不知道的事，而他知道这一点。

如果你将汤姆·彼得斯写的 6 本书作为螺旋动力学的学习案例仔细研究（你也应该这样做），你就会理解我们的意思。注意他的图书从《追求卓越》[In Search of Excellence，与小罗伯特·H. 沃特曼（Robert H. Waterman, Jr.）合著]，到《追求卓越的激情》[A Passion for Excellence，与南希·奥斯丁（Nancy Austin）合著]，再到《在混乱中繁荣》(Thriving on Chaos)，然后到《解放型管理》的转变。他只能以这样的顺序来写出这些书。实际上，你会明显感觉到某种模式正在演变。在他 1994 年将有趣的想法汇编成《汤姆·彼得斯研讨会》(The Tom Peters Seminar) 时，彼得斯似乎开始意识到这一点。他总结指出，既然"疯狂的时代召唤疯狂的组织"，就需要用一种全新的方式来思考企业的存在。

你很快就会发现，彼得斯（半开玩笑）所说的"……很古怪"，只不过是思维系统螺旋式发展的下一步。你也会意识到，彼得斯以及彼得·圣吉、爱德华兹·戴明、史蒂芬·柯维等人所倡导的组织原则，从来都不是解决方案，而是潜藏在整个组织形式频谱特定区域中的解决方案集合。

阿尔文和海蒂·托夫勒的热门三部曲——《未来的冲击》(Future

Shock)、《第三次浪潮》(The Third Wave)以及《权力的转移》(Power Shift)——同样勾勒出变革的模式。但是，即使在他们1993年出版的《战争与反战争：生存于21世纪的黎明》(War and Anti-War: Survival at the Dawn of the 21st Century)一书中，他们仍然没有揭示推动重大变革的深层次力量。尽管这些征兆丰富并愉悦了我们的阅读体验，我们面前仍有一个未解之谜：这些变革为什么会发生？（是什么导致新社会浪潮的形成？）

不仅仅是汤姆·彼得斯与托夫勒在回避这一难题，在机场书架上或行政等待室里所摆放的最新商业杂志上，你也可以看到问题被绕开了。炫目的杂志封面吸引着那些寻求竞争优势、前沿观点和商业模范梗概的人。更鼓舞人心的选择，会在充满不确定的世界的压力中，提供成长的路径，"改变"，让心灵平静，让家庭幸福，让生命和谐。

所有人都在回避这个问题。这就好比我们幸运地拥有可以组合成镶嵌画的精美瓷砖，但却没有任何画。有成千上万的绝妙想法、洞察片段、巧思碎片，但却没有一个艺术家能将这些材料组合成一个精美的、浑然一体的画，也没有薄浆能将其黏合起来。

如何将这些组块拼接起来？在我们的DNA中，在大脑形成思想的过程中，究竟是什么带来了新视角、新思维？某种无形的、难以理解的但强大的事物驱动着这些变革与转变序列。它是什么？一股强大的力量？一种科学模式？一个神秘的灵魂？一种宇宙法则？是纯属偶然，还是，上帝在掷骰子？

奇妙的螺旋世界

有一种理论认为,历史总在循环重演。但是,就像螺旋楼梯一样,当人类事件的进程完成一个周期时,它会在一个新的层次上重演。文化变革的"钟摆式摆荡"并不是周而复始地简单重复同样的事件。无论这一理论正确与否,它都可以作为一个隐喻来集中我们的注意力。本书(以及《螺旋动力学》,当然也是!)的主旨描绘了这样一个螺旋循环:混沌让位于秩序,紧接着,秩序又会带来新的混沌。

——斯图尔特·伊恩(Stewart Ian),《上帝在掷骰子吗? 混沌数学》(*Does God Play Dice? The Mathematics of Chaos*)作者

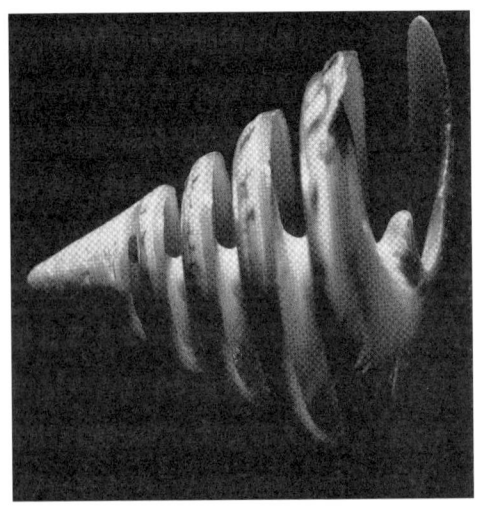

> 生命的螺旋是扩展的、开放的、连续的和动态的。所有螺纹都同时存在。但仍有一种内在的智慧将它们聚集在一个层次分明的结构中，这就是生命的曲线。

螺旋体的魅力就在于其内部的完整性与优美的结构。一切都连接着其他一切。在脑海中想象一个美丽的海螺，聆听它的嗡鸣声。然后，想象在一张感恩节餐桌上，丰盛的收成从螺旋形的丰饶角中倾泻而出。接下来，想象夜空。放眼宇宙，想象地球在其中的位置，在银河系中，地球只是数十亿个旋涡状光点中的一个；而银河系又是数百亿个漩涡状星团中的一个。

作为一个主要的宇宙分形，螺旋体既存在于亚原子中，也存在于广袤的星际中。在细胞核中，生命的遗传密码依附在长长的、螺旋缠绕着的 DNA 带上。而在广袤的宇宙中，遥远的螺旋星系正向我们致以过去的问候。螺旋体是鲜活、奇妙、强大而多维的。它们可以像龙卷风一样极具毁灭性，也能像漩涡一样迷人。你若忽略它就得后果自负。

拉尔夫·瓦尔多·爱默生描述了在螺旋阶梯上的生命："我们醒来，发现自己在阶梯上，下方是已经走过的阶梯，上边的阶梯在视野之外。"生命的螺旋是扩展的、开放的、连续的和动态的。所有螺纹都同时存在。但仍有一种内在的智慧将它们聚集在一个层次分明的结构中，这就是生命的曲线。

螺旋动力学的到来

这本书讲述的是人类螺旋内在的力量。这些力量贯穿每个人的思维，驱动人类组织迈向新高度，并推动社会穿越层层障碍不断演化。这也是一个知识体系，它把领导力、管理学和组织架构设计中几乎所有的内容都汇集在一起了。最后，它成为下一个时代的国王的兵和马。螺旋

> 我们面临的问题只能通过问题本身创造出的解决方案来解决。这种模式反复出现：新时代需要新思想。

魔法师会在千钧一发的时刻出现，就像西部老电影中的骑士一样。做好准备：他们可能会认为保护憨墩蛋是失败的，还不如找一只超级母鸡下一颗新的蛋。

无论如何，他们的任务都很艰巨。在《企业网络》一书中，雷·格尼和乔治·梅兹总结道：

> 要想在这个新环境——这个复杂性的大漩涡——中取得胜利，我们必须超越原本的界限。我们不能只是绘制趋势图，用熟悉的术语来界定问题，然后设计并交付解决方案。如果是这样，我们将永远无法应对下一个复杂环境。

在迈向 21 世纪的过程中，我们面临的问题只能通过问题本身创造出的解决方案来解决。这种模式反复出现：新时代需要新思想。只不过，这一次，"新思想"必然要超越爱默生楼梯常规的下一阶，它必然"超越原本的界限"。1994 年 7 月 4 日，捷克共和国时任总统瓦茨拉夫·哈维尔（Vaçlav Haval）在独立大厅接受费城自由勋章时说：

> 有充分的理由表明这个时代已经结束。我们正在经历一个过渡时期，看起来有些东西即将消失，而另一些东西尚在痛苦地破茧。好像有些东西自己在瓦解、腐烂、消耗殆尽，而与此同时，另外一些东西，仍然模糊不清，正从废墟中冒出来。

> 战时的能量与战后的狂喜通常会成为在人类知识中孕育远见卓识的思想和大胆新突破的沃土。

螺旋动力学的建构

每一次我们经历新时代新思想序列时,一个有争议的、不是完全革命性的人性观也在演变。由此带来的不同理念、视角和理论的综合结果,重申了"生而为人的意义"。

我们正处于新时代新思想序列的第七次表达中。对塑造人性核心机制的探索再次展开,而这一次将是革命性的。我们认为可从两个相关思想支流中揭示它的存在(可见知识与洞见至关重要)。第一个是发展心理学家克莱尔·格雷夫斯提出的兼收并蓄的《人类存在的层次》(*Levels of Human Existence*)框架,他曾是纽约联合大学的心理学荣休教授。第二个是"模因"的概念,由英国生物学家理查德·道金斯(Richard Dawkins)提出,后来被心理学家米哈里·契克森米哈(Mihaly Csikszentmihalyi)加以放大。他们将分子生物学与神经科学的内容和更传统的心理学研究结合在了一起。

莫华克河边上的探路者

我们的好友及导师克莱尔·格雷夫斯,一直生活和工作在哈德逊谷上游,那里距离历史悠久的莫华克河和伊利运河只有几英里远。格雷夫斯是第二次世界大战后相对默默无闻的心理学教授。就像经常发生的那样:战时的能量与战后的狂喜通常会成为在人类知识中孕育远见卓识的思想和大胆新突破的沃土。格雷夫斯的情况就是如此。与其重提并修正旧的心理学结构，或参与当时相互矛盾理论之间的辩论，他决定不如从头开始探究人性转变背后的原因。

格雷夫斯想找到这背后的本质，探究为什么人生而不同，为什么有些人求变、有些人求稳，以及如何更好地在正在生成的且往往是混乱的人类存在版本中导航。正如他所说：

> 简而言之，我想说的是，随着人类存在问题的改变，成熟人类的心理是逐步展开的、自然涌现的、振荡的螺旋过程，其标志是老旧的低阶行为系统逐渐从属于较新的高阶行为系统。

该死的，每个人都有权力成为他自己。
——克莱尔·格雷夫斯

换句话说，随着我们周围的世界变得越来越复杂，我们努力跟上，人类思想在可识别的复杂系统中演化着。同时，由于我们足够聪明，我们也在不断改变着这个世界。格雷夫斯是最早了解人类如何在复杂系统中生存、行动、决策并发生改变的心理学家之一。任何一个认真研究量子物理学、系统理论和混沌理论的学生，都会觉得他的非正式随手画和插图很熟悉。

格雷夫斯致力将"生理""心理"与"社会"整合起来，从而把人类的知识融为一体，打破学科和领域之间的学术隔阂。早在1973年，他就指出了心智（mind）/大脑（brain）研究的重要性。其重点在于心智（思维）是如何经由神经结构与网络成型，以及它是如何被化学因子和生命背景激发的。在人文主义（人文主义造就了今天的政治正确与平等主义的正统）观点盛行的时代，这样的推测等同于异端邪说，但格雷夫斯坚持了下来。

他通常会用以下框架总结他的观点：

（1）人性不是静止的，也不是有限的。人性随着生命背景的变化而变化，从而形成新的系统。然而，旧的系统仍会伴随我们。

（2）当新的系统或新的层次被激活时，我们会改变自己的心理和生活规则，来适应这些新情况。

（3）我们生活在一个潜力无穷的价值观开放系统中，其中有无限多的生活方式。并不存在一个人人都必须向往的最终状态。

（4）一个个体、一家企业或整个社会，只能对那些适应于当前人类存在层次的管理原则、激励机制、教育方法、法律法规、道德规范，做出积极回应。

螺旋漩涡最能描述人类系统随着复杂程度提升而演化涌现的现象。

> 人类螺旋由一系列价值体系、世界观和心智模式组合而成，每一种组合都是时代与条件的产物。

螺旋每向上一圈，都标志着在已经存在的基础上，一个更加精巧的系统被唤醒。这也就是说，人类螺旋由一系列价值体系、世界观和心智模式组合而成，每一种组合都是时代与条件的产物。

克莱尔·格雷夫斯超越了他所在的时代。在 20 世纪 60 年代末期，加拿大《麦克琳杂志》（*Maclean's Magazine*）将他的理念称为"能解释一切的理论"。尽管他本人对这种说法感到抗拒，但他的理论的确是宏大而优雅的——这是一个全面的思考过程、系统封装和行动策略，在 20 年前属于它的时代还没到来。

但在思想方面，时间总有办法去芜存菁。更具解释力与实用性的体系更容易被接受。在他 1986 年与世长辞整整 10 年之后，格雷夫斯的贡献才广为人知并被广泛认可。他提出的关于人类出现、变革与转化的理论被充分验证，而不是被当时的理论所取代。一旦你开始用"格雷夫斯风格"去思考，就会发现这种观点在面对各种社会势力和各类人群时所具备的力量与精准性，从敌对的军阀和恶毒的某种"主义"者，到照顾受害者的救济机构与深陷混乱的维和人员，不一而足。

同样的螺旋动力学原则，适用于一个人、一个组织或整个社会。由于它从普遍意义上而非通过性格类型或种族、性别和民族特征来描述人性，因此它为解决本地和全球性问题提供了通用的语言。它提供了统一的理论框架，让真正的整体思考与行动成为可能。

格雷夫斯以社会科学家的身份开展研究工作，他大部分的成果都发表在商业领域的刊物上。他的文章《工作标准的恶化》（*The Deterioration in Work Standards*）发表在 1967 年 11 月的《哈佛商业评论》上。在这篇文章中，他不仅预测到了美国生产力的衰退，还为其后企业界对全面质量管理和流程再造感兴趣奠定了基础。你会发现，格雷夫斯的理念体系所具备的人性元素，正是爱德华兹·戴明[8]的追随者们一直在寻找而其他人尚未意识到他们所欠缺的。格雷夫斯的框架勾勒出如何改造一家公司或一种文化，使其健康并易于引入复杂的科技和发生迅猛的改变。

基因与模因：DNA 上的承载者

在《自我的进化》一书中，为了区别人类的行为起源及其物质特征，米哈里·契克森米哈用"模因"来对应"基因"。

"模因"这个词本身是由理查德·道金斯首次提出的。他将希腊词"mimeme"缩写为"meme"。他和其他人用它来指代文化信息单位，如政治理念、流行趋势、语言使用、音乐形式，甚至是建筑风格。在1994年3月的《连线》（Wired）杂志上，约翰·巴罗（John P. Barlow）指出，道金斯的想法包括：

……信息的自我复制模式在思想生态中传播自身，这种复制模式很像生命的复制模式……它们自行复制，与周围的环境互动，它们适应、突变、留存。它们的演化，填补了当地环境中的空白，在这种情况下，周围信念系统与文化生态的东道主，是我们。

> 模因包含着代代相传的行为指令、社会人工制品以及将社会系统黏合在一起的价值符号。

因此，正如基因之于生物化学的DNA，模因是我们心理文化的DNA。基因是我们身体本质的信息单位，源于父母的遗传与人类物种的传承。米哈里·契克森米哈指出，模因诞生于"人类的神经系统对一个经验做出反应时"（《自我的进化》）。模因是我们集体意识中的信息单元，它们横跨我们的心智传达它们的观点。

模因包含着代代相传的行为指令、社会人工制品以及将社会系统黏合在一起的价值符号。模因就像一种智力病毒，通过着装风格、语言趋势、流行文化、建筑设计、艺术形式、宗教表达、社会运动、经济模式以及应如何生活的道德表述等概念，进行自我复制。

模因的行为很像粒子。螺旋动力学提出了另一种类似波浪的元模因，一个系统或价值观元模因（'MEME）。这些元模因相当于模因的组织原则，像吸引子一样吸引道金斯和契克森米哈所描述的内容丰富的模因。大的元模因是心理文化DNA上的氨基酸，像磁力一样，将模因和其他思想凝聚在一起。虽然元模因最开始是在人类心智中形成的，但它们特别重要，覆盖整个人类群体，并开始构建其各自的思维模式。元模因决定了收集信念的速度和过程。它们构成了整个文明的思想、价值体系、政治形态和世界观。元模因也是企业文化中的关键因素，决定了决策是如何做出以及为何做出的。我们个人的元模因堆栈是我们个性的核心，不仅为我们的人际关系，也为我们是快乐的露营者还是不安的灵魂，设定了基调。

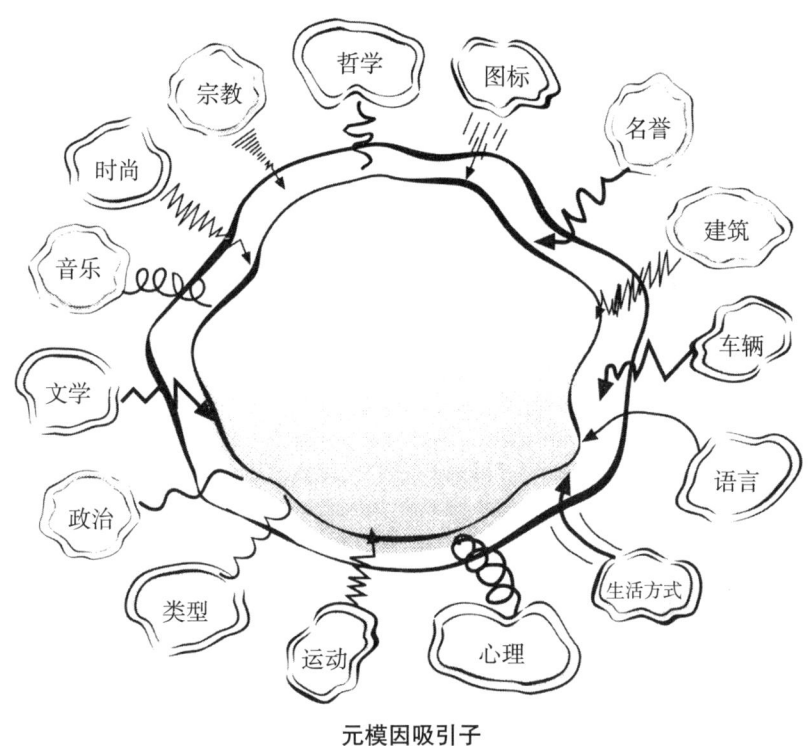

元模因吸引子

上图说明：每个元模因都是一种组织原则、重力中心、几何分形、自我复制力和吸引内容丰富的小模因的磁场。

基因仍在慢慢演化，由元模因形成的决策系统始终在变动。元模因是如此鲜明，它们看起来像某种原型，而且很容易被误读为人的"类型"。几种元模因和谐一致时，就会像和弦中的音符一样产生共鸣。然而，彼此冲突的元模因则会导致个人的麻烦不断、家庭的不正常、企业的不景气、教会的分裂和文明的衰落。元模因是"活的"，它们就像圣诞树上挂着的一串彩灯，可以起落、流转、快闪和慢闪。因为有着共同

> 元模因就像一种平行的生命形式。因为我们只能通过行为表现和围绕它们的人工制品来推断它们的存在，所以我们几乎没有意识到它们的力量。

的价值内涵，不同的元模因可能会并行支持某个特定主体、想法或项目。而在其他时候，具有相同本质的元模因决策框架的人们，可能会就信仰的细节和何为"善"的问题产生激烈的分歧，恶化为圣战和不文明的战争。

我们可以用毒性、危险基因来预测身体的疾病。（如何处理这些知识可能是当今医学伦理学者面临的最大难题。）我们的态度、信念与行为中，可能存在着令人厌恶、使人不悦的模因。同样，你会发现不匹配的元模因正掌控着一些个体、组织或文化。当元模因不健康时，原本使我们能对环境中的新问题做出反应的力量，也可能会阻碍我们成功地适应。正所谓"物极必反"，难怪这么多伟大文明消逝在历史长河之中。它们的元模因早在其纪念碑被磨损之前就已经被破坏了。

元模因给我们的世界观、万物如何运行的假设以及我们做决策的根本原因，编码了指令。为了方便理解，请回想一位你认识的雅皮士（Yuppies）[9]，他发展迅速、高度竞争、自我导向、对身份地位极为敏感。他正强烈地表达着我们用颜色编码的橙色元模因。它通常会吸引如下元素：穿成功者的装束、开象征身份的豪车、出现在正确的场合、展示高端的伴侣、做出正确的职业举动、捧着金饭碗追求自主权等。

只要橙色元模因仍在闪现并重复其消息，该模式就会持续。它可能会被直接传给孩子们，而孩子们又会将其转译为自己独特的音乐、时尚宣言和购物偏好。元模因可能会在某地区占据主导地位，在社团政治中处于中心地位。它可能通常会保持稳定，甚至变得更加强烈。橙色元模因还只是螺旋体上八大元模因之一。

元模因就像一种平行的生命形式。因为我们只能通过行为表现和围绕它们的人工制品来推断它们的存在，所以我们几乎没有意识到它们的力量。但是，就像为我们消化食物的肠老兄一样，元模因可以帮助我们的心智理清世界"真正"的样子。螺旋动力学描述了元模因在三个不同但又明显相关的层次上是如何运行的：

- 个体，其主导的元模因，塑造了个体在生命中的优先级与价值观，从最基本的生存到地球村村民，以及其他。儿童的发展涉及在适当的时机唤醒、引导元模因，并学习以健康的方式表达元模因。新元模因的出现，通常会在家庭与工作关系中引发个人危机。高管的职业生涯很容易受到这些冲突与超负荷的影响。

- 组织，其所拥有的元模因在其基本文化DNA层面上，决定了其在竞争激烈的市场或社会责任法庭中的成败。尽管组织发展的任务长期以来一直是改进或重新调整企业具体而微的事务，但它很快就需要包含唤醒新元模因。到目前为止，模因变革带来的挑战远远大于"更努力、更聪明地工作"。

- 社会，无论是地方还是国家，除非已坚定扎根在与其所占据的世界一致的关键元模因之上，否则还是会动荡不安。动荡与稳定都是元模因变换过程中的产物，尽管很少有分析人士能透过迷雾般的混乱想法看到它们。

这些只是几大核心元模因在运行时的少数表现形式。动态螺旋是悬挂元模因被唤醒与被表达的框架。正是这些组织原则从表面的混乱中带出"为什么"，并解读我们的价值观语言。比起其对行为或人员分门别类（已经有足够多的其他模型在这样做），螺旋动力学将带领你去探索无形的、活的元模因，它存在于每个人、每个组织或每个社会的核心智慧之中，流转于人类系统的最深远处，悸动于决策系统的中心。

注释

1. 英国小说家暨数学家艾德温·阿博特于1884年出版《平地》一书，该书讲述一个二维空间的世界，生活在这个世界的居民都是几何图形。小说的主人翁是一个正方形。

2. 大卫教派为邪教组织。该教派认为世界末日就是一场同异教徒的血战，其成员在这场"圣战"中将为之献身，从而得以升天。其曾在1993年制造韦科镇事件和1995年俄克拉何马城大爆炸。

3. 里氏震级是美国加州理工学院的地震学家里克特（Charles Francis Richter）和古登堡（Beno Gutenberg）于1935年提出的一种震级标度，是目前国际通用的地震震级标准。

4. 阿提拉，古代亚欧大陆匈奴领袖，欧洲人称其为"上帝之鞭"。

5. 仙女座菌株，来自科幻电影《人间大浩劫》，电影中来自仙女座的这种病毒让小镇一夜之间变成死亡之镇。

6. 小塞缪尔·施雷纳，美国作家，主要作品有文集《周期》、小说《我主尊贵荣耀》等。

7. 罗塞塔石碑，雕刻有古埃及象形文字的石碑，象征着古埃及的文明印记，目前是大英博物馆的镇馆之宝。其被用来暗喻解决一个谜题或打开一个难打开的事物的关键线索或工具。

8. 爱德华兹·戴明，美国统计学家、作家、讲师及顾问，其主要贡献在于提出了全面质量管理、持续改善、员工参与、团队精神等。

9. 雅皮士，是指西方国家中年轻、能干、有上进心的一类人，他们一般受过高等教育，具有较高的知识水平和技能。

第 2 章 元模因系统的本质

如基因一样，模因并不单独运作，而是在形成世界观的马赛克画中相互交织。

——霍华德·布鲁姆 [（Howard Bloom），《路西法原理》（The Lucifer Principle）作者]

带上你的护照，我们即将开始螺旋狩猎。在这趟旅程中，你将跨越时代、地域和文化，采访几位完全不同的人。你将在你的虚拟现实心智中坐上阿拉丁魔毯。（将神话与高科技相结合会怎样？——阿拉丁遇见乔布斯，多亏了迪士尼。）你的任务就是在你遇到的每个人身上寻找一个问题的答案："活着是为了什么？"尽管你可能已经有了自己的答案，但因为其他人的观点对管理、宗教、教育和政治来说也至关重要，我们假设你仍然想知道他人的想法。现在，让我们开始元模因狩猎之旅。

对 6 个人的采访

松格玛

魔毯首先降落在非洲南部一个名叫夸祖鲁（KwaZulu）的小乡村。

"我在寻找'活着是为了什么？'的答案。"你跟一个中年松格玛说道。（松格玛能施放和移除魔咒、编咒语、分发魔水，并出售能使人们免受邪恶势力伤害和/或争取善的力量到他们身边的混合巫药。）"为了取悦神灵。"松格玛谨慎地回答道。他不确定你是谁，以及你来自哪个部落。"我们活着是为了给我们的祖先争光。"松格玛继续说，同时用手摩挲着一个光滑的护身符，"因为他们仍然和我们在一起。我们为我们的部落而活。""非常感谢，"你说，"愿你和你的家人好运。"当你离开时，你想起自己曾在电影《沙卡祖鲁》（*Shaka Zulu*）看到过这样的一个人，也曾在托尼·希勒曼（Tony Hillerman）关于纳瓦霍人的小说中读过类似的模因。

古惑仔

转瞬间，你飞到了纽约布朗克斯区的一个地下人行通道。你发现自己正面对着一个表情冷酷的古惑仔，他坐在一辆脏兮兮的、满是涂鸦的车里。年轻人强悍、冷酷、刺眼的凝视让你脊梁骨发冷。顾不上虚张声势，你问出了那个问题，身体紧贴着魔毯，准备随时开溜。"关你屁事。"古惑仔嗤笑了一声，上下打量你，看你是否带了家伙，确保你不是便衣警察或青龙帮的跟班。你看起来不危险也不值得抢劫。古惑仔这才开口："好吧，既然你问了，我就告诉你。但你最好给我听清楚，听见了吗？生活就是个婊子。因为没有其他人会为你盯着，所以你必须小心你背后的冷箭。每个人都在索取，当然也要付出代价。如果你想要什么，就要为自己争取。你可能明天就死了，所以要么现在就干，要么永远不干。任何一个惹到你的人，都必须为此付出代价。本就该如此。如果有人有不同想法，那他就是一个蠢蛋。我只想得到别人的尊重。""谢谢你。"你说道，松了一口气。魔毯带你飞离此处，又一个元模因到手了。这个古惑仔的世界太压抑了，但他已经适应了它。你能适应吗？不管怎样，当听到明亮的苏萨进行曲（Sousa march）时，你的精神不禁为之振奋，你已经沿哈德逊河，飞到传说中的西点军校——美国陆军军官学院。

西点军校生

你滑翔降落在一个外表整洁、眼神清澈的军校新生跟前，他站在靠近著名的西点军校"平原"的道格拉斯·麦克阿瑟将军纪念碑前。当你们看过了刻在石碑上的"责任、荣誉、国家"的引语之后，你问出了那个问题。这个军校生的回答非常笃定："有一种更高的召唤，其重要性高于一切。它就刻在那块石碑上。这是我的信仰。这是我从父母那儿学到的。这也是我们国家遗产的一部分。我已经宣誓要捍卫它和代表它的旗帜。我随时准备为这些神圣的原则牺牲。这是我们保障子孙后代过上我们这种生活的唯一方式。我们要把自由与民主传播到全世界，这是神的旨意。"这个军校生利落地行了个军礼，然后就走开了。你拿到了他的元模因，将其留在记忆中。

"真是个伟大的承诺。"你自言自语道，同时很好奇这趟奥德赛之旅的下一站是哪里。魔毯选择了一条去新加坡的极地路线。当你飞过北极的因纽特村落时，你回想起松格玛和古惑仔有着多么不同的世界观啊。直到魔毯把你带到莱佛士酒店门前时，你才回过神来。在你着陆时，一个亚裔雅皮士从他的宝马车里出来，正把车钥匙交给服务员。这就是你接下来要采访的人。

企业家

这个穿着讲究的企业家在吧台前抿了一口 20 年的苏格兰威士忌,对你的问题给出了截然不同的答案。"我的看法是,世界就是我的牡蛎。生活中的挑战就是要赢得最大最好的珍珠,再卖掉它们,然后再赢得更大的。你知道的,只赢一个你是受不了的。因为它可能就是仅有的一切,我们还是好好享受生活所赋予的最好的一切吧。我工作很努力,而且我知道如何玩好这场游戏。风险总是存在的,但这正是我们这些玩家坚持玩下去的原因。不好意思,现在我要接一个我香港办公室的电话。祝你一切都好,旅途愉快。"

你抿了一口苏格兰威士忌,又一个元模因到手,再次坐上魔毯。魔毯正带着你离开莱佛士直奔伦敦,显然,你接下来要见的是个亲英派。飞越中东时,你不禁浮想联翩:靠石油赚钱的古惑仔会是什么样?一开始看似相隔千里,毕竟思维耿直的西点军校生与有伊斯兰教信仰的毛拉们能有多相似?

社会活动家

当你仍在自己的虚拟旅行中,惊叹于人类的多样性时,耳边传来远处大本钟的声音。你再次想起了那个问题。现在,你站在特拉法加广场的台阶上,旁边是一位举着抗议标语的热情的年轻女子。她的背包上挂满了政治徽章,里面装着有机种植的食物和国际事务的教科书。在与她寒暄了有关广场上的白鸽、游客和当前地缘政治热点的话题之后,你提出了那个问题:"活着是为了什么?""噢,"她不禁沉吟,"多么奇妙的问题。我可以先回答,但稍后你一定要跟我分享你的看法。我觉得生命完全关乎人和归属感（这一点你是知道的），关乎如何理解我们对和谐与社群的需求。我想它归根结底是爱。在失去人性之前，我们必须远离这个时代的物质主义和竞争意识。有那么多人需要帮助，但政府却捉襟见肘。我们刚刚结束了一场在国会的人权示威。明天我们还会再来。每个人都必须尽其所能地推进世界各地的正义与和平。你不觉得吗？好了，现在该你了。"可恶的魔毯！在你想出一个合适而体贴的回答之前，它已经带着你飞离地面，飞过赤道。

公园护林员

这次，你发现自己来到一个非洲的野生动物保护区，和一位护林员坐在篝火旁。他正在煮茶，穿着普通的卡其布工作服。这不是什么名牌衣服，并不花哨，但方便干活。你感觉到他的坦诚与开放，所以毫不犹豫地提出了"那个问题"。护林员沉默了一会儿，回答道："嗯，我想过这个问题，但我没有什么深刻见解。但在我看来，在这里恢复和保护我们的自然家园，让我得到了极大的个人满足。所以我猜我的答案应该是，我相信我们应该庆祝和尊重生命本来的样子。不仅如此，我想我们应该尝试去了解万事万物之间的联系，以及大自然如何保持自己的律动与流动。而我们只是其中的一小部分。"

魔毯带你升空，你跟他挥手告别，带你回到虚拟的真实现实中，一叠元模因在手。你已经采访了6个人，每个人都针对同一个问题"活着是为了什么？"给出了完全不同的答案。哪个答案正确？哪个回应最好？你为什么会这样认为？它们是否具有同等价值？哪个元模因最接近你自己的认知？

还是那6个人（10年后）

既然我们已经掌握这个虚拟现实，不如把这趟旅程变得更有趣些。我们利用魔毯的时间旅行功能去未来，探访10年后的他们。

10年后的松格玛

我们的朋友松格玛扩大了业务范围。他现在拥有一家小连锁药房，既销售传统民俗偏方，也销售来自第一世界的药品。许多神秘的、泛灵论的信仰似乎已被他抛诸脑后，你不确定这背后究竟发生了什么。你能感觉到，只要钱给够，你既可以买到泡腾片，也可以获得萨满服务。

10年后的古惑仔

令人惊讶（或不惊讶！）的是，原本顽劣的古惑仔已变成一名激进的城市传教士，他宣扬地狱之火和硫黄的信息。自皈依伊始，他一直遵循着严格的清教徒式的生活方式，并始终坚持自己对伊斯兰教的独特见解。他的几个"死党"变成了加长豪华轿车里的保镖。他真的相信自己被更高的力量召唤来宣扬真理，并与任何反对真理的人抗争。

10年后的西点军校生

这名军校生学成毕业并服满兵役，现在已经离开了军队。不过，他没有偏离得太远，而已成为弗吉尼亚州一所小型军事预科学校的教务长。曾经坚决服从管制的军校生不再那么死板，而是变得更加现实。他似乎已经失去一些旗帜鲜明的狂热，但仍保持着自己的纪律与军人风范。他对崇高原则的忠诚也没有丝毫改变。

10 年后的企业家

这位新加坡企业家一直在菲律宾宿务岛的贫困地区担任志愿者，从事一项重要的人权项目。曾经的竞争对手在马尼拉酒店碰到了这个曾经的雅皮士，对他悠闲、放松的样子感到震惊。他不再自我推销，快节奏的野心与强迫症也消失殆尽。"生意怎么样？"他之前的朋友问道。"呃，我没有再做生意了。我已经变了一个人——我发现了生而为人的意义。那次心脏搭桥手术真的让我有所醒悟；你有钱也买不到我现在的安心。"

10 年后的社会活动家

那位 10 年前四处寻找新的突破口的社会活动家，现在又怎样了呢？一位艺术总监注意到了我们这位敏感的朋友手绘的海报。她现在是一家生意兴隆的公关公司的客户经理，尽情享受着名车、名牌时装，出入高档场所。看到这个"开明"的人将自己出卖给物质主义，前活动家的同事感觉被背叛了。她很好地处理了这些抗拒，现在有了新的"志趣相投"的朋友圈。她的背包已经换成了古驰包。

10 年后的公园护林员

公园护林员两年前去世了。按照他的遗愿，他被葬在一个简单的、没有标记的坟墓里，就在保护区深处的山上的一棵猴面包树下。护林员的同事都说，他几乎没有什么变化，完全致力于自然生态系统的保护，同时以一种更简单的生活方式积极地活着。他过着自己喜欢的生活，忠于自己的原则。出于对护林员贡献的真正尊重，来自不同部落、不同文化与不同工作岗位的人都参加了他的告别会。

为什么不同？为什么改变

现在，你又回到魔毯上，满肚子问号。只有一个人（护林员）没有发生变化。有一个人（西点军校生）变得更加成熟，还保持着原来的世界观。其他 4 个人都发生了显著变化：古惑仔从一个满口狂言的街头混混变成了一个正统的伊斯兰教圣徒；企业家的关注点从证明自我的竞争转变为真诚地关心他人；然而，曾经的社会活动家，从宣扬所有人有权享有平等生活，变成为个人谋利益，并让自己过上了"美好生活"；松格玛现在既是一个成功的商人，也是一个神秘主义者。显然，元模因会变动，而且可能存在着某种变动模式。

再访克莱尔·格雷夫斯

让我们再回到魔毯上。我们将回到 20 世纪 70 年代末，拜访一位当时还默默无闻的教授。他在纽约斯克内克塔迪联合大学心理学系的一栋灰色大楼里工作。你要拜访的这个人就是克莱尔·格雷夫斯教授。你将向他提出你的疑问。他又高又瘦，锋芒毕露，眼神灵动，嗓音低沉。"格雷夫斯博士，"你问道，"当被问及'活着是为了什么？'时，为什么我采访的人会有不同的答案？为什么有些人会在 10 年后改变想法，

> 人类的存在本身包含不计其数的，也可能是无限的存在方式。它们精准地扎根在人类多层次的大脑结构中。

而有些人却几乎没有变化？"

"好问题。"他喜笑颜开，同时开始在脑中搜寻合适的表述，好让我们理解这个复杂的话题。"这是本性使然。简单来说，在我看来，人类的存在本身包含不计其数的，也可能是无限的存在方式。它们精准地扎根在人类多层次的大脑结构中。你所遇到的仅仅是人类以不同存在方式涌现的证据，在特定条件下，还会转变为其他的存在方式。"

他继续说道："20世纪50年代初，当我在课堂上教授不同的心理学理论时，我就遇到了同样的问题。学生们一直在提问，但我无法告诉他们哪种理论是'正确的'。因为它们成了一团乱麻，我甚至准备要彻底离开这个行业。也是在那时，我决定启动一项重大的研究项目。我想弄清楚为什么像你采访的那些人对世界的看法如此不同，但他们没必要被这些看法所束缚。长话短说，我的数据支持这样的结论：人性就是能起落与流转的存在模式。新模式会取代旧模式，但旧模式不会消失。它们仍留在我们之内。此外，还有许多潜在的、我们从未体验过的新模式已露端倪。"

元模因的性质

本节将描述这些无形的核心智能（元模因）的特征，它们在我们对其不知情的情况下影响着我们。

具体的行动、行为与事物　　抽象的系统、信念与规划

核　　　心　　　职　　　能

元模因流

然后，我们将研究核心智能规律、代码与原则，它们影响了元模因不断演化的存在方式，使我们发生转变、改进并部署。正如我们的朋友克莱尔·格雷夫斯所说，这就是螺旋的智慧。

元模因会将自身变换为世界观、价值体系、心理存在层次、信念结构、组织原则、思维方式和生活方式。

元模因具有如下性质：

（1）元模因体现了构成系统与影响人类行为的核心智慧。元模因包含了思想、动机与指令的基本包，这些决定了我们如何做决策，如何在生活中确定优先级。每种元模因都有自己独特的发送和接收渠道、组织设计、强度级别、行为准则以及一套世界运作方式的假设。

元模因占据人类心智的方式很像寄生虫入侵人体，会重新调整神经系统秩序以适应其思考方式。每种元模因都有一个定向罗盘，使其具有掠夺性和扩张性或被动性与合作性。它们都有抗体来抵御来自竞争性元模因的攻击。

元模因决定了我们基本生活中的优先级，这反过来又使其他人可以观察到的表面决策与行为得以产生。电视角色阿奇·邦克（Arch Bunker）和墨菲·布朗（Murphy Brown）的元模因截然不同。哎，人们无法仅仅通过观察一个人的行为（他所做的），探测出其运行中的元模因。只有识别出一个人这样做或这样说的原因，才能找出其元模因。一个居心叵测的人可能会试图说服你，他是从高度关注人类福祉与社会事业的绿色元模因角度来宣说的。而实际上，他被极度自私的橙色元模因驱使着，想让你出钱来支持他的"慈善"账单。

以下是迄今为止出现的8种标志性元模因[1]的快速预览，它们聚集了很多信念与想法。你将在本章末尾找到这8个核心元模因更详尽的介绍，并在第三部分中找到对它们所有发展阶段的详述。

元模因	流行名称	基本动机
米色	生存本能（SurvivalSense）	依靠自身的感官维持生命
紫色	亲族精神（KinSpirits）	在神秘而可怕的世界中的血缘关系和神秘主义
红色	权力之神（PowerGods）	通过削弱独立性，增强对自我、他人与自然的权力
蓝色	真理力量（TruthForce）	对正确之路的绝对信念和对权威的绝对顺从
橙色	成就驱动（StriveDrive）	专注于让事情变得对自己更加有利的可能性思考
绿色	人类纽带（HumanBond）	以人类福祉和建立共识为最高优先级

---

[1] 螺旋动力学的8种标志性元模因每个颜色都有其自身的特性和特点，如果颜色碰巧与其他理论有雷同，还望读者加以区分。——编者注

一个根基稳固的元模因将围绕自身建立一个强大的支持结构。在新元模因扎根并成长之前，改变通常会经历连根拔起的痛苦。

元模因	流行名称	基本动机
黄色	灵活流动（FlexFlow）	通过连接和大局观，灵活适应变化
青色	整体观（GlobalView）	关注全球动态和宏观举措

（2）元模因影响所有的人生选择：元模因是自组织的实体，它们将自己精心细化成一致性的闭包，这几乎影响了我们生活中的一切。和强大的病毒一样，它们将自己依附于能复制和传播其核心信息的人、想法、物品和机构。每种元模因都有其宗教、政治、教育、法律、管理、家庭生活、精神健康和社会秩序的框架。相同的元模因可能出现在教室、运动场、大教堂、新闻媒体、行政套房和法庭衣帽间。

元模因就像磁场，使实体结合在一起或使它们相互排斥。种族分歧通常是元模因分歧。当新元模因在部分教会成员中被唤醒时，教会就会被动摇并分崩离析。在商业社会中，主要元模因发生转移时，会引发强烈的动荡并被迫重组。当前"破碎家庭"和家庭破裂的传染病，在很高程度上也是元模因崩溃的后果。

一个根基稳固的元模因将围绕自身建立一个强大的支持结构。在新元模因扎根并成长之前，改变通常会经历连根拔起的痛苦。

元模因会发展自己的思想。它们有能力捍卫人权，发动宗教运动，探索宇宙边缘，破坏自然资源，或追随善于开空头支票的领导者下海。世界上没有任何力量能阻挡一种大势所趋的元模因的到来，电台访谈、教皇通谕或联合国决议都做不到。

（3）元模因既表达健康的（更好的）品质，也表达不健康的（更差的）品质。元模因本身没有好坏之分，也没有健康与否、积极或消极的区分。例如,同样的元模因既催生了纳瓦霍人的神秘主义、澳大利亚土著的梦境旅行或沃尔特·迪士尼的梦幻旅程,也可能因迷信而被诅咒,或受影响在圭亚那喝下吉姆·琼斯集体自杀时所用的紫色药水。能解放数百万人的想象力,让人们献身于崇高事业并给他们的人生带来精心安排的元模因,也可能会令他人陷入激进、狂热、圣战和恐怖主义中。

健康的元模因是那些允许甚至促进其他元模因在进化螺旋上积极表达的元模因,即使彼此之间可能在争夺影响力。通常,因为没有内部监管系统来告知其何时应停止增长,元模因会变成恶性的。其他元模因因而变得封闭、被卡住、压抑,强化自我防御的心态。

(4)元模因是思维结构:元模因决定人们如何思考或如何做决策,而非决定人们相信什么信念或价值观。格雷夫斯将这种思维结构称为纲要,即可以承载内容(主题与模因)的容器。如果有着相同的元模因,即使有冲突,冲突也在内容层面上,而不在元模因的核心智能上。

其他例子可能还包括:

- 纽约市唐人街的两个街头帮派正在竞争地盘,以便进行敲诈勒索、"保护"非法勾当,双方都在红色元模因的范围内。
- 印度西北部的两大宗教为了争夺在"圣地"建立寺庙的权利,而陷入一场圣战,双方都处在蓝色元模因范围内。
- 共和党和民主党的不同的候选人在争夺政治与经济特权,但他们都在政治领域内玩着橙色元模因的游戏。
- 一家公司出现业绩下滑而濒临破产,工会和管理部门的人却在公司内部进行权力斗争,这是红色元模因到橙色元模因之间的绝境。

> 元模因拥有强大的控制性领悟力,能解读反馈信息并进行调整。它们被驱使着保护自己的核心智能,将自己的影响力扩展到每个开放的心智中。

当元模因在有限空间(无论是物理空间还是思维空间)中重叠并试图影响同一批人时,冲突就会产生。例如:

- 一个以意识形态为本、以真理为武装的由蓝色元模因主导的社会,正在与一个由橙色元模因主导的世俗运动交战。过早地用个人/精英的"西化"价值观,取代原来的宗教团体/集体系统,可能会导致整个社会倒退到封建时代。
- 社区中富裕的、以成长和发展为导向的橙色人群,与有生态意识、反对过度增长的绿色群体,正陷入一场政治斗争,以争夺市议会的控制权。
- 力争稳定与秩序的蓝/红色阵营正与冒险的、坚持扩张的橙/蓝色阵营闹争端。例如,在音乐剧《俄克拉荷马》(*Oklahoma*)中,农民与农场主争夺"领土"的统治权。哪种元模因将是主导?

(5)元模因会随着生命背景的变化而变明或变暗:元模因拥有强大的控制性领悟力,能解读反馈信息并进行调整。它们被驱使着保护自己的核心智能,将自己的影响力扩展到每个开放的心智中。每种元模因都有一个调节旋钮,当接收到自身 DNA 的指示或来自社会环境中生命背景的信号时,就会相应地调明或调暗。元模因并非静态的或僵化的,而是可以转移焦点、调节强度和改变作用区域。一个"元模因学家"会认为它们是活跃的、持续的、时常激进的思想细胞,可以像野火一样传遍各个世代、大洲以及各行各业中。

松格玛的元模因转变,是腾空了泛灵论的紫色,同时唤醒了具有企业家精神的橙色。西点军校生的思想是蓝色元模因日趋成熟的版本。古惑仔的元模因从放纵的红色变成了立场坚定的蓝色。伦敦的社会活动家发现以人为本的绿色是糟糕的经历，转而投身于物质主义者的橙色。公园护林员直到生命尽头都留在黄色元模因区域中并为此感到满足。

你将在公司的不同职能部门中发现不同的元模因。它们经常会在员工会议上就当天发生的任何问题发生冲突。你可能有位朋友正在因家庭烦恼或经历人生的重大转折，而遭受元模因转变之苦。裁员会导致元模因转变，那些留下来的人会感到内疚。因为这些改变完全忽视了导致人们抵制的顶梁柱元模因，许多大张旗鼓的改革都以失败告终。

那么，决定各元模因运行的动力究竟是什么？是否存在可检测的模式，还是说这一切纯属偶然，或者说这是无关粒子的独立运动，还是肆无忌惮的元模因受自我利益驱动而产生的结果？考虑以下特点：

米色：思维是自动的；结构是松散的群体；准则是以生存为主。
紫色：思维是泛灵论的；结构是部落种族；准则是遵循传统。
红色：思维是自私自利的；结构是强权帝国；准则是剥削侵略。
蓝色：思维是绝对性的；结构是金字塔形；准则是强权专制。
橙色：思维是多元性的；结构是授权式的；准则是追求战略。
绿色：思维是相对性的；结构是平等的；准则是寻求一致。
黄色：思维是系统性的；结构是合作性的；准则是综合考虑。
青色：思维是全体性的；结构是全球性的；准则是灵活、生态。

元模因快速总览

元模因的演化（推出）遵循以下路线：

从更简单 　　　　　　　　　　　　　　　　　到更复杂

　　　自然、科技与人文环境……

从在丛林中求生存　　　　　　　　　到在互联网上冲浪

　　　　　　唤醒新思维，穿越意识层级……

　　从弹丸之地　　　　　　　　　　　到地球村与全球网络

　　　　跨越地域与信息的区隔

第一层级"生存的元模因"

米色："生存为王"的元模因　第一层开启　格雷夫斯代码：A-N

基本主题：做生存所需的一切

特有的信念与行为：

- 凭借本能与习惯，只是为了生存
- 独特的自我几乎没有被唤醒或维持
- 食物、水、温暖、性和安全优先
- 形成生存带以延续生命

可见于：最早的人类群体、新生儿、老年人、老年痴呆症晚期患者、精神病患者、街头流浪汉、饥饿的人群、瘾君子、罹患"炮弹休克症"的人。可见于人类学小说让·奥尔（Jean Auel）的《洞穴熊家族》（*Clan of the Cave Bear*）。

紫色："有法力的"元模因　第二层开启　格雷夫斯代码：B-O

基本主题：取悦神灵，保障"部落"的温暖与安全

特有的信念与行为：

- 遵从神灵的意愿与神秘征兆
- 效忠酋长、长老、祖先与氏族
- 传承圣物、圣地、事件与记忆
- 遵守通道仪式、季节周期和部落习俗

可见于：信仰守护天使和巫毒诅咒，歃血为盟，古老的怨念，歌颂神灵的舞蹈，幸运符，家族仪式，神秘的种族信仰和迷信。在第三世界国家、运动队、社会帮派和企业"族群"中更为常见。

红色："冲动的"元模因　第三层开启　格雷夫斯代码：C-P
基本主题：随心所欲地做你自己，做任何你想做的事
特有的信念与行为：

- 世界是一个充满威胁和掠食者的丛林
- 从任何支配或约束中解脱出来，满足自我的欲望
- 行为高调，期待被关注，要求得到尊重，并发号施令
- 当下尽情享受自我，没有内疚与悔恨
- 征服、智取并统治其他有侵略性的角色

可见于："可怕的两岁"孩童，叛逆的青年，社会边缘人，封建王国，詹姆斯·邦德反派，史诗英雄，雇佣军，"爸爸"毕加索，狂野的摇滚明星，匈奴王阿提拉，威廉·戈尔丁（William Golding）的《蝇王》（Lord of the Flies）以及《恐龙战队》（Mighty Morphin Power Rangers）。

蓝色："有意义"的元模因　第四层开启　格雷夫斯代码：D-Q
基本主题：人生有意义，有方向，有目的，有既定的结果
特有的信念与行为：

- 一个人可以为了超然的理由、真理或正义之路而牺牲自己
- 强化基于永恒绝对原则而制定的行为准则
- 正直的生活带来当前的稳定，并保障了未来的回报
- 通过内疚抑制冲动；每个人都有适合自己的位置

- 用法律、法规和纪律塑造人的品格与道德品质

可见于：美国传教士比利·格雷厄姆（Billy Graham），弗兰克·卡普拉（Frank Capra）的电影《生活多美好》（*It's a Wonderful Life*），美国的清教徒，中国的儒家思想，哈西迪派犹太教，狄更斯笔下的英国，新加坡的纪律，骑士精神与荣誉守则，慈善活动，救世军，加里森·凯勒（Garrison Keillor）的乌比冈湖，童子军，爱国主义精神。

橙色："成就者"的元模因　第五层开启　格雷夫斯代码：E-R
基本主题：通过游戏赢取自己的利益
特有的信念与行为：
- 改变与进步是事物固有的自然规律
- 通过学习自然的奥秘和寻求最佳解决方案来取得进步
- 操纵地球上的资源，来创造并传播丰富的美好生活
- 乐观、敢于冒险、独立自主的人理应获得成功
- 社会通过战略、科技与竞争优势而实现繁荣

可见于：启蒙运动、成功学、安·兰德（Ayn Rand）的《阿特拉斯耸耸肩》（*Atlas Shrugged*）、华尔街、罗迪欧大道、里维埃拉、新兴中产阶级、化妆品行业、战利品狩猎、商会、殖民主义、电视购物、冷战、戴比尔斯钻石卡特尔、隆胸、时尚产业和《家族风云》（*Dallas*）中的约翰·尤因（J. R. Ewing）。

绿色："共产主义者"的元模因　第六层开启　格雷夫斯代码：F-S
基本主题：在内在自我中寻求平静，与他人一起探索社区中的关怀维度

特有的信念与行为：
- 人类的精神必须从贪婪、教条和分裂中解脱出来
- 用感情、感受与关爱来取代冰冷的理性
- 将地球上的资源和机会平均分配给所有人
- 通过调解和共识过程达成决策
- 洗心涤虑，崇尚和谐，丰富人类的发展

可见于：约翰·列侬的音乐，荷兰的理想主义，卡尔·罗杰斯（Carl R. Rogers）的心理咨询，解放神学，无国界医生，加拿大的医疗保健体系，美国公民自由联盟，世界基督教会联合会，敏感性训练，博尔德（科罗拉多州），绿色和平组织，吉米·卡特，电影《毕业生》（*The Graduate*）中的达斯汀·霍夫曼（Dustin Hoffman），动物权益保护组织，深层生态学（deep ecology），美国明尼苏达州的社会服务，布鲁斯·科克本（Bruce Cogburn）的音乐和冰雪皇后冰淇淋公司。

第二层级"存在"的元模因

黄色："整合"的元模因　第七层开启　格雷夫斯代码：G-T

基本主题：完全活出你自己和你想成为的并对此负责

特有的信念与行为：
- 生命是大自然层级、系统与形式的万花筒
- 存在的美好比物质财富更有价值
- 灵活性、自发性与功能性具有最高优先级
- 知识和能力应取代等级、权力和地位
- 差异可以整合到相互依存的自然流中

可见于：卡尔·萨根的天文学，彼得·圣吉的组织，斯蒂芬·霍金

的《时间简史》(Brief History of Time)，爱德华兹·戴明的全面质量管理，保罗·纽曼（Paul Newman）的电影明星之路，混沌理论，适用技术，生态工业园（使用彼此的产品为原料），美国喜剧《北国风云》(Northern Exposure)的早期剧集，费普罗公司（垫圈制造企业），弗雷德·沃尔夫（Fred A. Wolf）的书《新物理学》(New Physics)，迪帕克·乔普拉（Deepak Chopra）的书《不老的身心》(Ageless Body)。

青色："整体"的元模因　第八层开启　格雷夫斯代码：H–U
基本主题：通过心智与灵性体验到存在的整体性
特有的信念与行为：
- 世界是一个自身具备集体意识的动态有机体
- 自我既独立又从属于更大的、慈悲的整体
- 在生态系统中万物互联
- 能量与信息渗透到地球的每个角落
- 期待全局性、直觉性的思维和协作性的行动

可见于：大卫·玻姆的理论，马歇尔·麦克卢汉（Marshall McLuhan）的"地球村"，格雷戈里·斯托克（Gregory Stock）的《元人类》(Metaman)，鲁珀特·谢德瑞克（Rupert Sheldrake）的形态场（Morphological field），圣雄甘地的多元和谐思想，肯·威尔伯（Ken Wilber）的《意识光谱》(Spectrum of Consciousness)，詹姆斯·洛夫洛克（James Lovelock）的《盖亚假说》(Gaia Hypothesis)，德日进（Teilhard de Chardin）的书《人的现象》(Noosphere)。

对于珊瑚色（CORAL），两位作者都不清楚。

第 3 章　螺旋思维

　　1984年夏天,我们与克莱尔·格雷夫斯一同前往华盛顿,参加世界未来学会[1]的一次重要会议,格雷夫斯将在现场分享他的学术成果,我们都没意识到这将是他的最后一次公开演讲。他乘飞机从奥尔巴尼过来,下出租车时居然是跳下去的,我们至今对此记忆犹新。近十年来,他遭受了一系列心脏病及其他疾病的折磨,这些疾病严重限制了他的活动,也阻碍了其研究成果的普及。但在这趟旅途中他兴致高昂,他非常珍惜这个机会,让他有预见性的思想可以再次发声。

　　主持人介绍之后,轮到格雷夫斯上场了。他以威严的姿势站了起来,用低沉而洪亮的声音说道:"我把我的观点称为,'成人的生理—心理—社会系统发展的涌现、周期、双螺旋模型'(The Emergent, Cyclical, Double-Helix Model of Adult Biopsychosocial Systems Development)。"听到这些话,台下未来学家们的表现和其他团体听完后的反应如出一辙。有人叹了口气,有人窃窃私语,还有人尴尬讪笑。许多人不禁发出"啊""哇""噢,不",以表明他们知道自己的心智将被一个强大的新元模因侵袭,或是即将听到一番他们可能永远都无法理解的复杂的胡言乱语。

　　格雷夫斯通常会停下来,等待窃窃私语平息下来。他知道这是怎么回事。在他反驳前,他的眼睛里闪耀着光芒:"好吧,该死的!就是这样!"听众们哄堂大笑。随着他清晰有力地阐述模型,听众们也逐渐放松下来，转而开始好奇："为什么我们从未这样想过？为什么如此有意义的理论却少有人知？这不正是解决那些老大难问题的关键吗？"可惜的是，憨墩胖墩² 并没有出席。

他们无法知道，身体状况的每况愈下，以及在填补理论空白时仍须保持严谨的作风，这些因素共同推迟了格雷夫斯理论框架的完整呈现。在生命的最后十年，他完全预料到，大脑/心智研究的革命将充分验证他的思想，但他却没能亲身经历。

元模因"DNA"螺旋

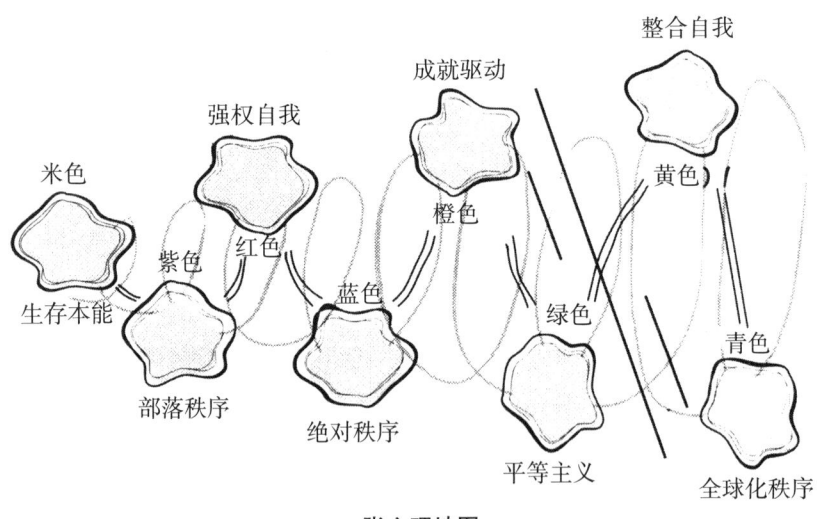

一张心理地图

内在的生命系统

尽管格雷夫斯给他的人性本质理论取了个壮观的名字，但它可以归结为几个要点。在前面的章节中，我们已经描述了单个元模因的核心智能，即格雷夫斯所说的"生理—心理—社会系统"。单个元模因可以在整个社会范围内复制，就像基因在全身传递遗传信息一样。现在，我们将描述螺旋内部的核心智能，也就是元模因组合的组织原则：如何唤醒新的元模因？如何调节元模因之间的平衡？什么会导致元模因的倒退？元模因如何在变化中无序迁移？

正如我们提出的"新时代，新思想"序列，每一次重大的社会剧变都会催生出不同的人生观——我们为什么会在这里？我们的本质是什么？我们的终点在哪里？每种元模因也发展出对管理社会系统的规则的不同看法，包括：谁应该做决策？基于什么做决策？是什么力量驱动生命向更高层次的复杂性进化？为什么不同的人同时经历着不同的发展层次？诸如此类。

要知道，你即将通过元模因来思考螺旋智慧，这些元模因当前就活跃在你的思维中。这样的思考将帮助你发展出合适的隐喻和视角。其他人则会以不同的方式看到这个模型的各个面向。他们会对不同朋友的元模因组合有所偏好，还会用自己的有色眼镜过滤掉其他元模因。他们将在其他地方定位到其核心智慧——生命跃动。指引的力量或驻留在造物主、上帝与阿拉那里，或隐含于儒家之道或佛陀的教诲中，或昭示于物质机器与科学真理之中，或栖身于无定形的更高力量、大自然或女神。无论你在哪里找到它，它此时此刻就在发挥作用。它既存在于我们的基

> 人类自身具备在不同的心理发展层次上生存的能力，甚至可以发展出新的层次。

因 DNA 中，也存在于我们的元模因 DNA 中。

以下 7 个原则阐述了螺旋中的核心智慧，还构建了在新范式、管理理论，甚至是全球化交易习惯中体现的模式。它们揭示了催生出趋势（子趋势）的最深层趋势（母趋势），孕育出时代引领者的最根本动能，形成了"新"的或下一个世界秩序的全球发动机。它们还可以说明，元模因是如何以及为何出现在人群或网络中，以及在其中又是如何表现的。

原则 1：人类有能力创造出新元模因

格雷夫斯有一个重要观点是，人类自身具备在不同的心理发展层次上生存的能力，甚至可以发展出新的层次。这并非天生的孰好孰坏状态，而是说，它们的确反映了人们对这个世界的不同看法，以及人们在其中发现的复杂性。

生存层次的可变性表明，我们有能力逃脱沉睡基因的暴政。当基因仍在不紧不慢地变化时，人类的元模因却能在一夜之间跃迁到进化的螺旋状态。

格雷夫斯曾指出："人类的发展是一个展开或涌现的过程，其标志是旧的行为系统逐渐从属于新的、更高阶的行为系统。"显然，我们拥有强大的动态思维。它可以自行对齐，形成新元模因以响应不断变化的生命背景，甚至可以在全球范围内构建十年前闻所未闻的、全新的组织架构。

我们的心智 / 大脑中是否还有更多尚未被开发的潜能？ 1995 年的智人是否是人类物种进化的终点，还是仅仅是我们当今世界的"最先进水平"？让我们回望历史，看看当生命背景出现变化时，那些前沿思想家们都曾有过怎样的讨论。

大致说来，有以下几个阶段：

100 000 年前	智人幸存者	米色
	成为人类，而非动物	
50 000 年前	智人神秘主义者	紫色
	形成部落、巫术、艺术和精神	
10 000 年前	智人剥削者	红色
	独裁者、征服、发现	
5 000 年前	智人专制者	蓝色
	文学、一神论、共同目标	
1 000 年前	智人物质主义者	橙色
	流动性、个人主义、经济	
150 年前	智人人文主义者	绿色
	人权、自由、集体主义	
50 年前	智人整合者	黄色
	复杂性、混乱、互联互通	
30 年前	智人整体者	青色
	全球主义、生态意识、范式	
今天？	智人_____	珊瑚色

1973 年，在向美国国家精神健康研究所提交研究成果时，格雷夫斯提出警告，他就像在"摇摇欲坠的小树枝上艰难爬行"。他认为，人类系统反映了我们动态神经设备的不同激活水平，例如，反映了我们大

> 人类大脑并非一开始是被动的、没有内容的硬件,而是像"软件"一样的系统,等着被启用并不断升级!

脑的化学湿件、复杂的神经细胞集聚、数十亿潜在的神经元连接的不同激活水平。他的主张是:"当人类解决了一个层次上的生存困境之后,新的大脑系统可能会被激活。一旦被激活,人的认知就会改变,从而使他发现新的生存困境。"这也就是说,人类大脑并非一开始是被动的、没有内容的硬件[如约翰·洛克(John Locke)[3]的白板假说],而是像"软件"一样的系统,等着被启用并不断升级!

多亏了近些年的神经科学革命,在1973年被格雷夫斯调侃为"摇摇欲坠的小树枝",在20世纪90年代中期发展为粗壮的知识枝干。这个新信息库为我们系统寻求解决问题的本性提供了更深刻的洞见,并不断验证了格雷夫斯提出的"心理存在层次"理论。

要想在开放系统的非凡进程中唤醒大脑的潜能,让它对我们起作用,必须满足以下三个条件:

(1)一套运行规则,可能编码在我们的DNA中,使我们能够唤醒新系统,并使其增强甚至取代旧的系统。正如纽约雪城大学的物理学家埃里希·哈思(Erich Harth)在《千禧一代的黎明:超越进化与文化》(*Dawn of a New Millennium: Beyond Evolution and Culture*)一书中所提到的:

> 我们不妨这样假设,史前人类的大脑,就像未冲洗胶片上那些看不见的影像一样,这些影像显示了大脑功能的潜在能力,在几千年里都找不到机会表达。究竟是怎样奇怪的进化原则,才能使这些功能被激活呢?

(2)在遗传与环境中产生的、触发特定系统的动态力量:迈克尔·加扎尼加（Michael S. Gazzaniga）是一位备受尊敬的神经学家，他与其他研究者共同提出了"裂脑"（split brain，左右半脑）理论。他认为，大脑系统通过相互作用来塑造一个人。在将生物学家所说的选择学说应用于心理学时，他指出大脑中存在难以估量的可能性。加扎尼加指出："看起来的学习行为，实际上是有机体在内置的回路资源库和相关的行为与认知策略中进行搜索，从而使其能够以最好的方式回应环境的挑战。"[《大自然的心智》（*Nature's Mind*）]

神经生物学家杰拉尔德·埃德尔曼（Gerald Edelman）在其畅销书《先有心灵，还是先有物质？》（*Bright Air, Brilliant Fire*）中，讨论了大脑中的意识进化。他评论道：

> 在这本书中，我坚持认为，思维是通过进化形态学的运作以非常明确的方式产生的。我试图证明，心智至少是在这颗宇宙尘埃上的特定历史时期出现的。它来源于大脑中确定的物质性安排，但这并不意味着它等同于它们。因为，正如我们所看到的，意识取决于我们与环境的关系；而其最高层级，又取决于社会中的符号和语言。

（3）人脑有同时容纳若干子系统的能力，这些子系统同时存在，有些比较活跃，有些则相对被动。当代关于多重人格障碍（Multiple Personality Disorder，MPD）本质的研究——通俗版本参见小说《化身博士》（*Dr. Jekyll*）、电影《三面夏娃》（*Mr Hyde, The Three Faces of Eve*）或小说《女巫》（*Sybil*）——已经明确指出人脑的这种能力。传统观点认为，人格可以分裂、片段化或解离成多个更小的子人格。现在的

> 元模因是我们的神经系统功能区与我们面对的生命背景相互作用的产物。外部环境（包括大自然与人类活动）与潜在的内在能力之间的交互界面，就是格雷夫斯在他的理论中所说的"双螺旋"。

观点是"……人格传达不同层次的想法，不同的存在形式同时嵌套于一个整体之中"（《科学》杂志，1992年11~12月双月刊）。不同层次的人格存在于我们的本质中，所以，人类所具备的潜能不仅能唤醒不计其数的元模因，而且能让它们在我们的概念库中共存。

原则2：生命背景唤醒元模因，元模因会以浮现、激增、倒退或消退来回应

元模因是我们的神经系统功能区与我们面对的生命背景相互作用的产物。外部环境（包括大自然与人类活动）与潜在的内在能力之间的交互界面，就是格雷夫斯在他的理论中所说的"双螺旋"。

元模因并不会像火车轨道远处的站台一样，在某个时间点必然出现，也不是人类生命中不可逆转的脚本；相反，塑造螺旋的核心驱动力，是在我们的内在状态与外部世界之间的动态交互中被激活的。当背景因子周期性出现时，模式就会出现，而当背景因子不再重复出现时，模式也随之消失。

生命背景包含四个重要方面：历史时期、地理位置、人类问题与社会环境。

历史时期：人类发展历程中的节点、特定文化出现的阶段和个人人生旅程的阶段。

关键词：时代、天命、世代、时期、周期、日期、时间框架、个人经历、成长阶段、对过去 / 现在 / 未来的感知。

在任何物理时间点上，在几乎任何社区中，你都可以找到身处同一

> 我们内在的潜能,会被外在条件变化所带来的压力所唤醒,因此,我们可以增加(或重排)元模因作为回应。

年,却拥有不同年代思想的人。在你的每个人生阶段,你也会发展出独一无二的元模因组合包,以适应当时的时代与时代呈现的文化主题。对于许多生活在西方文化中的人来说,20世纪40年代与20世纪50年代、20世纪60年代、20世纪80年代或20世纪90年代中期是截然不同的。然而,对于一些第三世界国家的人来说,几代人所处的时代都非常稳定。

我们内在的潜能,会被外在条件变化所带来的压力所唤醒,因此,我们可以增加(或重排)元模因作为回应。人类适应性智能的连续分层很像树的年轮,每个环都反映出季节中的环境条件。虽然人生季节的持续时间各不相同,但印刻在元模因系统中的文化、心理与社会发展的年轮却基本相同。你现在、过去与未来的样子,很大程度上取决于你在不同成长阶段所处的环境。我们没有被时代束缚,但是我们确实会受到时代的影响。

1992年9月,在阿尔卑斯山的冰川中,人们发现一具被冻结的"冰人"的尸体,这是一名生活在公元前2000年新石器时代的流浪者。奥地利人称他为"奥茨"(Oetzi)。人们无意中在他身旁发现了几块织物、一些武器与其他装备,表明当时的技术并不粗糙也不原始。这显然是4 000多年前欧洲最先进的水平。那时的欧洲大陆还是一片蛮荒之地。如果按照同时代其他繁荣社会的标准来衡量,比如当时的埃及、中国和美索不达米亚,可怜的奥茨只能算是一个粗鄙的乡巴佬。

设想一下,假如我们有相应的技术,利用冰人的DNA将他复活,那会怎样?他的心智将会是怎样的?他会有哪些元模因?假设他的免疫系统可以抵御那些让我们措手不及的细菌与病毒,我们复杂的高科技世界所带来的冲击,是否会让他沿螺旋倒退到更原始的系统?还是他能够迅速适应，唤醒新元模因，甚至将他的故事版权卖了拍成一部电影？

人们同时生活在不同的时代中。当农业时代来临时，许多人仍然按照原始社会中狩猎与采集的方式生活；但有些人（比如奥茨）没有这样做。当工业时代的蒸汽机轰隆隆地运转起来时，大多数人仍然跟在挽马[4]和水牛的屁股后面，坚守着他们"应有的"位置，但不是每个人。当信息时代横空出世时，我们数十亿人仍遵循着农场日出而作、日落而息的生活节律，工厂里的机器也才刚刚开始生锈，但不是所有人都会这样生活。正如乔治·奥威尔所说："……每个时代都包含着大量的上个时代的生活方式。"现在，我们已经越过了比特与字节的信息时代，又有怎样的新事物会响彻黎明，提醒我们前方的下一个时代？哪些时代产物会被延续到下一个时代？哪些又会被遗弃？我们当中谁会停留在这个时代，又有谁会继续向前寻找新元模因？

地理位置：个人或群体可感知到的自然与人为生态的物理条件。

关键词：大气条件，电磁通量，自然栖息地（冰川、沙漠、雨林、乡野、城市），建筑物，人口密度，各种外界刺激的种类与强度，空气、土壤和食物中的化学物质与矿物质，光的来源与类型，气候变化。

在《场所的力量》(The Power of Place)一书中，威尼弗雷德·加拉格尔（Winifred Gallagher）指出，地理位置中的许多因素对人类的社会价值观及相互作用有很大影响。生活在孤岛上的种族，与在冰山中迁徙的族群，或是在温暖肥沃的山谷中发展出来的文明人类，会产生不同的集体行为。除了指出这些因素的不同影响，加拉格尔还观察到：

> 与周边环境协调与否，会决定不同的思维是如何以及为何会在某些人身上出现，而导致另一些人不适的；大环境突然发生变化，会导致人口骤减。

纵观历史，所有人类文明都认为，环境会影响行为。时至今日，现代科学也已经证明，实际上，我们的行为、想法与感受不仅会受到基因、神经化学、个人经历与人际关系的影响，还受到周围环境的影响。（《场所的力量：周围环境如何影响我们的想法、情绪与行为》）

加拉格尔所说的"周围环境"，包括大自然剧场中的所有影响因素，如地磁场、地球上的地形地貌、天空、天气、季节等，也包括人工环境，比如房间、工作场所、建筑物、城市与居住空间。她还提到中国的风水，这是一门兼收并蓄的学说，融合了"艺术、地球物理观察、心理学、宗教、民俗和普通常识"。风水学描述了人与环境的和谐。显然，与周边环境协调与否，会决定不同的思维是如何以及为何会在某些人身上出现，而导致另一些人不适的；大环境突然发生变化，会导致人口骤减。有意思的是，要费尽多少周折，才能重新"发现"古老的智慧。

人类问题：一个特定的人或群体，其生存所面对的优先事项、顾虑、需求与要求，其中一些是全人类共有的，另一些则是一种文化、一个社区或一种个性所特有的。

关键词：生存必需品，如食物和水；可获得的丰富利基；感知到的威胁或安全程度；文化规范和要求；沟通和语言；控制狂、漫游癖与寻求刺激的个性；科技；社会记忆、历史遗留问题，流传至今的标识物和历史遗迹；疾病与传染病；扰乱先前社会秩序的未知因素。

> 社会环境也决定了在特定的状况下，哪些元模因更容易被接受、更切合实际、更公平公正。

诸如此类的生存问题压倒了现行秩序中的应对机制，并触发了大脑中相应的功能区，这能够让人更精准地感知环境，然后释放资源和概念能力来恰当地解决它们。螺旋上的每种核心元模因都有自己必须解决的独特问题集合。当几个元模因同时同地涌现时，动乱与冲突的程度也相应上升。世界上许多"热点"会因为元模因同时觉醒的摩擦而升温，还因为现有资源无法应对当前的问题而导致白热化。

社会环境：个体、群体与文化在权力、地位与影响力等级中的位置。

关键词：社会角色；资源流动链条中的地位；社会经济"阶级"；教育水平；机遇和获得利基的途径；外貌和相貌；人际动力；政治体系；家族血统；种族、年龄与性别因素。

没有两个人的社会环境是完全相同的，即使他们同时在相邻的地方，面临着相似的问题。他们的出生顺序、社会地位、基因遗传、家族特权、智力或身体禀赋，以及老生常谈的运气都有所不同。任何特定的群体、个人或社会阶层都是如此。无论我们喜欢与否，这些不平等的生命背景对人类事务都有着重大影响。没有两个人有完全相同的认知，或能够以同种方式获得同样的体验。即便是双胞胎也会有所不同。显然，政治、宗教与治疗中发生的许多事务都与螺旋的这一方面密切相关。

社会环境定义了我们的边界，要么是开放的，要么是封闭的。在处理"少数派"与"多数派"以及"强势群体"与"弱势群体"等的问题时，必须识别出不同群体的社会环境。此外，作为生命背景的四大要素之一，社会环境也决定了在特定的状况下，哪些元模因更容易被接受、更切合实际、更公平公正。在高效教育、合适的招聘与晋升制度、处理四分五裂的邻里关系等状况中所出现的混乱，也都与社会环境密切相关。

总结生命背景（历史时期、地理位置、人类问题与社会环境）：

……如果生命背景在很大程度上是……	……那么，有"感知的"人就会……
米色——自然状态	像其他动物一样行动
紫色——神秘且令人恐惧	安抚神灵，为了安全而聚在一起
红色——像丛林一样危机四伏	不顾他人欲求，为生存而战
蓝色——由更高力量主导	服从更高权威，忠诚于真理
橙色——有众多备选方案	务实地测试成功的优势
绿色——全人类共同的习惯	加入社区，体验共同成长
黄色——面临混乱崩溃的危险	学着如何既自由又保持原则
青色——单一命运共同体	寻找潜藏在地球表面混乱之下的秩序

原则3：元模因在表达自我与牺牲自我两个主题之间来回摆动

整个螺旋是由像钟摆一样的摆动形成的。钟摆在对"我"的聚焦和对"我们"的关注之间来回摆动。这有点像中国哲学中的阴和阳，或是马丁·布伯（Martin Buber）[5]所提倡的"我：你"。心理学家米哈里·契克森米哈概括说：

社会科学家们［亚伯拉罕·马斯洛、劳伦斯·科尔伯格（Lawrence Kohlberg）、简·洛文杰（Jane Loevinger）、詹姆斯·福勒（James Fowler）] 描述了思维在分化与整合，内求与外求，关注自我还是关注更大群体之间的辩证运动。这不是一个回到起点的圆周运动，而是一个上升的螺旋运动，在这个过程中，对自我的考虑逐步转变为不那么自私的目标，对他人的考虑则向利己主义和个人意义倾斜。（米哈里·契克森米哈，《进化的自我》）

因此，每种核心元模因都落在螺旋钟摆弧线的一边或另一边。其中一组是暖色系的（米色、红色、橙色、黄色），代表表达自我、以"我"为导向的元模因。另一组是冷色系的（紫色、蓝色、绿色、青色），代表牺牲自我、以"我们"为导向的集合。

个体与社会都倾向于从一个磁极倾斜到另一个磁极。当人类钟摆接近其力场的一端时，新的生命背景就会生成，在这些生命背景中的问题只能用另一端的解决方案来解决。如果过多的"自我"主义造成了阻碍，那么需要用一种"我们"的方式来恢复平衡。如果"我们"是过度的，那么，要想实现和谐，释放一些"我"就变得很有吸引力。

当摆动出现时，大脑必须激活相应的功能区，处理来自新元模因家族的信息或与之相关的信息。当摆向社群/集体"寻求内在平静"时，需要一种雷达般的感觉，迅速准确地获取、放大并反馈以吸收，确保自我对群体的依从。在摆向个体/精英"对抗并掌控"时，需要一种内在化的陀螺仪般的智能，这是探索新疆域所需的自我导向罗盘，它引领我们驶向未知水域，打破传统的安全。

个体/精英极	社群/集体极
我；我的	我们；我们的
取得控制权，做出改变，对抗自然，控制外在世界，依靠自我的力量。	接受必然发生的事，活在大自然的约束中，聚焦于安于自身现状，寻求外在权威。
任务：探索外在	任务：修复内在
控制中心：内在	控制中心：外在

个体/精英的元模因家族聚焦于如何控制、掌握、改变外在世界（自我之外）。控制个体，这些个体拼命让事物按照他们的意愿发展。个体形成的自我表达系统更松散，约束更少，也更愿意接受改变，愿意承担更多风险；一旦被唤醒，就会显著提升我们的行为自由度。他们倾向于挣脱桎梏，想要获得更广阔的视野，但他们也断开了个体与整体之间的连接。随着独立的"特殊"个体变得更加以自我为中心，他们对个人权利、自由、特权与特殊待遇的需求也在激增。这类元模因宣告："我是命运的主宰……我是灵魂的主人。"

另一极是雷达般的社群/集体（"我们"）元模因家族。这个自我牺牲区域，被控制并锚定在比任何个体都强大的事物上——家族与同胞，统一的更高力量，社群的共同利益，或地球的生命系统。然而，正如表达自我的群组集中精力在"外在"世界上一样，牺牲自我的人深深地忧虑内在——努力去了解自己是谁、是什么、为什么，并心安理得地接受这些。正因为这种侧重，这类元模因群组内在的思维会更倾向于对现状（无论是何种政治）和秩序的维持。社群/集体的能量促进团结、接受外在世界的原样，受其影响的个体也会为了群体的最大利益而放弃眼前的个人利益。当钟摆穿过螺旋摆动到这一区域时，概念空间有所扩大，更多能量投注于建立值得信赖的结构，建立稳定性，并在生活中达成一致，如"责任、荣誉、国家""节俭、勇敢、廉正、忠诚"。

暖色系元模因总是针对实体划分等级。米色用跑得最快或爬得最高来划分。红色用权力来划分。橙色用地位来划分。黄色用知识与能力来划分。冷色系元模因则喜欢将人们聚集到群体中，消除等级差异，均衡实体，重新分配资源。紫色通过亲缘来实现。蓝色通过信众聚集来实现。绿色通过共同利益与觉悟来实现。这样的动态也导致螺旋内部出现循环模式。

或许思维实验可以说明元模因的振荡。假设你正握着一个海螺的尖端。现在，想象你借助这个海螺摆动一根细绳上的重物。从海螺的尖角开始晃动钟摆，同时慢慢地松开绳子。此刻，你将周期与螺旋效应结合在一起了。

就元模因而言，你从米色（"我，生存"）开始释放钟摆并逐渐放长细绳。你看着钟摆从米色系统的顶点，晃到退出中的米紫色子系统，之后到进入中的紫米色，再到达紫色（"我们，部落"）的顶点。然后，穿过子系统，抵达下一个标记——红色（"我，有力量的"），继续下摆到蓝色（"我们，真理信仰者"）的顶点，再到橙色（"我，有能力的"），之后到绿色（"我们，愿意接纳的"），到黄色（"我，有知识的"），再到青色（"我们，正在成为的"）。只要螺旋够多、细绳够长，你就可以继

13911289040@163.com

辛玲

擅长为知识型引导师

○ 曾又为许多所院校做过入...
○ 清华大学 MBA 北京大学 EMBA
○ 使命专家，企业家教练，...
○ 十年自己的公司为公司生长的院长。
助力于，"赋能优化路径，营造有温暖的员工首到25岁。"

暖约 Chloe

擅长为知识型引导师

○ 有心理咨询经验，国际教练
培训师
○ 曾自某知名文化集团有限公司的
股东
○ VTC 视频会议中心资深买家客户
○ 擅长区块链 Blockchain 未来银
为多国客事人

Waytoochloe@126.com

近二十年热爱知识型引导师，创造了
《范式进化地图》，让客户在企业长期中享受
家族治疗的智慧意涵，致力于帮助人们获得身心
合一的图景，用最愤怒最坚持地陪伴每个心
觉醒与并重的旅程慢长。

螺旋动力

生存状况
时间、地点、问题、情景

元模因能力
系统内部

元模因是一个核心价值系统、一种世界观，也是渗透在组织结构、决策系统以及各种文化表现当中的一种组织原则

随着新的元模因崭露头角，先前占据主导地位的系统逐渐衰退

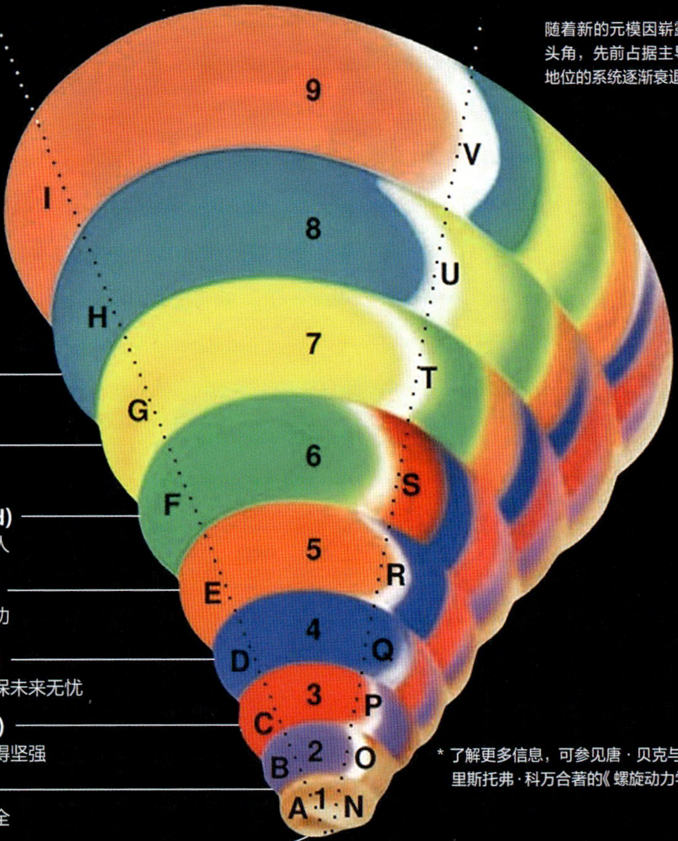

整体观 (WholeView)
协同与宏观管理

灵活流动 (FlexFlow)
整合与调校系统

人类纽带 (HumanBond)
探索内在的不足，平等待人

成就驱动 (StriveDrive)
分析和制定战略以实现成功

真理力量 (TruthForce)
找到目标，带来秩序，确保未来无忧

权力之神 (PowerGods)
冲动表达，打破自由，变得坚强

亲族精神 (KinSpirits)
在神秘世界寻求和谐与安全

生存本能 (SurvivalSense)
敏锐的直觉和与生俱来的感觉

* 了解更多信息，可参见唐·贝克与克里斯托弗·科万合著的《螺旋动力学》

组织密码与原则——心理 DNA

生存群体	部族秩序	开拓性帝国	权威架构	策略型企业	社会网络	系统化流程	整体性有机体

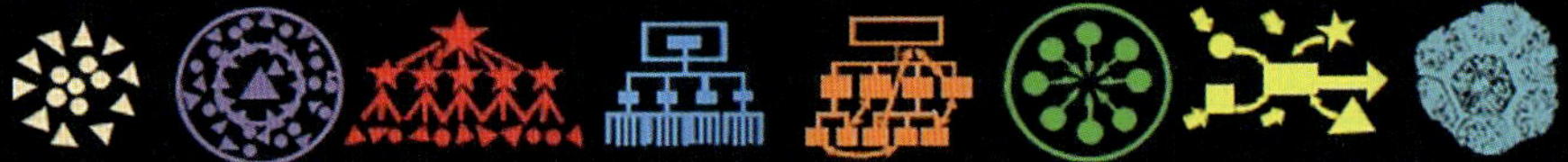

本能驱动	安全驱动	权力驱动	秩序驱动	成功驱动	人力驱动	过程驱动	综合驱动

华夏出版社 HUAXIA PUBLISHING HOUSE
翻译：蔡莹晶

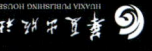

> 当压力积聚到一定程度时,唤醒就会沿螺旋发生,引发下一个系统的喷发,通常是上升,但有时是下降。

续这个过程。

我们是穿梭在个体/精英和社群/集体区间螺旋中的旅人。我们在心智中将它们混合在一起,并在我们的元模因档案中提纯我们的个人混合物。"我"到"我们"的不同比例设定了几代人的基调(如"雅皮士婴儿潮一代"对比"经济大萧条时期出生的人",20世纪80年代生人对比20世纪50年代生人,美国"咆哮的20年代"生人对比美国南北战争时期出生的人);塑造了各种典型的民族性格(如自由奔放的意大利人对比严谨有序的瑞士人);标记着个人的不同发展阶段(如"可怕的两岁孩童"对比赶时髦、渴望进入青春期的人)。识别并管理这些不断变化的元模因堆栈正是螺旋动力学的核心。

总结一下这个原则,记住以下几种主要的摆动方式:

- 在关注内在("我")与外在("我们")控制中心之间的摆动
- 以自我为中心,在独立的个体与主要依据群体来定义自己的个人之间的摆动
- 在依赖外部信息输入和他人反馈,与信任内在判断之间的摆动
- 在尝试探索与掌控外部世界,与需要修复内心世界并获得平静之间的摆动

原则4:元模因像波浪一样沿螺旋涌现

当压力积聚到一定程度时,唤醒就会沿螺旋发生,引发下一个系统的喷发,通常是上升,但有时是下降。尽管这种转变看起来是突发的、混乱的(格雷夫斯将其描述为"痉挛性的"),但未能被觉察的暗流一直

> 格雷夫斯一直认为，单纯、孤立的个性在自然界中是罕见的，这很可能是一种理论上的理想状态。

在表面之下涌动。

新元模因系统的到来，就像海浪涌向沙滩。每一个都有上升激流，为的是了解其当前的生命背景。同时，每一个都会与前系统退潮时的渐弱波交叠。有时，新系统会在上行中相互竞争，产生的干扰会削弱整个螺旋的推动力，甚至导致螺旋倒退。在其他时候，不同元模因波浪之间产生共振，互为助力，从而加速思维的演化。

每道波浪都承载着其诞生与死亡的种子，上一个系统的残留物在逐渐退去，新的存在方式正在前方闪闪发光。元模因的生命周期可分为3个阶段。

（1）进入：首次被唤醒时，有一段准备时间和能量积聚时间。这包括系统的最初成型和完善，以及发现和探索时的"灵感"时刻，相当于正弦曲线的上行部分。

（2）波峰：接下来是动态张力时段，明显稳定在顶峰附近。生命背景与元模因是同步的、和谐的、平衡的。格雷夫斯一直认为，单纯、孤立的个性在自然界中是罕见的，这很可能是一种理论上的理想状态。不管怎样，如果人们愿意接受不存在的简单性的话，它还是很容易谈论的，毕竟目前只有8种波峰元模因。

（3）退出：明显稳定的波峰时段之后是一个解体时期，这是一段混乱的时期，更复杂的问题使其不堪重负，系统开始失衡且失效。我们现在在走下坡路，如果我们尚有未开发的潜力和可利用的资源，就要为下一波浪潮做好准备。

动态螺旋始终是过程中的过程，但没有移动或改变的保证。格雷夫斯总是小心翼翼地指出：

变与不变都不是必然的。如果没有出现对动态张力（无论处于曲线的何处）的干扰因素，就不会出现任何变化。只要存在干扰与不平衡，变化就会发生。

变与不变都不是必然的。如果没有出现对动态张力（无论处于曲线的何处）的干扰因素，就不会出现任何变化。只要存在干扰与不平衡，变化就会发生。

当我们在第二部分具体讨论元模因如何变化时，你将更好地理解这一点。

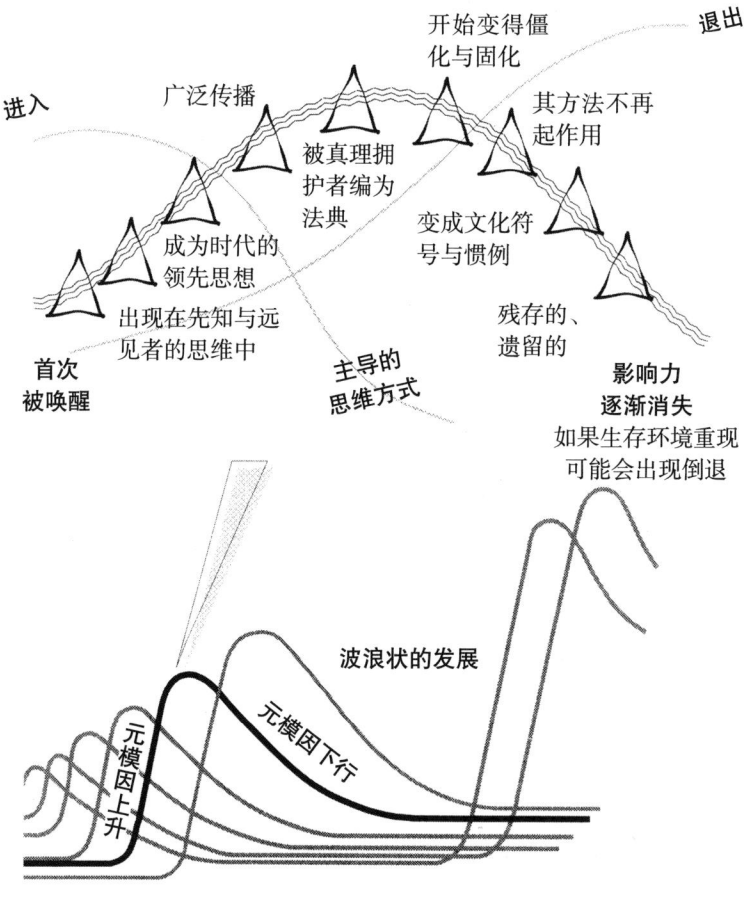

原则 5：元模因在不同的复杂度上螺旋上升及下行

沿螺旋出现的复杂度是越来越高的。从某个问题阶层的生活方式，到本质上体现下一层次生活背景复杂度的生活方式，"符合"这些条件的适者才能生存，不管它需要什么，并不要求每个人都是生理、心理或情绪上的"最强者"。

这并不是说，一个社会体系中的每个人或每个组织都能登上同一顶峰。事实上，许多人会坚持不适应环境的行为，会考虑不周，不协调，注定要毁掉自己在社会中的生存机会。加州大学洛杉矶分校的人类学与心理学教授罗伯特·埃哲顿（Robert B. Edgerton），在他的《病态社会：挑战原始和谐的神话》（*Sick Societies: Challenging the Myth of Primitive Harmony*）一书中明确指出了这一点：

> 因此，适应有时可能会对环境需求迅速做出回应。但它不是必然，通常也不会在经济实践中带来可预见的改变，更不可能在社会组织或文化中带来可预见的改变。必须再次重申的是，为了应对早期的可能，由不同的环境压力而形成的信念和实践往往会持续存在，其结果可能是远远达不到对环境的有效利用。

仅仅是因为某人掌握了权力，绝对不能保证其思维能让其解决未来复杂性的问题。然而，情况却恰恰相反。漫画人物波哥（Pogo）[6]是对的："我们遇到了敌人，敌人就是我们自己。"生命背景中关键变量的数量之多，经常超出领导层现有元模因堆栈的能力所能应对的范围。在反抗运动中，因为满足"人民"期望的批判性思维和资源已经被摧毁了，

> 我们所做的许多事情，不管是好是坏，不管是帮助还是阻碍自己成功地适应环境，实际上纯属偶然。运气、试错与得失都在刻画我们人生选择的特征。

革命往往无法兑现其领导者的诺言。在引入或激活新元模因之前，事情只会停滞不前，还很有可能恶化。我们将在第二部分探讨如何避免这种情况。

识别元模因的恰当性，是一个视角问题。你将在第三部分找到每种元模因的详细介绍，以及它们"健康"和"不健康"两种表现的图形。鉴于这是一个基于评估者自己在螺旋上的位置的判断，也就不奇怪教会分崩离析、陪审团陷入僵局、整个文化盛极必衰、一个人眼中的自由斗士是另一个人眼中的恐怖分子。好比金发姑娘[7]喝的粥，在某个螺旋区域上"刚刚好"的复杂度，在其他地方"太热"，在另一个地方又"太凉"。

尽管每个新元模因都是在原有基础上产生的，并增加了新的复杂性因素，但元模因的出现模式并不会机械地、按部就班地遵循既定的脚本。发展至今的元模因系统不过是我们心理上正在运行的 DNA 的思维印记。不同的人群，生活在不同心理层次，将在螺旋上同时走向各自的未来。

元模因的觉醒中有一种智能，有一种像蜗牛壳内在一样的内在逻辑，解释了为什么会出现不同的元模因。你可以开始推导，但要明白螺旋动力学的法则之一是，我们人类不一定要依理性行事。我们所做的许多事情，不管是好是坏，不管是帮助还是阻碍自己成功地适应环境，实际上纯属偶然。运气、试错与得失都在刻画我们人生选择的特征。然而，生命背景与我们内在元模因之间的联系，就像 DNA 中的氨基酸序列一样，编码着未来的潮流。

尽管如此，由于我们的知识与经验是不断积累的，因此，沿着螺旋的运动是朝着更复杂的方向发展的。再次引用契克森米哈的话，"复杂的技能是由复杂的活动建立起来的……进化是生命物质络合的历史"（《进化的自我》）。用螺旋动力学的术语来说，整体流动有 4 个特点：

- 心理空间的扩展——朝着更加多元的个性、更多样化的组织形式和更为繁杂的星球发展
- 概念空间的扩展——朝着更广阔的视野、更广泛的影响力、更大的时间框架发展
- 递增的替代方案——朝着从更广泛的方法菜单中获得更多选择发展
- 递增的行为自由度——朝着在如何生活、表达情感、可接受的人际关系等方面发现更多可能性发展

这个过程很像英特尔公司计算机芯片产品线的演变，从曾经盛极一时的 8086，经过 286、386、486 的迭代，再到命名为"奔腾"的 586 以期打破定势，沙子（二氧化硅）的名称日趋复杂。

原则 6：元模因共存于我们内置的"洋葱"状配置中

如果把一个透明的人类螺旋体沿漏口往尖端依次切片，我们会看到不规则的、洋葱状的元模因配置。正确标记后，这个剖面就可以显示出，在具体问题上不同螺旋层级的相对强度。元模因是内嵌于我们大脑的思维类型，而非我们的类型；而且，我们思考着许多东西——宗教、家庭、工作、运动、政治等，因此，我们也可以拥有多种思维方式，这些思维方式可以与主题领域混合并匹配。

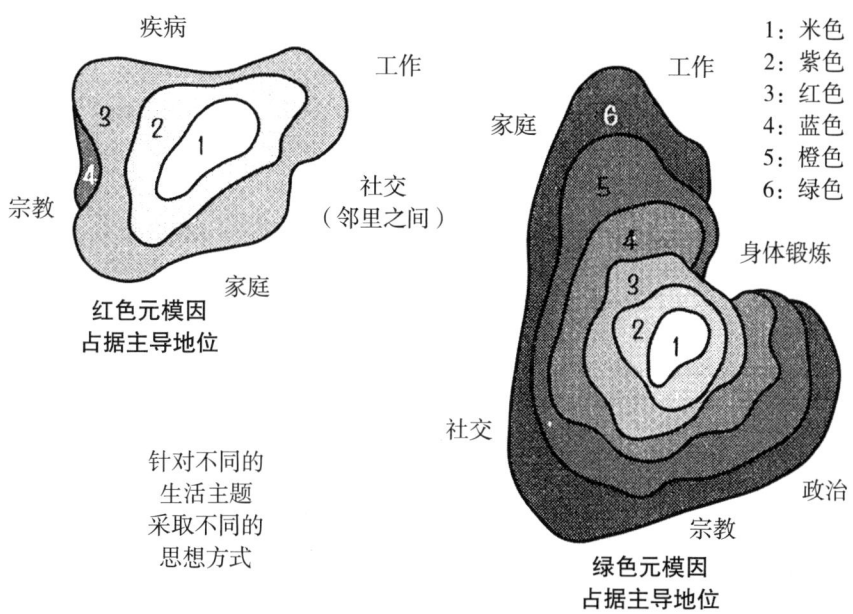

元模因堆栈——人类的内在系统

例如，图中这两个剖面体现了两个人 8 种元模因的相对强度和优选级。一个人集中于红色区域，另一个人则更集中于绿色区域。注意，一方面，"红色"人用蓝色元模因来思考宗教问题，而紫色在家庭生活方面离表面很近。另一方面，"绿色"人在参与运动时会激活红色，而在商业上保持着强烈的橙色。在阅读第三部分时，请牢记这个图像，并思考你自己的元模因洋葱，看看在不同场景下哪个元模因会占据主导地位，何时以及为何占据主导地位。我们将在第二部分讨论如何解读一个商业组织的元模因洋葱，在第四部分解读一个社会的元模因洋葱。

如果你能看见全人类的元模因洋葱，你很快就会发现，数百万人同时处于螺旋的不同层次上。尽管人口数量呈正态分布，但每种元模因觉醒所带来的祝福与诅咒却在全球魔方上被扭曲了。电视媒体让我们在晚间新闻中体验所有的系统，尽管只是间接体验。在这个实时交互的网状世界中，每种人类问题似乎都存在于各个方面。在这种扭曲的状况下，需要清醒的大脑和集中的力量来解决这些难题。当今的许多年轻人能够看到我们生存问题的严峻性，却对解决方案毫无头绪，因此他们生活在痛苦之中。当然，解决方案就在螺旋上。

原则 7：元模因沿螺旋以六个层次为一组

目前看来，元模因以六个层次为一组活得最幸福。人类奥德赛第一层级的六个系统，正逐步远离我们的兽性本能和生存问题。把它们想象成火箭的第一级，它以原始能量发射升空。用格雷夫斯在《未来学家》中的原话来说：

> 在人类生存的过程中，人类物种一开始就以最简单的方式阐述这些主题，这些主题会以成千上万种变体困扰着我们。在历史的当前节点上，在技术发达国家中领先整体社会效能的人们，目前正在完成第六个存在主题的初始表达，同时也在开启另一个全新的、更为复杂的变化回应的第一个主题。

如果你回想一下第 50 页的图，在其中我们相当随意地划定了历史上的"思想前沿"，你可能相当好奇，过去 30 年究竟发生了什么。现在你知道了。似乎在这个临界点上发生了一些事情，它阐明了我们的思想，也启发了那些被尊称为"发光的人"、那些觉醒者。这是人类火箭的第二级喷发。它得益于第一级的助推，并使我们的轨道更加精细、微调和精准。新国王的兵马与子民都在它的推力作用下诞生。

许多思想家曾描述过第一层级的重要方面，甚至提到了这种转变。除了马斯洛、科尔伯格（Kohlberg）、洛文杰（Loevinger）和福勒（Loevinger）以外，杰出的 O. J. 哈维（O. J. Harvey）和让·皮亚杰（Jean Piaget）也应加到契克森米哈的名单中。我们对这些及许多其他杰出的学者表示敬意，然而，恕我们直言，格雷夫斯的理论是我们发现的唯一涵盖了整个发展流的框架，从生存，经由社会化、现实化的自我，再到重新发现灵性，到这个过程背后的动力，再到系统产生的生命背景与元模因之间的相互作用，都被纳入视野。这一理论框架提供了一条面向未来的开放式轨道，普通人"张三"和"李四"明天就能将它用到生活工作中。

主题描述	颜色 第二层级	主要考虑
全息的—全球的	青色	生命与和谐
整合的—生态的	黄色	灵活性与自然流动

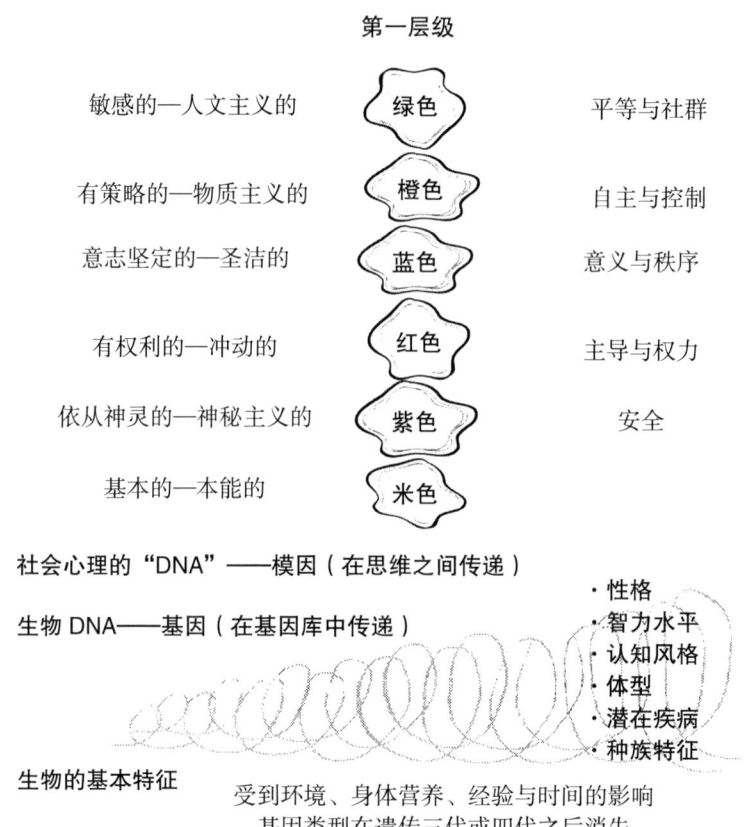

人类螺旋才刚刚开始，因此它是开放式的。我们目前正处于从第一层级六个元模因过渡到第二层级的发展进程中。克莱尔·格雷夫斯这样描述了这一分界点：

> 在长时间受制于更狭隘的动物本能需求、维持生计的迫切需求（米色）、对神灵的恐惧（紫色）、对其他侵略者的恐惧

> 除了恐惧明显减少，第一层级与第二层级之间显著不同，包括概念空间的显著增加，强迫性冲动明显减弱，有能力从许多渠道中学到很多，以及一种用更少的能量或资源完成更多事情的趋势。

（红色）、对违反颁布秩序的恐惧（蓝色）、对自身贪婪的恐惧（橙色）、对社会不认同的恐惧（绿色）之后，人类的认知突然变得自由了。现在，随着有更多的能量来激活认知，人们聚焦于自己与自己的世界（黄色、青色等）。

除了恐惧明显减少，第一层级与第二层级之间显著不同，包括概念空间的显著增加，强迫性冲动明显减弱，有能力从许多渠道中学到很多，以及一种用更少的能量或资源完成更多事情的趋势。

然而，格雷夫斯警告说，我们在这个过程中的发现不一定是令人愉悦的。虽然螺旋上升的每一步都解决了一些生存难题，但也相应制造了其他问题，也就是成功活着的遗留问题。如今，许多人在经历了人生中三四次痛苦转变后感到精疲力尽。有些人在早期就发展出蓝色真理力量，作为忠诚的追随者拥护伟大的事业。但随后，橙色成就驱动的务实主义将他们的注意力转移到个人的物质享乐主义目标与金钱游戏上。他们会说："让其他人先牺牲，以后再安顿，我就不了。"然后，随着那些物质上成功的世界开始瓦解，如今沮丧的婴儿潮一代发现自己正在透过绿色滤镜回顾人生。他们会问："这难道不是人生的全部？""我的天啊，它比你说的还要少。"一个聪明而愤青的X一代[8]回答道，他们遍布全球且深受红色影响。

与此同时，红色元模因以自我为中心的狂妄和紫色元模因的恐惧仍在折磨着我们，在螺旋的一端汲取能量。而在螺旋的另一端，人们也感到无比困惑，在复杂的世界中寻求一种维护自尊并与他人保持密切互动的存在方式。当我们思考从第一层级跨越到第二层级这一步时，我们的内心有许多问题需要解决。

第二层级的元模因将复现人类历史中的六个基本主题。第二层级元模因的开端——黄色，是第一个"存在（而非生存）"的层次，它的重点仍是生存，但其背景变成了信息丰富、人口流动性高的地球村。第八个系统（青色）重现第二个元模因（紫色），但生命背景的复杂程度提高了一个数量级——大部落、大趋势和大冲击，由第一层级所引发的一切充实起来。如果这种奇怪的六六对应的理论成立的话，第九元模因（珊瑚色）就是另一个版本的红色。它对地缘政治、市场环境和我们每个人都有着可怕的影响。拉什·多兹尔（Rush Dozier）把这称为跃迁到"思想时代"，我们在其中可能会很快通过生物工程改变生物进化的进程。他总结道："使科学能充分了解物质的量子密码和生命的基因密码的智能，也开始理解心智的突触密码。"[《进化密码》(Codes of Evolution)] 此外，有些人想知道，为什么螺旋会变得越来越复杂。

最后一点：标记方式

格雷夫斯最初用成对的字母来标记不同的存在层级：字母表的前半部分（如A、B、C等）表示广泛的生命背景；后半部分（如N、O、P等）表示思维中被唤醒的能力。因此，第一个元模因系统使用的命名方式相当复杂，先是A-N，然后到B-O，以此类推。（在第4章中，格雷夫斯阐述了社会心理系统的发展，说明了这些命名是如何产生的。）我们有几个同事会用数字来表示不同的元模因，但是因为很多人会认为，数字大的必然优于数字小的，所以我们认为这种命名方式容易形成预设。对元模因来说,恰当性和一致性是关键,而不是层次结构中的位置。

在20世纪70年代中期,为简洁起见,我们为元模因编了一套颜色代码。颜色代码的好处在于,我们很难说"蓝色"一定比"红色"好或坏。它们是不同的;一个有时会比另一个更加匹配现状,甚至可能引发激烈冲突。以下是元模因的颜色和一些记忆方法:

(1)米色　A-N(热带草原);
(2)紫色　B-O(部落首领与君主的皇家颜色);
(3)红色　C-P(热血的情感和"你眼中的火焰");
(4)蓝色　D-Q(天空、天堂、忠诚的信徒);
(5)橙色　E-R(工业炉中钢的辐射能量);
(6)绿色　F-S(绿色政治、森林、生态意识);
(7)黄色　G-T(太阳能与可替代技术);
(8)青色　H-U(从太空中看到的海洋与地球的颜色);
(9)珊瑚色　I-V(深海中的生命)。

我们用颜色出场顺序来区分进入、波峰与退出这三个阶段。我们用最先出场的颜色来表示元模因的波峰,后出场的颜色表示正在进入或退出,按螺旋顺序推定后出场的颜色是在进入或退出。在进入阶段,由于该元模因仍保有上一个元模因的部分元素,因此可以表示为绿橙色(橙色退出绿色波峰)。在退出阶段,因为下一层次更复杂的问题就横亘在绿色元模因前方,所以表示为绿黄色(绿色波峰黄色进入)。当涉及多个元模因时(这是普遍现象),我们按照不同元模因的影响力前后排序并增加"波峰"以区分正在进入或退出的元模因,比如蓝红双波峰(表示蓝色、红色都处于波峰,蓝色更强些),或红橙波峰紫(表示红色、橙色正处于波峰，紫色正在退出）。在应用螺旋动力学时，请选择最适合你的标记方式。

元模因词典

元模因肿瘤（ᵛMEME MALIGNANCY）：一种类似病毒的状况，指的是元模因的发展失控了。

元模因伙伴（ᵛMEME MATES）：两个（或更多）元模因在特定的生命背景下共存，甚至可能产生统合综效的作用。（个体/精英类的暖色系元模因通常会与社群/集体类的冷色系元模因相互协同。）

元模因迁移（ᵛMEME MIGRATION）：元模因模式通过在地球上流动来移动，并因教育、移民、旅行、经济转型、娱乐与大众媒体的传播而激增。

元模因景观（ᵛMEME SCAPE）（水平方向）：元模因在社会和地理位置上的分布，如家庭、公司、社区、不同区域与社会。

元模因转换（ᵛMEME SHIFT）：指的是一种元模因取代另一种成为螺旋上的主导，无论二者在螺旋上的位置高低如何。

元模因堆栈（ᵛMEME STACK）（垂直方向）：在个体、组织或社会中活跃的特定元模因组，它们形成了一个优先等级，会根据具体问题和状况回应。

元模因区域（ᵛMEME ZONE）：由于特定的生命背景，特定的元模因明显在某个时间段占据主导的区域。

注释

1. 世界未来学会：成立于1966年，是一个由未来学家和未来思想家组成的非营利组织。

2. 憨墩胖墩：该隐喻来源于英国的鹅妈妈童谣，唱的是憨墩胖墩从高墙上摔下来变成碎片的故事。因为打碎的鸡蛋很难恢复全貌，所以必须重视它的整体观、系统性，反对支离破碎。它通常被用来比喻现实中难以修复的难题。

3. 约翰·洛克（John Locke，1632—1704）：英国历史上最伟大的哲学家之一，他提出了心灵是一块"白板"的假设，认为人生下来是不带有任何记忆和思想的。

4. 挽马：用于耕作与其他农业劳动的一种大型马。

5. 马丁·布伯（1878—1965）：犹太人，哲学家、翻译家、教育家，他的研究工作集中于宗教有神论、人际关系和团体。

6. 波哥（Pogo）：由漫画家沃尔特·凯利（Walt Kelly）创作的每日连环漫画中的人物，该漫画在1948年到1975年间在美国报纸上发行。

7. 金发姑娘：源自童话《金发姑娘和三只熊》。金发姑娘发现了三只熊的房子，每只熊都有自己喜欢的食物和床。在挨个尝试过三只熊的食物和床后，金发姑娘发现有一个要么太大或太热，一个要么太小或太凉，只有一个"刚刚好"，指的是凡事都必须有度，而不能超越极限。

8. X一代：指出生于20世纪60年代中期至20世纪70年代末的一代人，在美国，步入中年的"X一代"前有"婴儿潮"挡道，后有"Y一代"强势冲击，在生活和工作中被夹在中间，处境尴尬。不少"X一代"因此满腹牢骚、焦躁不安。

第二部分

螺旋元模因的动力学

本部分探讨螺旋元模因的动力学。我们将从元模因变化的原理开始。接下来,我们将遇见螺旋魔法师,并开始为元模因量身打造领导力和组织的工具包。最后,我们将学习螺旋对齐,让系统恢复正常,学习螺旋整合,让元模因高效运作。

> 螺旋动力学的中心主题是,因为在变革之初我们就缺少影响人类深层动力的关键机制,所以都受困于憨墩胖墩效应。

第4章 变化与螺旋

唯有变化是永恒的。

——赫拉克利特(Heraclitus)

1992年,美国得克萨斯州前国会议员芭芭拉·乔丹(Barbara Jordan)在纽约民主党全国代表大会演说中提出了改变的议题。她说:"是的,是时候改变了。但是,我要问的是,从什么改变成什么?"为了强调,她又重复了一遍:"从什么,改变成什么!"

现如今,商界与政界领袖都更加频繁地谈论变革。利益才是王道。20世纪90年代是一个转型的时代。"变革"这个词随处可见,"管理变革"的项目也是遍地开花,这些项目通常都付出了相当大的代价。为什么这么多关于变革的书籍最终只能在企业高管和变革推动者的书架上积灰?尽管有很好的意图,为什么变革却鲜有成功的?

螺旋动力学的中心主题是,因为在变革之初我们就缺少影响人类深层动力的关键机制,所以都受困于憨墩胖墩效应。在促进企业文化转型或解决围绕种族、犯罪、教育、社会失衡和大规模系统转型的关键问题时,情况尤其如此。在我们的集体防守中,就像憨墩胖墩的护理员一样,我们都尽了最大努力。

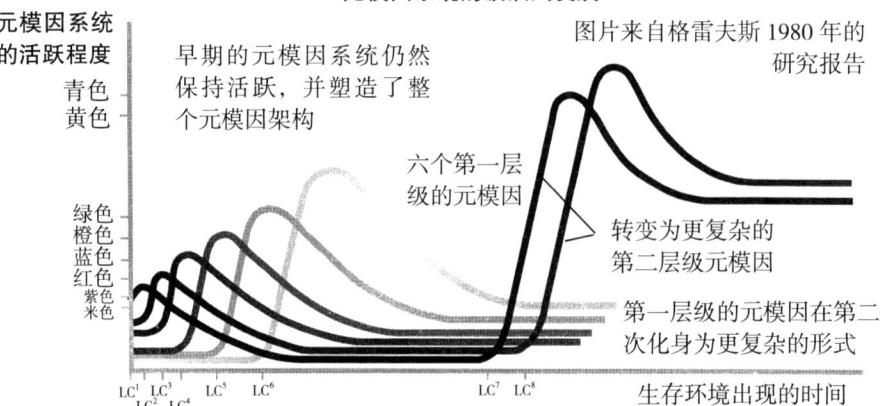

在20世纪90年代，领导者们面临的主要挑战是僵局、失败、阻塞、死胡同、大堵塞以及源于行为主义、威权主义和系统思维学派流于表面的解决方案所带来的后果。当然，在某些情况下，尤其在短期内，胡萝卜加棍棒的简单操作可以改变人们的行为。近期，彼得·圣吉和MIT研究小组所提出的系统视角给许多组织带来了重大影响。然而，以上这三种方法都没能触及人类最深层的动力，它们仍然如此隐蔽且难以捉摸。它们缺少最底层的变化因子，演化的元模因。

· 具体的行动、行为及物件——胡萝卜加棍棒，可能在这个层面起作用

· 概念、系统、信念与基模——影响系统或信念的程序，可能在这个层面起作用

· 核心智能（元模因）——人们思维方式的改变，自然会影响其思想和行为方式

> 因为元模因智能是思维和行为的核心，当元模因变化时，思维和行为选择也随之变化。如果想要改变人们的思维或行为方式，但却忽略元模因的作用，那既无知又无效。

科学家们正在探索改变我们生物 DNA 上超过 100 000 个基因排列的可能性。他们的兴趣是产生更健康的身体，更好地生活。在本书中，我们的兴趣是，描述我们心理 DNA 上 8 个核心元模因的出现和表达，以及如何对其产生影响。借此，我们希望能提高你发展健康的心智、组织、社区与社会的概率。

元模因的变化规律

因为元模因智能是思维和行为的核心，当元模因变化时，思维和行为选择也随之变化。如果想要改变人们的思维或行为方式，但却忽略元模因的作用，那既无知又无效。如果改变思维的优先级以及消除、改变、修正特定的行为真的重要的话，那么变革者都必须关注并处理这些事务中潜在的元模因。

关于变革的讨论，将通过以下几个基本问题直接涉及元模因：

（1）如何以及在何种情况下唤醒新元模因并让其在线？

（2）在特定情况下，如何增强或削弱特定元模因对信念和行为的影响？

（3）为什么有些元模因能够接受改变，而另外的元模因却似乎抵制任何改变的尝试？

（4）你如何识别、解读并在某些情况下影响元模因自然变化与过渡的过程？

（5）螺旋上的不同元模因之间如何相互影响，尤其在多个元模因同时发生深刻变化时？

要想解决这些与改变相关的问题，我们可以将芭芭拉·乔丹提出的基本问题改写为："改变是从哪个元模因开始，到哪个元模因结束的？"我们的许多社会问题与冲突的实际解决方案将从这个答案中产生。不过，需要注意的是，思维如果处在红色、蓝色、橙色或绿色元模因的完全控制下，因为每个第一层级元模因都确信它们已经有了答案，因此就很难接受改变动力背后的基本假设。

也就是说，螺旋动力学的根基就是以下几大组成部分：
- 元模因变化的六大必要条件。
- 元模因变化过程中的五种状态。
- 代表不同变化程度的七种改变回应。

螺旋改变的原理

最好将螺旋视为动态画面，而不是快照（与许多象限模型和人格分类不同）。从螺旋动力学的角度来看，因为生命背景与人的能力都不是固定不变的，所以改变是必然的。二者之中任何一方的变化都会带来更强的解释力和更大的自由度，从而唤醒新的元模因，让人们可以在日益复杂的环境中采取行动。但是，正如格雷夫斯经常指出的那样："改变不是惯例；没有变化也不是惯例。"这一切都没有定论。

第一世界的文化中盛行着多种变革技术。蓝色元模因主导的学校依赖于教条主义、权威机构的授权以及对传统规则的复兴，尽管有时在受挫时不得不诉诸红色力量。推崇行为主义的学校试图通过橙色胡萝卜加棍棒式的操纵来实现改变。这种战术对黄色元模因不起任何作用，还有

> 永远记住，对你和你的思维来说刚刚好的方法，对某些人而言遥不可及，而对另一些人则过于简单。

可能触发绿色元模因的抵抗。这些方法没一个适用于整个螺旋。永远记住，对你和你的思维来说刚刚好的方法，对某些人而言遥不可及，而对另一些人则过于简单。

螺旋上的每个核心元模因都各有特点，这些特点直接决定了压制或软化它、检查它、重构它，或"改变其想法"和改变其内容所需的策略。在紫色元模因下，人们会发现恐惧在减少，束缚在减弱，自我在浮现；在红色元模因下，人们会发现对个人权力提出了质疑，以及对结构化纪律的需要；在蓝色元模因下，人们会渴望独立自主，产生缺乏目标或麻木的愧疚感；在橙色元模因下，人们会发现对重要性、贡献以及成就的需要；在绿色元模因下，人们会发现团队中的疏离感和内心的不和谐；在黄色元模因下，人们会发现对重大问题的觉知，但也需要采取协调一致的行动来获得答案。

由于螺旋体是一个复杂的生命系统，因此，一个元模因的变化会改变整个螺旋。刘易斯·托马斯（Lewis Thomas）因对《新英格兰医学杂志》（*The New England Journal of Medicine*）的贡献而闻名，他在《脆弱物种》（*The Fragile Species*）一书中警告道：

> 对生命系统进行深思熟虑的改变是一件危险的事情。对一个器官的修复，可能会导致另一个毫不相关的器官更糟糕的病变。在所有操作中，最危险的行为莫过于，在着手做事之前没有意识到系统的存在……

而且，当一个人通过修复旧系统、增强其他系统，甚至唤醒新系统而经历"变化"时，整个社会原子都会受到干扰。这也难怪，在向前跳跃之前往往会有绝望的倒退。许多企业培训人员常会忘记，在工作中"改变"了的人，也会去影响他们的家庭生活。托马斯是对的，人类系统间的相互作用是出人意料的。

虽然元模因和气质之间没有必然联系，但冷色系元模因通常更加独断，暖色系元模因则更加灵活。蓝色和绿色元模因比较刻板。教条主义在蓝色元模因处达到最高点，在黄色元模因处跌到最低点。愧疚感最开始出现在蓝色元模因中，又在橙色元模因中消失，在绿色元模因中再次出现，在黄色元模因中再次消失。"别把我困在这里！"红色元模因对自由的渴求最强烈；而在橙色阶段转变为对自主的需求；在黄色阶段变成没有隔离感的不诉诸情感的个人主义。

米色元模因寻求生理上的满足而经历着痛苦和快乐。紫色元模因的生活伴随着恐惧和迷信。红色元模因被困在愤怒和逃避羞愧中。蓝色元模因几乎终生在与负罪感打交道。橙色元模因因急切地想赢得人生中的胜利而狂躁。绿色元模因肩负着对他人的巨大责任和照料一大摊子的负担。黄色元模因的情感是建立在对自身的表现和系统无法按需运行的感觉上的。青色元模因似乎可以在不依赖仪式或团体的情况下，重新激活外部世界的灵性与禅宗般的情感。请牢记这些要点，你可以避开许多基于个性的陷阱。

元模因改变的六个条件

这六个条件适用于整个螺旋。满足哪些条件以及满足到什么程度，基本上决定了本章后面 7 种改变回应的极限。在尝试变革干预之前，你应持续全面评估这六大条件。错失其中任何一个，持久改变的可能性就很小。跳过一个以上的条件，改变的努力将是徒然的，在最坏的情况下，很可能还会导致严重的倒退。另外，我们也可以帮助组织意识到哪些条件没有被满足，以及如何满足这些条件，然后在所有六个条件都得到满足时，观察突破的发生。

条件1：潜能

潜能在个人或集体的脑组织中。面对改变，每个人的态度不同，能力不同，准备程度也不同。有些人士别三日当刮目相看，有些人总是在高谈阔论，却从未着手落实过。在每个群体中，都有一些冥顽不化的人，他们是改变的阻碍者。有时他们也被称为井底洞人（几乎反对一切的公民）。他们数十年来一直保持原样，坚决拥护旧的世界观，对此从未有过怀疑。

一般来说，人类生活在一个需求、价值观与渴望的潜在开放系统中。但是，我们倾向于进入一种近乎封闭的状态，在这样的状态下，我们以一种始终如一、持久稳定的方式运作。一旦达成，我们往往会停留在这些舒适区中，就像大力水手说的那样，"我就是这样"，除非强大外力引发动荡。[在莫里斯·马塞夫（Morris Massev）的热门视频中，他称其为"重大情感事件"。密西西比大学的吉姆·佩恩（Jim Payne）用"戳人的尖棍子"指代变革的动力。其他人则将其称为"引发你注意的迎头重击"、"闹钟"或"引爆点"。]

因为神秘的内部神经系统也在起作用，所以即使获得了注意力，也无法保证改变必然发生。尽管没有人知道为何存在差异，也没有人知道如何轻松识别它们，但我们不会让历史再次上演。因此，在启动变革计划之前,你应该首先评估个人或团队朝着预期方向进行变革的能力。这通常是决定成败的关键。如果你自己的思维流于传统行为主义(认为大脑是空空如也的容器)或人文主义(认为每个人天生具有相同的潜能)的假设,那么,你将很难进行评估。不管是哪种情况,都要当心犯99%的变革领导者会犯的错误——将对你起作用的变革技术应用于客户身上。与其如此,不如穿过透镜,尝试应用螺旋。

评估改变的潜能:OAC 状态

格雷夫斯在商业与临床研究的经验使他确信,人们在从开放到受困再到封闭(OAC)的连续过程中,其变化潜力各不相同。有效的干预,不仅需要你识别出个人或组织中的元模因特征,而且需要你对这些状态保持敏感。

开放:有进行更复杂运作的潜力

- 是最健康的形式,有最具调整的可能性
- 有利于流动的历史和能力
- 开放状态下的思维随着条件/现实的变化而变化
- 有效地清除障碍
- 呈现的图像不如封闭状态下那般清晰

受困:被自我/处境中的障碍所困

- 只有清除了障碍,才有可能发生改变
- 可能缺乏理解当前状况的洞见
- 需要创造更多的不和谐来引发改变
- 为现状找借口并使之合理化

封闭：被生理、心理与社会能力所限制

- 可能神经系统机能不足，或缺乏必要的智力
- 历史性创伤可能触发封闭
- 无法识别障碍，更不用说克服障碍
- 受到改变与斗争的威胁，原地不动或其他

受困状态
尽管仍然保留着原来的思维方式，但朝向元模因的发展受到了阻碍

封闭思维
封闭思维让人看不到其他选择，无论是过去的还是未来的

开放思维
思维集中在一个元模因系统中，但可以根据生存环境的需要，自由地向任何方向移动

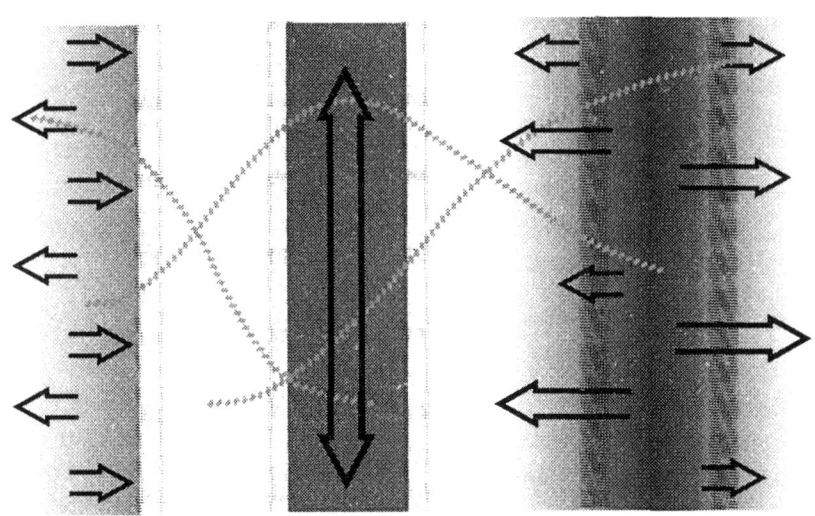

如果你可以识别出某人在某个元模因上的 OAC 状态，那么你就会知道整体元模因发生变化的可能性，如何修正态度的内容，改变到何

种程度才恰当，需要耗费多少精力，以及它将产生怎样的压力。在处理态度和信念时，不妨听听肯尼·罗杰斯（Kenny Rogers）在他的歌曲《赌徒》（*The Gambler*）中的建议："……［你必须］知道何时把握时机，何时按兵不动，何时果断离场。"这种训练有素的猜测，对掌握变化，避免在无意义的争论和从一开始就注定失败的项目上浪费时间是必不可少的。为什么要把时间、精力、金钱与感情浪费在不必要的事情上呢？

如果你可以评估个人或组织元模因配置中的 OAC 状态，你就可以预测变化的可能性，并知道需要采取哪些措施来触发改变。元模因系统越开放，实体对环境变化的响应能力就越强。元模因系统越封闭，其应对变化的压力就越大，所遭遇的阻力就越大，对任何有益于改变的事情的否定也越强。如果你在对抗一个封闭系统，但因为它会反击，那么你就是在自寻烦恼。

开放状态：准备接受新的存在方式

·开放思维努力消除障碍，允许个体差异的表达，而不被锁定在习惯模式或未经检验的假设中。

·开放思维认为改变是不可避免的，并展示出很强的灵活性，而不会总是随波逐流。

·开放思维承认外部条件在改变过程中的作用，其可能让改变更加容易或困难重重。

·开放思维通常表现为一个人参与多个螺旋子系统的能力——从在民族节日的欢庆紫色，到在世界地球日（The World Earth Day，每年 4 月 22 日）用青色沉思。

·开放思维通常表现为良好的聆听能力，对生活无偏见的态度，对差异的宽容，以及没有封闭思维。

当处于开放状态时，我们以解除约束和绕过或穿越改变的障碍的方式运作。我们致力改变负面情境，消除自己内心或环境中的障碍。只要有足够的能量，当需要不同的应对方式时，健康的个体会随着生命背景（Life Conditions，LC）的变化而变化。这让元模因可以重新调整，与环境保持一致。如下说法都显示出开放性："顺势而为"，"兵来将挡，水来土掩"，"欢迎各种可能"或"让我理清思路"。

处于开放状态时，问题会被重新定义，前提假设会被修改，全新的给定会被采纳。开放状态应视为应对某个具体问题时的状态，并不必体现在生活的方方面面。一个人可能在商业中是开放状态，在家庭关系中是受困状态，而在提及宗教时是封闭状态。

受困状态：不愿惹是生非

在受困状态下，人们尝试活在人生强加的障碍中，并试图维持现状。正如多丽丝·戴（Doris Day）在歌曲中所唱的那样，"让它去吧，让它去吧，不论结果会如何"。此状态下的目标是最大限度地利用现有的资源，并尽最大努力，适应当前的生存环境。障碍可能会被调整一点，但基本假设仍然保持不变。变革的努力通常指向改进、改善和更努力、更明智地工作。（我们将这些称为"第一种改变回应"。）在这个状态下，尽管人们仍然可以启用早期的元模因，但在螺旋上几乎没有向更复杂的系统移动。

其他常见的受困主题是：与当下和平相处，在动荡不安的世界中保持平衡，与反对改变的当权派共处，将安详融入自己舒适的生活中。人们说"总有一天"要改变。我们大多数人都习惯了受困状态，除非我们生活中的重大警钟敲响，或者我们刻意保持开放。

当我们受困时，新生命背景会让我们产生焦虑和不确定感。我们信念的某些内容受到了挑战，但是，就像泡沫塑料杯一样，这样的容器一弯曲就裂开。像戈尔巴乔夫及其同代人一样，布什在他的1992年总统竞选活动中受困于橙蓝色元模因。人们指责他"搞不清楚状况"，就是很明显的例子。在受困时，因为"一切努力都于事无补"和"你怎么可能与政府抗衡"，我们可能会感到困难重重，同时认为自己无计可施。无法适应和改变事物会导致沮丧、否认、愤怒、怨恨，以及我们这个时代的社会病——"有压力"。

- 受困思维导致试图活在生命的障碍中，并尽可能以最好的方式来适应这些障碍。
- 思维受困表现为压力过大，有胃肠道疾病、被动攻击性行为以及其他形式的个人和社会挫败感。
- 受困的思考者拒绝以改变为中心的变革模式，而将注意力放在经过检验的、可靠的补救措施上。

封闭状态：事已至此，别无他法

在开放状态下，可以用不断增加的新元模因进行思考，并在适当的时候访问之前的系统。开放状态的螺旋就像是电脑监控的自动变速器。受困状态的螺旋则像一个标准变速器，我们有固定的速度来适应现有情况，但无法改变它们。封闭状态这种是开还是关的思维缺乏灵活性，无法设想其他可能的替代方案，结果只能是束手无策，垂头丧气，并试图让世界适应它所捍卫的价值观和信念。

> 若要救溺水者，就要小心不要被其拽下水。

封闭状态的思考者通常展现出一种核心元模因的波峰，关闭了螺旋上其他部分过去元模因和未来元模因的大门。工作狂等狂热者、滥发善心的社会工作者、政治极端分子和丧心病狂的罪犯通常都是封闭状态的，只信奉一种观点，其他观点被他们拒绝，甚至被他们诅咒和妖魔化。他们相信，"任何一个正常人都会像我这样想"。那些站在螺旋上其他地方的人被他们视为异教徒、白痴、叛徒、罪犯或傻瓜。

如果过分强调封闭问题，这些个体可能会面临崩溃，产生恐慌、愤怒、躁狂等情绪，甚至会导致自杀、精神病、重度抑郁、暴力行为等。他们的精神空间非常狭隘，长此以往，将面临崩溃，除非有其他感同身受的人愿意伸出援手。但是，若要救溺水者，就要小心不要被其拽下水。

封闭状态来自两个方面：一是激活元模因的生命背景；二是一个人的基因或内在"设置"。到目前为止，还没有确切的方法可以判断是哪种动力触发了封闭状态。如果它是来自生命背景和情境，那么封闭状态可能是可改变的。处于这种状态的人可能被自己过往的人生经历所束缚，只有在治疗中处理了受伤的记忆，并取消了不健康的指令后，才能逃脱。一旦世界变得不同，这样的人可能会敞开心扉。

如果封闭状态是在人的生物结构中，那它很可能是不可改变的。由于生物损伤或发育缺陷，这类人只能发展出某些元模因。如果复杂思维方式所需的神经系统功能根本无法发挥作用，这类人就会封闭。除非对大脑和心智功能有了更多了解，否则无能为力。

在组织中，集体脑组织可能是存在缺陷的。在高管的会议中，通常就是这种情况。高管（或工会领导人）只是简单地与那些有相同思维方式的下属交流想法。在引入"新鲜血液"（获得新的元模因及其吸引的替代性想法）之前，以不同方式做事的能力可能根本不存在，实施变革的努力将被浪费或者完全是破坏性的。

封闭思维的迹象：

· 不合时宜——对环境变化缺乏适应性；对任何想法都一视同仁。任何交流都是断章取义的。行为显得笨拙且做作。

· 贪得无厌——永远不满足。封闭的人总是需要更多，并不断提出要求："你爱我吗？"但是，不论回答多少次"是的，我爱你"，都永远不够。疑问还是一再出现："再说一遍。我不相信你。"

· 排他性——没有其他立场，没有其他方法。任何其他观点都会被立刻拒绝。只有少数几个人被划定在内圈中。其他人即使只是稍有不同，都会被排除在外。

· 对挫败过度反应——对障碍或挫败的反应是极端的，远远超出了该情况下的正常反应。即使是很小的困难也会失控。当有压力时，封闭的人很快会变得暴躁，甚至可能晕倒、身体不适或出现精神创伤。你可以料想到，当意外刺激（如爆炸）突然出现时，他们可能会产生突然或极端的反应。

· 对完成任务的要求极高——强迫性的完美主义者。他们会一遍又一遍地检查再检查，确保它是"正确的""相符的""一如既往的"。

· 形成保护壳——避免接触其他立场或看法。隐藏或破坏与自己的立场背道而驰的信息。要求审查和思想控制。

> 无论你多么频繁地想要在螺旋上立即开始改变，除非有必要的原材料，否则改变不会发生。公司的重大变革通常需要高层具备新思维，而不仅仅是培训和发展干预。

"别用这些事实来迷惑我，我已经下定决心了。"

总结条件1，心智/大脑必须具备进一步发展和扩展概念空间的潜力。这需要开放状态或可转变的受困状态，和处理新生命背景所需的智能。无论你多么频繁地想要在螺旋上立即开始改变，除非有必要的原材料，否则改变不会发生。公司的重大变革通常需要高层具备新思维，而不仅仅是培训和发展干预。而且，大多数人似乎都有"天赋"——可以被激发的潜能，但我们的天赋不尽相同。

因此，满足条件1的要求如下：

- 思维不是封闭的，而是处于开放状态，或者至少是受困状态。个人或团队尚未触及可用潜能的边界，不论其天花板所用的托词是什么。
- 具备应对复杂环境所需的智能。这些可能在个人内在或社会系统的知识与技能体系中。霍华德·加德纳的多元智能理论包含7种智能，这些也应视为螺旋潜能，我们稍后会再次提到。
- 个人、组织或社会不受限制性疾病、未解决的"无底洞"和历史遗留问题的困扰。

条件2：解决方案

针对当前（和先前）问题的解决方案。如果在当前状态中仍然存在严重的、尚未解决的问题或威胁，不要指望变革到新的水平。明智之人秉持要事第一，专注于解决与当前生存水平相匹配的问题。如果你引发了迫在眉睫的威胁，期待出现更复杂的思维，就不要奇怪为何会高墙耸立，个人或团队会退回到否认的心理堡垒中。如果你复活了更早的生命背景，并重新唤醒被校准的元模因来解决这些古老的问题，那么，螺旋式增长的可能性不大，结果可能会出现倒退。

与其威胁，不如充分满足当前活跃的元模因。解读问题并在当前水平上解决它们。如果稳定性是关键问题，那就建立秩序。如果黑市交易猖獗，同类商品就会在市场倾销。如果恐惧正在消耗生产力，就迅速传递坏消息，然后确保事情安全。

要满足条件2，务必确保：

- 当前螺旋层次的元模因问题被充分管理。
- 已抵达舒适区并达到相对平衡。
- 有多余的能量可用于探索下一个更复杂的系统。

条件3：失调

此处的失调是指在当前元模因系统中存在的失调。除非有翻船的危险，否则改变不会发生。湍流是通过移动其概念性货物或由其他地方产生的波而产生的，这些波影响到当前的稳态系统。人际关系问题会引起个人的注意；来自企业态度调查的意想不到的反馈会震动高管们；销售额下降、生产率下降和质量下降引起了制造商的注意。犯罪率上升、家庭破裂、教堂分裂以及对政治现状的不满会刺激到社会/社区。

通常，咨询师、顾问和父母的任务就是引发失调，让人们可以"挪挪屁股"，并在事情真正恶化之前采取行动。如果你看过百老汇著名编剧梅雷迪思·威尔逊（Meredith Wilson）的音乐剧《音乐人》（The Music Man），就会记得剧中哈罗德·希尔（Harold Hill）教授如何震撼了整个艾奥瓦州的河城的，就像他歌里唱的那样："就在河城，你遇到了麻烦……"像许多非常聪明的（橙色）顾问一样，他的解决方案就是

> 障碍的存在让改变困难重重，甚至可能阻止改变的发生。必须要承认障碍的存在，而不是忽视或否认它，要准确地识别出来，然后，消除它、绕过它、中和它或将它重新定义为其他事物。

他自己能提供的，这就好比，一个带着乐器、穿着制服的（蓝色）男孩乐队，将冒险的年轻人从（红色）游戏大厅中拖拽出来。

哪些因素会引发失调感？

- 意识到生命背景与目前处理这些问题的手段之间的差距日益扩大。
- 足够的动荡让人产生一种"有什么不对劲"的感觉，同时没有过多的混乱，让整个世界几近崩塌。
- 旧的解决方案无法解决新生命背景中的问题，反而激发了新思维，释放了能量，并激活了螺旋体上的下一个元模因。

条件4：障碍

识别并消除改变的障碍。障碍的存在让改变困难重重，甚至可能阻止改变的发生。必须承认障碍的存在，而不是忽视或否认它，要准确地识别出来，然后，消除它、绕过它、中和它或将它重新定义为其他事物。这些障碍首先被认为是外部领域和生命背景的一部分，然后从个人或组织的心智模式中被清除。

第一步，承认阶段。障碍通常被视为是外在的。"这是他们的错！""我们深受折磨，他们必须付出代价！""如果不是因为你（通常指管理人员、配偶、子女），我可以过得非常好！""当权派正在压榨我们。"这些障碍在第二步被具体识别出来，它们既出现在我们自己身上，也出现在外在环境中。最大的障碍通常是我们自己造成的，就像经典电影《禁忌星球》（*Forbidden Planet*）中的克雷尔怪兽一样，我们的思想使它们成型，而我们的愤怒只会让它们变得更强。许多杰出的非裔美国人开始讨论如何消除这些思想怪兽，就像重获团聚的德国人开始反思他们文化中的隔阂。

- 无论是过去的还是当前的障碍，都必须被识别和标定，在内部世界和外部世界对它们进行消除。
- 必须衡量消除障碍所带来的风险、后果以及痛苦。可能需要斩断原有的关系，用更好的来取代更糟的。不应把精力浪费在自暴自弃上，也不要去追忆注定追不回的往昔辉煌时光。
- 应该曝光不实施变革的借口和理由，并用步步紧逼的策略逐步移除并根除障碍。在重建之前务必有一个坚实的基础。

条件5：洞察

洞察可能的原因与可行的替代方案。我们所说的"洞察"指的是对以下问题的理解：

（1）之前的系统出了什么问题？是什么原因？

（2）现在有哪些资源可以用于更好地处理问题？

除非人们理解了思维背后的基本原理，知道自己为何启用先前的系统，最终又为何弃用，否则下一个秩序的持久改变是断断续续的。洞察力使旧的问题被关注并澄清新的问题。要想解决在美国、南非、欧洲或其他地方出现的种族问题，满足这一条件至关重要。因为大多数人仍然把注意力放在肤浅的人格上，而不是考虑内在的思维系统，很少有"领导者"具备螺旋洞察力。

不同的模式和模型及逐步实现它们的过程，对于进入一个新系统是必不可少的。这些可供选择的情景必须在集体意识中活跃,才能被纳入考虑。通常,只有少数精英"规划者"或"决策者"才知道这些。对自己真实的生命背景到底长什么样子,人们需要心理画面,而不是由遥远的好莱坞明星演绎或教科书上的案例研究展示。

启动模式和模型变化的一些方法包括:

·更深入地了解系统是如何形成、衰退与重组的,尤其是自己的系统。人们必须接受改变的可能和手段。

·因为过时的答案根本无法应对当前更为复杂的问题,停止浪费时间在追索过时的答案上。

·考虑可选方案、新模型和可靠来源的经验。观察竞争对手,并展示具体的备选方案。

·迅速识别出新生命背景的出现以及与其匹配的元模因。具体情况具体分析。

条件6:巩固

此处的巩固强调巩固与支持。就像播种者的寓言[1]所揭示的那样,改变的种子常常落在贫瘠或充满敌意的土地上,到处都是杂草与荆棘。因缺乏支持的文化土壤,新元模因几乎无法生根发芽,更不用说开花结果了。即使它们能生根发芽,新元模因觉醒的特征通常是高能耗和高度不适的。令人兴奋的发现尚未变成成熟的表达,因此会显得半生不熟和笨拙。新系统需要一段时间才能融合到原配置中。这段时间的调整是不稳定的,会出现一些抖动。毕竟,个人大脑正在建立新的神经元连接,企业的大脑组织正在引入新鲜血液。

当发生重大改变时,你可能会经历一段混乱、错误的开始,漫长的学习曲线，与令人不适的同化效应。那些改变了的个体或组织，可能会受到那些不了解当前状况的人的惩罚，现在个体或组织发现自己被置身事外、被错位和被威胁。旧的障碍可能会以惩罚性规则、地盘争夺战和权力测试的形式重建，也可能会设置新的障碍。有时，你必须绕道而行，任由桥烧不回头。

当所有六个条件都被满足时，新元模因可能会被唤醒，并沿着螺旋移动。（即使没有满足所有六大条件，系统内也会出现其他变化回应。）在你观察世界时，从国家政治到全球生态问题的讨论，再到宗教运动中的分裂问题，请考虑这六大条件。螺旋原理是一样的。总结一下：

1. 心智 / 大脑中的潜能
2. 针对当前问题的解决方案
3. 失调与不确定
4. 洞察和替代方案
5. 被识别和被消除的障碍
6. 巩固与支持

元模因变革之路的五个步骤

同样，对于芭芭拉·乔丹的问题"从什么，改变成什么？"，你必须先知道自己当前的位置，然后再确定你想去的地方。评估个人、组织和/或其组成部分在变革之路的五个里程碑中所处的位置至关重要。格雷夫斯分别用 5 个希腊字母来代表改变过程中的 5 个阶段：阿尔法

(α)、贝塔(β)、伽马(γ)、德尔塔(δ)和新阿尔法。阿尔法阶段是稳定与平衡的。贝塔阶段是指一个有着各种不确定性与疑虑的时期。伽马阶段则充斥着愤怒与困惑。德尔塔阶段激发了热情。新阿尔法阶段表示在螺旋上升或下降的下一个系统中重获稳定性。下图显示出了这条道路上的5个阶段。

由于螺旋动力学是关于思维方式而非人格分类的学问,因此,在改变进程中,你可以同时站在多个位置上。你可能有一段20年的婚姻处于阿尔法阶段;工作被困在绝望的伽马阶段;一个失落的灵魂正在贝塔阶段徘徊在教堂里;生活在一个小镇上,正在经历德尔塔阶段的发展并更新着社区意识。其他人的生活,可能每件事都只围绕着其中一个地标打转,一辈子都在和改变之路衔接处的特殊条件较劲。

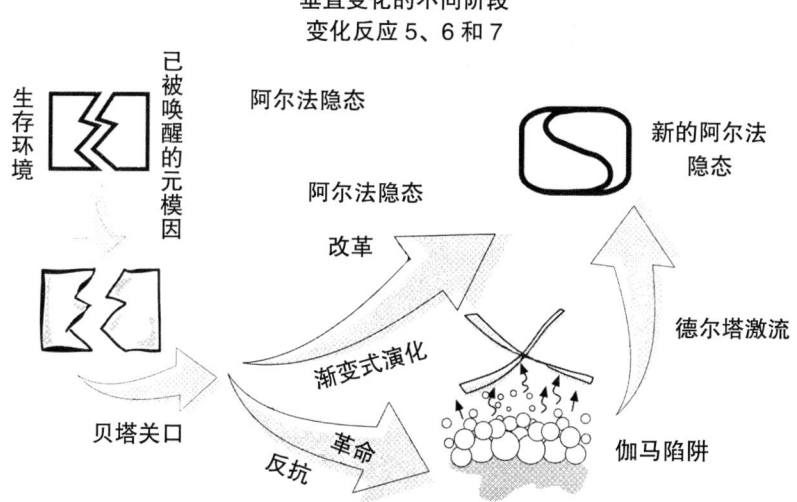

垂直变化的不同阶段
变化反应5、6和7

> 阿尔法阶段通常是虚幻的。它看似稳定,实则不然;平静之下,暗流涌动。

阶段 1:阿尔法稳态

在阿尔法阶段,个人、组织或文化的元模因系统处于协调一致的状态,可以成功应对生命背景中的挑战。可以将阿尔法阶段视为一种动态的张力状态,就像预应力混凝土结构一样。人为施加的压力可以减小或抵消外部荷载所引起的拉引力,从而可以保证混凝土结构的稳定性。螺旋上的生命背景代表了不同层次的复杂性,而元模因必须匹配外在环境的变化。元模因足以应对生命背景中的挑战时,就达到了阿尔法状态下的平衡与稳定。

当达到阿尔法稳态时:

- 个体感觉到自己与世界相处融洽,并相信在一段时间内会相对顺利。
- 企业在其利基领域中表现良好,体现在各项主要指标上,如市场份额、投资回报率、员工满意度等。
- 社会可以满足其公民的需求,同时,社会中的资源与人力也足以应对迎面而来的挑战和机遇。
- 人类系统也处于一种均衡、内稳且融合的状态中。从象征意义上来说,"上帝在他的天堂里,世间一切都安好"。

离开阿尔法阶段,进入贝塔和伽马的阶段:阿尔法阶段通常是虚幻的。它看似稳定,实则不然;平静之下,暗流涌动。贝塔和伽马代表了不稳定、动荡与混乱的状态。一切事物本来就在变化中,它们将从两个方面影响到阿尔法阶段的稳定性。首先,外部世界本身会随着自然现象(气候、瘟疫、地震等)和人为事件(战争、经济波动、医疗保健改善、社会动荡、环境变化等)发生变化。其次,满足了人们在阿尔法阶段的需求,可能会唤醒其他生命背景元模因系统或使其他生命背景元模因系统的联系失衡，从而打破阿尔法的平静。一帆风顺的生活同样隐藏着新的和不可预见的元素。有时，一旦完成挑战，人就会开始感到无聊，这中间没有明显的界线。即使是一支赢过2次超级碗冠军的橄榄球队，也可能会失去对三连冠的渴望。尽管对很多人来说，阿尔法状态会给人带来一种稳定而持久的错觉，但阿尔法状态是暂时的和转瞬即逝的。当前的解决方案种下了下一阶段问题的种子。

阶段2：贝塔关口

这是一个充斥着不确定性、质疑与沮丧的时期。贝塔是一个充满疑问的阶段。有点不对劲，但那是什么呢？旧的活法已不再起作用。一个人的世界开始分崩离析。一段婚姻中显示出压力和紧张的迹象；家庭关系开始出现问题。一家公司开始流失关键人员、生产力下降，或者出现原因不明的其他形势恶化迹象。一个服务性俱乐部的会员开始大规模流失，或者沦为派系地盘争夺战和分裂帝国建设的牺牲品。随着犯罪率上升与公民士气下降，一个曾经运转良好的社区正在经历政治丑闻与种族问题。

- 在米色元模因的世界中，由于难以找到食物，因此栖息地无法再支持部落的生存。
- 在紫色元模因的世界中，随着部落秩序开始瓦解，祭祀和仪式无法抵御邪灵。
- 在红色元模因的世界中，因为有权有势的有钱人在滥用职权、暗中作梗，无产者与有产者之间的契约被破坏。
- 在蓝色元模因的世界中，随着怀疑、质疑与新选项的出现，人们原本信奉的真理不再能保障秩序与未来。

- 在橙色元模因的世界中，随着对内在平静的追求越来越强烈，"美好生活"被消费所磨损和玷污。
- 在绿色元模因的世界中，由于复杂的社会问题和有限的资源现实摆在眼前，温暖的、以人为本的愿望越来越渺茫。
- 在黄色元模因的世界中，对个人选择和自由的依赖无法提供整体生存所必需的合作行动。

最好切身体验贝塔阶段的问题，而非诉诸言说。我们更能在内心而非头脑中感受到沮丧与不适。情势不妙。我们感受到动荡，但搞不清原因。我们知道有些不对劲，我们可以看到它、触摸它、品尝它和闻到它，却不能解释它，我们也无法解释为什么不能。格雷夫斯在研究中记录了神经系统在这个阶段的发作迹象——饮食习惯的改变、酗酒及其他成瘾症，以及一些形式多过实质的无意识仪式。那么，我们通常如何应对贝塔症状呢？

因为我们天真地相信，当前的阿尔法系统不存在任何问题，当我们刚从阿尔法阶段到贝塔阶段时，我们尝试"更多相同的做法"。我们"专注"，"奉献生命"，消除"负面"信息，或者让人们"更努力、更高效"地工作。我们投入更多资源到阿尔法系统中，培训员工如何更高效地应用这些系统，或是制定规则，执行更严格的计划。我们没有意识到阿尔法阶段对应的生命背景已经发生了变化，使得操作系统不协调或不相关。实际上，我们越是打磨阿尔法阶段的技能，往往越会让情况变得更糟，而不是更好。通常，这会加速进入更深的贝塔阶段，而这可能也不是一件坏事。

- 在孩子刚开始有独立迹象时，父母若仅为了保持对孩子的控制（和阿尔法稳态）而过度约束孩子，孩子的愤怒可能会转变成叛逆，危及未来的亲子关系。

・20世纪80年代，当南非警察与军事机构人员在布莱克镇实施严厉的管制措施时，他们实际上是在火上浇油，加剧了指向深刻变革的内外部压力。

・一家公司试图通过仅仅提高财务奖励与津贴（橙色元模因）来留住关键人员。公司重复这种做法，可能促使有些（绿色元模因程度更高的）员工另谋高就，去更看重信任与亲密感的地方。

刚刚抵达贝塔阶段时，我们四处寻找方法来微调、调整、改革阿尔法系统，同时保留其主要功能。持续改进是口号。想象一架飞机，为了保证飞行中的平衡，我们不仅要修整机翼，还要升级襟翼组件，检修活塞发动机，而我们却坚信我们仍然生活在同样的阿尔法生命背景中。如果真是这样的话，情况的确会好起来。然而，如果我们正在完全不同的环境中挣扎，那么，硬是用20世纪50年代最好的DC-3解决方案来解决20世纪90年代的喷气动力问题，只会让情况变得更糟。

在贝塔阶段，我们可能会怀念过去的美好时光，感觉那时一切似乎都很好。最近，20世纪50年代、60年代的音乐、服饰以及其他文化形式又开始回归。我们忘了我们曾抗拒过之前形成的旧阿尔法系统，也曾抗拒过邦戈鼓、巨大的汽车铬尾翼，以及中年白人男性代替父母控制一切。"如果再回到从前"听起来让人难以忘怀，直到我们面对《奥兹和哈里特》（*Ozzie and Harriet*，美国1998年上映的一部电影，讲述一个美国家庭的冒险经历）里的从未遇到过的新问题，也认识到我们生活在与灵犬莱西（Lassie，1943年上映的彩色电影《灵犬莱西》中的灵犬）完全不同的世界中。

> 走改革之路需要我们有主动采取行动的意愿,而不是被动做出反应,也需要我们有愿意承担一些风险的真诚承诺;还需要有足以逆流前行的能量。

阶段3:伽马陷阱

此时为愤怒、绝望与革命的状态。如果情况足够糟糕,实体将从贝塔一路下沉到伽马。在这里,人们被似乎难以逾越的障碍所困。对贝塔的否定与模糊想法让位于严酷的现实。现在,人们已经清楚地看到情况有多糟糕。无论这种感觉是否准确,它都会让人感到非常真实,让你知道哪里出了问题以及为什么会出问题。

陷入伽马陷阱之前,预备改革方案。全面陷入伽马陷阱的过程并非不可避免。通常在这个紧急时刻,改革方案仍然遥遥无期,可以为那些迅速采取措施的人提供绕道而行的选择。如果满足了六大条件中的大多数,剩余的几个条件也几乎被满足,个体就可以掌控他们的生活,绕过伽马陷阱。企业可以意识到迫在眉睫的危机,并在全盘崩溃前采取行动。整个社会可以在基础设施被破坏和文明基石无法修复之前扭转局面。要想找到改革方案,通常需要他人给我们打信号旗并指出改革方向。实际上,走改革之路需要我们有主动采取行动的意愿,而不是被动做出反应,也需要我们有愿意承担一些风险的真诚承诺;还需要有足以逆流前行的能量。(我们将在第六个改变回应中继续讨论改革方案。)很多人都在坐等机会,等到反应过来时,他们已经错失良机,身处伽马陷阱中。

因为部分感知已经接近无能为力的状态,深度伽马是一段艰难的时期。通常来说,可用的元模因系统本身就是障碍所在。为了自己的利益,人们知道得太多了。就像第一次世界大战中的美国少爷兵一样,"在他们见过巴黎后,你如何能让他们继续留在农场里?"

贝塔中的沮丧与困惑情绪让位于伽马中的盛怒与敌意,即便是过去的做法也不再适用了。想象一下被锁在汽车后备厢里无法脱身的感觉,没有人能听到你绝望的呼救，你也没有足够的氧气。你能感受到身在其中的恐慌和恐惧吗？此时你就生活在情绪的过山车上。为了在这样一个混乱而动荡的世界中求得片刻安宁，人们会疯狂地试图打破僵局。贝塔阶段的耐心"等着看"和"希望事情会好转"，此时已经被不耐烦的、着急忙慌的行动所取代。已经没有什么可以失去的了。

一旦系统进入伽马阶段，在不知不觉中，他们已经彻底摆脱了旧的阿尔法方式。再也没有回头路可走，也没有地方可去。这就是伽马陷阱。你可以在正处于螺旋下降、焦急地寻找涅槃之路的人身上发现它。同样，组织和整个社会也可能每况愈下，不知道自己能否活过明天。在每一个路口，人们都感到困难重重。贝塔阶段的选项已经不复存在。车的后备厢已经被"砰"的一声关上了。

所有可用的能量一天天被消耗。夜幕的降临带来绝望，也引人深思。黎明破晓只会唤醒原始的生存本能——战斗或逃跑。但是，飞蛾扑火又有什么好处呢？有什么用？忘却未来，让过去见鬼去。其他人将不得不照顾他们自己。痛苦渗透到灵魂深处。恶狼就在门口。如果你曾经经历过绝望，你就会理解这种感受。如果你听过乡村音乐和西方音乐中的悲伤曲调，摇滚乐中愤怒的吉他声，或者蓝调音乐中充满希望的痛苦之声，你就会理解什么是伽马陷阱。如果你够幸运，你不用花很长时间沉浸在消沉中，变革之风会推动着你继续前进。如果你不幸，伽马陷阱可能会变成你的生活方式。

直面伽马障碍：伽马对障碍（条件5）发动了攻击。障碍有各种形态、大小和不同强度等级。不论它们是"真实的"，还是"虚构的"，都没有什么区别。这些感知都会顺理成章地体现在一个人的行为表现上。有些是外部的限制，比如缺乏受教育的机会；有限的就业机会；种族、性别、宗教或民族主义的界限；在某种关系或婚姻中的陷阱；专制主义的控制。另外一些则是内在的障碍，例如未被疗愈的心理创伤与怨恨，有些与儿时被抚养的经历有关；自我怀疑、自我评价过低或者缺乏自信；对过去的失败与辜负感到内疚；以及认为自己的才能有限，这些都形成了界限。伽马是一个让人想要逃离、突破与挣脱的阶段。如果见过一个朋友如何度过中年危机，或如何在离婚中挣扎，你就能理解伽马的不稳定本质。

当遇到席卷而来的障碍时，螺旋上的每个元模因都会以特定的方式做出回应。因为伽马阶段鲜少有趣，因此，在迅速下行时，需要预料到其阴暗面或不健康的表现。

- 当米色元模因遇到障碍时，它将会蜷缩成胎儿的姿势，默默死去。这也是为什么被警察监禁的南非布希曼人常常在第二天早上死去。
- 当紫色元模因遇到障碍时，它会陷入可怕的迷信之中，人们的生活充斥着祭坛、仪式以及各种征兆。他们甚至认为，萨满和酋长拥有对抗众神的力量。
- 当红色元模因遇到障碍时，它将不顾一切，拼得鱼死网破，或者拼命战斗，不留活口。它将不择手段地赢。
- 当蓝色元模因遇到障碍时，它会陷入正义之战中，冷酷无情地排除异己，将敌人妖魔化，同时神化那些爱国者。
- 当橙色元模因遇到障碍时，它将采取一些卑鄙的手段，进行勒索、贿赂以及采用其他上不了台面的战术，不惜一切代价取得胜利。
- 当绿色元模因遇到障碍时，它将被困守在僵化的、假仁假义的、政治正确的立场上，傲慢地质疑每个人的动机。

- 当黄色元模因遇到障碍时，它将评估当前的场景，并在判断情势是否有利于积极采取行动之后决定去留。

如果障碍过于巨大，你会看到整个系统沿着螺旋向下，全面退缩回前一个层级。蓝色元模因变成红色元模因，红色元模因变成紫色元模因，绿色元模因变成橙色元模因。如此的倒退是艰难的。在情况严重时，伽马陷阱会导致人们精神错乱而产生神经质行为，从各种形式的自我毁灭（如疯狂的行为，甚至自杀），到病态的反社会行为（如犯罪、杀人、人身攻击与恐怖主义），也会导致骚乱、枪击事件以及飞机上的恐怖袭击。

阶段 4：德尔塔激流

当伽马陷阱最终被解除时，所有的约束与限制都被解除了，此时就引爆了德尔塔激流。这是一个发酵的时期，一个充满激情与快速变化的时期。在这个时期，障碍被克服了，先前的束缚也逐渐消失。人们准备掌控自己的命运。现在不再受控于过去。德尔塔的能量热流通常是原始的、热情的、粗犷的。解放的快感驱动着人们去寻找新的乌托邦，即前方充满光明的新阿尔法，到处都能听到"哇！""终于！""啊哈！"。

然而，德尔塔激流仍然危机重重。在经历杯弓蛇影之惧后，人们才知道那是一张弓。只有在欢呼声停下来时，现实才会重新浮现，而这时会出现朝向伽马状态的转变。逃离致命陷阱的胜利可能是虚幻的，是另一个圈套。正统观念的守护者们可能想让你以为自己已经逃脱了，一旦你开始庆祝并暴露自己，你就会意识到，自己落入了圈套。障碍依然存在，只不过被粉饰成另一种模样。

突破伽马障碍与到达新阿尔法并非一回事。摆脱不喜欢的事物（讨厌的障碍）并不意味着你获得了想要的东西。有时候，庆祝还为时过早。人们常常刚从一个暴君手中挣脱出来，马上成了另一个更残虐的暴君的俘虏。德尔塔变革火箭第一阶段依靠的是原始动力，缺乏将载荷准确带入飞行轨道的复杂技术。情绪激动的革命分子可能会过度关注障碍，作为最后的政变，他们会自行推翻变革的火箭。他们推翻对先前秩序的信仰，将知识分子送上断头台或绞刑架。他们让改变的推行者们卷铺盖走人。他们诋毁过去的一切，变革的奠基者们甚至相信神奇的凤凰能够（也将）从先前系统的灰烬中浴火重生。通常他们会找一只秃鹰来替代，变革的火车甚至无法运行，更不用说准点到达了。

阶段5：新阿尔法稳态

新阿尔法反映了从贝塔与伽马到德尔塔激流的想法与见解的整合。与伽马陷阱产生的强烈的、愤怒驱动的激流相比，贝塔关口下的改变回应则更加柔和。随着再次与世界形成一致的步调，个体恢复到了稳定状态。组织也能够在当前的市场或专业领域中找到立锥之地。社会本身似乎也在顺应整个大环境的发展节奏。外在环境与内在元模因之间恢复了平衡。许多人相信自己已经到达终点，也相信世界将永远如此。然而，显然，下一个贝塔关口就在转角处。

变革的7种改变回应

对不同人来说，"改变"一词有着不同的含义。这个词对任何人来说都没有任何特定的意思。每个人都假设其他人理解自己所使用的这个词的意思。基于这些错误的假设，领导者们在不知不觉中采取的策略刚好能有效变革，除非问题本身就被错误定义。

这些改变的方式沿着一条螺旋弧线延伸。在这条螺旋弧线上，有让螺旋本身保持稳定的水平变化；有两种倾斜变化，会产生一些内在元模因之间的湍流；还有三种垂直变化，元模因直接从一个跳转到另一个。下文总结7种改变回应的特征：

7种改变回应	特点
改变回应7：蜕变 垂直变化	通常在多个元模因同时移动时出现。对于成功建立一个国家、整合一个社区、在全球市场上高效运作是不可或缺的。出现在工业革命或信息时代等时代变迁中
改变回应6：升档 垂直变化	指的是集群从一个元模因层级转移到螺旋上的下一个层级。其特点是随着新层次的加入而演化，见于德尔塔激流
改变回应5：突破 垂直变化	描述了对类似伽马障碍的攻击。其特点是革命性，但在需要将某些事物摧毁并进行重新改造时很有用。有倒退的风险
改变回应4：倾斜方向的上伸	主导思维停留在最初的元模因位置上，但吸纳了一些更复杂的元模因元素。通常在从贝塔避免进入伽马陷阱，同时潜能有限时出现
改变回应3：倾斜方向的下延	停留在基本元模因位置上，同时临时唤醒了早期的元模因，以应对紧急状况。通常是贝塔关口下的第一反应
改变回应2：水平方向的扩展	在基本元模因系统基础上加以扩展，包含更多内容，有更多功能。在形式上有所丰富、增强和发展。通常出现在阿尔法稳态和贝塔关口早期
改变回应1：水平方向的微调	调整阿尔法稳态中现有的元模因系统，使其与环境保持同步并平稳运行。思维方式与基本假设基本上保持不变，但技术与信息有所改进和增加

改变意在恢复平衡与和谐，并在给定范围内进行调整改进。组织会进行改组，并尝试更努力、更高效地工作。在进行横向变革时，激励式的研讨会、"热门"新书以及引进新范式的培训都很受欢迎。

改变回应 1：水平方向的微调

基本的元模因系统没有变化，但部分内容经过了微调甚至被替换了。改变意在恢复平衡与和谐，并在给定范围内进行调整改进。组织会进行改组，并尝试更努力、更高效地工作。在进行横向变革时，激励式的研讨会、"热门"新书以及引进新范式的培训都很受欢迎。有时，适当的混乱能让出现问题的系统重新活跃起来。当主导元模因是封闭的或完全受困时，这是唯一的选择。

改变回应 1：水平方向的微调

	否	一些	是
1. 潜能	√		
2. 解决方案		√	
3. 失调		√	
4. 洞察	√		
5. 发现障碍	√		
6. 巩固	√		

因此，对大多数人来说，水平的改变回应 1 是实操的极限。但商界很少尊重这一点。当代橙色的病态之一是认为螺旋向上的转变才是唯一重要的变革，要么在组织中达到高位，要么沿螺旋上升。横向发展（更好地完成当前的工作）都是在预期范围内的（属于橙蓝色的职业道德），因此没什么大不了的。赢家应该渴望获得更大的权力，提升组织，或扩大控制范围。天助自乐者。

改变回应 2：水平方向的扩展

第二种水平方向的改变回应是对现有元模因系统的增强与完善。扩展可以增加内容、提升技能或扩展知识库。尽管核心框架（元模因架构）没有发生改变，但它可能包含思想、态度与信念的转变。这是培训通常能带来的效果。在培训中，人们可以对他们正在做的事情有更多了解，朝着精通某一方面的方向发展，或优化其操作系统。这就好比微软DOS系统所经历的多次演变，其版本从1.1、2.0、3.3、5，再到6.22，系统功能实现了稳定改进与增强。此后，比尔·盖茨又在Window 95系统中进行了垂直变革。

改变回应 2：扩展

	否	一些	是
1. 潜能	√		
2. 解决方案		√	
3. 失调		√	
4. 洞察		√	
5. 发现障碍	√		
6. 巩固	√		

当组织开始大胆地制定战略规划或开展质量变革时，组织成员经常说服自己，认为他们正在经历戏剧性的、根本性的垂直变革。在变革结束后，很多人发现自己实际上经历的是改变回应 2。这些举措可能改变了企业的说辞，但尚未触及企业的元模因。给定范围内的水平改进和提出的一些漂亮的"愿景使命目标"声明，是他们所能实现的全部。除非

有尚未开发的潜力可供使用和定位，障碍已解决，并且巩固新系统的支持框架已就位，否则，水平方向的扩展将是改变的极限，尽管这样可能就足够了。

调整每种元模因内容的方法

改变回应 2 可能正是个人或组织所需要的。这通常是营销和公关部门工作的重点。如果你的目标只是对内容进行调整，那么，可以采纳以下几种方法：

社群 / 集体：在牺牲自我、外部控制的冷色系区域中……

紫色——"牺牲自我，按祖先的方式来"

- 长辈或担当意见领袖的亲戚所说的话，让人们遵循传统的、祖传的方式
- 萨满、长老或酋长在主持的仪式上宣布的新观念
- 神灵传递的信息，如迹象、预兆与咒语等

蓝色——"牺牲自我，以换取未来的回报"

- 来自上级权威的声明（不过必须是他们认可的权威人物，例如备受尊敬的天主教徒、东正教犹太教的拉比、高级别的军官以及激进分子中的极端主义者。在蓝色元模因眼中，只有某些人拥有权威；其他人被视为持中间立场或属无信仰的敌对阵营而不被全信或被比下去）
- 通过上传下达的方式及时传达的书面声明或"神圣"书籍中的引文

绿色——"牺牲自我，以换取自己和他人的回报"

- 来自重视的群体共识和 / 或社群中重要他人的劝导

所带来的压力（变革源于同行的权威。社群威胁要排斥非"团队成员"。受到重视的成员可以决定该使用哪些信息，该忽略哪些信息）

　　·为了维护自己所从属的集体的利益而增长效益，而非为了战胜利基市场的竞争对手

青色——"牺牲自我，让所有生命，而不仅仅是我的生命，得以延续"

　　·来自自己本能和直觉的感知，再加上其他来源的信息
　　·感知到大规模自然系统受到的威胁
　　·考虑（个人、组织或社会）螺旋的长期健康

个体/精英——处于表达自我、内部控制的暖色系区域……

红色——"（根据自己的意愿）冲动地表达自我，没有羞愧或内疚"

　　·获得即时收益，比如让"我"看起来好、感觉好、有面子、获得"我"想要的
　　·获得优越感，增强力量以控制他人并掌控局势
　　·在压力下重复使用有意义的、实际的奖品作为激励
　　·让人无法拒绝的胁迫与提议，否则就要面对痛苦甚至死亡

橙色——"精打细算地表达自我，几乎不带羞耻或内疚"

　　·通过自身正确的思考或直接体验来获得新信息（有着这样一种感觉：如果要他们接受新的想法，必须让他们感觉到这是他们自己想出来的，是他们自己发现的。只有在个人观察的支持下，事实才是事实。新想法只有在他们主动提出时才是有效的。橙色蔑视"上级"权威，也会无视

他人的观点，因此，聪明人只能通过表明替代方案实际上是他们自己的想法，来说服他们）

· 有声望的机构提供的研究数据与"科学"事实，特别是能为他们的预感提供依据时

· 在竞争的等级制度中获得地位、威望与声誉

黄色——"表达自我，但绝不以牺牲他人或地球为代价"

· 新信息，无论来源如何（黄色会因为受尊敬的权威、他人的意见或自身的行为和想法而改变。易变性并不会让这个元模因感受到压力，绝对的确定性也并非其追求）

· 增强成果的适用性，让事情更加顺其自然

· 高质量地完成更多工作，同时降低人力成本，减少对地球能源的消耗

改变回应3和4：倾斜方向的下延与上伸

当事情已经越过阿尔法稳态去往贝塔关口时，当存在某些开放性、更多改变潜能，而且有足够的洞察力可以看到替代方案时，倾斜方向的改变回应就会发生。在改变回应3和4中，原本的元模因系统会探访螺旋上邻近的元模因。就像一只螃蟹一样，它突然发动袭击，在得到满足后，又匆忙回到它的舒适区。这就是"光说不做"。在这里，新头衔、新活动与新的流行语层出不穷。当倾斜改变出现时，组织中通常会出现各种噱头、哗众取宠的演讲者以及一系列组织形式与管理技巧的改革试验。虽然基础系统确实具有相邻元模因的某些特征，但在螺旋上仍牢牢锚定在原本的位置上，不允许整体过渡。

延伸可以沿着螺旋向上或向下。改变回应3——下延，更让人头

疼。当经济陷入困境、家庭面临压力、规模较大的企业难以生存时，这种改变回应很常见。邪教组织和培训讲师们则会利用它来"编程"新成员。

在经历改变回应 3 时，人们会怀旧，有时会绝望，螺旋向下寻找"美好的往日时光"，"回到基本层面"，"重回基础"。一旦他们找到，需求得到满足或者威胁被消除，他们会瞬间变回原来的配置。决策系统可能会倒退回原先的思维层级上，不管它是什么层级的。绿色元模因向橙色元模因延伸，更多地考虑"投资"以及经济状况；当新的改革出现麻烦时，橙色元模因则会复活蓝色元模因的绝对正义；当时局艰难，神圣事业危在旦夕，"大敌"当前时，蓝色元模因则会沦落为不择手段的红色元模因。

改变回应 3 的触发因素包括：

- 紫色——社会环境中出现邪恶势力和难以解释的突发变化
- 红色——潜在的耻辱、失控和不受尊重
- 蓝色——不明确、丧失威信、混乱和对立主义
- 橙色——丧失自主与自由，或不胜任
- 绿色——曾经信任的组织中出现不和谐与分裂
- 黄色——无法获得知识以及毫无意义的限制

改变回应 4 是在螺旋体上上伸。全面质量管理，大多数企业发展的措施，政府私有化举措，以及教育界对新的、改进的教学方法的不断讨论，通常都是改变回应 4 的结果。这些倾斜变化可能可以暂时安抚现状，让改变的主体在外观上改头换面。这些努力可能是真诚的，但是，它们不会带来超越第一层级的系统性变革。如果新思维方式的实验风险

太大，人们可能会退回原来的安全地带。

例如，一家航空公司可能购买了一些新飞机，并聘请了一家新的广告公司。该公司将显得与众不同。但是，该航空公司的管理结构与服务基本没有变化，旧工会与管理层的恩怨仍然没有解决。当喧嚣结束后，董事们会为公司的进步欢欣鼓舞，甚至给大家分发奖励。如果整个航空业都陷入困境，同时竞争对手正依赖于水平方向的改变回应 1 或 2，则改变回应 4 就足以让公司在市场上占上风。

改变回应 3 和 4：上伸和下延

	否	一些	是
1. 潜能		√	
2. 解决方案		√	
3. 失调			√
4. 洞察		√	
5. 发现障碍		√	
6. 巩固			√

可惜的是，那些无法适应改变回应 4 的人，通常是为公司发展打下基础的人。当变化发生时，他们仍然在一线执行着基本工作。但在倾斜变化的剧痛中，为了吸引更多年轻面孔或节省成本，这些老员工就会被忽视或挤压，特别是在橙色元模因控制着过渡时。在变革游戏中丢失的智慧、经验与洞察往往是不可估量的。你将在第二部分中看到，当大型系统在发生变化时，最好有基于第二层级的智能在控制全局。

正如我们所指出的，倾斜方向变化的最佳例证之一就是质量运动。

因为将组织固定在螺旋特定位置上的螺丝从未松动,而且几乎没有伸展的空间,更不用说完全的垂直变化了,所以许多高管披上了戴明和全面质量管理的外衣,在那些从来没有力量运作的项目上投入了巨额资金。这些举措相当于旧瓶装新酒,只不过酒瓶上的标签经过重新设计,变得更加吸引人了。

改变回应 5、6、7:垂直变化

垂直变化通常会破坏当前的模式,并唤醒新的元模因,尽管它也可能会复活之前存在的元模因——人们通常会认为这些元模因已经被尘封并消失了。垂直变化后,不同的元模因将主导当前的模式,元模因堆栈被重新排列。对个人来说,这些是重要的人生过渡。对组织来说,垂直变化是变革式的,而且会为它们带来新的商业模式。用计算机的隐喻来说,这就好比从早期的 DOS 系统转换到 Window 95 系统,甚至转换到 UNIX 系统或 Mac 系统。

垂直变化有 3 种改变回应:突破(改变回应 5)、升档(改变回应 6)和蜕变(改变回应 7)。突破会攻击障碍,但是,如果行动失败,也会直接陷入伽马陷阱中。受控程度更高的升档采取的是演进的方式,在绕过伽马陷阱的同时唤醒新元模因。最后,还有最复杂的改变回应 7。在这个变化中,多个元模因同时跃迁,这就是蜕变。

改变回应 5:"突破"

一旦剧烈变动让实体掉落伽马陷阱的深处——沮丧、愤怒与绝望,突破就会发生。在离开贝塔关口时,要么是没人及时注意到改革方案(改变回应 6)的存在,就可以从贝塔过渡到德尔塔,要么是改变的几大必要条件没被满足。取而代之的是,实体一路滑到伽马陷阱的底部。这正是地狱之门大开、情绪满是负荷的时刻(象征或字面意思)。这种转变是动荡的,它标记着生命历程和"重大情感事件"。改变回应 5 是企业历史上的一个转折点,有时会打着美国《破产法》第 11 章的旗号,推翻政府。

改变回应 5:突破(变革)

	否	一些	是
1. 潜能			√
2. 解决方案			√
3. 失调			√
4. 洞察		√	
5. 发现障碍		√	
6. 巩固			√

在即将发生突破时,你可能会同时从多个元模因中识别出贝塔和伽马的信号。这时整个系统处在危险之中。它的特点可能是焦点的普遍转移,从公共/集体主义到个人/精英主义的转变或相反,而且,经常被认为是实体所经历的沧桑巨变。到了这个时候,压力已经积聚到一定程度,谈判是徒劳的,战队、游击队、爱国者们和忠诚的工会成员们已经整装待发,准备发起武装运动。

- 当前的结构与系统需要根本性变革,妥协既不可取,又不受追捧。

- 对障碍发起无情的"全有或全无"攻击。要么改变它，要么销毁它。

- 那些拒绝跨越障碍的伙伴和"温和派"成员被认为是内奸、懦夫、叛徒和卖国贼。他们比敌人更加被人唾弃。
- 通过将崇高的目标抽象为"事业"，来捍卫和证明行动的正当性——"我们"为了自由而战，为了共同的信仰而战，为了世界安全而战，不一而足。

例如，许多以非裔美国"领袖"身份发言的人，现在正在将长期的民权运动（倾斜变化），用革命性的垂直变化术语重新定义。对他们来说，马尔科姆·埃克斯（Malcolm X）已经取代了马丁·路德·金，成为历史性的榜样和导师。1992年在洛杉矶中南部的骚乱并没有被视为一次"暴乱"，而是演变成一次伽马叛乱。这是非裔美国人为摆脱欧洲当权派的殖民压迫而进行的正当尝试。因为他们虽然秉持着相互对立的信念集合，但其思维方式仍然集中在螺旋上的同一个元模因区域中。风险在于，这种突破可能会触发白人至上主义者的反抗，从而引发反革命运动。

要想顺利完成突破而不受破坏，需要第二层级的思考。我们将在第四部分中介绍具体做法。现在，只需牢记以下两个一致性原则：

（1）如果大部分人是相当同质的，并且处于较低的螺旋层级，则与处于较高螺旋层级的个体相比，变革措施必须更加具体和直接，变革范围更小。而在较高螺旋层级且思维相似的群体中，更抽象、更广泛和更遥远的目标才是可行的。

（2）如果实体是由很多种类组成的，则所传达的目标必须既具体又抽象，既迫切又遥远。它们必须在各方收听的所有元模因频率上同时联播。

垂直变化是通过螺旋层级的总体升级来实现的，对个人、组织或社会来说都是如此。以红色元模因为中心的文明需要的是可操作和可反应的指令（要用实在的东西来满足人们的需求），而非抽象的劝导或许诺。绿色元模因需要建立共识和互相说服。在过渡期间，蓝色元模因需要的是教条式的权威主义，而橙色元模因必须拥有个人成长的机会。在这个革命时期，人们期盼着解放的高歌、正义的热情，以及那些跳出伽马陷阱进入德尔塔自由的光荣英雄。因为革命领导者经常被赶下台，被当作下一个阿尔法维稳的牺牲品，记得提醒他们不要得意忘形。

改变回应 6："升档"

一个具有未开发的潜能且能洞察到"当前的生存方式只是一种选择"的开放系统，不会陷入伽马陷阱深处，而是有可能发现改革方案，演进式的变革会实际绕过伽马危机，交付给德尔塔和新阿尔法。即使在巨变发生时，也仍然有一些人会在陷入万劫不复之前看到希望的曙光，并认识到根本性改革的必要性，而不必迎头撞上障碍，因此这是可行的。这种变形（平滑地改变形状和优雅地改变过程）可以在公司或文化的历史中多次发生，而不必深陷伽马陷阱。要想找到这条可供替代的路径，需要的是：相关人员的思维在很大程度上是开放的，而不是受困或封闭的；有大量的原材料可供进行新的思考；他们已经清晰地预见到新阿尔法会是什么样子；改变的六大条件正在被满足。如果是这样的话，从当前的贝塔关口去到新阿尔法，一个相对平和、演化式的转变是可能发生的，否则还是得经历某种程度上的革命过程。

改变回应6:"升档"(演化)

	否	一些	是
1. 潜能			√
2. 解决方案			√
3. 失调			√
4. 洞察			√
5. 发现障碍			√
6. 巩固			√

在演进式的垂直变化发生时,新酒也有了新酒瓶,而不仅仅只有表面的修饰。从一种元模因组合到另一个元模因组合的垂直变化就像换挡一样,不同挡位的功率也不相同。但是,就像在变速箱中一样,没有必要为了改变未来而破坏过去。如果需要额外的动力,可以暂时回退到之前的系统中,这可能是组合中的一部分。

有效的垂直变化会将生命背景和元模因堆栈组合成一个包一起来考虑。令人震惊的是,在刑事司法和风险干预中,人们投入了大量精力来改变涉案者的行为和态度,却没有对他们的生命背景给予应有的重视。正是生命背景使得紫色元模因和红色元模因令人反感的方面似乎成为生存之必需。因为这种障碍还是会给他们带来麻烦,所以当人们回到同样的环境中,遭遇同样的障碍时,改变就不可能持久。

改变环境不足以确保垂直变化的发生。有些人符合所有六大条件,有些人则不能。他们可能会失调,缺少潜能、洞察力或别的什么。少数人在元模因配置中处于封闭状态。很多时候,干预的结果并不是失败,

> 你无法改变别人，但人确实是可以改变的，你可以促进这个过程或者阻碍它。

而是因为改变不适用于每一个人。那些不愿改变的人不应破坏其他人拥抱改变的可能。

你无法改变别人，但人确实是可以改变的，你可以促进这个过程或者阻碍它。生命背景的变化会唤醒新元模因。如果你了解螺旋上的改变原理，如果你真的能改变存在条件，而且如果这类人足够开放，你就可以让他们的思维变得更加精细，或者至少更恰当。这是许多家长、教师、刑法学家、戒毒治疗师、疗愈师的意图所在。如果他们能够看见对方的元模因，就更容易在治疗过程中将客户的螺旋层级与治疗方法联系起来。显然，从大多数药物治疗项目的失败率和监狱业的发展可以看出，他们普遍没有考虑到这一点。

改变回应 7："蜕变"

在改变回应 7 中，多个元模因在整个社会中经历转变。这些是东欧、非洲、南美甚至美国正在经历的蜕变。第二层级的思维是思考多系统变革所必需的，更不用说管理了。

因为（革命式的）突破和（演进式的）升档都是可能的，但可能不容易兼容，因此蜕变是有风险的。在由此产生的湍流中，不同元模因之间的碰撞，让整个螺旋变得非常不稳定和脆弱。当人们发现自己在为生存利益锱铢必较时，会出现重大的动荡和绝望的挣扎。许多人发现自己又靠近了伽马陷阱。那些在痛苦中幸存下来的人（大多数人都如此）将得到救赎、更新与重生。但因为有如此强的复杂性，有如此多的变革需要立即执行，所以群体伽马是一段压力重重且充满危险的时期。当前的航空业、大型石油业、电信行业和美国的汽车业都处在伽马陷阱中，它们现在都感受到了垂直变化的压力。

第四部分描述了沿演化轨道管理大型系统的过程。它是处理多样性的一种相对简单的方法，也是将无数元素整合到无缝流中的计划。最终目标是螺旋的整体健康，以及在此基础上生活的我们每个人的福祉。

改变回应 7：垂直的蜕变

1. 潜能：遍布整个螺旋的潜能，能让它们向下一螺旋层次移动
2. 问题：多个层面上的问题都得到妥善解决
3. 失调：失调以适当的方式渗透到系统的各个层面
4. 洞察：洞察被共享，替代方案适合整个结构
5. 障碍：多层面的水平和垂直方向上的障碍均被克服
6. 巩固：在相互支持的基础上巩固了相互依赖

在尝试实施变革之前进行评估

在结束这部分讨论之前，最后还要注意一点。在尝试了解一个人或一家公司所经历的变化时，务必要问一个问题："这类人在以什么方式处理这个问题？"而不要问："这类人处在什么螺旋层次上？这些规则表明我应该处在什么层次上？"格雷夫斯经常强调，后一种问法是在投机取巧。人无法被分门别类，人们通常以不同方式思考生活中的事务。组织中的不同部分也都有各自的个性。因此，针对社会运动你也应该问类似的问题："这个社会在以什么方式处理这个问题？"永远记住芭芭拉·乔丹的问题："从什么，改变成什么？"

- 在与某人建立社交关系或业务关系之前，不妨先评估

一下其元模因配置和OAC潜力：是顽固封闭的红/蓝元模因、"政治正确"封闭的绿/橙元模因，还是严谨诚实开放的蓝色元模因？（有多少次，你听到一个人说自己可以在结婚后要改变对方，结果却在一两年内离了婚？）

· 在收购或兼并一家公司之前，一定要把眼光放在利润和产品之外。你应该评估该企业的螺旋，以及这样的螺旋可以创造怎样的未来。是什么在主导元模因堆栈，是受困的橙色元模因、过于传统的蓝色元模因、蓄势待发的健康红色元模因、浓厚的绿色元模因，还是未开发的黄色元模因？

· 在派遣军队进入索马里"军阀"或车臣"叛军"的领土之前，一定要进行螺旋解读。当一个国家用自身的解决方案，不加修改地强行解决其他人的问题时，每个人都会因此受苦。就像联合国在波斯尼亚发现的那样，即使是"人道主义"旅行也必须适应那里的生命背景。

首先，为了获得螺旋配置的概况，你必须根据一些问题来审视个性（或企业文化）及其对这些问题的反应。这些审视将形成元模因概要，而不是简单粗暴地标定螺旋层次。其次，在制定管理、教育或帮助的战略时，最有效的做法非常简单：阅读反馈。如果我们通过螺旋仔细聆听，就会发现，人们在不断地说为什么他们这样做，为什么他们这样相信。我们也会知道，如何才能更好地与他们沟通。这些信息会告诉我们，他们是否准备好改变了，以及哪种改变是合适的。简而言之，就像克莱尔·格雷夫斯喜欢说的那样：

如果他咕哝,就继续;
如果他咆哮,就退后。

注释

1. 见《圣经·路加福音》8章4-15节。——译校者注

第 5 章　领导力动力

大多数管理领导力方面的教科书与指导手册都需要重写。史蒂芬·柯维（Stephen Covey）和其他将橙色元模因混在蓝色元模因和绿色元模因书档之间的人，所做的有益贡献还远远不够。他们仍然依赖第一层级，而不是整个螺旋。

《达拉斯晨报》（*Dallas Morning News*）专栏作家和 PBS（公共广播）评论员李·卡勒姆（Lee Cullum）将当今时代称为"边缘时代"（The Age of Limbo）。她认为，我们被困在一个旧秩序衰败和死亡之间的暮色地带，旧秩序正在停摆，一个新范式正在全面兴起，将填补这一空白。她并不是简单地描述元模因之间的间隔，而是描述了人类思维系统从第一层级到第二层级的飞跃。

因为我们同时在经历多个元模因之间的相互作用、反作用、副作用和冲突，因此当前的边缘时局格外不稳定。因为许多元模因开始争夺全球利基市场，但当它们反复无常地出现时，整个螺旋将受到威胁。这些条件将引发改变回应 7（蜕变）。若要避免在边缘时代重复憨墩胖墩的命运，就必须在当前社会与科技的熔炉中锻造出新领导力合金。这将直接影响到商业、宗教、教育与政治。这些由黄色元模因与青色元模因的能量锻造出来的新合金，将塑造出一批具备全新思维的领导者，他们拥有应对当前复杂形势的头脑和个性，这在人类历史上是前所未有的。他们就是螺旋魔法师。

> 魔法师（Wizard）：1.（古代的）智者，圣人；2.精通魔法的人，术士，巫师；3.奇才、能手、行家。（见《韦氏大词典》。）

每个时代、每个民族、每种文明和每个种族都产生过自己的魔法师，这些非凡的人拥有超越普通人的洞察力、力量和技能。这些"智者"通常出现在危机不断和快速变化的时代，此时，新范式正在取代旧的模式和形式。它们栖身在阴影和中间地带，隐藏在新旧交替的交界线上。这些模糊不清的地带不再是原来的模样，而新模样又尚未形成。在中间地带，在边界模糊的时空中，任何事情都有可能发生。在一个毫无防备的世界中，混乱随时可能出现，或者，秩序会降临到寻找锚定的人身上。

古代的魔法师拥有丰富的知识，这些知识源于他们存在的本性。尽管他们有男女身相的不同，但他们通常被认为是自然界中某种动物、植物、风、雷、电、月亮或星星——天地间的万物，甚至是从下面（地狱）来的。有些魔法师恶毒而无情，而最厉害的魔法师拥有最纯净的心，足以匹配他们无边的法力。他们是周围人的向导与守护者。有些魔法师可以预见未来，如诺查丹玛斯（中国如李淳风、袁天罡、刘伯温等）；有些魔法师具有改变与影响的魔力，如英格兰及威尔斯神话中的传奇魔法师梅林[1]。

他们审视着周围出现的世界，将基本元素重新组合为新的形状与图案。大多数魔法师默默地在台下工作，他们是幕后的造王者和破坏者。他们的事迹散落在民间歌曲、历史与传说的残片中。就像古老的耶路撒冷国王麦基洗德[2]一样，他们的身世也充满了神秘与阴谋。

如今，我们身边仍然有魔法师存在。他们是元模因的炼金术士，致

> 在这个边缘时代，一种全新的魔法师物种首次出现在地球上。他们是螺旋魔法师。他们才刚刚出现。

力将陈旧生锈的系统转变为闪亮的机会。有些魔法师擅长在单个元模因的社会心理环境中发挥作用。作为元模因魔法师，他们专门培养其独特的力场。其他魔法师则擅长在不同元模因之间建立过渡区。这些变革魔法师是螺旋动力方面的大师。现在，在这个边缘时代，一种全新的魔法师物种首次出现在地球上。他们是螺旋魔法师。他们才刚刚出现。

元模因魔法师

人类发展螺旋上的每个元模因都唤醒了自己独特的魔法表达。这些元模因魔法师知道如何为具备相同世界观的人担当现代的"导师与守护者"，因此，他们会化身为螺旋的每种颜色。尽管元模因魔法师可能是只懂得一种小把戏的小马，但是他们的表演如此精彩绝伦，以至于所有人都希望前去观看，整个人类马戏团也因此而繁荣。在此，我们只是简要概述元模因魔法师的特点，更多介绍详见第三部分的元模因魔法师实战手册。

紫色元模因继续为世界输送神秘主义者、占卜师、预言师与巫医。有时，他们写史诗、唱赞歌。其他时候，在我们处于危难之际，他们恰好出现，散发出非凡的魅力。红色元模因催生的是现代版的宙斯与维纳斯，神一般的男女史诗英雄。有些人是身居高位的政治人物，少数人是准宗教独裁者，还有许多人以神话中的榜样出现，如超人、超能战士、甚至是忍者神龟。

蓝色元模因的魔法师对善恶、对错的区分界限分明。他们为寻求社会稳定与文明的人们提供人生意义与目的。比利·格雷厄姆（Billy

Graham）就是一个备受尊重的蓝色元模因魔法师。在国家处于危机时，白宫中几乎所有人都会向他寻求建议、指引与慰藉。南非前总统纳尔逊·曼德拉出狱后成为举世尊崇的准圣徒，他传递的就是蓝色元模因的正义、神圣与爱国主义。特蕾莎修女教导蓝色元模因的慈善与圣爱。

有一些厉害的元模因魔法师，他们横跨在两个核心元模因之间的过渡地带发挥影响力，励志演说家金克拉（Zig Ziglar）就是其中之一。金克拉的贡献在于在负责任的蓝色元模因的坚实基础上，唤醒健康的橙色元模因——"积极进取的自我"。我们的朋友——巴西的莱尔·里贝罗[3]（Lair Ribeiro in Brasil）博士正在做一件了不起的工作，他为南美洲数百万人的个人赋能螺旋上升准备类似的过渡。

李·艾柯卡、比尔·盖茨、鲁伯特·默多克以及唐纳德·特朗普都是橙色元模因主导的魔法师，他们有能力解决问题、促进发展、影响时势、传播科技知识。在转型心理学领域，卡尔·罗杰斯与其他绿色元模因巨人已经唤醒了许多人的深层人类情感，扩展了人际连接的"神秘"领域。诸如雅克·库斯托[4]（Jacques Cousteau）、詹姆斯·洛夫洛克（James Lovelock）等人则展现了生态意识领域的魔法。我们将在第三部分了解更多元模因魔法师。

变革魔法师

变革魔法师深谙相邻元模因之间的异同。美国前总统罗纳德·里根对蓝色元模因的爱国主义/教义和橙色元模因以"个体/精英"为导向的世界观产生了共鸣。虽然他对绿色平等主义社区毫无感知，也因过分

> 变革魔法师凭直觉知道，真正的领导力通常需要结合个体／精英（暖色调）与社群／集体（冷色调）的元模因元素，因此他们具有极大的影响力。
> 螺旋魔法师本能地漫游在广阔的天地间，他们看到了其他人觉察不到的模式与关联。

简化的举措而让黄色元模因感到沮丧，但在蓝橙双波峰元模因主导的冷战末期，他的统治取得了成功。

因为马尔科姆·埃克斯[5]的思维可以从红色元模因（能言善道的鼓吹者），转换为红蓝色元模因（改变宗教信仰者），再转换为蓝红色元模因（种族运动狂热者），再回到蓝色元模因的顶点（麦加朝圣的坚定信仰者），所以他一直是许多非裔美国青年的变革魔法师榜样。他是一个变革魔法师，是在经历类似旅程的年轻人心目中的英雄，而马丁·路德·金则更像一个蓝橙色元模因系统魔法师。变革魔法师提供了发展的垫脚石和榜样。

变革魔法师凭直觉知道，真正的领导力通常需要结合个体／精英（暖色调）与社群／集体（冷色调）的元模因元素，因此他们具有极大的影响力。红色的权力之神需要紫色的服从。橙色的游戏玩家需要蓝色的规则追随者。蓝色的真理力量会在红色的混乱状态下发号施令。如果领导者与追随者的变化幅度大致相同，那么，积极的关系就会持续很长时间。但是，变革魔法师往往只是区域专家。当需要同时处理多个元模因连接时，则需要更强大的魔法师，需要同时考虑广谱观点和多个系统的能力。这恰恰是第三类魔法师，即螺旋魔法师的本质。

螺旋魔法师

螺旋魔法师本能地漫游在广阔的天地间，他们看到了其他人觉察不到的模式与关联。当人们在旧有的范式下时，"第一层级"滤镜不允许他们这样做。螺旋魔法师能穿过螺旋主干，唤醒、疏导、赋能或修复一个组织的每个价值观元模因（基因或文化密码）。这样的螺旋魔法师能理解混乱，他们思考起来更像是富有创意的设计师而非改造者。这一过程将各种功能、人以及想法连接成新的、更加自然的工作流，这为工作的完成提升了精准度与灵活性，能迅速地响应，增添了人文关怀和乐趣。这就是新范式的力量，"第二层级"思维方式的力量，在持续审视整体的同时，巧妙地修补各部件（价值观元模因）。在像当前这般大规模动荡与变革的时期，密切关注全螺旋思维尤为重要。

第二层级的领导力

第二层级的领导力建立在黄色元模因与青色元模因的核心智能上。黄色元模因提供了一个内在导向、个人主义的视角，将粒子与子系统连接成自然序列。其焦点是将以前分离的实体及其功能整合到线性流，或更可能是系统流中。这可能就像时间线将过去、现在、未来串联起来那样简单，也可能像价值链将供应商、客户、内部生产者以及投资者联系在一起那样复杂。需要提醒的是，黄色元模因通过影响那些威胁其生存品质的事物来维护自身利益。这种个体/精英类元模因组成的螺旋魔法，具有明显的技术性、实用性、行动导向性和"带感受的左脑"倾向性。

青色元模因被唤醒后，带来的是社群/集体的视角，旨在塑造并维护有序的关系，以保证螺旋的福祉，而不是像绿色元模因那样，只关注组织成员的福祉。各种生命系统、模糊概念、权力中心与力场以平衡的关系融合在一起。通过将有序性回归螺旋，该元模因以整体的方式宏观管理其能量与组成部分，就像交响乐队的指挥在塑造音乐，或像生物学家在研究海洋喷口的生态系统。由于青色元模因致力服务更广大的群体，它考虑的是企业、学校、社区、国家或整个星球。这增强了对牺牲自我利益的理解和"带数据的右脑"的敏感性，让实施螺旋魔法的整个大脑平衡且完整。

由于我们现在面临独特的生命背景，当今的螺旋魔法师代表着领导力与社会影响力的新视角。这批新的领导者可以通过他们看待事物的方式，以及他们有能力并愿意去做，而与其他人区分开来。在个人生活中，他们很自然地反映了第二层级的思维原则，并直观地、专业地应用这些洞见。如果你正在经历转变性的变革，你可能会探测到自己的一个或多个维度的觉醒。在你认识的人和卓越组织的心智中，你可能觉察到这些特征的出现。

在接下来的三章中，我们将详细阐述螺旋魔法师如何从第二层级的角度应用他们的思维和解决问题的技能。第6章探讨"螺旋魔法"中的领导力要素。第7章通过"螺旋对齐"将所有变量按顺序排列。第8章通过"螺旋整合"将所有事物与其他事物联系在一起。以下是螺旋魔法师的识别标志。

螺旋魔法师的七大标记

1. 螺旋魔法师在开放系统中思考，而不是在封闭的最终状态中思考

螺旋魔法师认识到，人类的生命形式是不断地从一个稳定期传递到

> 螺旋魔法师意识到，人群中出现了自我与他人、我和你的新观念，从而增强了人格的复杂性。组织一直在寻找新的架构，来适应内外部环境的变化。

下一个稳定期。在下一个阶段来临前，每个阶段都只是暂时的栖息地。因为每门科学与社会学科都在重新审视演进的全貌——尝试"跳出来"思考，我们仍站在人类发展的山脚下。

螺旋魔法师意识到，人群中出现了自我与他人、我和你的新观念，从而增强了人格的复杂性。组织一直在寻找新的架构，来适应内外部环境的变化。社会在演进的道路上起起落落，兴衰成败，前进倒退。

这些魔法师对那些相信任何特定元模因是所有人的终极目的地的人构成了威胁，特别是当这些人在宣扬这一观点时。有螺旋意识的未来学家承认，摆在不同元模因面前的，是不同的未来以及不同的下一步。因此，螺旋魔法师不需要为了那些"新的和更好的"版本，而抛开旧有的、传统的结构和生活方式。相反，因为他们意识到时间流转于过去、现在与未来之间，所以他们将所有已经发生的事情融入整个变革计划中。

开明的组织会寻找他们的螺旋魔法师，并保护他们免受着装要求、利益斗争、政治游戏或官僚限制。你应该把他们安排在智囊团、神经中枢或决策圈，让他们扫描未来的模式、关系与信息，让他们生成和测试场景。他们会告诉你，当前需要什么样的领导者，明天的追随者会是什么样。如果你聪明的话，你可以在各个层级上找到这些螺旋魔法师。

2．螺旋魔法师在自然流动和节奏中生活和工作

螺旋魔法师接受任何安排背后固有的生命之流，这些安排既可以是混乱驱动的，也可以是井然有序的时间表推进的。这些动力产生了稳定的季节以及改变和转变的时期。理解了这一点，螺旋魔法师便展现出一种耐心，一种人们无法体验而他们能体验到的现实，一种当时机不对

> 本质上，螺旋魔法师是工程师。他们倾向于统筹整个螺旋中的能量流、资源和防御机制。

或他们不是能带来改变的合适人选时主动离开的意愿。他们知道什么时候该顺其自然，什么时候该推波助澜。因为他们往往能够以小见大、见微知著，他们对上游的干预措施给下游带来的影响很敏感，并且他们具有发现新趋势的超强能力。在这个过程中，他们还能检测到影响表面上的连接与模因对齐的潜在吸引子。

3. 螺旋魔法师的最终目标是保持全螺旋的健康

本质上，螺旋魔法师是工程师。他们倾向于统筹整个螺旋中的能量流、资源和防御机制。这些魔法师具有贯穿整个螺旋的感知力，这让他们可以在自己的舒适区外，识别出不同的层次，感知不同层次的需求。

- 他们可以穿透表面的扭曲、烟雾和镜子，"看到"个人、组织与社会螺旋的元模因堆栈。
- 他们是助产士，负责接生新元模因，或者为了整个螺旋的健康，让已经萎缩的旧元模因回春。
- 他们着眼于多赢，即整个螺旋的健康，以此来调解两个相互冲突的元模因。
- 他们会扫描危害螺旋其他元模因的元模因恶性肿瘤。这包括来自无情红色元模因的掠夺性入侵、来自蓝色元模因的致命狂热或者来自橙色元模因的过度物质主义之实用主义。

在进行元模因扫描时，螺旋魔法师依循两个指导原则。首先，他们意在帮助每个元模因水平发展并保持健康状态，以便它们可以增强整个螺旋的生命力。其次，他们努力让螺旋保持垂直开放，这样新元模因可以被唤醒，可以发生倾斜变化，现有的元模因可以根据生命背景的变化

> 螺旋魔法师可以自由切换思维，可以扮演各种各样的角色。

而做出调整。

这种元模因的拼接、干预与对齐所发生的层次，只有螺旋魔法师才能检测到，然而其影响对任何人都是显而易见的。正如按摩师可以找准骨骼的结合点一样，螺旋魔法师擅长在动态螺旋的脊柱上调理和矫正元模因。当元模因各居其位且整个螺旋处于开放状态时，个体重新振作起来，公司运转突然变得高效，社群又恢复了活力。

4．螺旋魔法师轻松穿梭于不同的概念世界

螺旋魔法师尊重每个元模因的完整性与重要性。就像古老神话中的魔法师一样，他们可以改形易貌。自我控制使他们能够克制自己的偏好与成见，从而了解各种元模因的心理频率。他们可以身着三件套西装，也可以穿蓝色牛仔裤，一切视情况而定。他们可以赞叹任何一种文化，并不带评判地分享经验。好的螺旋魔法师可以说多种元模因语言，比如流利的蓝色元模因语言、活泼的橙色或红色元模因语言，就像地道的本元模因人。

在给定的情境下，当彼此更加同步时，螺旋魔法师可以自如地寻求元模因魔法师和变革魔法师的帮助。他们通过解决难题或以自然的方式跟系统同步来获得满足感，而不必从受人瞩目的影响力和备受推崇的权力中获得。

5．螺旋魔法师拥有完备的资源、策略和技能

螺旋魔法师可以自由切换思维，可以扮演各种各样的角色，正如他们可以适应任何环境，也可以随时调整自己的风格，在适当时保持敏感，在必要时冷酷无情，甚至在自己的兴趣与需求转移到其他地方时大

> 对螺旋魔法师来说，能力胜于资历，知识胜于地位。螺旋魔法师可以自由地以任何必要的方式向任何人学习任何东西。他们不会丢弃过去的一切，也不会拒绝未来的一切。

步走开。他们的思维几乎没有边界，不受限制，丝毫不狭隘。他们不受人为强加的学科纪律、知识领域、神圣领土、传统限制或公司部门区隔的阻碍。他们足智多谋，既能尝试新鲜事物，也能接受寻常事物。对他们来说，教会与议会、公共与私人、某级政府部门与另一级政府部门或者一类人与另一类人之间的历史性差异，几乎没有什么意义。

比起区分谁对谁错，螺旋魔法师更重要的工作是了解整个螺旋需要什么。对螺旋魔法师来说，能力胜于资历，知识胜于地位。螺旋魔法师可以自由地以任何必要的方式向任何人学习任何东西。他们不会丢弃过去的一切，也不会拒绝未来的一切。因为他们必须做好准备，为每种元模因提供适当的技术或领导力方案。在实践中，螺旋魔法师的工具箱中，有各种系统、结构和小工具。

他们拥有一整套的决策方法。螺旋魔法师会从中精心挑选，以解决各种情境下的问题：有时采用妥协的方式，酌情通过协商解决问题；必要时采取专制的手段以及元模因所需的其他复杂问题的解决方式。（其他能力见本书第 15 章。）

他们还配备了导航，可以穿过改变的各个阶段，并给其他人的旅程带来便利。他们愿意随时为需要支持的人提供帮助，或踢那些需要鼓励的人的屁股。他们会根据每个人、每个元模因以及螺旋健康的独特需求而灵活应对。因为每个元模因都活在它们自己的世界中，需要它们自己的教学包，因此他们倡导因材施教，拒绝统一培训和流水线作业。总的来说，螺旋魔法师代表整个有机体（个人、公司或社会）为群体利益和个人利益而行动。

6．螺旋魔法师是系统思考者和综合问题解决者

螺旋魔法师的思维配置方式通常让他们看起来有点奇怪，特别是对那些思维被困在元模因第一层级的人来说。作为系统思考者，他们会综合对自然进程和流动的相互关系的觉察，从而获得对复杂的问题、事件或状况的全面了解。他们拒绝简单的因果联系、表面的速效对策以及对人为干预的过分依赖。反之，他们搜索一两个重要日志来锁定整个日志的阻塞之处。他们扫描关键压力点并打开阀门，以调节有机体的生命气血。他们检测重大的不匹配和不合适因素，如果不对这些因素进行纠正，即使进行再多的培训、激励或管制都无法解决问题。

例如，如果质量计划、企业重组计划、全球营销计划，由过多线性、"左脑"、体系化或策略型思考者设计，那么，螺旋魔法师很快就能看出它们会失败的原因。它们需要螺旋魔法师的洞察，将人类的情感、需求和元模因关系等全方位因素，组合成既"高科技"又"动人心"的整体解决方案。

作为综合问题解决者，他们像网络软件一样将许多功能连接在一起。他们能够啮合并调动大量资源和智慧，然后像激光束一样聚焦在特定目标上。例如，许多社区都在努力解决当地犯罪、帮派闹事和教育落后等问题。教堂、学校、商业部门、政治机构、公民组织、公益机构与当地居民在表达深切关注的同时，继续以临时、零碎、分散的方式行事。他们长期被地盘之争、领地冲突、专有预算限制和强大的自我所困扰。通过处理基本的元模因冲突和失调，螺旋魔法师提供透视图并设计出相应机制，让所有利益相关者统一战线，力往一处使。他们有工具能够整合、对齐和协同所有元素实现合作。因为他们的努力，整个螺旋形成了统一原则，缔结成胶态组织，铺就了一条不同派系可以共同奋斗的

> 螺旋魔法师既是黄色元模因工程师,也是青色元模因神秘主义者,因此他们可以啮合左右脑的功能。他们能感知到粒子,也能感知到波。他们像诗人一样畅想,像程序员那样编程。

路径。一旦变革过程(见第 4 章)得以适应,每个人都可以为更大的利益做出贡献。

7. 螺旋魔法师拥有独特的个人信念与价值观

螺旋魔法师既是黄色元模因工程师,也是青色元模因神秘主义者,因此他们可以啮合左右脑的功能。他们能感知到粒子,也能感知到波。他们像诗人一样畅想,像程序员那样编程。他们陶醉于悖论之中,这一特质让他们能够打破僵局,如个人权利与社区利益的对立,经济发展与环境质量的矛盾。他们能同时看到全球趋势和本地需求。

你将在各行各业、各个教育水平以及公司各个级别的人中找到螺旋魔法师。他们往往足智多谋、无所畏惧、富有创造力、坚韧不拔又好玩有趣。他们悄悄地来,又悄悄地去。他们没有高人一等,也不一定比别人更加"聪明",他们只是思维与众不同。有时他们是在旷野中大声疾呼的先知。有时他们安静镇定,低声鼓励着身边的人,并指出其他的路径与解决方案。像古代的魔法师一样,他们在自己的时代中并不总是能被认可。世人的认可可能姗姗来迟,有的甚至可能在千百年之后。

案例:美国军队的宏观领导力模型

军事行动规模庞大,涉及的问题生死攸关。这也是为什么人们对孙子、汉尼拔、沙卡、祖鲁、亚历山大大帝、坐牛(Sitting Bull,美国印第安人苏族亨克帕帕部落首领)、蒙哥马利元帅、埃尔文·隆美尔、乔治·巴顿、摩西·阿伦斯(Moshe Ahrens)、亚历山大·黑格(Alexander Haig)和诺曼·施瓦茨科夫（Norman Schwartzkopf）等诸如此类的人物感兴趣。美国企业独行侠暨1992年总统候选人罗斯·佩罗（Ross Perot）对匈奴阿提拉的领导风格也极为推崇。商业讨论中充满了对战争和战斗的隐喻。关于螺旋，美国军队能教我们什么呢？

在韩国问题上陷入僵局和在越南遭受灾难性打击之后，美国军方智囊团开始重新评估发动战争和维护和平的方法。"失败"挑战了美军系统（相当于国家级的贝塔关口与些许伽马陷阱），并催生了德尔塔——寻找提升战力的新模型。

在越南，许多战地军官的行为更像是IBM或通用电气的高管，而不是部队军官。毒害植被和人员的橙剂（The Agent Orange，"橙"一语双关，也指橙色元模因），也着色了领导力模型。随着战况的发展和帝国的建立，军种间的竞争十分激烈，指挥部门位高权重，但却受到地位的限制，官僚主义盛行。精明的美国人忽视了蓝色元模因、红色元模因，尤其是紫色元模因中的优势，反而是顽强而更具螺旋智慧的越南军队将这些优势适时发挥出来了。

战败的创伤和随后的灵魂反省，让美军发展出了一种新的方法。这些变化并不是由军事院校的讲座、五角大楼里的目标设定会议或西点军校的案例分析所引发的，而是由高科技、高度机动、快速反应、意识形态模棱两可的战场呈现出了新模因，需要新元模因来应对的生命背景引发的。随后，美军在1991年的沙漠风暴行动中对新方法进行了测试。

在此列出几位螺旋魔法师的候选人："沙漠风暴"的联合设计师和指挥官——"风暴"将军诺曼·施瓦茨科夫；科林·鲍威尔将军，威廉·克劳（William Crowe）海军上将；以及越战时代的其他候选者。我们暂且不论1991年海湾战争的政治因素，只看在越战与沙漠风暴中所体现的领导力/管理方式上的差异。传统的第一层级蓝橙色与新的橙绿黄色之间的区别包括：

- 由军事专家而非政客发动战争。
- 在战斗中，各个军事部门无缝衔接，由复杂的高科技技术持续提供信息提醒，并由一队统合综效的指挥人员进行部署。
- 权力和权限分散在情报丰富的小型战斗部队中，各个部队在战斗中具有相当大的自主权。与此同时，在宏观层面上显而易见的是，整个军队仍然保持着严密、统一、开放的指挥控制结构。
- 按照施瓦茨科夫的个人风格、衣着和举止，等级、特权、权力装备和其他地位差异都被压制了。在具备更高螺旋思维层级的志愿者团队中，飞扬跋扈的领导者将被质疑或被战士们公开拒绝。在整个军队知识和能力不断提升的同时，星级和等级的影响力下降了。鲍威尔及联合指挥官没必要去抢其野战指挥官的风头。

显然，战场上出现了一种新的方法，同时出现了协同的管理系统和得力干将。他们期待着新方式的出现，也有能力

> 应对更复杂的状况。这些部队是针对萨达姆·侯赛因的伊拉克军事部队而部署的。美军的这个对手虽然有相对成熟的技术，但他们的作战方式更适合第二次世界大战，而非20世纪末的战场。当然，从长远来看，谁将成为最后的赢家尚待确定。这场战斗结束了，但北非和中东的大型元模因战争才刚刚开始。

注释

1. 梅林：英格兰及威尔斯神话中的传奇魔法师，他法力强大且极为睿智，能预知未来，并因为扶助亚瑟王登位而闻名并留下种种事迹。

2. 麦基洗德：根据《圣经·创世记》的记载，麦基洗德，天主教译为默基瑟德，是撒冷王，被称为"至高神的祭司"，他带着饼和酒为亚伯拉罕祝福。

3. 莱尔·里贝罗：巴西作家，心脏病专家和医学作家。

4. 雅克·库斯托：法国海军军官、探险家、生态学家、电影制片人、摄影家、作家、海洋及海洋生物研究者，法兰西学院院士。

5. 马尔科姆·埃克斯：非裔美籍伊斯兰教教士与非裔美国人民权运动者；拥护者多认同他严厉指责美国白人对待黑人的方式，反对者则认为他鼓吹种族主义与暴力。他被视为美国最伟大与最有影响力的非裔美国人之一。

正是螺旋上思想、结构与项目的完美衔接，构成了复杂性背后的简洁之美。你将需要在脑海中调动所有的元模因。

第6章　螺旋魔法

现在是时候使用螺旋魔法了。正是螺旋上思想、结构与项目的完美衔接，构成了复杂性背后的简洁之美。你将需要在脑海中调动所有的元模因。你的任务是列出选项，做出选择，然后实施一个精准的、有重点的过程，使领导能力变形与思维系统相匹配。["(图像)变形"是一种特殊的影像处理技术，可以按一定的规则或方法让一幅图像瞬变为另一幅，被广泛应用于电影《星际迷航 6》(*Star Trek* 6)和《终结者 2》(*The Terminator* 2)中，如今是电脑中图像处理的常用办法。]

在协调个人与组织，重塑领导力与管理方式的过程中，螺旋魔法师遵循以下 5 个原则：

- 识别个人、企业与整个社会中的元模因
- 应用通用的"P-O-A"建立积极的关系
- 根据情况实施适当的干预选项
- 螺旋式领导者的经验法则
- 激发第二层级的思维，聚焦于领导力和管理方案

识别个人、企业与整个社会中的螺旋

在第一部分，我们描述了螺旋的基本形态，并介绍了组成螺旋的元模因。现在的问题是："我应如何确定某人或在某种情况下存在哪些元

> 单音符是非常罕见的，基本上没有人只靠一种元模因活着。在某种程度上，我们都是流动的混合体、复合物、结合体。

模因，以及我要如何完成这些元模因配置并对它们进行管理？"

此刻，你要像吉他手一样思考问题。你的挑战是管理音符和弹出和弦。和弦是不同音调的有机融合，当一起演奏时，每根弦都会发出各自的声音，元模因配置就是类似的有机组合。单音符是罕见的，基本上没有人只靠一种元模因活着。在某种程度上，我们都是流动的混合体、复合物、结合体。大多数元模因是和谐的，表现相当"正常"，但有些元模因是不和谐的、麻烦的、苛刻的。

在稳定的实体中，50%的规则通常适用于：一个强主导的元模因伴随着两三个柔和的背景音，后者占了能量的另一半。转型中的实体在寻找的是相匹配的个体或群体的元模因：强烈的、表达自我的、内部控制的暖色调元模因，将与牺牲自我的、关注外部的冷色调元模因相结合，这样的话，能量就在它们之间振荡。

在商业社会中，你会听到不同元模因在生产、销售、研发、人力资源等方面演奏的和弦。在这些职能部门中，由于演奏者弹奏的音符不同，不同团队、岗位也会演奏出和而不同的变奏曲。

通常，领导者的任务是调频螺旋，让螺旋上的各个部分产生积极的协同作用，而不是相互妨碍、相互抵消。就像乐团指挥一样，螺旋魔法师可以协调不同的元模因，破除系统的伪装与防御，从而演奏出前所未有的美妙乐曲。首先，让每个元模因表达自己。其次，放出实验性的探针：问出全部是关于元模因的问题（"你理想中的主管是什么样的？"）；提出任务要求（例如，重新布置工作场所）；提出要打交道的人（引入一个局外人）；提出要面对的情况（引入一个新的任务元素）。最后，观察个人和团队的反应。有了这些信息，你可以开始平衡元模因，调频螺旋，并消除无生产力的噪音。

元模因随着情况的好转或恶化而起伏。要预期一个人、组织或社会是变动的，而非一成不变的。我们沿着螺旋滑动，以回应我们感知到的周遭世界。

元模因检测：识别原则检查表

以下识别原则广泛适用于：面试官挑选合适的求职者时；销售员筛选潜在客户时；在谈判桌上探查对方的模式时；护士评估病人时；员工选择新的团队负责人时；或者，简单来说，就是一个人想要了解别人时。

（1）暂时跳出你自己的元模因配置。在尝试聆听别人的元模因曲子之前，请摘下有色眼镜，并关闭你思维中内置的音箱。

（2）找出主要的生命背景。一个人或团队定义为"现实世界"的生命背景通常决定了当前活跃的元模因及其优先级。

（3）多问问"为什么"。查找并聆听基模（系统是如何思考的，即其元模因结构）与内容（系统在思考什么，即其态度、信念与价值观的内容）之间的差异。

（4）不同元模因在不同情况下会"变亮"。由于人们并不是"处在"螺旋的单一层次上，因此我们的某些想法可能会被堆栈中的不同元模因所吸引。我们可以用不同方式思考不同事情。

（5）要认识到组织也是元模因的混合体，而不是某种简单的类型。团体的成员与集体文化中包含在消退和在觉醒的元模因。就像音乐和弦一样，我们弹奏时，也有许多变化。

（6）请记住，元模因随着情况的好转或恶化而起伏。要预期一个人、组织或社会是变动的，而非一成不变的。我们沿着螺旋滑动，以回应我们感知到的周遭世界。

我们再来谈谈识别元模因的复杂性。假设有一个人说她认为每个人必须接受艾滋病病毒检测。她表达的是"是什么",即内容。作为螺旋魔法师,在你追问"为什么你这样想?"之前,请不要对这一内容做出回应。一开始,她将重述其立场,或用肤浅的观点来辩护。如果你认同她,那么你仅仅是个让人愉悦的盟友,因为你还不知道她观点背后的真正原因。如果你不认同,你可能整天会与她争论不休。

螺旋魔法师能够穿越混乱的内容迷雾,直接与螺旋上的大元模因对话。不管你是否同意这些观点,把它们暂放一旁,只是继续探究。如果你坚持不懈,你会发现态度背后的想法,即基于元模因的基模。在本例中,可能是:

- "我认为我们应该保持血统的纯净,就像上帝最初创造的那样。艾滋病是上帝给人类的一种惩罚。"——蓝色元模因的惩罚手段。
- "我刚买了一家医学检测实验室,这能让我的投资增值。"——橙色元模因不受原则约束的那一面。
- "我的健身教练说,每个人都应该接受测试。她所说的就是我所想的。"——紫色元模因跟随领导者的那一面。
- "治疗艾滋病的高昂费用将压垮世界医疗和经济体系,同时也会夺走许多人的生命,因此我们必须积极防治病毒,而又不损害人们的尊严。"——黄色元模因的多重考虑。

通过探究"为什么"而非停留在"是什么"上,你已经完成了你的元模因探测工作,并开始理解你所面对的螺旋。因为元模因的基模更接近核心思维系统,你可以根据你听出的任何基于元模因的基模来回应对方。通过这个过程,你才真正开始交流。

你不妨通过以下两个问题来检视自己的内心。在题目右侧标上你的喜好分值，最喜欢的是 1 分，最不喜欢的是 7 分。

（1）在一个良好的组织里……

　　a. 忠心耿耿地工作，不仅能保住饭碗，还能保证未来的回报　□
　　b. 他们不烦我，这样我就能做我想做的事　□
　　c. 主要关注的是我们在"生命系统"中的角色　□
　　d. 同事们感到安全，而且尊重我们的方式和习俗　□
　　e. 人们都有机会脱颖而出，成为赢家　□
　　f. 当我们加入社群后，我们和我们的感受将被放在第一位　□
　　g. 天然的差异、不可避免的冲突和持续不断的变化激励着我　□

（2）一个成熟的人应当……

　　a. 保障自身安全，就像一个大家庭的成员那样，自己照顾自己　□
　　b. 成为成功、独立、创新和有竞争力的赢家　□
　　c. 在我个人的原则范围内，既展现才能又灵活应变　□
　　d. 做个有担当的存在，心中有社群与地球　□
　　e. 有男子气概且强大，因为权力和受到尊重是最重要的　□
　　f. 是温暖的、爱助人的，让所有人都能获得成长和满足　□
　　g. 在公认的上级领导的领导下，保持坚定的目标和纪律性　□

如果你还没搞清楚上述过程，以下是该问卷的参考答案，可以将相应的字母与元模因联系起来。

（1）我们的文化中……　　　　　（2）我们希望成为……

　a– 蓝色　　　　　　　　　　　　a– 紫色

　b– 红色　　　　　　　　　　　　b– 橙色

　c– 青色　　　　　　　　　　　　c– 黄色

> 高效的人只不过是掌握了所有螺旋领导者应当展现的"共性",特别是在与新成员或团队互动时。

d– 紫色	d– 青色
e– 橙色	e– 红色
f– 绿色	f– 绿色
g– 黄色	g– 蓝色

应用通用的"P–O–A"建立积极的关系

你容易被什么样的人吸引?为什么你会感到某些人对你说的话非常感兴趣,而另外一些人却毫不在意?有魅力的人格通常会对你表现出真正的兴趣;让你更好地表达你自己;也拥有个人力量和临在,能依据自身的信念行事。没有什么比魅力更神秘的了。高效的人只不过是掌握了所有螺旋领导者应当展现的"共性",特别是在与新成员或团队互动时。克莱尔·格雷夫斯在其详尽的研究中识别出了良好互动中的三个基本元素:礼貌(P)、开放(O)与独断(A)。它们是高效管理与卓越领导力的基础。

就像三脚凳一样,P–O–A 代表了每个螺旋式经理、教练、老师或顾问与他人共事时可以立足的基本技能。在企业运作中,这三者缺一不可,否则,企业可能会破产。但是,一旦三足鼎立,P–O–A 将为设计特定的培训计划、组织发展干预措施、组织重组与变革提供基础。

在面对大量受众、潜在的客户群体或个人雇员时,尤其在充满不确定性的时期,P–O–A 会设定建设性的基调。当你不确定当前是什么元模因在主导时,P–O–A 可用作导入阶段的工具。因为它们让事情保持"干净"和光明正大,稍后,在你对螺旋有更深入的了解后,这些规

> 礼貌可以理解为文明、友好、亲切、体贴、真诚、富有同情心、坚定且公正和有人际敏感度。其反面包括粗鲁、苛刻、惩罚、否定、批判、挑剔、愤世嫉俗、傲慢无礼和居高临下。

则在领导者/跟随者关系的全周期中持续有效。之所以说它们是"通用的",是因为P-O-A在螺旋的所有层次上都能产生积极的回应(至少是无害的中性作用)。它们不仅仅是领导者的"特质",也是人人都可以应用的基本原则。

P——礼貌因素

礼貌可以理解为文明、友好、亲切、体贴、真诚、富有同情心、坚定且公正和有人际敏感度。其反面包括粗鲁、苛刻、惩罚、否定、批判、挑剔、愤世嫉俗、傲慢无礼和居高临下。在一次会议上,我们曾听到一位高管说:"我不必讲礼貌,我是老板。"这一套说法已不再适合商业社会了。

你上一次听说高管们在进行"礼仪培训"是什么时候?略带贬义的"魅力培训"适用于一切,从各式各样的人到媒体关系项目等。如今的管理人员什么时候才能重新成为一个体面的人?在彰显自我的元模因如此盛行的时代,也许是时候重新考虑良好礼仪的重要性,并给那些缺乏礼貌的人提供一些帮助了。这不是提倡含糊的绿色元模因的友爱盛会或新型敏感性训练,而是一种直截了当的人性礼节以及对自我与他人的**尊重**。

以下是一些礼貌的做法:

- 对人表现出真正的兴趣。螺旋领导者尊重他们,认为他们是有潜力超越现状的人,同时赋予他们成为自己的权利。
- 遵守既定的社会规范和礼节,在进行表彰、慰问、颁发认证等方面要举止得当。尽管这些对领导者可能无关紧要,但对其他人却很重要。礼貌是对他人需求的回应,

> 开放与狡猾、封闭、阴暗、两面派、欺骗、偏袒、好色、拒绝沟通、偷偷摸摸形成鲜明对比。
> 开放与一个实体中人们相互信任的程度紧密相关。

而不是对自己需求的回应。有礼貌的领导者也会尊重文化差异。

- 在关心他人的生活与尊重他们的自主权、隐私权和自由权之间要取得良好的平衡。领导者应关心下属而非多管闲事或打扰。参与程度适中，态度真实真诚，而不是虚伪或刻意的。
- 倾听时不要分心或自我表现，但可以真诚直接地表达自己的时间有限，这样不会让对方感到被高高在上地"打发"。

礼貌让紫色元模因感到安全和被包容；减少了红色元模因的疏离感，并使其感受到尊重；让蓝色元模因体会到"基本的良善和体面"的存在；让橙色元模因感觉不到被威胁或挑战；让绿色元模因感受到"人间有真情，人间有大爱"，而不仅仅是口号；让黄色元模因感受到非入侵的、舒服自在的氛围，在这里好奇心与求知欲是正常的；让青色元模因可以自由探索，不会被嘲笑。

尽管在不同场合下礼貌的行为细节有所不同，但该原则是普适的。善于沟通的领导者会表现出对他人的热情与兴趣。这些细节既与领导者的个人螺旋有关，也与被领导者的关注点有关。

O——开放因素

开放表现在两个方面。首先，领导者在多高程度上是真实坦率且光明磊落的，而且愿意分享与交流。开放与狡猾、封闭、阴暗、两面派、欺骗、偏袒、好色、拒绝沟通、偷偷摸摸形成鲜明对比。开放与一个实体中人们相互信任的程度紧密相关。如果信任度很低，那么开放度也会

> 开放营造了一种氛围，让人们可以以个人或团体的身份进行坦诚沟通。

很低。

其次，开放营造了一种氛围，让人们可以以个人或团体的身份进行坦诚沟通。例如，人们早期对多样性的兴趣停留在礼貌方面。当前的商业世界相当重视商业道德、价值观以及更广泛的多样性，其中就涵盖了在组织内部与人们参与商业活动时的开放性。"按我们做的去做，而不是按我们说的去做。"当注重真实性蔚然成风时，人们很少玩心理游戏。人们可以接受任何信息，不论是好消息还是坏消息，关键信息是可访问的，是自由流动的，无须造谣或粉饰真相。这并不意味着每件事都是公开的，但在保密性与安全性很重要时，需要事先解释清楚。适当地保护隐私与适当地公开披露都是开放性的一部分。

当礼貌性与开放性都恰当时，人际沟通会更加顺畅，人际关系会更加融洽。这并不意味着无休止地闲聊与拥抱，而是清晰、简洁、明确地交流内容与感受，不用担心遭到报复或剥削。人们可以毫无顾虑地说出发生了什么，以及什么是被禁止的。冲突管理和解决冲突不限于工作场所，可以延伸到社区、家里、学校、教堂，可以说无处不在。这样的日常互动可以避免误解与紧张感的积累，从而避免情绪对抗或误判。

当开放性很强时，紫色元模因可以放心地表达出恐惧与依赖；红色元模因可以说出自己的真实想法，而不担心受到批判、惩罚或压制；蓝色元模因可以坚定其道德立场，并通过各种渠道进行讨论与申诉；橙色元模因可以对事件提出异议，而不用担心被人讨厌；因为每个人都得到公平对待，所以绿色元模因感到安心，他们的情感也被认可；黄色元模因可以在合适的时机说合适的话，同时知道闲聊不是必需的；青色元模因可以在未经许可的情况下连接各种洞见资源。当然，这也取决于礼貌性的程度；否则，开放是高风险的行为。

> 用格雷夫斯的话来说，独断仅意味着承担责任，接受责任，知道责任在哪里，并愿意将自己置于困境中。

A——独断因素

P-O-A 原则的第三点是独断性。你感到惊讶吗？近年来，人们一直在强调参与式管理、决策共享、职场民主化等温和式管理方式。螺旋动力学支持这种趋势，特别是在公共元模因主导的范围内，尤其适合自主管理的工作团队与类似的组织。但是，这并不能消除对问责制与关键节点的要求。当紫色到蓝色的元模因处于活跃状态时，负责人的存在仍然非常重要，特别是对于橙色元模因来说，更是如此。

"独断者"一词有负面意义。对于一些人来说，这会让人联想到叼着雪茄、趾高气扬且令人厌恶的高管们，比如《金发美女》（*Blondie*）中，达格伍德·巴姆斯戴德（Dagwood Bumstead）的老板迪瑟斯（Dithers）先生，以及电影《朝九晚五》（*9 to 5*）、《打工女郎》（*Working Girl*）或《诺玛·雷》（*Norma Rae*）中的暴虐主管，或者人物原型埃贝尼泽·史克鲁奇（Ebeneezer Scrooge）。对于另一些人来说，这代表了一种精英主义观点，有些人注定要当领导者，而其他人不得不放低自己，在阶级森严的蓝色世界中，追随布莱船长（Captain Bligh）这样的人。

然而，用格雷夫斯的话来说，独断仅意味着承担责任，接受责任，知道责任在哪里，并愿意将自己置于困境中。即便拥有礼貌与开放性，但当决策者因管理不善而被称为懦弱者时，"嘿，那不是我的职责"综合征就会盛行。当整个螺旋处于控制之中时，管理者被雇来做"管理"工作，而领导者则运用礼貌、开放与独断进行领导。

拥有健康独断性的领导者不会成为暴君。相反，他或他们（独断也可以是集体的）会像螺旋魔法师一样，根据相应的状况、对象与预期的成果选择适当的决策方式，然后迅速执行。伴随礼貌与开放，权威与控制的拖拽力量可以带来更多积极作用，甚至消除人们的恐惧。因为有一个底线，而且有明确的方向，所以一些坚定的独断实际上感觉很好。

这就是螺旋式管理者表达独断性的方式，他们要么直接展现它，要么通过一系列决定性风格来体现它。紫色元模因喜欢听从部落或长老会"酋长"所发出的命令；红色元模因只尊重坚决的强硬派（只要他也能强硬）；蓝色元模因想听到正直的上级领导的声音；橙色元模因在快速行动和发挥个人主动性方面表现突出；当所有人都受益并共享时，绿色元模因就接受独断性；黄色元模因最想看到的是具备功能灵活性和能力驱动的系统；青色元模因开始探索大规模统一控制的需求。

甚至像柯达公司这样的传统组织，也在将其僵化的等级结构分解为精简、快速反应的集成网络，并设置更多独断和自主的工作团队。它们现在必须在快速发展、竞争激烈、技术日新月异的全球环境中谋求生存与繁荣。如果在精简过程中取消了大部分独断性职能，新的自主管理团队将不知道如何自主管理。螺旋魔法师必须在高压的团队协作和果断的执行之间迅速转变领导方式，以确保兼顾到礼貌、开放、独断这三个原则。转变为第二层级思维对考虑私有化的政府实体与军事组织来说尤为重要。使用第一层级的技术已经无法完成这项工作。

总而言之，礼貌、开放与独断奠定了这一领域的基础和层次。通过应用这三大基本原则，领导者们可以密切关注在长短期内必须进行调整的元模因，然后针对特定的元模因配置塑造相应的信息、方法与传播媒介。通过上下调整礼貌、开放与独断的程度，实体与环境之间可以保持平衡。除了效率和功能的底线优势之外，健康的礼貌、开放、独断原则为所有相关人员创造出一个更加令人愉快的环境。

根据情况实施适当的干预选项

螺旋魔法师如何决定是否参与某种特定情况？考虑以下选项：

选项 1：转身离开

首先，当你遇到以下情况时，最好的选择可能就是走开——用格雷夫斯的口头禅来说就是"后退"。如果出现以下状况，走为上计：

- 事情的进展与你想要做的相背离。
- 你在市政厅与根深蒂固的利益集团做斗争。
- 木已成舟，继续努力下去只是徒劳。
- 根本无法启动所需的元模因和事务。
- 你所希望操作的系统，已不可撤销地关闭。
- 你无权实施变革，也不被支持。

选项 2：重新设定条件

即使事情一开始看起来对你不利，也仍有办法重新安排。在继续下一步之前，你也许可以稍微调整一下优先级。尽管你已经为人们准备好了新的想法，但你需要同时在另一个方向努力，让人们为这些想法做好准备。你可以通过刺激问题来强化某些元模因，通过重新调整事情来唤醒其他元模因，通过解决当前的问题来削弱其他元模因。

宣传人员会用激昂的军乐、五颜六色的彩旗与横幅以及其他手段，来振奋听众的蓝色元模因。动员大会、销售会议与各式竞赛则会点亮橙色元模因。分享情感与相互支持的小组会开启绿色元模因。

熟练的沟通者早就意识到，操纵候选人、想法和产品的力量，就在于影响受众最初的想法。当然，他们所做的是，在给主题着色元模因和激活观众中的特定过滤器时，用螺旋语言表达。演讲者的道德观决定了其内容的真实性和策略的好坏。以下是基于螺旋式沟通的一些可能性：

· 如果一家公司因即将裁员而被恐惧所困扰，则紫色元模因、红色元模因和蓝色元模因会变亮，而更复杂的处理系统——橙色元模因、绿色元模因和黄色元模因会变暗。当前活跃的元模因必须能解决他们感知到的问题。

· 在危险的、类似发生了战争的情况下，某些人的系统会降档为由紫色元模因和红色元模因主导的基本生存冲动。这些将是高度可见和活跃的。在极端情况下，可能会发展为虐待、性骚扰甚至暴力事件。在这种状况下，理解并接受规则与约束的元模因（蓝色元模因及以上）会一直处于暂停状态，直到和平时期的条件恢复。负责任的领导者必须预料到人性在极端情况下将出现的倒退，否则就要为战争罪行负责。大多数人将继续自己的生活，尽管被打扰，但基本上会在某个螺旋层次不动弹。

· 尝试将一项活动私有化（点亮橙色元模因）的努力经常遭到官僚主义蓝色元模因的破坏。那些想要把公共组织转变为私人企业的人可以参考以下几种选项：

（a）利用快速启动技术来确定在哪里释放更多橙色元模因的潜能。模拟这个操作是很有用的。另一个工具是与外部实体展开竞争，看由谁来承担责任。这种能力可能是潜在的,但在某些情况下界定不清,而在其他情况下则无法发挥。事实上,从公共事业部门到私有部门的转变是从蓝色元模因发展到橙色元模因,尽管绿色元模因可能会发起并资助这一行动,但最终还是由黄色元模因来收拾这个烂摊子。

(b)可能还需要其他橙色元模因的人加入组织,以形成一个更有利的关键团队,这群人更能理解并接受从僵化的金字塔阶层转变为战略型企业所需面对的挑战。在这种情况下,与安排补救性培训或提升管理能力相比,高效地招聘、选用与安置人员更为有效。

选项3:连接想法与元模因

如果必要的元模因已经到位且达到预期的强度,则任务就变成了确认新想法和那些内部系统之间的联系。领导者们必须将自己的语言翻译成精雕细琢的螺旋式语言。要检验翻译效果,不妨进行测试,看看人们的反应。可以采取试探气球[1]的方式,也可以用不同的自定义版本传递同样的信息。

在电影《第三类接触》(*Close Encounters of the Third Kind*)中,地球人试图通过传播光音信号与外星人建立联系,双方都在寻找共同的模式。电影的高潮是地球人和外星人在约翰·威廉姆斯(John Williams)用大号、单簧管和长笛演奏的曲调中找到了同步性——23115(re me do do so)。

领导力也是如此。领导者与追随者会发现一种共同的语言与模式。每个系统都有自己的雷达范围,特定的图像必须在其中出现才能被接收

> 元模因系统一直在扫描世界，寻找相似之处。

到。元模因系统一直在扫描世界，寻找相似之处。高效的管理者在人员、组织和任务之间建立这些联系。

不过，一旦实现连接，管理者的思维最好不要停留在追随者所处的位置。尽管领导者的行为还不至于太超前以至于脱节，但卓越领导者的思维总是比被领导者的思维更复杂一点。如果人们是开放的（改变条件1）且处于第一层级（从紫色到绿色），则理想的领导者大约领先半步。如果组织集中在蓝色，那么，用蓝橙色管理很好，用橙蓝色管理也可能奏效，但需要更多的技巧。橙色波峰的管理则难以奏效。绿色的管理方式可能会导致双方对立，而不是带来双方的通力合作。

改变常常伴随着挫折。如果领导者们学会了行为技能与特质，但却不改变其思维，追随者很快就会超越他们。当员工的见识超过管理者时，管理者就会在鼓动士气、缩减成本、提升营业额与提高生产率等方面出现问题。在变革过程中，领导力系统变革必须领先于追随者变革过程的完成，否则，领导者将很快变得无关紧要，甚至更糟的是，他们还会被视为需要炸毁或绕过的障碍。

螺旋式领导者的经验法则

（1）如果多数追随者的思维处于更高的螺旋层次，比领导者的思维更为复杂，则该领导者只能通过恐吓或武力来控制。一旦这样的领导者掌权，具有更复杂思维的人就会藏匿起来、流亡海外或者早逝。革命必将到来。（索马里的一名军阀在美国海军陆战队登陆前一夜屠杀了三四百名有识之人，包括专业人士、教师、商人等。数以万计的高螺旋层次的索马里人在肯尼亚流亡,剩下的"领导者"却冒着将自己的帝国变成发展中国家的风险消灭了建立民主社会所必需的人民,从而保住了自己的帝国。)

（2）如果追随者在某个螺旋层级上处于封闭或受困状态（改变条件1），则需要相应调整领导力方法:用蓝色应对蓝色、用绿橙色应对绿橙色、用蓝红色应对蓝红色。当生命背景发生变化时,领导者的思维可能处于受困状态,但不能处于封闭状态,否则企业不可避免地要面临倒闭。如果领导者处于开放状态,那么企业可以长长久久地存在下去。

- 一个有献身精神且高度自律的修道院,最好由一个强大而经验丰富的蓝色忠实信徒掌管。他对真理（以及干邑白兰地的配方）有最好的领悟。

- 竞争激烈的销售团队最需要的可能是了解所有销售技巧、策略与风险的超级销售员。如果所有追随者都希望赚更多钱并获得更大的成功,那么,这样的上下级关系是和谐的。如果他们的成功让他们意识到自己对家庭造成的伤害,或者意识到自己在过"美好生活"时错过了什么,那么他们的领导者需要理解蓝色元模因、绿色元模因或这两种元模因的诉求。

（3）如果追随者处于开放状态,则最优的管理是在螺旋上领先半步。领导者们已占据许多人刚刚进入的区域,并且可以给后者指明方向。在时代的舞台上,大师们来来去去,是因为人们最终会超越他们和他们的理论,去体验更复杂的生活方式。

- 帮派领导者可以与帮派成员分享一些共同的紫色与红色的想法,但必须掌握更多东西,要么是新兴的蓝色结构化的纪律，要么是同时兴起的橙色的更好的战略计划。你可以通过蓝色的虔诚或橙色的经济激励来影响该领导者。

- 一个牧师或教会领袖要想有效地管理会众，必须认同核心信念，但在螺旋上要领先成员约半步，回答他们提出的问题，回应他们在下阶段觉醒将提出的新问题。然而，教会领袖们不能表现得太出格，否则他们会被视为异教徒，或者被思维封闭的正统教徒赶走。

（4）如果团队高度多元化，领导者必须来自团队中最复杂的系统。开放状态下的黄色元模因具有内置的灵活性，在适当的时候可以与低螺旋层次的任何系统保持一致。先唤醒青色元模因甚至更高螺旋层次的元模因，这是管理第二层级系统的最好办法。只要保持开放并满足第二层级的一些需求，在黄青色元模因范围内开放的人可以在第一层级系统中工作。请记住，如果你能成功管理开放的人，那么你可能很好地满足了改变的六大条件，并释放出螺旋下一层次的元模因，于是，你又需要强制改变领导模式。

（5）如果领导模式过于超前，它就会破坏团队的稳定性，并让团队成员不知所措。他们可能会质疑："这个白痴是哪里来的？真是个怪物。有人知道他在说什么吗？"许多领导者的思维过于复杂，让跟随者们难以理解，最终这些领导者会被赶出团队、处以火刑或者被放逐。

这就是许多杰出非裔美国人的遭遇。他们进入了橙色、绿色与黄色。那些思维仍然处于红色到蓝色范围内的自诩革命者的人，很快给他们贴上"汤姆叔叔"[2]的标签或指控他们"不够黑"。如今，黑种人与白种人之间的紧张关系，常常是黑人社区内部蓝红元模因与橙蓝元模因之间权力斗争的证据。那些紧张感引发了白人的抵抗，然后他们开始行动，红蓝色元模因想打架，蓝红色元模因急于让所有人各归其位。由此

> 螺旋上的每种元模因都发展出了符合其世界观的政治和组织形式，履行其认为必要的职能，并满足其特定的底线要求。

产生的冲突被归因为种族问题，但实际上，这是螺旋式问题。19世纪，类似的元模因冲突出现在爱尔兰裔美国人身上，如今出现在西班牙裔和亚裔美国人社区中。在过去，"白人群飞"[3]的现象被认为削弱了市中心地区的力量。而现在，公民领袖们将其视为跨越了种族界线的橙色人群对市区生活的厌弃。再投资和社区翻新必须贯穿螺旋发展，而不是刻板地认为是种族或族裔问题。

螺旋上的每种元模因都发展出了符合其世界观的政治和组织形式，履行其认为必要的职能，并满足其特定的底线要求。在联合国大会或管理研讨会上，那些关于哪种领导方式是"最好的"的争论都没有抓住重点。这些争论应该转向于普遍的生命背景是什么，以及哪些元模因将被唤醒。一旦确定了颜色，相应的领导力自然就跟着来了。

通过在文化中注入心理病毒，更加复杂的元模因系统会压倒那些不太复杂的系统。全球电视台将来自橙色和绿色社会的节目，传播到紫色、红色的国家或地区，并进入蓝色的家庭中。如果没有通过螺旋层次逐步发展出来的免疫力，不太完善的系统容易受到"更多更快"的疾病的影响。对"指日可待的美好生活"的错误期待被过早地提出。实际上，许多第三世界国家的人，认为美国达拉斯的每个人都像百万富翁一样生活。

案例：螺旋上的美国总统

如果你将螺旋领导力原则对应到美国的总统政治上，你就会明白为什么尼克松的橙蓝色元模因（略带一些红色）在他那个时代同时应对苏联和中国的关系是最理想的。

吉米·卡特的绿橙色领导风格受困于领先美国主流思想一到一又三分之一步的位置。罗纳德·里根的橙蓝色形象仅仅领先"选民"大约三分之一步，正好符合对领导者的要求。因此，无论他是否在内阁会议上打瞌睡，他的"特氟龙"（当年有人称里根为"特氟龙总统"）涂层和能力都能让他保持高效领导。吉米·卡特后来作为一个和平谈判代表，继续活跃在一个与其元模因更加一致的世界里。

美国前总统布什在他那个时代与选民们的橙色波峰保持同步，并成为"自我"时代的守护者。但是，他并没有在复杂性上迈出下一个三分之一步以继续领导（未赢得喜欢和尊重）。受困于橙色，布什似乎并没有明白，为什么克林顿在竞选中传播的橙绿色信息能引起选民的共鸣。里根在供给侧经济学方面的成功，带来了一系列布什的顾问们没有发现的新问题。里根接受了这样一个观点：生命背景是稳定的，现在仍然是"美国的早晨"，这是他非常有效的营销主题之一。"为什么要改造没坏的东西？"布什可能这么想。然而，对共和党新右翼来说，主流文化中的橙色元模因在衰落，即使是布什的橙蓝色实用主义也代表了对复兴的蓝橙色意识形态的背叛。

罗斯·佩罗开始高举真理的蓝色旗帜（尽管他曾经以牺牲礼貌和开放为代价，执行橙色的权谋和过度的独裁）。不过，由于他多次陷入轻率的红色，佩罗现象也就随着他的理念一同消失了。

因为克林顿的竞选团队明白这个国家的生命背景是不稳定的，而且螺旋上存在着动荡，所以克林顿击败了这两位总统竞选者。选民也意识到了这一点，并希望进行变革，任何形式的变革都可以。克林顿的领导风格比选民目前的价值观重心领先三分之一至二分之一步。他对组织集群的重视、以人为本的口号和对包容性政治的推崇，与许多活跃分子所拥护的橙绿色元模因和绿橙色元模因相一致。

无论人们如何看待他的想法，克林顿先生的实际想法可能领先大众整整一步甚至更多。第一夫人一直在展现绿橙色，并且必须提防傲慢的表现。1994年11月8日选举的结果非常明显地表明，因为政治中心迅速退回到了蓝色区域，总统的元模因（和民主党的元模因）与积极选民之间存在着严重的分歧。考虑到变革的速度，我们可以预期，其他突发事件会很快发生。

螺旋魔法包

第二层级的方法是什么样的？首先，我们知道它们将结合黄色元模因的个人/精英主题和青色元模因的社群/集体主题。尽管它们并不了解黄色元模因，但黄色元模因思想是目前世界上许多巡回演讲、大量出书的管理大师的"热门话题"。甚至有些人也已经意识到，青色元模因带来的精神平衡也是成功向第二层级过渡的关键因素。螺旋动力学将让你如虎添翼,你可以将他们的建议放置在螺旋框架上,充实起来,然后看看这些建议是如何符合这个与你最直接相关的特定区域的。

黄色

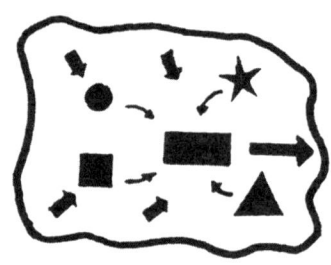

灵活流动

第二层级领导力包的特点

- 每个人都可以自由选择是否忍受现状、是否尝试改变或者甚至抽身而去,但都将为后果承担责任。
- 管理者是员工的勤务员(而不是主管或监督者),根据需要将必要的信息和资料送到正确的地方。在必要时他们还可以进行授权、引导、促进与启发。
- 与员工签订的合同,规定了非常具体的应当完成"什么"以及"何时"完成,然而,在"如何完成"方面有很大的自由度,交给他们自由发挥。
- 人们专注于达成共同的目标,该目标超越自我或团体本身,但有助于让每个人拥有更美好的生活,并增强整个螺旋的生命力。

- 首先,"少即多",因为最有效地利用资源,就有可能同时开展其他同样有价值的项目。
- 第二层级思维既不崇拜也不提倡同一性,而是建设性地利用人类的多样性。这种观点认为,由于每个人具备不同的智能,因此人们的能力与需求是不匹配的,但这不符合依据经济等级、性别或种族而进行的划分。
- 如果组织经过精心设计和调整,让每个人很振奋地发挥出各自的才能,那么人们自然就有极高的生产力。螺旋魔法师可以帮助不同思维模式的人在工作流中靶向特定的输出,并根据需要做出变动。
- 人员、技术、自然与程序相互交织,并整合到工作流中。
- 在任何生命系统中,冲突都是不可避免的,但螺旋魔法师会积极应对冲突,以保障交互式螺旋的良性运转,而不是偏向任何孤立的派系或迎合任何个体的需求。

第二层级组织的特征

在螺旋魔法师设计的组织架构中,可能会出现任何元模因的组织形式,例如,红色元模因的帝国,蓝色元模因的金字塔,以及橙色元模因以目标为中心的阶级。无论是怎样的形式,都是为了让组织在开放的动态下完成特定的职能。

在第二层级的组织中：

- 组织功能是全息的。在每个人心目中，销售、会计、培训、安全与质量无处不在，而非局限于某个单一利基金字塔中。你看遍整个实体寻找它的元模因，其分化出的部分是分形的独断性，足以支撑整体的运行。
- 由于开放性的临在，因此信息流受到的阻碍与过滤最少。知识才是效力，权力不是。
- 不断扫描外部世界与内部世界，以检测细微变化、潜在闪点、来自未来的消息或动荡的早期预警。
- 变化是生命中的必然。这被编码到组织DNA中。生命背景在指挥和控制中心被监控着。从成长和进化的角度看，这是一个完全被支持的过程。
- 变形（改变形状）持续发生着。有机体可以调整自己的风格，以满足客户、顾客和其他人的需求，同时保持其核心元模因的完整性。那些需要橙色元模因的人会找到它。那些寻求绿色元模因的人也会留意到相应的部分。整体的一切是相互连通的，就好比地球上的大气环流一样。
- 第二层级智能可以加快调整的速度，该智能可以检测到客户的期望，并可以将分散的人员和项目整合在一起，好比《第三类接触》中的关键代码。将销售人员分配给特定客户。营销人员对需要了解产品具体价值的客户群尤其有吸引力。即使是接待访客或接听电话的接待员，也会关注客户的操作系统，然后将其引导到与公司理念契合的话题上。因为各个部门可以拆分，结成战略联盟或变成外包合作伙伴，然后在完成任务之后再重新融为一体，因此，内外部的界限是模糊的。

·道德规范被认真对待并得到普遍执行。标准、法规与处方的设计是为了维持整个螺旋的生命、健康与活力。这种道德观点与蓝色元模因对"道德"的狭隘定义不同，甚至与橙色元模因所表达的"审慎"也完全不同。因为第二层次思维有绝对性，它几乎没有绿色元模因的相对主义，当广泛原则主导时，甚至人文关怀也会让步。

·第二层级实体将自己视为胜任的团体，他们有能力涉足许多不同的行业或领域，因此很容易接受重复出现的成功与失败。随着"必须如此"的强迫症和"要是？"的恐惧感减弱，他们可以表现出高度的自由。

·文化是庆祝式的。人们有广泛的生活选择，可以自由地表达自身的信念，行使自己的权力，并承担作为一个好工人、好邻居、好公民的责任。第二层级组织里的人要么在享受生命的乐趣，要么在继续前进。

螺旋管理整个频谱

人类实际上是相互依存的实体之集合：自由思考的血细胞四处游动，被黏稠的血管松散地结合在一起的器官，渴望相互结合的卵子和精子，负责废物管理的细菌分包商，以及在生命结束之前的 70 年或 80 年里一直维持着整体运作秩序的大脑。

第二层级的组织基本相同。它们是智能和元模因的有机聚集地。要在这样一个企业的大脑联盟中工作，螺旋魔法师必须首先了解每个组成部分领导力的解剖结构，然后剖析结构以了解每个部分的护理和喂养方法。不妨把这视为螺旋生物学的入门第一课，了解组织形式。稍后，在第三部分上第二课，了解元模因本身。

解析核心元模因的领导力假设

第二层级

青色
- 精神纽带跨越时空将人们和组织联系在一起
- 工作必须有益于所有生命的健康
- 组织应对其活动所造成的影响负责
- 宇宙是一个单一实体，有着优雅的平衡和连锁的力量
- 将感受和信息结合起来体验，它们可以彼此增益

黄色
- 人们喜欢做自己天生擅长的工作
- 员工可以自由获取任何需要的信息、工具和材料

- 因为世界瞬息万变，组织的存在只是暂时的
- 学习和领悟让人备受鼓舞，而经济回报或惩罚做不到如此
- 人们有不同的能力和悟性，而且大多数都是很好的

第一层级

绿色
- 人们希望和谐相处，并被同伴接纳为朋友
- 与竞争相比，分享和参与会带来更好的结果
- 需要关注情绪，但应避免难受的情绪
- 组织的所有成员都有发言权，并应被包容
- 组织应对其社区的福祉承担责任

橙色
- 人们被获得物质性奖励的机会所激励
- 竞争提高生产力，而对手的存在促进自我成长
- 久经考验的是最好的，尽管还能继续改进
- 员工想取得成功，并对他人有更大的影响力
- 当下的成功是未来有所回报的证明

蓝色
- 为一条真理之路的荣耀而工作并保住饭碗是人类的命运
- 人们必须表现出责任心，并从失败的惩罚中学习

- 员工是系统中的嵌齿轮，履行他们注定要担当的职责
- 更高的权威通过合法的服从来统治，而不是通过强权或恐惧来统治
- 因为组织为员工提供了福利，所以他们应该对组织忠诚

红色
- 人们必须用更强大的力量来控制自己的欲望
- 只要能满足员工的基本需求，他们就可以忍受很多
- 有产者因为他们的身份而拥有地位和特权
- 无产者或许活该就那样，无权抱怨
- 付出必有回报，没有人值得信任，每个人都有自己的价码

紫色
- 人们把自己托付给组织，利用裙带关系是照顾自己的一种方式
- 员工将自己的生命和灵魂都归功于家族式的组织
- 人们心甘情愿地追随他们的领袖，以纪念他们的祖先和神灵
- 为了组织的生存，每个人都会义无反顾地牺牲自己
- 坚持传统的方式和习俗，不会去改变或轻视

绿色元模因组织会积极维护人权，丰富社区生活，为所有人提供发展与成长的机会。

深入剖析螺旋上第一层级组织

绿色元模因的领导力包

社会的 / 社群主义

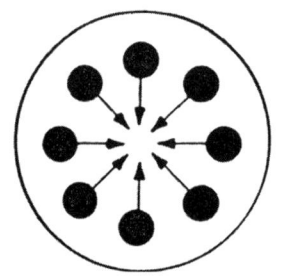

社交网络

- 人们为了与更多人接触，了解他人并更充分地了解自己的内在而工作。
- 人们认为，被喜欢和被接受比获得经济回报、竞争优势、物质利益或团队外部的支持更为重要。
- 在开放、信任和分享的氛围中，人们重视同伴的认可和共识，但害怕被拒绝和反对。

绿色元模因主导的组织氛围：绿色元模因组织会积极维护人权，丰富社区生活，为所有人提供发展与成长的机会。这不是利他主义。个体会照顾好自己，做让自己感觉良好的事情。无论是身体上的还是社交上的障碍与限制，都无一例外地被消除。等级制度、行政特权和竞争性的职业阶梯逐渐被人遗忘，取而代之的是频繁的、开放的交流与互动。大家都是直呼其名，管理者帮助人们互相了解。

大多数大型实体才刚刚唤醒它们的绿色元模因。在商务宴会上，高管们谈论起了"员工关怀"，但这是出于蓝色元模因的义务或橙色元模因为了提高生产力的操纵策略。真正的绿色元模因会以人为本，而当今大多数高管仍然不知道如何做到这一点。自我披露与坦诚会把他们吓死。随着组织文化朝着绿色元模因转变，工业界的高管们产生了极大的担心与恐惧。

绿色元模因治下的人：投入和参与是提升满意度的关键。一个人的身份与其所属的团体息息相关。"领导者"的作用与其说是指导，不如说是帮助人们在完成工作的同时，帮助他们相互欣赏并相处融洽。每个人都可以依据自己的选择，从组织利益中分一杯羹。所有人都应在一个宜人的工作环境中工作，有友好的聚会场所，也有政治正确、生态意识强的娱乐设施。团体愿意聆听牢骚和抱怨，每个人都有被倾听的权利。除了专业技能外，组织也非常重视人际交往能力。实体在薪资和管理层方面的配置相当扁平。

绿色元模因领导力：如果人们按照团体的意愿行事，领导者就会通过满足成员的需求来实现组织的目标，而如果有人不这样做，领导者会拒绝给予爱和关注。如果组织行为不符合团体的期望，管理层并不会在基本的经济回报（橙色）和安全需求（蓝色）方面亏欠员工，但确实会隔离不合规的人。如果这种不当行为继续下去，造成不和谐的人可能会被要求离开。从这个角度来说，当人们可以受到积极影响并能感受它时，他们是有生产力的。他们将努力工作以避免被他们所重视的人拒

> 由于组织的扁平化和计算机网络带来的便利性，人人平等的信息知悉权成为必然，这反映了绿色元模因平等对待所有人的理念。

绝。因为在绿色结构中，所有人都"在一起"，互惠参与是本分，因此，管理者更像是同事和朋友，而不是老板。

绿色元模因的愿景：设立对社会负责、对环境负责的目标，使组织的所有成员以及所属社区受益。只有如此，它才是典型的绿色元模因组织。它不一定是非营利性的，但经济收益不是其最终目标。该组织的目标是提供有意义的服务，并从中找到乐趣，而不是赚取暴利。

绿色元模因已经出现在一些自主管理的团队环境中。在这些团队中，对协商一致的问题解决技术的需求超过了相关人员的技能需求。同样，由于组织的扁平化和计算机网络带来的便利性，人人平等的信息知悉权成为必然，这反映了绿色元模因平等对待所有人的理念。正如军队多年以前所发现的那样，键盘上没有"敬礼！"按钮，下士或上校输入的信息显示在屏幕上都是相同的。

当绿色元模因过于强烈时，生产力就会下降。在危机下，因为所有人都有理由齐心协力，这类实体的生产力将会提高，但这种提高很难长期维持。当一切顺利时，自满就会开始产生。最常见的反应是减少对人们的要求，让人们少做一些事来避免伤害感情。这种放任将使绿色元模因过于被宽容和娇惯，从而付出昂贵的代价。由于组织在压力下很有可能出现倒退，而且生产力会以惊人的速度下降，因此要准备好放弃对"我辈"的坚持，转而支持被遗忘多时的橙色元模因的经济驱动，甚至在绿色元模因过于泛滥时，启用蓝色元模因的教条作为武器。

橙色元模因的领导力风格

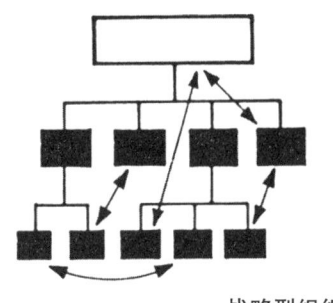

理性的 / 追求经济效益的

战略型组织

· 每个人都会算计,以最大限度地发挥自身优势并充分利用竞争机会来采取行动。

· 人们受经济动机的驱使,只要你了解游戏规则,知道如何适当地操纵他们,他们几乎会做任何事情。

· 个人不仅是一种经济存在,还是一种被外部力量操纵的被动有机体。

· 人类就像机器上的可替换零件,是可以一直加以改进的。经济是由市场力量驱动的,在"看不见的手"的控制下,市场力量也有自己的生命。

在橙色元模因力场内:实体通过购买人的服务以满足其需求,而人可以被塑造以符合其需求。组织为那些成功地说到做到的人提供最大的奖赏。然而,这种服从(蓝色)最终建立起对组织的敌意,忠诚被获取自我利益所取代。橙色元模因更喜欢冰冷的逻辑与控制。如果它赚得太多,它就可能甩手工作,开始休假,并支付所有费用,因此,就会变得不理智。忠诚是一种商品，而非必守的戒律。

只要有足够的机会让很多人获得成功，橙色就是可行的。要让它的影响持续下去，就必须有一个充满希望的梦想。工作的特点是职能专业化、岗位资质客观化、绩效考核持续化。行政管理是务实的，会依据"科学"标准建立操作程序和一系列统计措施。该体系贯穿于政治化的等级制度中，经济奖励与职位晋升是达到目的的手段。结果通常是物质的，而不是精神的，尽管赢得"游戏"已经是最大的回报。

橙色元模因治下的人：在这个区域中，一个高效的人就像一台运转良好的机器，按预期工作。金钱、福利和晋升机会是生产力的润滑剂。这类人想要成功并走向最终的独立。因为头衔、投入产出比和外在的体面会影响人们的表现，因此工作的设计是成功的关键。人们需要明确的目标、对象、指标以及在他们能力范围外的参考点。他们想要的是"分成"，而不是按部就班地晋升或约定的工资。受困于橙色封闭思维的人永远不会满足或结束游戏，即使他们已经没有对手了。如谚语所说，眼前的胡萝卜总是可望而不可即。

橙色元模因领导力：管理和领导力是基于这样一种假设，即世界与身处其中的人只是巨大的机制，最终其可以被完善。客观数据是提供控制的工具，井然有序的信息让组织运转良好。管理者的角色是计划、组织、激励、控制与评估工作。高管们的第一责任和首要关注点是组织的生存能力和竞争态势；组织中的人反而是次要的。领导者角色需要决定：谁向谁报告？谁做什么工作？如何设计最佳的工作？如何制定并运用必要的激励措施？如何衡量成功？我们如何收集更多信息来应对竞争？

橙色元模因的目标很简单：无论现在处于什么位置，都要致力成为当前领域中最好的、最成功的竞争者。

无聊的橙色领导者可能会开始"玩弄"组织的某些部分，如职责描述、技术实验、组织图表与形式等，他们会设法改进组织架构。人们就像提线木偶一样，有绳子可以拉，有按钮可以按。人们必须竭尽所能地取悦管理者。胡萝卜和棍棒都能激励员工，而且都是精心算计过的。无情的橙色领导者会以发展和必要的名义换人，就像换掉废弃的机床一样。友好的橙色领导者会帮助员工再次找到自己的位置，只是会花费更低的成本或把员工换到其他部门。

橙色元模因的目标：橙色元模因的目标很简单：无论现在处于什么位置，都要致力成为当前领域中最好的、最成功的竞争者。因为"金钱就是人生的成绩单"，所以，衡量成功的标准通常是为"自己和利益相关者"创造更大的利润。在他们看来，公司的目标是增长、扩张与扩大影响力，要么主导利基市场，要么同时成为许多领域的主要"玩家"。

橙色元模因的陷阱在于，为追求个人利益最大化所做的努力，往往消耗了大量的物资与能量，以至于工作的根本被破坏了。当身价百万的体育明星开始忽视自己的粉丝，贪婪成性的老板开始忽视自己的客户，转而专注于自我比较时，他们的事业就会陷入危险之中。少数橙色元模因过度的精英会杀鸡取卵，美国储蓄与贷款行业的崩溃正说明了这一点。日本人也感受到了相同的压力。在政治上，仅仅为扳倒对手而投入的精力，实际上，可能会摧毁整个政府机构。

蓝色元模因的领导力包

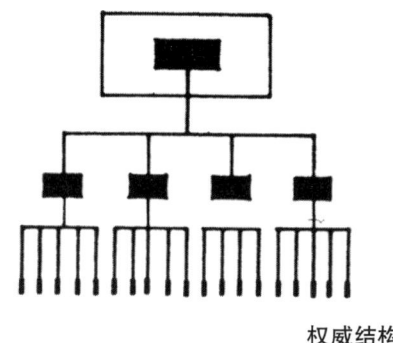

注重道德的/遵守纪律的

权威结构

- 人类一出生就被划分为不同等级的阶级。
- 上级权威机构已经设定了所有人的活法,为每个人指派了职位、职责和标准。
- 个人将根据合法当局指定的、其生活所在的阶级之原则,而受到最终审判。
- 尽管一般人可能无法理解,但对于每件事,总体规划中都有其目的、理由和时序。
- 存在某种形式的来世,一个人的配得值在于在此生经受过的考验。

蓝色元模因的成员资格:蓝色元模因组织等级制度森严。级别之间有明显的界线,没有兄弟情谊,人们被"配得值"区分开来。在社会管制链条、居住模式和社会经济措施中,它们都反映了一种三六九等的分类方案。权力源于地位,而非人格。实体并没有向所有人开放其世界,但却希望所有人都在适当的位置上尽其最大努力。种族、年龄、性别、国籍、宗教和其他许多因素决定了蓝色元模因中的等级,其中多样性意味着类别。

蓝色元模因的时间是线性和连续的——沿着牛顿的"直线箭头",一次只做一件事。纪律严明;刑罚是公开的,如新加坡的鞭刑。对荣誉的追求、对声誉的顾虑、对手艺的自豪感和愧疚感都深植于实体中。善行首先服务于更高的力量或正义事业,其次是组织,最后才是个人。随着美国将蓝色产业转移到墨西哥、韩国、中国台湾地区、马来西亚和菲律宾,蓝色元模因在这些地方蓬勃发展。再过不久,非洲将从它们手中夺走蓝色的工作。

蓝色元模因治下的人:对于需要经过一些培训的熟练的半技术型工种来说,蓝色元模因是很自然的。一个人觉得有去工作并"保住工作"的责任——清教徒或儒家的工作伦理。勤奋地工作会带来回报:既有直接的满足感,也有相信会为来世带来更大的回报,和/或为后续的发展奠定坚实基础的成就感。创新与冒险处于低谷,因此,人们想要并需要得到明确的指引,希望按固定的时间表取得一定的成果。

德国的火车是由蓝色元模因运营的。精美的瑞士手表是由蓝色元模因工匠制造的(然后由橙色元模因销售)。日本第二次世界大战后的奇迹是由蓝色元模因实现的,并与日本传统文化中的紫色元模因产生了共振,从而为批量生产的产品质量、可靠性和对细节的关注奠定了基础。在以健康蓝色元模因为根基的企业中,传统员工会期望实行终身雇佣制,在公司的房子里过着相当幸福的生活,在公司的商店里购物,并以公司首席执行官的名字为长子命名。

> 由于蓝色元模因经常只见树木不见森林，因此，管理者需要时常检查他们对工作职责的理解，帮助他们理解自己的工作在整个流程中的位置。

蓝色元模因领导力：强调道德规范的蓝色管理对主流意识形态中的真理进行了编码，他们会奖励信徒、忠诚的仆人与任劳任怨的员工。管理者是法官和更高权威的代表，通常会照章行事。工龄奖励、精心准备的退休仪式、严肃的葬礼、爱国主义的展览以及井然有序的工作场所，都是蓝色元模因的劳动成果。然而，对那些不忠、悖逆、不守纪律的行为和人，蓝色就会马上加以惩罚与处置，刻不容缓。它可能很严格，受苦是为了个体好以及救赎个体。

蓝色元模因管理建立在这样一种假设的基础之上：我们出生在地位不平等的阶级中。"位尊的人"有责任——高贵的义务——通过慈善行为照顾弱势群体，这也是在服务上级。领导者监视追随者的需求，并以家长身份规范他们的行为。因为组织的声誉始终处于危险之中，所以这既适用于组织内部，也适用于普通生活。

蓝色元模因的宗旨：蓝色寻求什么是正确的，以及什么是注定要服务的大善事。它认为，宏伟的计划奠定了阶级有序的生活，所有人都应遵循传统的行为规范而生活。组织的更大目标是维持秩序、提供保障、满足基本需求，并引导所有人按规定工作与生活，以获得未来的回报。在遵守纪律对完成工作至关重要的等级制度中，这是必要的。

蓝色元模因不需要满负负罪感，硬逼着自己向权威低头，或在他人获得成功时，仍逆来顺受地牺牲自我。公平、公正与一致对待是更普遍的话题。他们关心的是做"正确和恰当"的事情。由于蓝色元模因经常只见树木不见森林，因此，管理者需要时常检查他们对工作职责的理解，帮助他们理解自己的工作在整个流程中的位置。

红色元模因的领导力包

剥削的 / 以自我为中心的

强权帝国

- 人类天生懒惰,必须受到威胁、胁迫或受到奖励承诺的诱惑,才能做很多事情。
- 人们的个人目标与组织目标背道而驰。大多数人没有自律或自控能力,不能被信任。
- 领导者必须压制人的本能倾向。通过武力、恐吓或诱惑等方式,领导者让人们做他们不愿意做的事情。由于只有少数人是自我激励的,这些人应控制其他人。这些主导者将从群众中选出相当数量的有志者,教他们如何指导其他人工作,从而实现组织目标。

红色元模因的统治:红色元模因认为,那些表现出优越感的人是被"选中"的,他们才有权力,可以通过武力组织次等人劳动,实现那些上级认为对自己有利的目标。

在这种结构中,包括一个处于最高层的大老板、几个监工小老板以及大量没有技能的劳动力。这就产生了许多国家普遍存在的典型的有产 /

> 红色元模因通过剥削大多数人来实现少数人的愿望。

无产和有权/无权差距。在美国,这种情况似乎愈演愈烈。在极端情况下,红色会诉诸奴隶制。较为温和的形式包括契约劳役和计件劳动,以及由橙色元模因公司及其客户远程操控的血汗工厂。

红色元模因影响世界的方式如下:

(1)有些人的想法很快出效果,并因此获得了回报;他们学会了再做一次。那些被选中的人有一些特别之处,于是,他们成了精英。

(2)有些人的想法没效果,也没带来回报,于是,他们成了被剥削的大众。他们必须为满足生存需求而奋斗,没有多余的精力来激活他们的思维方式。

(3)有些人时不时得到奖励;他们成了低于精英但高于大众的中间阶层。由于他们有多余的精力,他们不择手段地谋权篡位,并有动机去唤醒其他元模因。

红色元模因通过操作性条件反射来学习——强化给与不给来操纵人的发展。反复出现的问题是:"我能从中得到什么?对我有什么好处?"回报可能是现金或毒品,但也可能包括兴奋感、感官享受和支配他人的权力。当这种元模因占主导地位时,事情都是关于身体感受、情感和直觉体验的。

红色元模因运用领导力进行管理是基于这样一种假设:大多数人天生不喜欢工作,没有野心,希望逃避责任,只有在被逼无奈时,才会去做一份工作。大老板认为,这个世界,以及世界上所有的人和事物,都是他的手段,可以无情地加以利用。此外,红色元模因认为,只有超强的力量才能挑战他们的管理决策和程序,有时他们不惜发起实战,以验证对方真正的实力。

红色元模因通过剥削大多数人来实现少数人的愿望。既然人们天生懒惰且缺乏动力，领导者就必须竭尽所能地逼迫人们做他们天生不喜欢的事。当此元模因盛行时，糖果和大棒都是正当的激励手段。

模式是这样的。大老板会从那些最力争上游的人员中挑选一些跟班。大老板随心所欲地规定做什么、如何做以及何时做。跟班必须搞定，否则后果自负。大老板不问任何问题，不接受任何借口，只关心结果。跟班之所以被选中，是因为他们是备选人员中提出了最好想法的人，或是他们在选拔面试时赢得了比赛。然而，跟班必须避免对大老板产生直接威胁，否则大老板会不择手段地维护其权力，就像电影《教父》(The Godfather) 中那样。跟班追随大老板，只要大老板同意或未察觉，跟班也能从剥削的战利品中捞一把。但是，如果跟班揩了太多油，或被当场抓了个现行，那他可能面临灭顶之灾，就如《爱丽丝梦游仙境》(Alile in Wonderland) 中的红心皇后经常说的那样，"砍掉他的头"，下一个渴望成功的人则成了新跟班。

只要达成了大老板的目标，跟班就可以为所欲为。在形势大好时，跟班可以体贴周到地保障手下过上宽裕的生活。然而，当形势不好时，跟班在满足大老板进贡需求的同时，会使用武力、恐惧和恐吓，向大众索取一切。首要考虑的是大老板不应该遭受损失。为了完成任务，浪费不是问题，后果也并不重要，红色元模因主导的组织将使用超出必要水平的人力与物力。

如果群众没有文化、无精打采，而且有足够的劳动力，这种剥削式的领导，不论其手段是温和的还是残酷的，都行之有效。在这种压迫环境下，工作必须简单，监督必须持续。管理层的观点是，只要能持续满足无产者的基本需求，就随时可以换人。

红色元模因的驱动力：主要目标是扩大权力与控制范围，让大老板高兴。红色元模因实体通过剥削大多数人来满足少数人的愿望。如果大老板有一个宏伟的计划,系统就需要大量的工人。纪念碑与"世界奇迹"就是红色实体建立的。大量缺乏技能、未受过教育的劳动力将有助于红色元模因的扩张,因此,控制其蔓延是第三世界螺旋动力魔法师们的一大难题。

当红色元模因偏重时,领导者会以强硬的态度、更严厉的惩罚、即时满足、"做或惩罚"的命令,甚至铤而走险来回应。他们认为温和与犹豫是软弱的象征。最重要的是,他们会强烈要求他人尊重自我,因此,他们只对赢得了这种尊重的领导者做出回应。

在那些强权组织中,一定程度的红色元模因是正常的子主题。在这种情况下,即时计件工资要优于月薪。要求宽松的工作环境比准点上班且有着装要求的工作环境要好。规章制度会被人挑战或忽略。在不确定或危机时期,当需要强有力、有个人魅力、高度独裁的领导者时,红色元模因就会激增。

在以下情况下,红色元模因能发挥作用:
- 有大量未受过教育、苟且生活的工人
- 温和的剥削已经成为常态
- 稀缺导致对匮乏的恐惧
- 有持续的监督机制
- 人员控制在 6~13 人以内
- 事情需要迅速处理
- 劳动力过剩,可以随时补上人员缺口

在以下情况下,红色元模因无法发挥作用:
- 人们受过教育,并/或意识到有其他替代性选择
- 大老板过于贪婪或残酷

- 跟班克扣过多,工人们的基本需求得不到满足
- 大众从紫色元模因和红紫色元模因转移到蓝红色元模因

紫色元模因的领导力

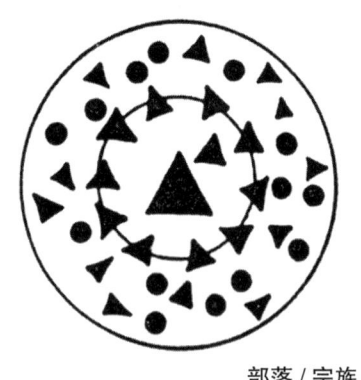

社群的 / 部落的

部落 / 宗族

- 世界处于有魔力的神灵的控制之下,必须安抚它们,以控制自然的力量。
- 亲缘关系与历史习俗,而非组织需求或政治利益,将人们联系在一起。
- 人们必须遵循记录时令、成人礼、建立关系的复杂仪式,定义"成长"中的节点。
- 领导者应该来自土著部落或家族内部。如果不是,他们则必须在萨满、长老或酋长的支持下行动。
- 工作要有节奏,贴近大地,而且不违背传统的性别、年龄与社会角色的划分。

> 对于紫色元模因来说，领导者必须关注整个团队，而不是关注某些个体，给予他们特殊的薪酬奖励、特权与关注。

紫色元模因的故乡：生活与工作的机构是环形的和公共的，尽管精英的核心——长者、酋长或萨满比一般人有更大的影响力。互惠是首要原则——"如果今天我能找到食物，我会和你分享。因为明天可能变成我需要你分享食物给我。"

紫色元模因治下的人：要想了解紫色员工，需要先了解其氏族或部落的习俗。这样的人是这样的群体的延伸，他会首先效忠于群体。保持传统习俗、尊重祖先及祖法、敬畏神灵，是组织健康所必需的。

决策是在每个人都有发言权的圈子里做出的，但由公认的"领袖"宣布共识。许多精力仍聚焦于满足日常需求以及大家庭的需求。流动的紫色"部落时间"依赖于时节、地点与事件，而不是由争分夺秒的橙色和准时准点的蓝色来安排事情，这给计划安排者和守时的人带来极大的困扰。

应对恐惧、预兆、对群体的威胁是恒常的议题。尽管过往事件的记忆，如怨恨、蔑视、仇恨与债务等，在解决之前会影响当前的行动，但总的来说，人们的焦点是相当狭隘和直接的。此外，保持人与人、人与自然之间的和谐也往往是一个中心主题。

紫色元模因的仪式：其目标是，通过维护其在万物有灵世界中的地位来满足其生存需求，从而使家族、氏族或部落永世长存。不论是否昭告了他人，大多数作品都与神秘的灵性世界息息相关。持续保障日常所需的水、食物、住所与社会交往，以及保护自己与群落免受敌人的威胁，吸引了该元模因的注意力。其他人可能会接触到该群体，但它的影响力不会扩大到很远。

紫色元模因领导力：对于紫色元模因来说，领导者必须关注整个团队，而不是关注某些个体，给予他们特殊的薪酬奖励、特权与关注。过于明显地奖励某个人可能会破坏群体关系，并导致群体对那个人的孤立。必须给予紫色领导者足够的尊重。有效的管理者不会违反紫色群体内部的社会动力；相反，他们了解并利用整个实体，观察节日庆祝仪式、成长仪式或其他庆祝活动。

当紫色元模因很强烈时，组织必须对群体内外的两极分化倾向予以关注。西方世界的大多数高管（和外交官）从未经历过真正的部落冲突，也没有真正体验过血缘关系所产生的强烈感情。与此同时，领导者应该意识到，一旦满足了紫色元模因对安全的需求，电视节目或旅游人员的信息传播让当地人知道了其他选择，以及其他元模因开始觉醒后，可能会发生突然的元模因转变。

在接下来两章中，我们将继续讨论第二层级思维的原理与技术。

注释

1. 试探气球：向媒体发送信息，目的是观察观众的反应。发送新闻稿的公司可以用它来判断客户的反应，也可以被故意泄露正在考虑的政策更改的相关信息的政客使用。

2. 汤姆叔叔："汤姆叔叔"是对非裔美国人的蔑称，指那些为了被主流社会接受而放弃或隐藏自己的种族或性别观点、特点和行为的人。保守的非裔美国人通常被称为"汤姆叔叔"。

3. 白人群飞：一个起源于美国的术语。它产生于20世纪中叶，被应用于欧洲裔美国人从种族开始多元混杂的城市都会区大规模迁移到郊区或远郊地区。该术语最近被应用于其他白人迁移，如从老的内城区向农村地区，以及自美国东北部和中西部地区向气候温和的东南和西南地区迁移。

第 7 章　螺旋对齐：将愿景变为现实

20世纪90年代管理学福音宣称质量是"第一要务"。那么，"在质量革命之前，'第一要务'是什么？"想一想。是利润、生产的产品数量、高管津贴、生产效率、员工满意度、击败竞争对手，还是社会责任？讲真的！

尽管"质量"这一概念在高管和消费者群体中很受欢迎，但并不是每个人都参与到质量革命中来。"企业管理领域的最大风尚之一——全面质量运动，正面临困境。"《华尔街日报》1992年5月14日如是报道。该报道引用了安永会计师事务所和美国质量基金会针对质量管理项目进行全面审查的结果。这份研究基于对美国、加拿大、德国和日本的585家公司的调查，详细说明了汽车、电脑、银行和医疗保健行业在一系列质量改进活动中存在的缺陷。质量行业的大多数专业人士都表示，他们的客户对质量革命的反馈好坏参半。看起来，在质量革命中，有些东西没被考虑到。那么，这些是什么呢？

那些没有经过深思熟虑、没有做好充分准备就急于开展质量改造的公司将陷入混乱。高管们的声明一落千丈，持怀疑态度的员工毫不在意。中层管理者奋起反抗，陷入截止日期和权责之争。他们知道"规模调整"可能意味着他们要做更多工作。当改革变得艰难时，新转变者也会失去热情，并回到老路上，质量运动的发起者会变得厌倦改革。高调宣传的质量再造项目早早夭折了，冰冷的阵雨造成了"实情到底如何"的伤亡。随着蓝色元模因将其变成了教条主义的准宗教，橙色元模因则

> 如果你真的想要实施变革，那就要准备好超越操纵、独裁统治，甚至超越共识驱动的团队协商过程。螺旋动力学的框架可以让你做出适合人们身份及其工作的设计。

要求有立竿见影的结果，否则必须有人为此付出代价，倡议搁浅。

"质量圈"[1]（quality circles，QC）运动，在20世纪80年代初大规模兴起，在20世纪80年代末偃旗息鼓。许多人开始把这些努力看作是表面上的权宜之计。管理者鼓励员工们在团队中解决问题，却希望他们仍留在各自的位置上，留在组织金字塔的底部。质量圈是自愿参与的，没有人会因为"更努力、更高效"地工作而获得经济回报，但股东和高管们却会因为员工的积极主动受益。这也难怪人们对质量圈的热情会消退。

现在，工程再造项目也因为类似的原因而受到质疑。大多数项目在其直接粗暴的活动中基本上忽略了人性因素。管理者再次考虑裁员。虽然顶层高傲的远见卓识者和生产车间的工人们仍然都在，但那些将两者联系在一起的中层管理者不见了。这导致"自主管理团队"不知如何自主管理、计划和沟通。

哪里出了问题？外来文化和自命不凡的元模因试图将创新的、新一代的项目覆盖在原有的结构上，结果只会事与愿违。天真的变革推动者在公司内部推行了这些计划，结果却在实行过程中遭遇陷阱和蓄意破坏者。当被告知要在组织里推行"推动变革"计划时，我们会感到不寒而栗，就好像必须违背人们和组织的意愿，推倒他们一样。

如果你真的想要实施变革，那就要准备好超越操纵、独裁统治，甚至超越共识驱动的团队协商过程。螺旋动力学的框架可以让你做出适合人们身份及其工作的设计。过往的"脏了就洗"模式已经过时了，细节决定成败的时代已经到来。即使是制定全面战略规划的最佳方法，也缺少将所有要素联系在一起的核心机制。要发现它们，需要在流程中加上螺旋动力学的自定义特性。然后把你的精力投入到将人员与职责、功能与成果、形式与系统的精细对齐中，深入重要事务的元模因中。

> 要想成为组织方舟的缔造者,你需要掌握两大技能:螺旋对齐(流程)和螺旋整合(模板)。

设计并对齐强大精准的"自然"系统

前沿的管理思想早就不再抨击旧方法的错误,也不再提醒人们是时候开始改变了。聪明人早就意识到这一点。那些站在思想前沿的人正在尝试通过各种形式来设计、调整和实施系统,使其能够适用于快节奏的、复杂的和多元化的世界,就像大自然所做的那样。同时,他们像化学家、生物学家、生态学家、系统工程师、侦探、反恐专家和人类学家一样思考,需要影响垂直变化的力量和第一次正确实现垂直变化的精准性。

在第 6 章中,我们在螺旋魔法师的工具箱中添置了一系列组织元基因配置文件、动机菜单以及螺旋动力学框架下的领导力模式。下一部分将继续介绍另外两个用于组织对齐的工具,即格雷夫斯的优雅简单的设计公式和保持其垂直的铅垂线流程。正如一句古老的谚语所说:"预测降雨没奖励,打造方舟才奖励。"要想成为组织方舟的缔造者,你需要掌握两大技能:螺旋对齐(流程)和螺旋整合(模板)。

螺旋对齐(流程)是一个包含 10 个要素的综合设计流程,它让组织可以在一个河流一般的连接流中一并考虑未来的愿景、战略思想、长短期计划。在这个连接流中,你可以同时查看上游、中游、下游的情况。这是领导者们首次可以通过对齐生命背景的各个方面与工作中的元模因,来调整组织螺旋,从而可以在启用新的管理方式与之相适应之前,先把系统调整好。

螺旋整合(模板)将在三个层面上将你的思维整合成一个有机体。它们是:具体的工作细节;工作人员的支持系统;在完成工作过程中,对每件事、每个人进行宏观管理所必需的总体执行智能。

做完这些后,你就可以开始重建组织架构了。

设计公式:(在过早得出结论之前)提出正确的问题

螺旋魔法师会针对个人、动机、沟通和学习,提出正确的问题。通常,我们会问出"错误"的问题:"你如何管理员工?"相反,我们应该问的是:"这些人的本性是怎样的?是什么让他们的生命背景独一无二?什么样的管理、培训或激励机制最适合他们?现在需要做的工作是什么?"

提出"正确"的问题意味着我们注意到人与人之间的差异流动,理解变化的本质,并准备好应对元模因在螺旋上的持续移动。当与业务团队交谈时,克莱尔·格雷夫斯经常通过问以下问题来了解情况。为了更好地回答这个问题,不妨将你的实体视为数学微积分:

谁(管理者)……如何管理(管理方式)……谁(管理对象)……做些什么(执行内容)?

(HOW should... WHO manage... WHOM... to do WHAT?)

谁来管理?这里的谁指的是施加影响的某个人、某个机构或某个组织。最理想的情况是,这类人能与所在组织的螺旋保持一致的步调,也能顺畅地用元模因的心理语言与人交流。

如何管理?这里指的是管理程序、激励方式、教导风格、公共卫生保健实践、行政执法方式、开发计划或适用于螺旋上不同元模因配置的其他系统。

> 要想一切顺利进行，管理者和被管理者必须有一种特殊的关系，是相互绑定关系，是战略联盟，如领导者和追随者、教练和球员、老师和学生，或者任何类型的救助者和受助者。

管理对象？这里指的是追随者、雇员、受助者或客户组织。格雷夫斯最喜欢的另一句话，一直萦绕在我们心头：

> 见鬼，一个人有权利这样做。一个人有权利做他自己。他不应该为了完成你的工作而改变。灵活地按照他需要被管理的方式而非你的方式去管理他，让他完成工作。

要想一切顺利进行，管理者和被管理者必须有一种特殊的关系，是相互绑定关系，是战略联盟，如领导者和追随者、教练和球员、老师和学生，或者任何类型的救助者和受助者。这种谁和谁的关系取决于特定的情境，它不一定是固定的。角色也有可能互换过来。

不论形式是怎样的，影响力都是从管理者流向被管理者。但是，正是被管理者为管理者赋予了权力与地位，并唯管理者是瞻。领导力关系比领导者人格特征更多地存在于追随者的心智中。谁与谁之间的严重不一致，可能会破坏你在设计公式中所做的一切努力。

现在，考虑一下做什么，是要获得的知识、要完成的任务、要实现的目标，还是要达到的产出水平？小心，不要把这当成"理所当然"的。组织经常不知道它们真正从事的业务是什么，员工为什么要继续忍受他们的工作，或者真正的优先事项应该是什么。

可以将管理方式、管理者、被管理者和执行内容都想象成海螺身上的螺纹，当作一个活的交互式网络中的关键节点。当其中一个因素改变时，其他因素也会受到影响。在第一层级的组织中，它们被单独处理并允许分别运行。第二层级组织则考虑把集成系统融到互动螺旋中。

铅垂线流程

或许你见过泥瓦匠砌墙。砌墙时,他们会用铅锤——一端系有绳子的金属块——来保证墙与地面垂直。绳子被绑在对应位置的某个坚固物体上。重物相对于地面静止时,垂线即与地面垂直,这样,墙上的所有砖头都可以与之对齐。

螺旋铅锤有助于对齐设计公式中的所有元素并保持它们之间的连接。随着铅垂悬停在组织存在的意义上,如要完成的工作、使命以及期望的成果上,组织中的一切就像墙上的砖块一样,都排列在一起。铅垂线不是永远固定的。当愿景变化、市场变化或生命背景中的其他重大事件发生时,你可能需要在其他地方重新悬挂铅锤。每次有要素发生变化时,请检查当前的结构是否与之前的计划和未来的安排相对齐。在你的组织架构中,需要对齐的砖块可能包括:

- 工作要求(要完成的工作)
- 人员特征(那些能自然完成工作的人)
- 招聘和选拔(找到同类型的人)
- 安置(将匹配的人员安排到相应岗位上)
- 培训与发展(提升胜任力)
- 管理(以适合员工的方式进行管理)
- 形式(设计适合员工的组织结构)

1. 工作要求

了解你真正的业务是什么。把铅锤直接挂在关键点（要完成的任务和完成任务所必需的思考）上。工作任务可以是精细的、线性的、连续的，也可以是粗线条的、可扩展的、流动的。勾勒出工作的决定因素：工作模型、文件夹、节点、一系列有节奏的运动——几乎是任何一种人类活动。像工程师一样思考，沿着输入—吞吐量—输出的流程调查和绘制知识移动的图表。

邀请那些实际执行这些工作职责的人做顾问，设计两个基准，来改进工作模型。第一个基准描述的是胜任这份工作的最低要求。第二个基准描述的是最高要求，即那些技能最成熟的人、经验最丰富的人、水平最高的人是怎么做的。通过设定这两个基准，你就为员工建立了一个成长的伸缩接头，并建设了一条员工可以通过培训和发展获得持续进步的轨道。

假设你在航空公司的空乘监督部门工作。你可以为这个部门创建一个基准作业模型。首先，需要设置第一个基准，即新主管胜任这份工作的基本要求。其次，找到那些表现最好的主管，让他们描述他们的操作与新手有何不同——是更有见识、更有经验、有更好的管理方式、具备特定的知识体系，还是更有洞察力？把这些记录下来，设定为第二个基准。现在，你就有了构建一个扩展工作模型，即能力阶梯的原材料。它为你提供了每个人都能理解的职业标准，包括业绩增长要求、绩效评估标准、培训需求评估标准、职业发展路径以及有据可查的晋升依据。

2. 人员特征

现在，识别那些工作能手的元模因配置，即设计公式中的管理对象。对一些人来说，他们可以很轻松地完成工作任务。如果你能将工作要求和具有相应元模因的人（单个员工或执行团队）匹配在一起，那么，在合适的时间让合适的人从事合适的工作并不困难。

你有多少次听说过这样的情况：最优秀的技术人员被提拔为主管，结果却在管理岗位上表现得最糟糕？即使将他们送到橙绿色元模因主导的人力资源部门学习如何与人打交道，让他们接受橙色咨询顾问讲授的为期两周的培训，也仍然不管用。曾经在蓝橙色岗位上表现出色的员工，现在觉得自己在需要橙蓝色思维的岗位上是个失败者。这些可怜的灵魂受害者感觉完蛋了。每个人都有损失。

许多组织认为"完成工作"的核心能力与"管理工作的完成和完成工作的人"的核心能力是相同的。这些实际上是截然不同的任务。每个人有自己的能力阶梯。虽然有些人两者都擅长，但有些人则不然。这并不意味着一个人更好或更坏，只是每个人有不同的元模因配置，因而具备不同的能力。

3. **招聘和选拔**

现在，你已经有了工作模型和人员档案。接下来的挑战是招聘和选拔那些匹配工作岗位的人。试图重新塑造一个人，让他去做从一开始就不适合他的工作，无疑会浪费大量的时间和精力。既然你已经知道了工作所需的元模因配置，你可以相应地招募合适的人：

- 要想胜任这份工作，知道该如何做，哪些元模因必须是活跃的？
- 在哪里最有可能找到具备这些能力的人？
- 这类人最有可能发现并回应哪些招聘广告和图片？

> 你必须选出最佳候选人。确保你的候选人愿意倾听,愿意观察,并可以理解整个螺旋。

但仅靠招聘是不够的。你必须选出最佳候选人。确保你的候选人愿意倾听,愿意观察,并可以理解整个螺旋。并不是所有人都具备这样的能力。许多人力资源部门自身的元模因配置相当狭隘。不少人的思维处于第一层级的受困或封闭状态下。要确保你的面试官能在人群中识别出最能胜任这份工作的人。

在向应聘者介绍公司和职位时,双方都必须尊重现实。当应聘者知道他们所向往的"兴奋而浪漫"的工作的真实面目时,他们通常会选择退出,避免浪费双方的时间接受培训,也避免伤害彼此的感情。

在定义了工作性质之后,可以将员工与该工作模型联系起来。将经常被忽视的人为因素与合适的技术和工作本身的要求相结合。例如,如果工作需要在迅速变化的环境中,在承受巨大压力的情况下整合复杂的信息,那么橙色和黄色元模因的能力无疑是必不可少的。显然,这不是一个紫色元模因或蓝色元模因能掌控的世界。

然而,如果工作是高度重复的,没有多少外部刺激,也没有很多晋升机会,但需要一致性,那么,在把一个快节奏的、雄心勃勃的、重橙色的实干家招到这个岗位上之前,可务必要三思。最好是找一个寻求安乐窝(事情总是保持不变)的人(强蓝色、甚至紫色)。在这类人中,也有很多优秀的候选者。

4. 安置

到现在,工作要求、人员特征、招聘和选拔的组成部分已经对齐。把合适的人放在合适的岗位上,但如果他们发生变化,也保持随时重新分配的开放状态。大部分人都会发生变化。有两种方式进行岗位分配。过去,我们改造员工,以使其匹配相应的工作岗位。我们希望员工能够符合工作要求，或者到别处找工作。然而，如果我们在分配岗位时认真使用过铅垂线流程，则几乎不用怎么改造事务就能进行得很好。因为与他们的本性相吻合，精心挑选的员工会很喜欢他们所做的事情。

另一个方法实际上是围绕这类人设计工作岗位，创建相应的工作组合来匹配其最擅长的事情。假设你找到了一个能力很强的人。与其要求他随大流，不如为他找到合适的事情去做。这使得组织内部有了很强的流动性，打破了传统的等级制度，解开了僵化的指挥链，并发现了新的职位需求。这种想法令第一层级的个人或组织感到不安，但对第二层级的大脑来说，这是很自然的。

5. 培训与发展

培训与发展计划应精心设计，以适应人们自然的学习方式。不同的人以不同的方式探索他们的世界。不同的工作、任务、活动或职能都带有不同的访问系统、代码和协议。了解岗位所需的元模因配置，然后提供相应的信息、洞见和技能。人类的大脑充满好奇，渴望学习，但要按它们的方式来。作为螺旋魔法师，你可以随时运用大师和先知们的洞见。

螺旋魔法师知道许多教学、学习与发展的方法。米色元模因的学习方式是本能驱动的，以生存为导向，通过改变感官刺激的强度来实现。紫色元模因的学习方式是经典型的，通过模型、重复、节奏和讲故事来实现。红色元模因的学习方式是训练型的，通常需要动手实践，同时伴随着外部的及时反馈。蓝色元模因熟悉的回避型的"书本式"学习方式侧重于内容与事实，而不是过程和思想，通常需要通过服从、标准化测试和对错误予以惩罚来强化。橙色元模因期望式的学习方式面向真实的生活体验，如试错试验、竞赛游戏、案例学习和情景模拟。绿色元模因观察式的学习方式是反思、互动、参与以及关注彼此的情感，而不是仅仅把关注点放在枯燥的内容、确凿的事实或预期的回报上。

再来看看第二层级元模因的学习方式。我们发现黄色元模因信息式的学习方式是会按照自身的节奏进行，并针对个体的需求与兴趣量身定制。激励来源于内在而非外在。其发现式学习超越了程序化、脚本化的知识。青色元模因的体验式学习发生在社交和电子网络中，涉及对意识和洞察的深度分享。归根结底，螺旋魔法师能够创造出适合各种风格的学习环境，而不只是迎合自己的喜好。

6. 管理

管理的基本要素——系统、风格、流程与人员——应沿着铅垂线排列，以匹配特定的工作任务与人员，实现最自然的管理。然而，在工作场合中，经常出现的情况却是，员工应承了一项工作任务，结果却发现自己屡屡被一种有害的、逆反的方式管理着——"按我们说的去做，不要按我们做的去做。"

7. 形式

组织的管理形式——指令、控制点、文化，甚至物理空间——应该根据其独特的职能和其执行人员进行调整。传统上我们是自上而下地建立组织，这种方式反映了高管们的心血来潮，或隐含着蓝色元模因和橙色元模因的威权主义。这种方式现在仍然推动公共部门与私营部门进行思考。新任总经理入职时，公司上下往往需要适应他个人的哲学与风格，不论这些是否适当。有时情况会好转，但通常情况会变得更糟。因为虽然在螺旋的某些区域它们是最好的，这当然不是控诉所有自上至下

> 形式依循职能，职能依循螺旋。第二层级组织内部有许多子螺旋空间，所有二级铅锤都指向同一个公共点，但摆线足够灵活，可以根据铅垂线流程，在整个组织中实现专业化、职能定制化以及人员与职能之间的微调。

的组织，但在其他时候，特别是当绿色元模因正在觉醒或实体正走向第二层级状况时，它们是官僚主义的灾难。

自下而上构建和自上而下构建一样糟糕。出于实现人人平等、权力赋众的一腔热情，绿色元模因有时会将过多的精力投入最低一级梯队中。无论是否胜任，每个人都有发言权。没有人的意见比其他任何人的意见更有分量。若实施不当，这种崇高的理念只会带来持续的无知和时间的浪费。极少数真正专业的声音会被一群寻求共识却一无所知的声音所淹没。那些在商业游戏中发挥出色的橙色元模因被驱逐到绿色元模因较少的领域中，或者不得不另起炉灶。蓝色元模因吹响了哨子，高声呼吁上级机关进行调查。黄色元模因失去耐心，销声匿迹。

形式依循职能，职能依循螺旋。第二层级组织内部有许多子螺旋空间，所有二级铅锤都指向同一个公共点，但摆线足够灵活，可以根据铅垂线流程，在整个组织中实现专业化、职能定制化以及人员与职能之间的微调。

通过工程流进行螺旋对齐

概览

现在，想象一下伟大的密西西比河。像所有河流一样，它有源头、流域、支流与出口。河流流经河道，在它向下游奔流时，由于有不同的流量、速度和湍流变化，有些流域更深，有些流域更宽。

密西西比河有它自己的生命，奔流不息地涌向海湾。从空中往下鸟瞰，你可以看到一条平滑的棕色丝带蜿蜒穿过大地。然而，经验丰富的领航员会告诉你，在平静的水面之下，有不同的洋流、沙洲和危险的暗流，它们会随着季节和地形的变化而变化。社会学家会向你介绍沿岸的生活，以及密西西比河如何以神秘而又令人惊讶的方式影响着人类的生存。

一旦你掌握了工程流，你就会开始像马克·吐温般深刻理解影响流动组织的动态力量。把你的团队想象成一位拖船的船员，正把一排驳船从新奥尔良送到圣路易斯（逆流而行）。人员、管理系统、技术和财务资源是引擎。驳船是企业的产品、服务和产出。你是掌舵的螺旋魔法师。在航行过程中，你会向上游看，看看有什么新事物向你涌来；你也会向中游看，看看你现在所处的位置；你还会向下游看，这样你就不会忘记过去的教训，或遗忘重要的货物。

第一阶段
1. 确定你真正的业务是什么
2. 绘制出环境中的大局和趋势
3. 盘点资源、内在能力及所处生命周期阶段
4. 建立价值标准，找到文化飞轮……"DNA"

第二阶段
5. 制定并传播战略愿景
6. 让一切连接其他一切
7. 设计一个理想的假设模型

第三阶段
8. 重新对齐、重塑组织，改变当前的系统来适应结构和功能
9. 在合适的时候，把合适的人放在合适的位置上，并提供合适的工具与支持
10. 建立调整流程，拥抱持续的变化与升级

选择工程流团队

用于监控工程流的眼睛、耳朵和头脑将决定所接收的信息。在这个团队里的是你们组织的观察员。如果你要搜索详细的信息，务必确保小组中有一些擅长左脑数据分析的人。如果你的观察结果必须包含一幅变革沙盘的直观图像，那么就加入流动状态的擅长右脑直观思维的人。如果你想了解最深的暗流，就再加入一两个善于用全脑的螺旋魔法师，他们可以彻底理解整个系统的复杂行为。

在放松管制的早期，一家美国通信巨头组建了一个精英策划小组，并将小组成员送去闭关静修达一个月之久。他们被授命设计一家新的"放松管制"的电话公司。正如实用主义者所倾向的做法，他们任命的是元模因魔法师，而不是螺旋魔法师。当报告出炉时，很明显，策划者只是简单"改造"了旧模式，只是规模更小了一些。毫无疑问，这个团队中许多成员的思维都有很强的橙蓝色元模因，他们致力创建一家从事原有业务的新实体，但比原来做得更好。由于他们只看到了发展进程中的一小部分，这家公司在放松管制的早期经历了许多失败，公司上下苦不堪言。一些"螺旋魔法师"本来可以抓住原属于自己公司的光纤红利，却将其拱手让给了在信息高速公路上呼啸而过的初创企业。

1991年，我们的朋友洛兰·劳布舍（Loraine Laubscher）是一位在南非的咨询顾问，他与移民矿工一起工作。他成立了一个小组，为一个深金矿设计新的生活和社会设施。该小组的参与者来自五六个不同的部落，他们在一起工作。当矿工们完成项目并提交设计时，劳布舍惊叹道："看看你们都做了些什么？你们刚刚重塑了种族隔离制度！你们依据各个部落的文化、食物供给与生活方式为每个部落划分出了独立的空间。这就是新南非的样子吗？"

如果不是劳布舍帮助参与者们看到更完整的思维螺旋，并激励他们发展出更复杂的思维，那么紫色元模因和红色元模因仍将占上风。她领导工人们撰写了一部非种族、非部落、以蓝色元模因为主导的章程。然后，她又给那些参议员代表做培训，教他们如何以蓝色元模因的方式进行管理。这些举措为橙色元模因的出现奠定了基础。时至今日，随着南非其他地区螺旋层级的逐步升高，矿山的这一制度仍然运作良好。

何时通过工程流对齐螺旋

工程流是一种情境式的活动，旨在随时随地引入第二层级的系统思维。有些人很自然就会这样思考。对大多数人来说，第二层级的思维方式（黄色元模因和青色元模因主导）仍是新的，因此，他们都需要一个入门课程。工程流可以在许多情况下使用：

- 在设计新业务或成立新公司时；
- 在创建一个新的部门或开展新的营销活动时；
- 引入新技术后，需要对组织的运作方式进行重大调整时；
- 在收购或合并过程中，需要在多个实体中融入一些新事物时；
- 在贝塔关口下，当一家公司经历动荡，需要进行重大调整时；
- 在伽马陷阱中，当实体确实是为了生存而战时，如遇到《美国破产法》第 11 章中提到的破产或劳资纠纷时；
- 在经历规模精简或裁员的阵痛后，实体必须重塑以适应必要的挑战而得以生存，并在形势好转后重获竞争优势时。

你还可以使用工程流来填补高管与智囊团们所经历的信息/洞察缺口。当真正的授权计划出现并开始产生影响时，来自工程流的想法应该在整个组织中传播。

如何对齐螺旋：工程流流程中的 10 个要素

工程流流程中有 10 个要素，它们在逻辑上按时间和优先级的顺序展开。第一次过流程时，必须逐个经历，只有经历了一个要素，下一个要素才会开启。反馈通路将在该初始序列中形成。一旦形成，这项活动会自我维持。你可以在不同的要素中找到具体答案，或者也可以将工程流作为一个常规调查工具。要处理这样的无限开放性，你需要发展第二层级思维。

在最开始启动时，实施工程流的团队必须先理清自己的思绪，并抛开任何可能造成干扰的想法。人际争端或未解决的权力问题必须搁置一旁，这样它们就不会扭曲整个流程。作为团队成员的个人或群体，都应该通过说出他们选择参加这个流程的动机，来阐明自己的意图。完成这些之后，你就可以出发了。

要素 1：确定你真正的业务是什么。你可能会大吃一惊。尽管可能已经达成了普遍共识，但决策者们经常发现他们实际上是在追求多个目标，其中一些目标还是相互冲突的。如果人们没有在追求同样的目标，那么，这种状况会考验他们能否在战略和战术上达成一致。如果存在别有用心者，他们将破坏整个流程，并削弱团队内的真诚与信任。

通常，人们对"我们所从事的业务"的看法会随着更深入的分析与考量而改变。对实体真正存在的原因的回顾可以揭示新的思路，从而重振团队信心、激发研发热情、完善营销策略，并指出元模因堆栈中的必

要调整项。例如:

- 一直以来,美国百得公司(Black and Decker)都认为自己是电钻和锯子的生产商,最近才意识到自己实际上是在打孔和切割,从而将其业务范围从激光技术扩展到真空吸尘器和咖啡机。
- 哈里伯顿(Halliburton)是一家成立于俄克拉何马州的蓝色元模因国际油田服务公司。20世纪80年代后期,随着钻机数量的波动,该公司试图成为一个多元化的橙色企业集团。如果该公司能够按黄色的原则性条款对地壳进行建设性管理,那么,它将在不放弃其专长或丰富的元模因遗产的前提下,打开广阔的新市场,重新繁荣起来。
- 化妆品直销公司雅芳很早就意识到,其业务在农村地区的传播(有些人甚至敢说是"八卦")也非常重要。因为其销售员会传播社交信息,从而将边远地区的客户联系起来,让他们也参与到社区活动中。

一旦对所从事的业务有了一个很好的想法,就表明你对未来有了初步的宏伟愿景,它阐明了你最深刻的意图,陈述了根本使命,并涵盖了你最广泛的目标。在评估企业发展的目的和方向时,请提出以下问题:"这个企业为何存在?我们正在做什么?它会变成什么?"(答案将成为你们的工作声明,将在要素4中继续完善。)

丰田以其"全球10强"和"全球12强"的愿景而闻名,这表明了该公司计划控制其所占据的全球汽车市场的比例。其他公司则希望在自己的细分市场中被公认为是"最佳的",或者在某个领域获得"最佳服务"的排名。有几家公司致力赢得美国国家质量奖[2]。

一位新的足球教练在上任时可能会制订一个五年计划，先是激发愿景，培养团队自豪感，然后再去拼尽全力，赢得联赛冠军。一对年轻夫妇的目标可能是建造他们的"梦想之家"，然后将职业规划的重点放在这方面。

这些都是大家熟悉的橙色目标。当你评估你自己和他人的愿景时，你要寻找蓝色、绿色、黄色甚至青色元模因意图的表达。在少数愿景中你会发现红色元模因和紫色元模因的痕迹。在某些情况下，你甚至可能发现整个螺旋。例如：

> 我们是阿珂姆公司[3]大家庭，
> 作为最好斗、最努力的狼性团队，
> 我们一直珍视我们的服务传统和荣誉，
> 因为它使我们保持第一并持续成长。
> 作为负责任企业社区的成员，
> 在我们新的网络空间虚拟工厂中，
> 生产环保的高品质产品，
> 造福于人类和子孙后代。

有时，关键的一步是打开眼界，看见当前业务背后的产业图景。在零售业，由于没能从管理者那里获得螺旋式的全局思维，销售员们往往会陷入与他人或客户的敌对关系中。他们错误地认为自己的角色是执行销售规则，在每次交易中锱铢必较，试图保护公司的资产。他们受制于第一层级的思考方式，而这往往导致糟糕的服务和差劲的客户关系。

家得宝是一家非常成功的建材零售商，它将其业务的一个主要部分定义为通过更广泛的、以服务为导向的视角，来提高客户满意度和忠诚度。这样做有个非常实际的原因：在 30 年的抵押贷款偿还期内，普通房主将花 5 万美元用于装修项目。家得宝就瞄准了这一块市场，服务于这个群体。这也是其视野广阔的第二层级愿景的一部分。

要素 2：绘制出环境中的大局和趋势。现在，组织必须加强认真扫描环境的能力。第一，探索上游。派遣你犀利的侦察兵在前方搜索未来的愿景，这样你就会明晰前进的方向。让他们写关于未来的故事，通过情境假设，设想可能的发展情节，并进行风险分析。彼得·施瓦茨（Peter Schwarts）在《远见的艺术》（Art of the Long View）一书中指出了勾勒未来信息的一系列早期迹象、趋势指标与关键事件。

第二，往深处看。探测水流最深处，追踪逆流，监视流沙。寻找市场、行业、财务状况、代表性技术、员工价值体系和竞争对手动向的元模因变革源泉。看向公司内部。静水流深。

第三，往下游看。回顾一下你去过的地方，了解你如何到达现在的位置。承认过去的优势，这样你就不会为了进步而牺牲它们。转型中的公司通常会"把宝宝和洗澡水一起倒掉"，然后在意识到旧有优势的价值时，又奋力去重建它们原本拥有的事物。当橙色元模因主导时，橙色通常会试图摆脱老旧的制度和传统，而这正是构建未来所需的基础，因此，蓝色元模因会变得特别脆弱。

第四，看全局。螺旋魔法师的思维过程是系统的黄色和整体的青色，以这样的大局观检视所有的流向是如何相互关联的。这需要你强迫自己从具体事务中走出来，观察整个螺旋系统，而不只是盯着翻滚的波浪。这种对流态模式的搜寻，尽管是短暂的，而且常常是模糊的，但对整个过程而言是至关重要的。有太多的决策团队在还没有摸清当前的趋

> 戏剧性的觉醒往往是在我们最不经意的时候陡然发生的。

势和在多变的环境中识别出障碍之前,就开始制定战略甚至战术。即使面临第二层级的问题,他们仍把自己困在第一层级的解决方案中。

当代的混沌理论在系统思考和理解流动这两方面做出了巨大贡献。混沌理论家们描述了变化本身的不稳定性,取代了机械论和决定论的观点。一方面,压死骆驼的最后一根稻草的模型已经得到验证。如果"最后一根稻草"被放上去,那头可怜的骆驼就会毫无征兆地倒下。戏剧性的觉醒往往是在我们最不经意的时候陡然发生的。

或者,想一想蝴蝶效应。如果一只蝴蝶在巴黎扇动翅膀,这种未被察觉的扇动是否会引发一系列连锁反应,导致迈阿密的飓风呢?显然,我们永远无法识别或控制影响生命背景的所有因素。但非线性动力学有助于解释,为什么那些看似非理性和不可预测的事件会粗暴地打断胆小之人、男人和高管们的完美计划。然而,在最令人困惑的混乱之下,很可能存在着一种怪异的秩序。我们也需要找到它。

要素3:盘点资源、内在能力及所处生命周期阶段。设计一个新实体时,一定要对当前可用的财务、人力、技术和知识资源进行精准盘点。如果你无法招到能玩转信息时代的劳动力,你很可能就无法开一家需要软件支持的公司,尤其是如果你所在城市的公立学校数学分数很低的话。如果你缺乏足够的资金或广泛的管理人才,无法在多个不同地区开展业务,那就控制你的橙色冲动。

航空业的初创企业家似乎都感染了橙色元模因携带的"增长病毒"。一旦他们成功地找到了一个利基市场并开始盈利,他们就会过于雄心勃勃,像饥饿的秃鹰一样盯着扩张。潜伏在跑道下的自信的橙色魔鬼和自负的红色魔鬼让他们苦不堪言。他们希望在《商业周刊》或《财富》的杂志封面看到自己和自己的心血结晶——一颗冉冉升起的航空公司新

> 要快速评估能力,试着为组织的基本方面绘制三个平行的螺旋:技术、物料与设备;业务与管理系统;人力资源与能力。将它们与组织的整体螺旋进行比较。

星,因此他们决定与美国航空、达美航空、西南航空、联合航空、英国航空和汉莎航空等大公司较量。

就在这时,他们走出了自己的利基市场。他们租了更多的飞机,雇了更多的人,开了更多的基地,并加大了广告宣传力度。大公司也比拼票价,开始正面对峙。由于资金更为充裕,大公司可以承受更长时间的亏损。然后,事态急剧恶化,这些创业家被撂倒在地。闪亮的飞机被归还给债权人,转售之后重新粉刷。只有多余的机舱用具在一家旧商店中出售,上面还留有一度引以为豪的新贵航空公司的标志。

关键是,你必须知道你的资产是什么。它们不仅仅是商品和服务,还有它们的生命周期。领导层必须了解产品、设备设施和管理成熟度所处的演进阶段。伊查克·爱迪兹(Ichak Adizes)在《企业生命周期》(*Corporate Lifecycles: How and Why Corporations Grow and Die*)一书中指出了企业生命周期的10个阶段:孕育期、婴儿期、学步期、青春期、盛年期、稳定期、贵族期、官僚早期、官僚期和死亡。爱迪兹认为,通过理解不可避免的"斜S曲线",决策者可以将企业带回巅峰和"最佳状态"。(国内近年来流行第二曲线创新。)

重新调整现有系统时,必须审视其灵活性及改变其潜能。看看你的周围和下游,当前的组织架构满足六大变革条件中的几个?人们有能力接受新的、更先进的技术吗?你有时间处理这些障碍吗?有些组织像超级邮轮一样难以转向,而有些组织又像拖船一样敏捷。在确定怎样的改变回应更适合之前,你必须知道你在操纵什么。

要快速评估能力,试着为组织的基本方面绘制三个平行的螺旋:技术、物料与设备;业务与管理系统;人力资源与能力。将它们与组织的整体螺旋进行比较。三者之中哪个落后了?哪个遥遥领先?是否有两个螺旋与你的目标步调一致，而第三个螺旋与你的目标步调还差一两个元模因的距离？

这个简单的练习将帮助你迅速了解哪些需求必须满足，以及你可能拥有哪些未开发的资源。它还可以指引你在实施工程流时重新进行调整，让你所从事的业务与所拥有的工具相匹配。只有完成了这一点，你才可以满足改变条件2——当前存在的问题得到了解决。在此之前，你所做的努力可能都是徒劳的。即使你费尽心机，你想要的改变也不会发生。

这里有一个根本问题："这东西会走向何方？它能多快转变？"尽管有推动变革的努力，但有些实体根本无法进行转型或重组。该组织中的元模因可能有太多的心理包袱。实体可能过于受制于过去的第一层级思维范式，或者被单一封闭的业务模式所束缚。工会协议可能过于严格且具有较强的约束力（贝塔关口和障碍）。过去悬而未决的问题所积压的愤怒和怨恨可能过于强烈（潜在的伽马陷阱）。盘点完后，如果系统似乎可以被改变，就继续推进工程流。

要素4：建立标准，找到飞轮，并描绘出组织的心理DNA。不论是企业文化还是社会文化，都有定义其特征的标准。它们有自我维持的原则、规范、假设和信念，组织中的大多数人会认为它们是"不言而喻的"。飞轮围绕这些标准旋转并有自己的动能。飞轮一旦启动，就很难改变方向，更不用说停下来。它们的能量被传递到它们所接触的一切东西上。它们可能出现在印刷品上，在员工大会上被大声宣扬，或者在休息室闲聊时被传递。在任何情况下，飞轮会转变那些将人们聚集在部落、俱乐部和企业家庭中的难忘事件和核心信念。

飞轮的动能：每个元模因都会根据其假设创建组织生命形式。在坚

> 每个核心元模因的建立标准不同。当手头的任务是改变、调整或转变实体的文化时，你需要知道哪些元模因占主导。

实稳定的组织中，它们听起来可能相对纯正；更多时候，文化是混合体。以下是一些例子：

米色	灌木丛	"我只想熬过这一天。"
紫色	魔法森林	"……幽灵、食尸鬼、长腿野兽和其他在夜里游来荡去的东西……"
红色	丛林	"来吧，让我高兴高兴！"
蓝色	大教堂	"他们不去思考为什么，只是去做而后死去。六百人骑着马进入了死亡之谷。"
橙色	市场	"科技让生活更美好。"
绿色	公社	"万事万物都有其独特的美。"
黄色	自然栖息地	"有如此多要学习与探索的，而时间又如此有限。"
青色	地球村	"聆听地球的乐章。"

推动飞轮运转的驱动力可能表现为强烈的个性（红色元模因）、政策手册（蓝色元模因）或一系列通过群体共识形成的声明（绿色元模因）。他们信奉经营哲学、道德标准，也秉持着关于人与权责的普遍信念。

每个核心元模因的建立标准不同。当手头的任务是改变、调整或转变实体的文化时，你需要知道哪些元模因占主导。如果只有一两个元模因在主导，你可以直接聚焦在上面。然而，要将一个复杂的企业从第一层级转移到第二层级，需要同时应对多个元模因的广谱努力。广谱实体中每个变革策略都必须覆盖其垂直堆栈中所有的元模因。

- 紫色元模因设定的标准被神话和神秘所包裹。它们从祖先（或公司半圣人般的创始人）那里继承而来，从神灵（保护公司及其员工的好运）中产生，并渗透到生活的方方面面。环境、地点、目标或关系都带有一种神奇的光环。工人们穿着相同的衣服（如T恤、夹克，甚至有着相同的帽子、戒指和领带），唱着同样的歌曲，跟着音乐节奏打节拍。诅咒、祝福与黑魔法也司空见惯，它们直接影响着社会事务和就业机会。拥有浓重紫色的公司将拥有很多仪式、传统和象征性的神龛。法术的拥护者们会举行一些仪式，比如在墙角放上灵石，将创始人的照片放在显眼的地方，安抚祖先的神灵，同时争取新神灵的加持。

·红色元模因设定的标准位于权力所在的地方——原始、服务自我、没有耐心。驱动力在于那些有权势的人——他们更应该被尊重，而不是被信仰。这些神一般的王者可以发出变革的命令。殖民地到处都是这样的人。红色元模因的传说中充斥着强者战胜恶魔的壮举。社会的记忆和讲故事的人让神话得以延续。变革推动者必须利用感知到的权力符号并"斗争到底"。

·蓝色元模因设定的标准被刻在石头上。它们是绝对的真理，受到上级权威的认可，并被"铭刻在所有正义之人的心中"。人们的信仰神圣不可侵犯。它们是公司存在的最终目的。一般来说，使命宣言与十诫[4]一样备受推崇。变革必须由上级权威发起，也必须符合传统观念。

·橙色元模因设定的标准是用粉笔标记的，作为个人决策的参考和所有人都参与的企业"游戏"的边界。在没有固定限制的情况下，橙色飞轮清楚地提供了参与输赢游戏、寻求务实解决方案和提升地位排名的方法。变革是为了获得明显的个人优势和新的成长机会。

・绿色元模因设定的标准存在于人们心中。它们会因情境变化而并非绝对，通常反映的是象征而非实质。它们以人性化的方式制定目标，并阐明核心社区中人际关系的性质。小组成员必须会面、分享与讨论变化，这已成为大家乐意接受的惯例。接纳与包容贯穿整个组织内部，并延伸到整个社区中，影响所有的社会干预措施。

・因为黄色元模因有助于保持整个实体的健康、一致，并产生有用的输出，所以，黄色元模因掌控和指导的设定标准受到尊重。黄色飞轮围绕功能结果旋转，并提升系统的整体质量。它们是广泛评估、兼容并包和实际思考的结果，是所有信息的最佳来源。它们带来提高产出同时减少危害的结果。如果这些飞轮表达的东西与其他元模因完全不同，那也没关系。但是，任何变革都必须面对从旧范式向新范式转变的既定现实。解释可以是多角度的。

尽管你可以轻松识别出企业中最显著的飞轮，但如果发现较小的飞轮在销售、人力资源、生产和客户服务方面略有不同，也不要感到惊讶。考虑以下可能：

・销售部飞轮围绕佣金、风险、快速晋升和竞争优势等橙色元模因的重心旋转。不论会付出什么代价，其目的在于能赚到钱。

・研发部飞轮围绕着黄色的抽象概念和未来收益旋转，奖励富有想象力的理论建构和离奇的创造性涉猎。若不加以检视，它会忽视成本或实际应用，转而去学习那些令人兴奋的新事物。

- 人力资源部飞轮可能围绕绿色社会重心旋转，持续关注人们的需求。其设定标准可能是照顾工作大家庭中的成员。但是人事部门通常拥有一个蓝色飞轮。它会围绕着生成报告、准时填写表格并及时把所有东西归档而旋转。
- 会计部门也以其谨慎的蓝色设定标准以及对耐心、秩序和准确性的推崇而闻名。当它过于僵化时，飞轮就会绕着精准的数字旋转。更具"创造性"的会计会增强橙色。熟悉整个系统的审计包含橙色、绿色和黄色元模因。
- 对这些不同的元模因施加相同的力，不可避免地会引发其飞轮的摩擦。最好的情况是让它们放慢速度。最坏的情况，则是由此产生的湍流引发振动，破坏自然子系统，最终破坏整个系统的稳定。尽管你无法在飞轮失衡的情况下重新调整元模因，但你可以请一个健康的工程流团队来调整和润滑这个过程。

因为合并的实体有非常不同的设定标准，没有人识别到这些标准，或费心去平衡这些飞轮，由此产生的元模因混合是冲突的而非协同的，所以，合并通常会失败。如果其中一个实体作为幸存的公司占主导，领导层应该让双方的团队共同参与以形成全新的文化，实施新的铅垂线流程，同步新的标准。在一个非常有创造力且市场敏感的实体中，工程流应以一个主导的飞轮出现，并驱动着其他各种各样的飞轮。最重要的是，元模因必须通过"礼貌—开放—独断"进行调整，同时重新定位设定标准，并让每个人都清楚自己所在的位置。

要素5：制定并传播战略愿景。在塑造现状方面，未来应该发挥比过去更强大的作用。"战略"是指决定如何从现在的A点发展到未来的B点。设计一个持续观测与评估的过程，来测定你在这个过程中的每个阶段做得有多好。这是很有帮助的。若不如此，过往的模式往往会占上风。

这个从A点到B点的"战略愿景"是朝着你在要素2中构建的宏伟愿景迈出的一步，它定义了你所从事的业务以及你希望它成为什么样的企业。B点可能不是最终目标，但它代表了实现最终目标的下一个现实步骤，它决定了到达那里的一些具体方法。

关于"传播"，我们认为，与组织中的每个人分享这一愿景的重要性对他们是有意义的。所有利益相关者都应该对正在发生的事情和即将发生的事情有所了解。更理想的是，他们应该根据自身的相关能力、信息与专业，积极参与制定战略。

除了打印精美的海报和发布精修的声明，还可以做许多事情。有必要让人们知道你们在认真地对待这一愿景，而不是等着天上掉馅饼。用图像来增强宣传效果。这个战略应翻译为强有力、实用的隐喻，好让更多人能够理解愿景，并愿意去拥抱变化，比如被过度使用的"凤凰从涅槃中重生"。这些"右脑"喜欢的图像和符号有助于让人们产生更深刻的承诺感。

不过，要当心经过包装的流行语和专业术语。在说服客户公司的CEO采取一些华而不实的举措之后，媒体专家们听到了专业气球被戳破的声音，听到了人们的窃笑、嘲讽与怨恨。他们忘记了，员工们无法体会到橙色董事会和橙绿色总公司高管圈的元模因堆栈。当被问到以下问题时，他们会不知所措："为什么要把钱浪费在这些狗屁上？为什么

> 制定战略不是一个孤立于现实世界的单一计划事件。相反,这是一个持续的过程,需要制定者具备扫描和监测内外部环境的能力,以及随着水流变化而进行中流调整的内置能力。

不给我们多发些钱?"任何告诉你"这将是小菜一碟"的人很可能还处在第一层级。

当你和别人交流时,不要自说自话,而要用各个元模因能听懂的语言进行沟通。大多数高管制定公司愿景、使命和目标是为了他们自己。一开始丰富、有力、流畅的想法,到最后往往沦为陈词滥调,被钉在墙上和公告板上。因为整个工程流尚未实施,所以这项运动就变成了一种蜻蜓点水式的尝试,尚未触及实质。制定战略不是一个孤立于现实世界的单一计划事件。相反,这是一个持续的过程,需要制定者具备扫描和监测内外部环境的能力,以及随着水流变化而进行中流调整的内置能力。

要素 6:让一切连接其他一切。传统的等级制度冻结了职权和啄序(pecking orders)。它将组织当作粒子的集合,而不是变动的波流。绝大多数的组织架构图都没有考虑到真人互动的自然模式,常常绕过正式的指挥链。官僚机构关心的是自身,而非工作流程。

为了打破第一层级的阶层思维,需要将连接输入、吞吐量和输出的关键元素纳入工程流。出现的第二层级形式将追踪要完成的业务,要提供的服务,要制造和销售的产品,要传播的信息。从这些活动中衍生出的组织架构可以采取一种形态或几种形态的组合:网络型、族群型、三叶草型、有机型,甚至金字塔型。关键是一体化结构。

还记得可怜的新贵航空公司吗?除了公司高管感染橙色增长病毒,新贵公司是按传统的蓝色组织形式建立的。这意味着将各个职能部门的人员,包括飞行员、空乘人员、地面客服、机修和营销人员划分到不同的独立分支中,并建立各自的工会和管理结构。唯一的链接出现在最顶层,而最顶层是贪婪的。如果你想将新贵航空公司改造成无缝对接航空公司，你可以将所有人，包括地勤团队、塔台团队和飞行团队的所有成员融合到一个自然的工作流中。飞机运送客户的行为是管理这一过程的隐喻。

工程流不受权威与体制的束缚，这为我们带来了在 21 世纪全球化、高科技和快节奏的工作环境中生存所必需的灵活性。这对于"敏捷制造"至关重要，围绕着市场需求而非用库存材料组织生产的需求变得越来越普遍。

例如，在日本，当购买者在 7-11 便利店购买了一款软饮料时，该信息会被直接传递给灌装商。分销商也能看到实时共享的信息，知道下次供货的具体时间，以及要供给 4 300 家商店中的哪一家。

正如因为军队制订了更好的计划，进行采购和及时库存控制，"剩余军备"已经不复存在，整个市场正变得以即时反馈为导向。仓库已经从"托管处"变成了"中转站"。沃尔玛之所以能取得令人瞩目的成功，并能以低于本土竞争对手的价格销售商品，部分原因在于它基本上消除了库存积压的相关成本。每当顾客在沃尔玛购物时，与之相关的销售信息就会被"实时"传送到制造商的工厂。在战略联盟中不愿与系统集成的制造商，将被其他愿意集成的制造商取代。

将第二层级的方法与第一层级的形式混合在一起存在一定的风险。由于库存不足，通用汽车一家零部件工厂的罢工会引发多米诺骨牌效应，导致其他许多工厂关闭。除非相关人员螺旋层次的变化能赶上制造技术和业务系统的变化，否则，通用汽车以数据为导向的业务模型仍是脆弱的。彼得·德鲁克（Peter F. Drucker）在 1992 年 9 月 24 日的《华尔街日报》上总结了这一趋势：

但最大的影响是经济结构正在发生变化。从围绕着物流或资金流转变为围绕着信息流进行组织。

在下一章中,你将看到如何围绕 X 模板中的信息流组织工作。

要素 7:设计一个理想的假设模型,使结构与功能相匹配。此时,在工程流中,你创建了一个假设模型,一个理想的、定制化的组织,它符合你在要素 1 至要素 5 中所做的设计,也能实现要素 6 的连接。在这里我们要创建一个支持结构,可以根据你的愿景,管理、环绕并滋养工作的自然流。(我们将在"螺旋整合"一章的 Y 模板中进一步探讨。)

你所构建的结构必须与工作流本身一致。在《权力的转移》(*Power Shift*)一书中,阿尔文·托夫勒(Alvin Toffler)描述了他所说的"弹性公司":

> 实际上,我们有大量的组织形式可供借鉴,从爵士乐队到间谍网络,从部落氏族和长老会议到修道院和足球队。每种组织形态在某些方面都各有优缺点。每个组织都有其独特的收集和分发信息的方式,也有其分配权力的方式。

再听一遍芭芭拉·乔丹的话。你必须牢牢记住,你从什么,改变成什么。如果你不这样做,你就只会兜圈子。同时,记住这是一个流动的假设模型。你必须把它记在心里,而不是将它建在混凝土里。

要素 8:解放、调整和重塑当前系统来适应新模型。我们继续回答一个问题:"你如何改变一家公司?"一方面,如果你要建立一家新企业,你只需要找到适合你心目中理想模型的人才和系统。另一方面,如果你要改变或重塑既有的企业，那么，你的任务则是让企业文化、组织人员和管理系统从旧的方向朝新的方向转变。

第一种方法是改变公司文化。许多咨询公司都在提供管理工作场所变革的项目。各种战略可以被划分为两类，一类是自上而下的经济利益驱动的，另一类是自下而上的民主共识驱动的。经济利益驱动的战略充斥着橙色元模因对变化的操纵性假设。按照这种观点，如果人们受到激励，特别是受到理性分析和诱人津贴的刺激，他们就会愿意改变。他们被经济利益驱动，可以被"收买"，可以自上而下地引入变革。

太平洋贝尔电话公司在一个操作性的培训项目上浪费了数百万美元。该项目强迫所有员工参加一种精心设计的敏感性团队训练。最后带来的结果是，蓝色元模因奋起反抗；红色元模因认为这是一场骗局而不予理会；橙色元模因不打算在潜在竞争对手面前暴露自己。因为这个项目，这家位于旧金山的公司被一些员工起诉，其电话客户也异常愤怒。

第二种方法在很高程度上依赖于参与性、共识驱动的过程，通常是自下而上的。它假定一旦每个人都有平等的发言权，并有机会通过对话和相互理解达成共识，人们自然就会改变。你现在应该能看出来这是一个绿色倡议。

当橙色元模因占主导时，第一种方法是可行的（只是不是太平洋贝尔尝试过的形式）。在浓厚的绿色元模因社区中，第二种方法是适用的。然而，这两种方法都缺乏对紫色、红色、蓝色、黄色和青色元模因的了解，不知道它们在文化变革中所起的作用。这是缺失的一环，它足以解释为什么一些公司的变革战略取得成效，而另一些公司却遭遇惨败。

如果你想要变革发生，请通过螺旋来实现。例如，紫色、红色与蓝

> 太多的变革计划始于"一切都会改变"的豪言壮语,试图掀起改变的波澜。螺旋动力学建议采用一种更柔和、更低调的方法让改变更自然地发生,如此会更有吸引力。

色元模因也会非常抗拒变革的发生。以下有三种应对方法:

(1) 紫色:借助首领、长老或备受紫色圈层推崇之人的帮助;旧公司的图标和符号可以被绑定的新实体所取代。改变仪式可能包括精心准备的告别仪式和开始一段新关系的庆祝活动。活动设计应该富有人情味,而且具有象征意义。因为紫色元模因存在于我们每个人的内心深处,而且在动荡时期更容易被触发,因此,对这些过程不能掉以轻心。

(2) 红色:要想让红色系统发生改变,就需要让员工们听到手握实权的人用直截了当、强硬的言辞发出的坚定指令。没有华丽的语言,没有牵强的承诺,也没有过多的人文关怀——这些都是不可信的,反而会让人怀疑是骗局。永远不要忘记,红色元模因可以活跃在高智商人群中。它有助于在变革的每个步骤或阶段为人们提供即时、有形的奖励。展示"变革能给红色带来什么"。

(3) 蓝色:蓝色元模因需要去拥抱新系统,需要去支持新事业,需要一个新目标。变革必须有序,符合原则,并得到当权者的认可。对旧秩序的攻击不会奏效,反而只会引发抵抗。变革者需要用蓝色元模因的语言体系来解释新系统,同时尊重过去。

太多的变革计划始于"一切都会改变"的豪言壮语,试图掀起改变的波澜。螺旋动力学建议采用一种更柔和、更低调的方法让改变更自然地发生,如此会更有吸引力。引发蓝色、红色与紫色元模因的阻抗没有任何意义。实际上,那些"要么全部要么没有"和"要么现在要么永不"的表述往往只会让情况变得更糟,而不是更好。

调整的选项:在形成一个新组织时,应依照铭记于心的理想模型,制定有关人员配备、设施设计、薪酬方案、信息网络与合适技术的决策。如果需要重塑和振兴既有的系统和结构(如要素3中所述),则应

> 当有恐惧存在时，充实安全感。出现混乱时，则引入秩序。

考虑以下几个备选步骤：

- 当前系统和目标系统之间可能已经存在匹配项。如果是这样的话，不要为了赶时髦，或者因为业内人士的煽动而把事情搞得沸沸扬扬。
- 如果出现中等程度的不匹配，则有必要重新安排人员从事新工作，安排大量的再培训，甚至鼓励员工提前退休，为新思维的产生开辟空间。在这个阶段，对他人的尊重不仅是必要的，而且会在以后带来回报。
- 如果"现有的"公司和"未来的"公司之间存在重大差距，则有可能需要创建一个完全不同的业务，以容纳那些无法在新模式下发挥优势但具备职业技能的人。最终，新实体可以实现自治。

如果在变革过程中不得不面临大规模的人员变动，这里有一些指导方针。（你可能需要再次回顾第4章中关于如何唤醒新元模因的内容。）

1. 在组织文化中引入一些不和谐因素，看看系统是如何定义情况并作出反应的。这些问题或试验气球可以让你很好地了解当真正的变化到来时将会发生什么。这些所谓的扰动，可能足以给阿尔法稳态的自满与否认敲响警钟，从而触发贝塔关口，启动改革方案。然而，如果人们已经被困在伽马陷阱中，你所释放的不和谐因素会让他们感受到严重的威胁。你需要迅速移除刺针，否则它可能会引发一场革命性的攻击。当然，如果这是你想要的，就继续戳。

2. 在某些情况下，你可以通过最大限度地满足改变条件2，让系统脱离险境并愿意合作。"把它灌满，直到无法再装下去。"当有恐惧存在时，充实安全感。出现混乱时，则引入秩序。如果有竞争力，不妨进

> 要友好沟通，要迅速行动，要彻底执行。

去游戏。当满足其他五个条件时，从一个层次上解决问题会使实体考虑新的选项。

3. 一方面，在某些情况下，你可能不得不替换或解雇大量无法应对新工作挑战的人。要友好沟通，要迅速行动，要彻底执行。当然，也需要提供再就业咨询和其他转变计划，帮助员工在这种万不得已的情况下找到合适的工作。要避免橙色元模因没用即弃的心态——"惊喜！30 分钟内收拾完你的东西走人！"要以人为本，尽心尽力地寻找能让他们发挥所长的解决方案。然而，裁员往往成为残忍的借口。

另一方面，还有其他选择。马拉维电力公司是非洲南部最大的电力供应商。其领导层认为，发电站的管理人员缺少橙色元模因的竞争力。他们得出的结论是，为了支持电网的扩张，也为了蓬勃发展的社区中员工的利益，需要引入渐进的替代思想。通过体验式培训和强制推行小型事业单位（small business unit，SBU）结构来改变局面的尝试没有取得成果。因此，该公司尝试了更激进的做法，尽管仍是第一层级的做法。

（1）取消所有职位，但要求在职人员以代理身份留任。

（2）创造新的工作模式，将更多橙色的战略思想和竞争元素投入发电站的运行中。

（3）如果他们愿意的话，要求所有在职者重新申请新的工作岗位。许多人意识到自己无法再适应新的工作，于是没有继续申请。他们并没有因为"辞职"而丢面子，因为是他们原来的职位已经不存在了他们才"辞职"的。那些不符合标准的人员则被排除在外。

（4）其余人以其他身份重新加入本公司。在公用事业行业有很多以蓝色为导向的工作岗位。这些工作可以交给他们。他们可能没有满足更多橙色的新要求，但仍然有经验与技能。这样一来，实际上很少有人

> 元模因堆栈指的是一个人或组织所展示出来的元模因集合。

失业。

通过改变这些管理职位的元模因堆栈，马拉维电力公司的整个组织确实发生了变化，但未必能更好地适应其所面临的极其复杂的生命背景。虽然在撰写本书时，这一策略的总体影响尚不清晰，但发电站内部为什么需要更有竞争意识和企业家精神的橙色思维这个问题还存在。公司领导者是否想要克隆自己？在应对多个元模因同时存在的发展中国家的能源生产与交付等多方面的问题时，螺旋动力学建议采用第二层级的全谱思维。第一层级思维的权宜之计不足以彻底解决问题，橙色元模因不能，甚至更为敏感、慷慨的绿色元模因也不能。这一警告也同样适用于美国的公用事业公司，尤其是在处于私有化阵痛中的政府职能部门：当心被橙色海妖塞壬的歌声迷惑，她歌唱着不存在的简单化和利润中心，可能会让公司触礁。

要素9：把合适的人放在合适的位置上，并提供合适的工具与支持。"合适"这个词可以理解为恰当的、一致的、同步的、和谐的和量身打造的。换句话说，让人们做他们最擅长的事。在过去几年里，人力资源的重心已经从试图"修理"或"改造"那些被随意分配到相应岗位上的人，转变为注重在尊重现状的前提下精心挑选和安排。

在匹配工作岗位时需要考虑许多因素，教育背景、项目经验、职业技能、个性特征以及其他特质都应该被考虑在内。特别是要考虑候选者的元模因堆栈与思维模式。

元模因堆栈指的是一个人或组织所展示出来的元模因集合。用颜色对工作岗位进行编码，以显示出轻松完成工作所必备的元模因堆栈。人们有权享受生活，将其元模因配置与工作自然结合起来有助于他们更好地享受生活。相对于具体做什么事，做事的方式与动机更能影响人们对工作的满意度。

- 如果这份工作需要较强的冒险精神、设定目标的能力和精明利落的手腕，你最好找那些橙色配置健康的人。看在老天的分上，不要选择封闭状态的蓝色，不然每天都是煎熬。选择过多的红色可能最终会让你上法庭。

- 如果你需要一位能够在未来10年管理广泛的多元化事务的高管，那可能需要找一个表现出黄色元模因甚至青色元模因的候选人。（确保面试官思维中的这些元模因也已被唤醒，这样他们才能够从候选人身上识别出真正的第二层级思维。）

- 如果有份工作需要一个意志坚强的人，一个能在危急时刻做出艰难决定的人，要提防浓厚的绿色平均主义——太软，或过度的红色——太硬。找一个以暖色调元模因为主导，但又足够冷静的人——刚刚好。坚定的独断（A）、适度的礼貌（P）与健康的开放（O）有助于人们完成这一揽子事务。

- 如果工作需要与人进行密切互动，带着同理心倾听他人，从而促成交易，则可以寻找一些具备适当的绿色元模因的人，并辅以足够的橙色元模因，确保他们可以自信地使用谈判技巧——很礼貌（P）、适度开放（O）以及有些独断（A）。

思维模式：思维模式反映了人们大脑处理信息的方式的不同，包括他们的多元智能（不仅仅是"智力"）以及通常所说的大脑优势，即所谓的左脑术语和右脑术语。（我们通常更喜欢使用"模拟/数字"

和"混沌/秩序"的语言,以便将螺旋动力学的应用与神经科学区分开来。)

有许多有用的工具可以帮助人们观察这些思维模式,包括性格测试、复杂性理论和无数的人格测评工具。无论你选用哪个工具,都必须将该组件放到工作模型和决策框架中进行考虑。有三种思维模式模型与螺旋特别相关。

第一种是美国教育学家、心理学家霍华德·加德纳(Howard Gardner)在《心智框架:多元智能理论》(*Frames of Mind: The Theory of Multiple Intelligences*)中介绍的观点。从这种观点来看,有几个重要的人类技能组合都可以称为"智能"。大多数评估,从美国高中毕业生学术能力水平考试(SAT)到公务员考试,都仅考察了一两种智能——语言智能或数理逻辑智能。除此之外,加德纳还提出了音乐智能、空间智能、身体动觉智能、人际智能和内省智能。在要素9中,可以询问哪些智能与要完成的工作相关,以及如何通过不同的元模因来表达它们。

第二种与螺旋动力学有用的结合是基于荣格的著作而发展出来的迈尔斯·布里格斯(Myers–Briggs)性格分类法(简称MBTI)。根据不同的象限,该理论将人划分为"感觉型—直觉型""思维型—情感型""判断型—知觉型"和"外向型—内向型"。这套方法引入了行为特征,可以更全面地描述人和工作。

最后一种是英国管理学家、心理学家埃利奥特·杰奎斯(Elliott Jacques)的工作复杂性模型(Complexity of Work Model)。它定义了不同工作所需的7个层次的复杂思维。第一层次的工作涉及较短的时间框架,一次处理一个具体任务,而且工作流程相对恒定。第七层次的工作涉及政府、跨国公司和大型系统的全局管理。这些最复杂的工作需要在长达 50 年的时间框架内判断社会、政治趋势，而且存在许多相互关联的变量。显然，这样的工作不适合那些在第一层级的元模因中处于封闭状态的人。

要素 10：建立持续的调整流程，拥抱持续的转型与变革。稳定性和持久性是让人得到安慰的幻觉。变化是一种常态。每一个闪动的纳秒都标志着在某个地方迈出来了一小步，或做出了大胆的飞跃。从狩猎采集者关注的缓慢季节变化，到原子钟所用的滴答技术，再到 CNN 即时播报和实时全球化，时间的概念已经发生了显著变化。

量子思维

数字的、分片处理模块	秩序与混乱	模拟的、波形处理模块
有序细节型		**混沌概念型**
特点 关注细节、精确度、准确度 受时钟和科技的制约 名字、清单、定义、分类 排队、测量、计算、管理 **盲点** 被数字奴役；情绪单调 世界变成了碎片和细节 衡量，挑剔到极点 **人物原型：** 《星际迷航》中的史波克（Spock）先生 《圣诞颂歌》中的守财奴 电影《拖网》（*Dragnet*）中的乔·弗莱迪（Joe Friday） 可见于数字处理工作中，如会计、金融、科技和信息技术工作中；反映在诸多的收藏爱好上		**特点** 关注万花筒的整体 在复杂和混乱中曲折前行 探索新的愿景；体验富有想象力的飞跃 早期预警扫描可以检测到环境变化 **盲点** 当情绪高涨时，细节就会被忽略 生活在幻想中，却鲜有成就 在地上漫步，却忽略了给树木浇水 **人物原型：** 宇宙学家卡尔·萨根（Carl Sagan） 音乐诗人约翰·丹佛（John Denver） 未来学家巴克明斯特·富乐（Buckminster Fuller） 可见于富有创意的营销策划工作中，如远见家、大局观思考者、梦想家等的工作中

有序系统型	混沌表达型
特点 保持系统的一致性、条理性和正当性 线性逻辑的问题解决能力 保持秩序，按部就班地做事 按可靠的时尚来摆放物品 **盲点** 把令人窒息的严格规定强加给他人 倾向于批判和说教 经常表现出一种对现实的固有看法 **人物原型：** 美国连环画《恐怖的哈加尔》(*Hagar the Horrible's Wife*) 中严厉的父亲 电影《春光花月》(*Stars & Stripes Forever*) 中的约翰·索萨（John Sousa） 美国情景喜剧《一家子》(*All in the Family*) 中的阿奇·邦克（Archie Bunke） 反映在系统工程师、官员、教育工作者、执法人员等的工作中	**特点** 带着热情和优雅乘风破浪 极强的戏剧感和丰富的情感体验 挑战极限；追求丰富多彩的生活体验 冲动，凭直觉做事，人际敏感度高 **盲点** 生活在情绪的过山车上，喜怒无常 被困在一个充满冲动和幻想的世界里 混乱的生活方式；活在当下 **人物原型：** 拳王阿里 明星麦当娜 可见于富有人文关怀的艺术领域、高风险的工作、极限运动、冒险行动中

在这样的背景下，这些监测和反馈功能应建立在第二层级组织的每个节点、网络和流程中：

- 环境扫描（包括内外部）应贯穿整个有机体，特别是要聆听一线人员的声音。他们可以接收到很多信息，但很少有人会留意到这些信息。
- 有发布负面信息的自由，而不用担心信使会被杀。第二层级的公司有足够的开放度。
- 监测信任水平并使信任水平保持高水平。验证道德立场；支持积极主动的倾向；加强全方位的互动沟通；从任何来源学习；认可任何人的额外努力，不管他从事什么工作。

· 地位差别的淡化，政治游戏、地盘保护和事不关己的心态等让组织困在第一层级。让礼貌成为每个人都重视的共同契约的一部分。

有了这些"哨兵"，人们就可以在组织内部、有意识的运营系统中、无意识的假设中和主流的业务运作中，建立起进行微小调整和重大重组的能力。一旦完成了这一步，人们就可以迅速识别即将出现的贝塔关口，避免掉入伽马陷阱，并且可以迅速恢复到阿尔法稳态，或者铺设出通向新螺旋层次的改革路径。

注释

1. 质量圈：又名质量控制圈、解决问题组或质量组，20世纪50年代末期由日本质量管理专家石川馨提出。质量圈是一种解决问题的形式。员工在自愿的基础上，自发形成质量圈，共同解决与质量有关的问题，提高产品质量。

2. 美国国家质量奖：旨在表彰商业、保健、教育和非营利部门中表现卓越的美国组织。该奖是美国总统对美国公营组织和私营组织的卓越绩效的唯一正式认可。

3. 阿珂姆公司：一家虚拟的公司，出现在华纳兄弟制作的系列喜剧卡通动画片《威利狼与哔哔鸟》中，通常会在最糟糕的时候推出一些稀奇古怪的产品。

4. 十诫：据《圣经》记载，它是基督教由以色列的先知和首领摩西向以色列民族颁布的律法中的首要的十条规定。以十诫为代表的摩西律法是犹太人的生活和信仰的准则，也是最初的法律条文。

第 8 章　螺旋整合：在组织变革中精准发力

> 模板（template）一词来自法语 templet（拉丁语 templum），指的是一系列指令、规格、样式或模具，用于指导作品或工作任务的完成。模板可以被反复使用。在混沌理论中，由一个从大到小重复的模式形成的"奇异吸引子"被认为是一种模板。
>
> 我们将"模板"类比为可调整的覆盖层、可伸缩的地图以及可用于表现组织能量流、决策链条和工作流程的写实图。模板是由我们心理 DNA 中的价值元模因设计和塑造的，是现实世界参数的示意图。

组织是心灵的产物。印在墙上的文字，挂在脖子上的等级符号（工作证），以及作为彰显权力的空间，都是人为的。真正的联系存在于人们的元模因配置中。无形的价值观网络维持着社会的秩序，也可能恶化人际关系。在醒着的每一刻，元模因配置都与我们同在。螺旋上的每个元模因都有自己的心理配置参数。就像雷达显示器一样，这上面显示着理想生活形态的轮廓。活跃着的元模因决定了哪些点最重要。屏幕上显示着：

紫色……就像一个魔法圆圈，让里面的人都感到安全。

红色……就像一个以自我为中心的帝国，一个人感到强大和有控制权，或软弱和顺从。

蓝色……就像一座稳定的金字塔，带来稳定性、持久性，并为自己安排了位置。

橙色……就像一个游戏矩阵，提供机会并奖励技能。

绿色……就像一个温暖的社区，在这里，人人平等且互相支持。

黄色……就像流动的网络，可以将不同职能自由切换到不同层次上。

青色……就像一个活的生命体，从混沌中带出秩序。

虚拟现实的奇妙世界

"红色向右！双柱！左路交叉十，右摆打二！"在美国国家橄榄球联盟与华盛顿红人队的一场比赛中，达拉斯牛仔队的四分卫在拥挤的人群中大声喊道。这个编码信息向11名球员发送了精确的指令，告诉他们该怎么行动。这一战术是为了利用红人队防守阵型和特定人员的弱点而设计的，它被绘制在纸上，并在实践中被多次"演练"。

好的橄榄球比赛在他们的设计中有不同的场景。四分卫和接球手会根据防守后卫的初始动作制定一系列灵活的战术。红人队可能会突然改变阵型，牛仔队的四分卫也会做出回应。有时，当生命背景太过混乱时，他甚至会要求"中场暂停"，向场外教练寻求帮助。用当代企业的行话来说，这是战略撤退，救自己于水火中。

当球员接近争抢线时，他们曾被教授去想象，当四分卫大喊"快点，快点"时他们应该怎么行动。这个球队先在心理上比赛，然后再在身体上比赛。这一套经过慎重考量、能与队员紧密配合的动作，就是我们所说的"模板"。团队的这种在脑海中预演比赛、感受自己在精神屏幕中移动，并在面临实际情况时采用这种视觉想象的能力，就是在虚拟现实。

此外，还有更多的技术方法。将大脑与一台计算机和虚拟现实（virtual reality，VR）结合在一起，是迄今为止发明出来的人机之间最好的连接。通过将手指、耳朵、眼睛、声音和脑电波直接与微处理器相连，人们就可以在模拟的三维空间中四处移动，并在虚拟环境中执行一些操作。虚拟环境看似"真实"，但只存在于大脑和芯片之间的网络空间中。在不久的将来，橄榄球运动员将会戴上VR头盔和手套，穿上VR套装进行训练，这些装备可以让他们真切地感受各种场景并有所动作，甚至可能会有虚拟的啦啦队在一旁给他们加油鼓劲。

不远的未来，在人机结合领域将会有许多"虚拟公司"成立并运营。随着第二层级思维的兴起，后信息时代的工作变得更加脑力化，肌肉越来越不发达，虚拟公司的员工们将在家里或在共享社区中办公。手机和多功能电脑已经变得如此便携，许多人把办公室装在一个公文包里。只要能上网，人们随时随地能获得全球范围内的信息。

在虚拟公司里，富丽堂皇的总部中厅可招待客户，按地位精心排布的办公桌，甚至线下会议都失去了意义。房子的存在是为了保留必要而有用的物品，而不是作为庙宇来操纵他人。办公室（如果有的话）是不同职能部门的聚集地，或是可以深入思考的安静场所，而不是谁的地盘。第二层级的客户买单的是系统的卓越性能，而不是复杂多余的形式。组织存在于利益相关者的个人和集体的心智中，存在于连接他们的螺旋式企业的总部（如果确实需要总部的话）将更像一个繁荣的小镇，而不是一个打卡必经之地。

信息系统中。在过去，我们把"公司"看作是工厂、办公室、组织结构图，或者是展示产品或服务的与会代表。对于我们所描述的螺旋式公司，你可能需要登录网络，才能"看到"员工们。螺旋式企业的总部（如果确实需要总部的话）将更像一个繁荣的小镇，而不是一个打卡必经之地。人们将不再出门上班，而是在信息小镇的小屋或楼下的工厂里工作。汽车广播节目将再次寻找其目标听众，航空公司的电脑网络将变成比机舱零件更有价值的资产。

使用模板的必要性：航空落空的案例

到了 21 世纪，美国联邦航空管理局（Federal Aviation Administration，FAA）希望一项 320 亿美元的改革航空旅行的计划（空中交通管制自动航路计划，Automated En-Route Air Traffic Control，A.E.R.A）能够启动并运行起来。GPS 导航、飞机飞行的最佳间距、能够理解语音指令的语音识别计算机以及地面和驾驶舱计算机之间的直接连接都是该计划中的考量因素。这与第一任里根政府期间已被放弃的 PASCO 计划（当时引起了空中交通管制员罢工）相比有了很大的跨越，或者甚至升级了，但仍然是第一层级的联邦航空局。为了让这个系统发挥作用，联邦航空局必须把新型高科技的葡萄酒放进全新的第二层级酒瓶里，而不是仅仅清洗过去陈旧的、发霉的组织残余物。但坦白说，胜算不大。

在第二次世界大战时期，美国联邦航空局依照第一层级的模型——华盛顿国家航空港，通过一座巨大的蓝色政府思想金字塔和一些橙色特权，依靠真空管将一些按不同等级、不同地理区域分隔开的公务员连接在一起。在21世纪，联邦航空管理局必须转变为流动状态的设计，利用信息丰富的网络来改进空中与地面的交通，地域性的管理不再适用。组织的思维必须是全球性的，而不是区域性的，甚至不是国家性的。联邦航空管理局必须舍弃一些新模板。如果无法适应时代的变化，这些职能就会被私有化，被交给能够适应变化的新实体。

面临风险的不仅仅是美国联邦航空管理局。因为其组织架构是围绕着19世纪机器时代的模板构建的，IBM、迪吉多数字设备公司和其他高科技巨头几乎都在变革过程中遭遇了滑铁卢。工程师们决定什么可以做、什么该做和什么能做到，而客户只能乖乖接受。IBM坚持保留其主导权，试图让大型主机的客户依赖蓝色巨人的突发奇想和独特之处。即使电脑行业在萎缩中成长，据说对用户友好的苹果公司也会对这种过时的观点感到愧疚。

技术进步正在撼动电脑行业。蓝色巨人重新评估了利润丰厚的大型机市场，改组后的IBM选择与苹果和摩托罗拉携手。个人电脑已成为一种几乎任何人都能生产出来的商品。年轻有为的企业家们将用户需求与外围开发人员紧密连接起来。他们构建了交互式模板公式，将供应商和市场带入他们快速响应的决策流程。西南航空公司、联邦快递、沃尔玛、UPS等行业巨头，在他们的蓝色兄弟意识到危险之前好多年，就已经被警报叫醒了。如上所述，就连"化学摄影之父"伊士曼·柯达（Eastman Kodak）也开始为数字时代重新调整其模板了。

模板为人员、技术和工作流程勾勒出最自然的设计，以实现特定的结果。每个模板必须根据特定情况、当地的生命背景和当前活跃的元模因系统量身定制。

模板如何在螺旋上工作

模板为人员、技术和工作流程勾勒出最自然的设计，以实现特定的结果。每个模板必须根据特定情况、当地的生命背景和当前活跃的元模因系统量身定制。诸如等级、传统、领土、意识形态和人际关系等问题最初被搁置一旁。这是第二层级的事情。对紫色到绿色的第一层级僵化的预选削减塑造也暂且搁置。就目前而言，它们是干扰项。相反，需要做的是，唤醒黄色元模因和青色元模因，唤起第二层级的模型并严格执行。

想象一台个人电脑的主板，一个宏伟的设计让它的模块、组件、插槽和处理器协同连接在一起。工程流的要素序列是领导者的诊断程序，因为它们与该空间中的工作和生命背景相一致，所以，它们能确定哪些元模因要插入组织回路中的哪个位置。这三个模板为螺旋管理者提供了工具，通过应用第二层级的思维原则来定制、调整、整合和升级企业机器的运行。

螺旋模板可不是僵化且一成不变的，它是有生命的，就像相互融合在一起的、可延伸与调整的皮肤组织。现在，我们将它人为地分离为三个模板，解释它们的不同功能。但实际上它们是相互啮合的，所以，在一个模板中发生的变化会立即影响到其他模板。事实上，一个人的工作很可能包括三个螺旋模板上所有的功能。

螺旋整合：组织设计和转变中的力量与精准

螺旋魔法师

Z 模板

Y 模板

X 模板

可以在两种情况下创建螺旋模板。第一种情况，对于初创公司来说，它们可以使用工程流从头开始绘制模板，尤其是要素 5（设定标准）和要素 6（统合综效）。第二种情况，当一个在重组的实体处于混乱和变革的阵痛波动中时，可以启用螺旋模板。在这种情况下，你可能需要设计两个组织模型。一个是标准的第一层级模型，展示传统的报告基础和预算职责，以满足焦虑的董事和财务支持者当下的需求。另一个是基于螺旋模板的第二层级模型，面向你在工程流要素 4 中制定的战略愿景和要素 1 中的宏大远景。在从现在到未来实体转变的不确定性中，这两种设计都将发挥作用。

早在世纪之交，商人和军人就设想开辟一条穿越美洲的捷径。法国人试图通过开凿一条巨大的沟渠来修建巴拿马运河，第一层级的方法变成一场疟疾灾难。美国人从法国人的错误中学到了教训，因此没有重蹈覆辙。他们的策略是抽干沼泽，建造适应中美洲丛林生存环境的住房和长期支持设施。这项工作仍然非常困难，但他们成功地完成了。这标志着朝第二层级思维迈出了一大步。

如今，有太多质量项目和组织发展干预措施，没有建立必要的 P-O-A 支持系统，领导层之间没有达成一致意见，或者没有为执行挖掘的元模因提供适当形式的补偿，就试图直接在蚊虫出没的沼泽中进行挖掘。他们"全速前进"，想要迅速登顶，却没有沿着山脉寻找路径。由于规划者没有率先对齐他们的模板，这些努力最终宣告失败。

在上一章中，我们添加了三个用于工程流工作的工具：铅垂线流程（确定实体的最高优先级，然后将其余所有部分与之对齐）；格雷夫斯优雅简洁的设计公式，可用于了解管理者、管理对象、管理方式和执行内容；工程流的十要素，它将未来愿景、战略思考、长短期计划都考虑在内。现在，来看看第二层级螺旋魔法师工具箱中的另外几个工具：X 模板、Y 模板和 Z 模板。

> 在第二层级的螺旋思维中，每个参与其中的人都必须直接投入到前期 X 模板的设计中。工程师、生产人员、销售人员、人事专家，甚至仓管员都参与进来。

X 模板：关键职能最自然的形式和工作流

从头到尾列出任务步骤

在 X 模板中，影响工作任务的每个变量都包含在工作流中。它的辐射范围远远超过生产车间和传统公司，一端包括信息和原材料的初始供应商，另一端是完成任务时客户的最终满意度。不论在公司内部，还是在公司与其环境之间，X 模板都没有固定的边界。

工程流流程列出了建构 X 模板的规范。完成后，X 模板能追踪组织选择的最佳形态，并找到完成工作所需的具体部件。就像服装厂里电脑控制的裁布机一样，它致力最大限度地减少浪费，最大限度地提高效用，并根据特定客户的需求进行裁剪。

要想取得成功，组织里的每个部门都必须在一开始就参与进来。传统上，这种性质的布局方案是由"当权者"或"管理专家"做出的，然后交给下属部门实施。也许其他级别较低的人也会被邀请进来，对整体方案提出调整建议，或者寻找降低成本的方法，但他们一开始并没有参与计划的制订。参与式管理热潮的一个启示是：策划聚会的人玩得最开心。

在第二层级的螺旋思维中，每个参与其中的人都必须直接投入到前期 X 模板的设计中。工程师、生产人员、销售人员、人事专家，甚至仓管员都参与进来。由于他们也是完成工作不可或缺的组成部分，这当然也延伸到"外部人士"——供应商、监管机构和最终用户。这种价值工程技术需要在设计阶段就用一把手术刀来减少浪费，而不是在出现重大错误、损失大笔金钱或搭上职业生涯时亡羊补牢。波音 777 飞机的设计就是一个很好的例子，这是第一架汇聚了全球网络智慧结晶并投入生产的飞机。

诸如价值分析、价值链、并行分布式工作、工作机制、企业网络、并行工程和水平管理等术语已经被用来描述流程的这一方面。下面是一些案例：

• 当丰田公司设计雷克萨斯汽车时，公司首先从消费者的成本开始，依次向前倒推。公司把铅锤对准价格，然后，将传统设计和生产流程中的每个阶段和功能都放到前端。这趟旅程历时 5 年，涉及 2 300 名技术人员、1 400 名工程师、450 台原型车、数百万公里测试里程和 300 项专利申请。最后，它向市场推出了性能极为卓越的新型汽车系列。

• 福特汽车的金牛座团队项目采用了类似的价值链。采购、设计、质量保证、营销、销售、分销、维修、人员、环境关系、法律事务甚至保险公司的投入都被整合到同步设计过程中。这个项目的投入比预算少了 2.5 亿美元。最终，项目产品不仅质量好到可以出口到日本和德国，而且设计周期从 5~6 年减少到 2~3 年。这家公司因帮助底特律扭转了颓势而备受赞誉。

• 美国汽车工人联合会与通用汽车管理层组成了一个"99 人委员会"（管理层占 40%，工会占 60%），从头开始设计新的土星分部。这家合资企业设计了新产品，建造了新工厂，并以极具竞争力的价格生产出了世界一流的汽车。它用一个以服务为导向的经销商网络完成了这个项目。虽然来自通用汽车和美国汽车工人联合会的红色元模因、蓝色元模因和橙色元模因一直驱使着土星追赶颜色更绿的日本竞争对手，但不管怎么说，这仍然是一个值得关注的案例。

·当英国航空公司决定对整个客户服务和营销功能进行重大调整时，它依靠一些解决问题小组来重新设计系统。它们的市场研究团队的米歇尔·海沃思（Michele Heyworth）创建了一家公司，该公司专门将乘客和服务提供商聚集在一起，讨论能带来重大变化的关键需求和服务。在它们的团队中，有来自销售、客舱服务、品牌与品牌开发、海外营销与销售、餐饮与设计等职能部门的40位管理人员，也汇聚了90位来自世界各地的飞行常客。集团品牌经理大卫·查尔顿（David Charlton）指出："我们想知道，我们所提供的产品和服务适合他们生活的哪些地方，而不是相反。"很明显，他们的铅锤对准的是他们的空中旅客。英国航空公司广泛使用项目团队，所有受决策影响的因素都参与决策的制定和全面实施。

·1992年，纽约电话公司委托一支八人突击队，要求他们重新思考电话公司如何为客户"供应"最先进的产品。然后，他们要重新设计这项工作的完成方式。突击队由工会工人和一线经理组成，并被告知一定要完成任务。他们搜集了来自科技专家、系统实验室和人类学家的意见，也咨询了客户和用户。从头到尾经历了整个过程之后，22岁的退伍军人、工会成员勒罗伊·吉尔克里斯特（Leroy

Gilchrist）说："这是第一次有人知道整个过程是什么样的。"该小组发现，完成一份订单需要经过126个步骤和40多个人。难怪顾客会感到沮丧，而且这一过程成本高昂；糟糕的是，事态还在继续恶化。

·摩托罗拉、联邦快递、美国运通、葛兰素史克、默克、耐克、苹果电脑、本田、波音飞机、英特尔都直观地广泛使用了X模板技术。先进的信息系统使对工作流程的追踪、持续监控与改进以及微调成为可能。这些自然形成的结构和流程，正在取代传统的组织结构图及其不可避免的瓶颈。

可视化的X模板可能类似于网络型、集群型、三叶草型、神经元网络型、环环相扣的奥运五环型、五角星型、星座型、游戏棋盘型、故事线型、时间序列型、人的阶段性旅程型模式，或者其他任何可以准确描述工作流程的模式。具体形式将由具体的功能决定。因为它只能留存在人们的心智和其电脑中，如果你去公司实地考察，你可能看得到或看不到X模板的具体形式。

在本节的前面，我们引用了一些证据，因为它似乎没有产生预期或承诺的结果，证明质量运动的光环已经褪去少许。以"全部产品质量"（TPQ）计划的名义进行的大部分操作都涉及X模板的元素，其中包括流程图、统计方法、决策树和时间线。然而，因为客户公司的文化根本没有为该技术做好准备，而且实施不到位，所以许多TPQ项目造成的问题比解决的问题还多。支持质量运动开展的元模因尚未被唤醒，另外两个基本模板也没有融入这个过程中。

经理们想要提高生产效率和成本效率，却不理解如何以及为什么必须首先改变整个文化。他们无法接受戴明的质量运动所要求的所有哲学假设，尤其是消除恐惧和取消员工评级的要求。

在戴明的观点中，有许多第二层级的思想，但很少被贯彻执行。因为它打破了原本的设定，受困的蓝色元模因一再推迟实施新举措。过度的橙色元模因的高管采纳戴明的部分观点，却忽略了根本的人性因素。封闭的绿色元模因有时会认为"竞争优势"是个肮脏的词，而"进步"是对和谐的威胁。根深蒂固的元模因渗透到企业运作的方方面面。除非你认得出整个螺旋并正确地调整它，否则昂贵而耗时的全部产品质量和全面质量管理计划，以及崇高的再造努力，都可能陷入传统、指责和借口的泥沼中。

在 X 模板上连接战略联盟中的客户、利益相关者和职能

"战略联盟"一词已经进入了管理思想的主流。它描述了公司与其客户、监管者、供应商、竞争者和其他利益相关者之间的互惠关系。如果你参加了美国航空的常客计划，你还可以搭乘英国航空、环球航空、新加坡航空的航班，获得里程奖励，入住喜来登酒店，从阿维斯租车，并通过一张万事达信用卡为所有服务付费。

我们已经说过，在制定 X 模板时，可能会要求相关的外部人士就共同关心的事项提供意见。在战略联盟中，这些实体对企业的成功扮演着更为重要的角色。这并不是说联盟总是甜蜜和光明的。通常，这就像奉子闪婚一样麻烦，而且确实会出现一些奇怪的盟友。对方可能在索取，而不是相爱。如果元模因无法融合，联盟必然会瓦解。

另一种形式的联盟是外包。在这种情况下，某个内部职能被移交给一个外部实体。电子数据系统（Electronic Data System，EDS）建立

> 因为不同的个人档案、组织飞轮和文化元模因才是最终决定成败的关键因素，所以，秘诀是像网络软件一样把这些联系起来。

在这样一个前提下：它可以接管客户公司的全部信息处理功能，并把工作做得更好，甚至对施乐那样优秀的公司也是如此。EDS 必须变形为客户的元模因，否则就会产生抗体，导致关系中毒。如今，从管理培训到托管服务，再到国家公园的运营管理，一切都以"外包"的方式进行。因为你可能真的会把你的房门钥匙交给他们，所以，你必须找到值得信任的外包合作伙伴。

通过能力共享，联盟可能会带来额外的价值。始终带着开放与礼貌以诚待人，人际关系可能会得到改善和巩固。基于对知识的功能性需求，信息分布在各处，并由健康的独断性监管。联盟关系让企业可以以更高的效率完成更多工作。

但凡事都有两面性。在这种情况下，因为开放性赋予了创业的力量，心无城府的联盟伙伴很容易遭遇剽窃、工业间谍和分拆竞争。同样，对于外包来说，密切关注潜在合作伙伴的主导元模因和道德体系是至关重要的。要特别警惕红色元模因不择手段的那一面，以及橙色元模因"你想听什么就说什么"的欺骗手段。

让那些元模因配置互补但又能找到共同设定标准的人建立连接。要想达成交易，你必须了解对方在心理和经济上的潜在需求。一些战略合作伙伴需要先感受到红色的强权，然后才能安心建立关系；有些人则更容易被橙色的高科技和高潜力所吸引；而另一些人则希望听到具有社会意识和人文关怀的绿色表达。可以将初次接触当作元模因之间的隔空握手。因为不同的个人档案、组织飞轮和文化元模因才是最终决定成败的关键因素，所以，秘诀是像网络软件一样把这些联系起来。

在 X 模板中设计工作模型与工作模式

胜任力模型和精心匹配人与工作的方式,正在取代"先招人再培训后调岗"的招聘方式。在设计公式中,我们讨论了如何进行有效的匹配。每个工作模型中都应该有拓展节点,以赋予一个人足够的成长空间。这是在组织中建立起持续改进机制的最简单方法。

有些实体可能会选择以更通用的方式定义工作。他们更喜欢组建能在多个任务间切换的团队。团队成员可以轮岗以避免无聊。他们既可以操作机器,也可以修理机器,从而减少设备脱机的时间。在许多情况下,团队实际上可以自主管理,这样就可以共享非生产主管的工资。一个好的 X 模板可以描述出这种灵活的选择。

无论是狭义的工作模式还是广义的工作模式,都要求对人的独特性保持敏感。从两个方面来说,对元模因配置和思维模式的理解(见第 7 章)都变得至关重要。一方面,在试图"挖掘巴拿马运河"之前,必须充分了解整体文化或"基于能力的环境"(capability based environment,CBE)。另一方面,了解人与人之间的差异,有助于让人、技术和工作流保持一致。在组织中,工作职能与思维和元模因的这种关键匹配由来已久。格雷尼尔和梅特斯在《企业网络》一书中明确指出:

> 在分布式环境中,除了明显的语言差异、个人喜好、意识形态、偏见和将人分成三六九等的陈旧观念,某些情感和认知特征尤其会抑制信息共享。对他人的怀疑,对(概念和物质)所有权的保护,对至高无上的个人创造力、远见、方法和工具的传统信仰,造成了主要的心理和社会障碍。

他们所说的"情感和认知特征"与我们所说的元模因配置和思维模式相对应。由于近些年蓝色元模因和绿色元模因的遮蔽，组织一直不愿意完全承认这些差异。好的意图不足以让我们看到每个人的独特性或区分能力。所以，更好的意图也无济于事。

元模因配置与复杂程度

元模因配置反映的是复杂的层次，它影响每个人筛选、解读和回应整个格式塔问题的方式。一份工作特定的生命背景要求某些元模因是活跃的，而其余的则处于休眠状态。无论是用元模因的颜色还是用其他语言，根本思维的描述应该包含在工作简介中，以便与X模板中各个领域的人员相匹配。这样，任何内部或外部的求职者，都可以根据他们进入这些处理模式的情况得到公平的评估。

例如，当选择一个高绩效团队时，应该按照根本输出的方向，精心设计和搭建整体的元模因构成。如果团队要参与解决一个关键的战略问题，团队中需要有足够强的橙色元模因，以便找到"最佳解决方案"，然后进行快速高效的资源部署。你还需要一些黄色元模因的思维，考虑项目的长远规划，也需要一些具备蓝色元模因思维的人来确定什么是适当且符合标准的。

思维方式和自然智能的应用

我们对人的整体看法，以及对人的本性和潜力的看法，已经从"空白大脑"的假设和"任何人都能做任何事情"的观念，转变为接纳他们独特的、与生俱来的差异和能力。心智与大脑的研究、基因定位，甚至对分开抚养的同卵双胞胎的分析，都深化了我们对差异性和相似性的理解。先天与后天的天平正从"主要是后天影响"的观念转向两者的协同作用。用螺旋语言来说，我们正在逐步抽干绿色元模因平等主义池塘中的水，思维复杂性的自然差异正渐渐浮出水面。我们正在揭开黄色元模因的面纱，并期待着青色元模因能带来什么。

例如，在功能强大的计算机出现之前，在运输量巨大的机场中担任空中交通管制员需要具备怎样的头脑？对空中交通管制员来说，对空域进行三维可视化的能力对于分辨和调整各个光点至关重要。因为每个绿点代表不同类型的飞机，飞机有不同的高度、速度和轨迹，所以快速决策也很重要。他们需要在控制器上整合大量数据，安排飞机的降落顺序。在初期的招聘过程中，尽管候选人都非常"聪明"，然而，由于X模板定义不明确，直到训练几周后才对他们的空间思维能力进行测试，结果90%的申请者在培训期间被淘汰。

然而，工作模型确实发生了变化。现在，联邦航空管理局必须选择一些更擅长使用信息管理工具的人，而不是在头脑中安排飞机的人。一些现任员工可以轻松完成过渡，另一些则不能。当然，如果该企业打算实施A.E.R.A计划，那么必须重新削减X模板，更不用说启动第二层级的方案。

回顾上一章，在组建工程流团队时，你希望找到有远见的思想家和优秀的侦察员。在这方面，最佳候选人通常是混沌概念型的。他们在开放、自由和极富创造力的活动中表现出色。抽象思维发挥了它们的力量。而他们的弱点是力量被发挥到了极致。不要指望他们在关注细节的精准性工作或重复性工作上表现出色。你需要找其他人来做这些事情。

总而言之，X模板的作用就是将所有影响工作完成的变量联系在一起，以便以井然有序的方式处理它们。技术、人的因素和业务系统三个子螺旋是同步的。其结果是最终的产出是干净的、聚焦的、战略的和精益的。

Y 模板：人的因素与管理系统

我们将 Y 模板包裹在 X 模板之上，这并不意味着 Y 模板比 X 模板更好或更优，只是有所不同。那些执行 X 模板功能的人专注于完成工作。代表 Y 模板运作的人员与资源支持、促进、协助、增强和改善 X 模板的性能和程序。在第二层级实体中，他们本身不是老板，他们不会滥用职权，也不参与权力游戏。他们的主要目的是为增加价值而进行修复，并在工作完成时进行微调。许多人同时在 X 模板和 Y 模板上工作。

正如之前所指出的那样，许多全面质量管理与再造计划之所以会搁浅，是因为它们无法重塑 Y 模板的整体文化和特定的领导力行为，以满足 X 模板的需求。例如，在过去，中高层管理人员得到的额外津贴和奖金明显是以牺牲一线员工的福利为代价的。他们一直凌驾于 X 模板之上。这种情况必须改变，才能让模板发挥作用。实际执行工作的员工必须获得应有的回报。

因为 X 模板是铅垂线所指向的位置，所以必须首先对其进行布局。做出这些决定后，你就可以着手准备 Y 模板的设计，例如激励方案、工程维护、资源调度以及管理系统的设计。在 Y 模板就位后，你可以开始更广泛地思考，并开始组合各种必要的指挥智能（Z 模板），以处理特定的 X 模板和 Y 模板。

每个特定 X 模板功能中的任务、人员和技术组合将决定在 Y 模板

> 模板的存在终结了人们对"正确"或"最佳"人员管理方式的争论。

甚至 Z 模板上何时由谁执行操作。通过悬挂铅锤使其指向 X 模板上给定的工作或人群,你就可以确定在 Y 模板下可以做些什么,以支持要完成的工作,并促进团队之间的协同。如果需要一个红色帝国来完成任务,那么 Y 模板就必须具备管理和激励红色帝国的能力。它将被合法化,并在 Z 模板保持健康,以利于组织的整个螺旋。

模板的存在终结了人们对"正确"或"最佳"人员管理方式的争论。相反,问题在于如何管理或帮助在这种生命背景下从事这些工作的人。通过 Y 模板,你可以评估在那些 X 模板中展示出来的工作能手的元模因和思维模式,然后相应地对齐 Y 模板。回顾一下设计公式——"谁应该通过哪些方式,管理谁,在什么时候,做些什么?"针对不同的管理理论、相互竞争的大师或流行的培训方案进行的争论都是徒劳的。你只需放下铅垂线和协议,让其既能满足 X 模板中执行人员的迫切需求,也能满足整个公司的利益需求。

模板没有标准格式,你懂的。各个企业,尤其是那些全球化企业,必须确保它们在设计 X 模板时,不会把单一的解决方案强加给处于亚文化环境的不同子公司。相反,X 模板的每个版本都必须匹配当地的环境,以及环境所呈现的元模因与模式。在你为 X 模板和 Y 模板整理出设计公式、铅垂线流程和工程流之前,不要简单地将最新的管理时尚引入你的公司。因为,最好的解决方案可能早就已经握在你手中了。

使用 Y 模板进行人员和流程的筛选、调整与整合

Y 模板的功能是管理、促进、引导和加速 X 流程中的人员因素。因为第二层级过程涉及大量与 X 模板中执行人员的协商与沟通,这些人最了解正在进行的工作,而且他们最有可能代表广泛多样化的元模因配

置，因此，这个过程应该通过螺旋魔法来运作。

格雷尼尔和梅特斯在《企业网络》一书中列出了以下符合 Y 模板的能力：

- 网络故障分析和解决管理［查找故障并修复］
- 配置管理［在功能流中安排人员、技术和设施］
- 绩效管理［有效监督人员和系统］
- 安全管理［确保物品和人员的安全］
- 会计管理［管理账簿和信托责任］
- 应用程序管理［通过模板传播新理念］

因为 Y 模板关系到个人、组织乃至整个社区的整个工作流的健康，让我们补充一下如何支持和协调多个元模因系统的知识。你可以通过润饰、增强和滋养实体中存在的所有元模因，来创建这种健康的氛围。可以把这当成是人类的预防性维护。比如说：

- 紫色是通过观察季节性仪式、尊重个人的人生礼（婚礼、毕业典礼、葬礼）以及在生命的神秘中表达一种魅力和魔力来滋养元模因。让团队成员一起度过特别的时光。
- 红色是通过保留公司英雄的故事或通过庆祝公司征服竞争对手的伟大壮举来滋养元模因。管理者需要为他们冲动的能量提供积极的出口，比如举办运动会或参与活动，走出去做些什么让它保持健康。
- 蓝色通过呼吁传统、尊重过去、尊重服务工龄和忠诚，而被充实。在国家、宗教和世俗节日与纪念活动期间，应当有各种形式的爱国主义活动和慈善活动。
- 橙色被象征着进步、成功、成长与成就的符号所激

> 第二层级有条原则贯穿始终：决策是由最有能力做出决策的人做出的，并且尽可能贴合 X 模板的需求，而不是由一些"经理"或"高管"做出的。

励。表现出色的个人或团体应该受到表彰。他们喜欢直接采取行动，但也喜欢把好事做好。

- 绿色想要感受到人文关怀和关爱社区所散发出的温暖。随着团队中的每个人都做出贡献，社会责任活动应愈发有品位。
- 黄色通过强调完成一项重要的工作，而不被要求必须如何完成，来传达一种个人自由感，进而被加强。在他们这里，弹性工作时间、远程工作和轮岗是避免过度管理的方法。

虽然每一套模板都不一样，但第二层级有条原则贯穿始终：决策是由最有能力做出决策的人做出的，并且尽可能贴合 X 模板的需求，而不是由一些"经理"或"高管"做出的。要解决的问题的性质、要达成的决定，将决定谁参与其中、责任有哪些。此外，应根据每个人的能力水平、想法的影响、贡献的重要性以及他们为组织螺旋改变回应付出的程度，来调整每个人的奖励或补偿。

技术、资源和设施的 Y 模板管理

这些职能包括硬件、维护、内务、保持和更新，以及通常分配给工程、设施和人事部门的其他任务。因为公司的铅垂线现在被放在 X 模板的输出上，而不是被放在职称或薪酬等级上，如果你使用模板，情况会有所不同。随着 Y 模板将支持功能转移到最需要它们的地方，现在支持功能被整合到输入—吞吐量—输出流中。管理者根据 X 模板的要求来进行员工培训与选拔，让每个人都在同一份事业中各司其职，就不会再出现所谓的员工与职能之间的冲突。

健康的 Y 模板是精益的、灵活的、非政治的，且离不开"礼貌—开放—独断"（POA）。当新需求从 X 模板中产生时，它会变形、改变和重组自己。人与人之间的争吵和"我们"与"他们"的冲突都被扼杀在萌芽状态。增强后的信息系统为三个模板提供了相同的知识库，可以迅速应对关于不公正或管理不善的谣言和指控。

在通用汽车董事会任职一段时间后，美国电脑大亨罗斯·佩罗（Ross Perot）将他的前公司 EDS 的运营方式与通用汽车的文化作了对比。他说如果 EDS 的人看到一条蛇，他们会直接杀了它。传统的通用汽车管理层看到蛇后会跳脚。在经历一段时间的委员会调查后，他们会在庞大的组织中寻找合适的"杀蛇人"。他们甚至可能聘请猎头公司来寻找合适的候选人。在此期间，那条蛇可能早就逃之夭夭了，尤其如果它是日本人的话。（佩罗从未因政治问题或"动物权利"而被指控。）

通过 Y 模板对项目、问题和绩效进行日常监控

X 模板和 Y 模板之间的功能差异更多是在程度和范围方面，而不是体现在类型上。与 X 模板中专注于完成任务的人相比，Y 模板中的人需要拥有更广阔的视野。他们应该能够调集更多的资源来解决问题，也应该有更多的见识来处理不同的情况。他们可能是专家工作者，也可以根据需要充当促进者、监督者或管理者。Y 模板人员必须从头到尾（从供应商到客户）看到整个价值链。在第二层级实体中，他们通常会在临时决策团队中运作，而不是在永久性的结构中运作。X 层和 Y 层之间的权力界限被故意保持模糊，这避免了权力斗争的出现，因为保持良好的产出是每个人工作的一部分。

与传统的"组织内晋升"模型不同，在第二层级组织中，升职并不

> Y模板负责微调工作流，监控所有的重要迹象，提高工作人员的能力并进行必要的整合，以创建一个无缝对接的公司。

意味着必须从X模板转移到Y职责；这只是一个选择。公司里的每个职位都有自己的基准和内置的发展轨道。一个运行良好的Y模板可以让一个满意的X模板人通过学习更多，做更多的事情，获取更多关于整个价值链的知识，或者培养未来适用的新技能，从而爬上水平能力阶梯。通过对变革的改变回应1和改变回应2——元模因配置的微调和扩展，这类人可以为X模板带来更大的价值，从而增强组织螺旋的力量。整个令人满意的职业生涯可能都花在了X模板上。如果变革的更高阶改变回应正在进行中，那么，模板可以在发展出更复杂的思维时为新选择腾出足够的空间。

总之，Y模板负责微调工作流，监控所有的重要迹象，提高工作人员的能力并进行必要的整合，以创建一个无缝对接的公司。Y层不是Z层和X层之间的过滤器或中转站，它的作用是使X模板摆脱与组织目标无关的工作任务。如果你想要一个Y模板的图表，那么就像北欧航空公司那样，把一个典型的组织结构图颠倒过来，把注意力放在一线员工身上，让机械师和客服人员享有优先发言权。公司高管需要支持而非"主宰"那些执行关键工作的人。因为这种形式涉及在复杂系统中整合不同的元模因配置和不同的思维模式，而不是去掌握领导者的特征或展示成功的习惯。对螺旋魔法师来说，这是很自然的。

Z模板：指挥智能

许多组织都在努力精简、精干和高效。一些组织干脆解雇中层管理人员，另一些则更努力地鞭策底层员工，而高层的人坐享其成。在由螺旋魔法师管理的实体中，更多的权力、更大的责任和更多的资源流向生产和提供服务的工程流中，高管们的装束和高额津贴都取消了。不要误会，这并不意味着这家公司把管理权全权交给员工，更不意味着橙色敏锐的头脑变成了多余的财产，更不意味着绿色的相对主义正在取代蓝色的等级观念。还有一件事，一件更深刻的事，一件彻头彻尾由黄色元模因主导的事正在发生，那就是，使用X模板和Y模板的人拥有更大的权力，因为他们可以访问信息，从而让人类元模因堆栈发生根本性的变化。

行政职能的作用和范围正在发生变化。越来越少的实体会依赖准军事指挥链结构。在这种结构中，权力属于自上而下权力金字塔上的个人或精英群体。而现在，它们正在形成以特定任务为导向的大脑联盟。这是一种新的团队决策方式，是能力、信任、合作、独立性和共识的结合。

如今的商业问题更加复杂和多维化。现在做出决策的商业环境更加混乱、节奏更快，而且容忍度更低。更多的首席执行官和高管人员意识到他们自己在知识和见识上的缺失，尤其对人类动力学缺乏了解。他们在MBA项目或高管研讨会上学到的知识不再够用或不再特别相关。整个商业环境正敦促企业增强社会责任感和提升环境意识，这远远超出了基本的业绩要求。作为回应，许多高管通过互动计划和愿景共创活动，让更多人参与到企业决策中来。如今，公司的技术含量更高，信息更丰富，范围全球化，运营一体化。在这样的环境中，多样性是值得赞赏的，灵活性是必不可少的。

越来越少的利益相关者愿意忍受公司高管和政府高层的奢侈浮夸作风。1992年，乔治·布什（George Bush）护送美国的首席执行官到日本，此举渲染了两个国家的高管之间的差异，塑造了高薪、自负且狡猾的美国版本。难怪总统生病了。

Z模板不是权贵人士的特权，而是指挥智能所在的地方。我们所说的指挥智能，指的是聚焦在长短期具体问题上的集体智慧、知识和判断。在传统的金字塔中，唯一有价值的想法被放在最高层；由于他们很聪明，其他所有人基本上都是"听其指挥"。在第二层级组织中，所有人的见解和知识都很重要。Z模板的独特洞见和智慧表现为两种形式——执行核心和集聚智慧。

首先，Z模板包含执行核心（EC），它像计算机中的中央处理器（CPU）一样监视着整个进程。执行核心的规模较小，由首席执行官和其他人员组成。这些人因其眼界、必要的经验、成熟的判断力、P-O-A能力和胜任力而被选中。执行核心对整个实体负责，包括对其信托、法律事务、道德问题、生产、财务等负责。这个执行核心体现了协调X模板和Y模板的功能以及保持瞭望，使组织在大环境中茁壮成长所需的思维缩影。

执行核心更像是一个鼓励创新、具有包容性的"臭鼬工厂"[1]，而不是高管专属的顶级俱乐部。不同于X模板和Y模板中聚焦于特定问题的团队，它是高阶的工程流团队，为整个组织服务。任何有机体都倾向于先向外探索，然后改变内在。执行核心会持续不断地重塑组织，使其适应不同的生命背景。当然，这会扰乱元模因堆栈。执行核心先在外部工作，而后去调整内部。一旦内部被重新安排，它必须再次聚焦外部。执行核心是一个忙碌的地方，需要精力充沛、兴趣浓厚、情操高尚和能力非凡的人。在组织上，执行核心漂浮在X模板、Y模板、Z模板这三个模板之间。如果模板是一个三环马戏团，那么执行核心就是其中

> 执行核心负责做出最佳决策。"什么是对的"总是比"谁是对的"更重要。

的领班。

Z 模板的第二个功能是将集聚智慧落实到具体问题中。在执行核心的指导下，管理者可以将源于这三个模板的智慧融入给定的任务中。价值工程学科或协作模型被用来以客观、干净、不带政治立场、没有地域偏见的方式挖掘每个人的才能和洞见。来自执行核心的人员与 X 模板和 Y 模板的人员共同参与决策的制定与落实。在这个过程中，真知灼见、见多识广的观点超越了决策地位和等级。执行核心负责做出最佳决策。"什么是对的"总是比"谁是对的"更重要。

用 Z 模板持续扫描现在和未来

正如 Y 模板监视运作的所有方面一样，组织的 Z 模板会接收来自未来的奇异消息，比如工程流的要素 10 所需的消息。不妨回顾一下企业历史，看看那些曾经盛极一时的航空公司、钢铁公司和银行是如何消亡的。大多数企业之所以衰亡，是因为它们没有注意从上游来的东西，在企业巨轮触礁时惊慌失措，或者因为丧失了道德支柱而随波逐流。许多人被贪婪和傲慢、终极状态失明、速效解决方案和破釜沉舟的季度报告等不良因素击败。

指令智能由 Z 模板协调，但分散在所有三个模板之中。应该有一个早期预警设备，在潜在闪点被引爆之前识别出它们；应该还有一个传感器，不断扫描内部环境和外部环境，为即将出现的"拐弯"做好准备。预示着"拐弯"的因素包括市场力量、新兴技术、人口变化趋势、竞争对手的异常行为以及政治动荡的最初迹象。通常，"坏"消息比好消息更有价值。

Z 模板：宏观管理整个有机体

每个组织都有生命体征和健康指标，其中一些可见于日常的电子表格数据——从生产数量和质量统计到投资回报。而大多数文化生命迹象更加无形、更加虚幻，令人难以捉摸。

我们需要每个人的耳目，去识别痛苦的迹象和满意的赞叹。这也是指挥智能的作用。每个公司都会在某个时候遇到贝塔关口的压力。越早发现越好，以免落入伽马陷阱。狡辩、耍政治花招或自私自利的看门人，往往会让高管们无法知道事态的发展，直到为时已晚，无法避免灾难的发生。

正如西南航空和布兰尼夫航空公司前首席执行官霍华德·普特南（Howard Putnam）指出的那样，"你发飙应该对事不对人"。如果员工每次犯错后都为自己的职业生涯担忧，那么就会发生两件很糟糕的事：他们不会去冒险，不愿抓住机会，进入未知的领域；他们会掩盖自己的错误，或者把错误转嫁给别人，这可能会在将来造成更严重的错误。在这样的情况下，无法满足那几个改变条件，任何超出改变回应 1 或改变回应 2 的迹象都将消失。

模板方法的应用为人们带来了更多的自由和安全。它让人们可以设计和部署不同的项目团队，这些团队的功能独立于传统的职权范围或问责制。因此，在紧急情况下，整个组织的关键人员可以被召集到一起，或被临时调遣——无论哪里需要集聚智慧，在需要时都会出现在那里。

从所有模板中提取的一些模簇包括：

- 奇葩圈：一个可以探索非凡创想的地方。聪明的、不墨守成规的人可以在这里"漫游"，探索离奇的想法，而不会因此受到惩罚，也不会对传统的结构造成威胁。

·新手室：一个发展轨道。在这里，可以通过一系列培训和模拟来培养新手，然后再把他们输送到这三个模板中的任何一个职能岗位上历练。他们可以"学会其中的诀窍"，而不需要在学习过程中对参与X模板活动或Y模板操作的人施加压力。很多时候，秘书们不得不培训他们的新老板，而这些新老板只是在晋升到公司高层的过程中交纳会费，而薪酬级别低得多的"行政助理"承担着实际的工作任务。

·作战室：一个物理空间或信息网络，可展示出公司的生命体征、环境模型、竞争对手和竞争对手的概况。在现实世界进行实际操作之前，人们可以在作战室中模拟对特定场景的可选回应。

·游乐场：一个宽松而富有创造力的环境。团队可以通过有趣的头脑风暴、模型构建和场景构建来解决重大问题，强制释放团队成员的"右脑"能力和扫描潜能。

·危机小组：由来自X模板、Y模板和Z模板的专家组成的快速响应"A队"，可以迅速部署在任何地方，以抵御危险、稳定局势和修复损坏之处，从而保证组织的正常运行。

·救援小队：滋养和支持的来源。在危机结束后，为有机体的病患部分提供"鸡汤"。无论是身体上还是情绪上出现与工作相关的事故，它都可以出动并发挥作用，让事态稳定下来，使个人问题得到解决，让实体恢复到新的正常状态。所有大型航空公司都有美国航空公司所称的"关爱团

> 螺旋魔法师用模板编织出了一个无缝衔接的流程，该流程关注的是**系统输出，而不是有限的职能范围**。

队"。这是一个专家小组，在发生灾难时集合起来采取行动。

· 魔法师树屋：螺旋魔法师的定期聚会。他们放眼未来，寻找新趋势、新机遇和新危险。他们会为Z模板指挥智能和特别工程流团队提供新想法。

塑造大规模变革与战略干预

X模板和Y模板监视和支持实体的日常运作。与Z模板相比，它们的观点更偏向线性，更关注要完成的工作的性质。当组织进入贝塔阶段时，因为它需要经历重大调整和方向上的重大改变，或者在合并或收购后企业进行重组，Z模板的指挥智能就会真正发挥作用。指挥智能渗透在这三个模板中；组织中的每个人都是潜在的Z模板代理人。负责协调的执行核心也设在Z模板中，作为企业的统一指挥控制中心，根据需要调动其指挥智能。它的表现很像施瓦茨科普夫（Schwarzkopf）将军和他的幕僚在沙漠风暴期间的表现。

由于启用模板的公司具有分散在其运营单元中的内置更新能力，因此它会自动变形，迅速调整以适应新的架构、形式、网络和任务，并在需要时与新实体融合。赋能遍及整个组织。恰当的独断性——请记住，这一点至关重要——让人有能力迅速做出决策与判断，而无须请求许可或看他人脸色。

在模板安排中，工作的定义不同。在整个价值链上，每个人可能都承担着多项职能，而不是传统的"一个萝卜一个坑"。每个人都可以为Z模板献计献策。传统模式鼓励市场需求与生产效率、生产线与员工、地区和总部之间的竞争。螺旋魔法师用模板编织出了一个无缝衔接的流程，该流程关注的是系统输出，而不是有限的职能范围。独立组件之间的协作与协同作用已融入设计中。每个人都因齐心协力而受到激励，也因各自的出色表现而获得奖励。这给文化注入了一种独特的灵活性，即个人能够快速适应新任务和新职责。没有人需要管理变革的课程，这已经是过程的一部分。在虚拟现实中，障碍和边界不会永远存在。

为了总结 Z 模板，需要考虑以下六种智能。我们在脑科学研究中发现了这些智能，现在这些也是量子思维研究的一部分。这些智能是：

· 世界感知智能：像吸水海绵、扫描雷达、早期预警探测器。从事定性研究和公关关系的专家们和其他依赖"感知"与直觉的人，在这方面是高水平的。

· 顺序计划构建：在空间、顺序、秩序中定位实体的能力。具备这种智能的人通常在规划部门和官僚机构担任高级职务。美国国家航空航天局的规划者有耐心把太空飞行的每一步细化成每一秒的行动指令，他们在这方面的能力一定是很强的。这一智能对物流系统来说至关重要。

· 执行复杂计划：有能力抑制竞争性刺激，排除干扰性事件，并整合复杂的想法和流程。优秀的急诊室医生和护士，必须在压力下进行谈判的专业销售人员，以及其他必须迅速决策并制订攻击计划，在混乱中网罗并整合大量信息的专业人员，他们的智能水平很高。成功的军事领导人和活动管理者必须具备这种能力。

除此之外，在针对来自世界各地的首席执行官和董事总经理的研究中，我们也发现了另外三种不同的执行智能：

· 企业家智能：有展望未来、开展新事业的冲动，也有对成功的强烈决心、偏爱高风险、不因循守旧的自由、丰富的创造力,能整合复杂性,专注于获得务实的成果,有独立自主的力量、完全掌控的欲求和切实可行的远见。白手起家的首席执行官或者另辟蹊径的创新型领导者的这种智能水平很高。他们擅长管理大公司内部或外部的初创事业。具备这种智能的人可以去为新产品开拓渠道,或被派去建立一个新的基地,或被指派负责新业务。

·转换智能:在系统维护、持续监控和调整以及保证一致的标准和质量等方面至关重要。具备该智能的人表现出对同一性和条理化的耐心和容忍;对小胜利或渐进式改进感到满意;有能力降低不确定性,缓解紧张局势和解决内部冲突;擅长管理大型系统,能采纳并落实新的想法,并使之进入稳定状态。当初创企业的企业家们无力照看规模日渐庞大的企业时,具备该智能的人们能接任首席运营官,让企业高效运转起来。

·变革智能:在变幻莫测的混乱环境中提供导航,同时使用粗略的蓝图将一个系统、公司或社会从一个世界转换到另一个世界。该智能在发生深刻而迅速的变化时期表现出色。变革魔法师们具备高度的变革智能,可以将公司从失败中拯救出来,或者把多个实体合并成一个新的实体。因为企业不可避免地要经历兴衰成败的 S 曲线,所以在管理一家公司时,该智能必不可少。

组织的智能核心团队应具备所有这六个智能,也需要囊括所有元模因的发言代表,否则,想法与行动之间会有巨大的鸿沟。将它们集合在一起,放到螺旋魔法师的工具包中。现在,你可以玩转螺旋动力学了。

这件事做起来并不那么难。在 21 世纪，国家与企业仍在不断发展，但是它们的组织架构开始僵化。世界各地的领导者都尝试在地缘政治、技术和人文领域同时设计并管理大规模的革命。新市场的出现、通信领域的飞速发展和遍布全球的人才网络预示着商机的爆炸式增长。

无论旧方法如何重新包装或重新设计，要想在如此快速变化的环境中高效运转并蓬勃发展，螺旋式企业都需要一批新的领导者。这种新兴的高管，将与 20 世纪 50 年代穿灰色法兰绒衣服的"组织人"，甚至与 20 世纪 80 年代时髦的哈佛系 MBA 高管形成鲜明对比。

这些领导者必须将全球市场与本地业务相结合，反之亦然。他们必须对新思想、新策略和新技术持开放态度。螺旋式企业的领导者必须鼓励信息共享，使创新贯穿于不断调整和整合的组织中。或许最重要的是，他们必须重视道德行为、个人诚信与公平竞争。与此同时，他们必须摒弃等级制度与公司政治，反而容忍甚至享受一些任性。他们必须奖励那些工作高效的人、能带来高质量产出的人，嘉许那些在挑战中茁壮成长的人，为他们提供持续的培训和良好的工作环境。

但即使这样也还不够。螺旋式企业的领导者也必须是有担当的人，他们要为家庭、邻里、社区、国家和生命本身做出贡献。他们可以听到远古鼓声的微弱节拍，也能感受到未来世界的电子脉冲。人类社会的熔炉正在锻造大量具有这种智慧的人。当他们接下等待他们的使命时，他们最好召唤一位螺旋魔法师到他们身边。

注释

1. 臭鼬工厂：洛克希德·马丁公司高级开发项目的官方认可绰号。该公司位于美国加利福尼亚州棕榈谷。臭鼬工厂以承担秘密研究计划为主，研制了洛马公司的许多著名飞行器产品，包括U-2侦察机、SR-71黑鸟式侦察机、F-117夜鹰战斗机、F-22猛禽战斗机及F-35闪电II战斗机等。

第三部分

螺旋魔法师实战手册

　　本部分会对每个元模因进行详细介绍。你将了解这些元模因如何影响行为，如何成长和衰退。我们试图让你"感觉"这些元模因很有用，而非是一种理论探讨，这样你每天都可以运用螺旋动力学了。

　　在第 2 章中，我们的"魔毯旅行"带你认识了生活在不同元模因影响下的奇葩。10 年后，我们重新拜访他们，并观察到大量元模因的适应性变化。第 4 章探讨了各种变化形式产生的原因。现在，你要开启一场真正的元模因狩猎。

　　这一次，对元模因的核心智能、改变条件和改变回应，以及识别原则的掌握，将成为你的武器。牢牢记住这些，这份"实战手册"就能助你在自己的世界中追寻到那些难以捉摸的元模因。

本部分共八章，每章的内容都是按元模因自然生命周期的三个阶段排序的：

- 进入：当前系统残留力量还在时进入
- 波峰：当思维集中在元模因时处于波峰
- 退出：当后续的生命背景出现时退出

将每个元模因的生命背景（如 LC^1 至 LC^8 等）视为不断变化的"世界的1次、2次、3次、4次、5次、6次、7次或8次幂"，其复杂水平不断提升。你会发现这样区分非常有用。

我们将通过识别每个元模因的一些基本特征来协助你进行实地探索。仔细留意它们，其中包括以下内容：

- 米色生存型元模因——"足迹"
- 紫色泛灵型元模因——"征兆"
- 红色冲动型元模因——"旗帜"
- 蓝色意义型元模因——"箴言"
- 橙色成就型元模因——"闪耀"
- 绿色社群型元模因——"模糊"
- 黄色整合型元模因——"流动"
- 青色整体型元模因——"子整体"

阶段图如下页所示。

内部控制　　　　　　　　　　　　外部控制

第一层级元模因次序

米色及（LC^1）

　　　　米紫色
　　　　　　紫米色

　　　　　　　　　　　　　　　　紫色及（LC^2）

　　　　　紫红色
　　　红紫色

红色及（LC^3）

　　　　红蓝色
　　　　　蓝红色

　　　　　　　　　　　　　　　　蓝色及（LC^4）

　　　　蓝橙色
　　　橙蓝色

橙色及（LC^5）

　　　　　橙绿色
　　绿橙色
　　　　绿黄色
　　　黄绿色

　　　　　　　　　　　　　　　　绿色及（LC^6）

第二层级元模因次序

黄色及（LC^7）

　　　　黄青色
　　　　青黄色

　　　　　　　　　　　　　　　　青色及（LC^8）

　　　　青珊瑚色？

第 9 章　米色——生存本能：本能性元模因

- 自发、自闭，本能性反射
- 以满足人的生理需求为中心
- 受深层大脑程序、本能和遗传学的驱动
- 很少意识到自己是一个独特个体（未分化）
- 像其他动物一样"自给自足"，依靠土地为生
- 对环境的影响或控制度极小

米色的核心——生命背景：

我的存在以生存为中心。能量都用于维持生命并满足身体需要，因而我不会感到饥渴。我必须让自己的种族得以繁衍，因而我要对性冲动做出反应。我不知道你所说的"未来"、制订计划、未雨绸缪或"自我"为何物。我的身体告诉我该做什么，我的行为受大脑感官的驱使，我没有清明的心智。

米色元模因的觉醒

大多数人相信我们是由上帝或女神创造的，或者会接受其他起源神话。有些人坚持认为，我们细胞中存在普罗米修斯基因，无论其源自何处，它们是我们游历螺旋世界的门票。还有一些人提出是宇宙力量、自然选择以及残酷的达尔文进化概率让我们发展至今的。无论你相信哪种起源论，人类本性从来都不是固定不变的。

尽管没有人能准确指出我们转变的起点，但从考古记录和对DNA的分析中我们都可以明显看出曾经发生过重大变化。人类由原始祖先分化而来，才发展成为我们今天的样子。我们的DNA和黑猩猩的DNA之间存在不到1%的差异，或许这也能解释为什么人类发展出新元模因，而猿类、鲸鱼和海豚却无法做到。不论是受神明指引、进化推动、彗星陨落还是其他什么因素的影响，在任何情况下看来，这种差异性就是推动人类动态运转的动力。

米色的核心

- 在最基本的层面上生存
- 满足生理需求
- 形成保护/支持群体
- 实体以生物单位存在
- 只需挺过黑夜/白天

米色几乎是一种自动生存的状态。它由LC[1]中占主导地位的迫切生

> 米色关注的是满足基本的生理需求。

理需求驱动，且触发我们与生俱来的最基本的生存机制。如果只激活这个元模因，一个人显然只是个人，但很难辨认出是什么人。如果更高阶的大脑功能从未被激活过，那这只不过比植物人的状态好一点。如果曾经存在过更复杂的思维方式，而身体疾病、事故或心理创伤让其消退的话，就会导致米色来接管。消退状态可能是暂时的或永久性的。

数万年前，米色是最先进的元模因。这是我们祖先相较于大猩猩和猛犸象所具有的优势。而如今，用格雷夫斯的话来说，它是"婴儿阶段的世界，可能是最简单的采集食物文化的世界，严重老化退行的世界，在战争压力下严重退化的世界，以及一直活在对同胞的同情与罪疚中的人的世界"。显然，这已不再是最先进的思维方式了。

足迹：人类最基本的需求

米色关注的是满足基本的生理需求——食物（不感到饥饿）、水（不感到口渴）、温度控制（不感到太热或太冷）、性（生育繁衍）以及一定程度内的安全（不被狮子吃掉或被水牛践踏）。在这个区域内，"正常"行为是出自大脑深处的本能，几乎不需要大脑推理。大多数行为和行动都是通过反射而来，而不是出于意志、逻辑的选择。因此，父母必须将有毒物品放在孩子触及不到的地方（"我感到口渴" = 不管什么液体我都喝；"我饿了" = 能拿到什么我就吃什么）。我们无须讨论婴儿的情况。

米色思维主导着婴儿期。由于诸如阿尔茨海默病等原因，这个元模因在晚年重新回归。因为即便是基本的 LC[1] 也可能已经变得太过复杂而难以应对，所以必须再次为体弱的老人提供营养和个人卫生护理。米色思维会因某些精神疾病而重新被激活，并可能在特定情境下显现出来。

当电影《动物屋》（Animal House）中的醉酒者的膀胱需要放松而厕所被联谊会兄弟占用时，他可能会降档至米色思维，无视社交礼节，闯入邻居的花园。

在米色区域，情感少之又少。没有多余的能量可以调动并转化为愤怒、恐惧、仇恨或嫉妒。几乎所有能量都用于维持生存。这个元模因在本质上是是非不分的，按格雷夫斯的说法，"米色更像是有印随效应的小鸭子，而不是独立的人"。因为"我"与"你"甚至与"它"都是别无二致的，个体没有真正意义上的独立自我。人们对时间或领土的理解几乎仅仅局限于此时此地。

肯·威尔伯（Ken Wilber）在《走出伊甸园》（Up from Eden）中，将米色视为他所谓的"存在之链"的第一环。他指出：

> 换句话说，原始人类沉浸在自然和身体、植物和动物的潜意识领域中而开始自己的生涯，并最初"体验"到自己与已经进化到那一阶段的世界无法区分开来。

我们要强调的是，米色不一定意味着一个人愚蠢或有缺陷，只是他的 LC[1] 问题十分严重。它是我们所有人的起点，许多人在生命旅程的尽头才退出米色。不幸的是，缺乏刺激或营养不良会使米色变得异常强烈，并很可能限制数百万年轻人获得更复杂的思维。就像世界大战影响了 20 世纪那样，这种陷阱可能会困扰着 21 世纪。

足迹：生存技能与米色智能

米色智能的出现是为了在热带稀树草原、雨林、灌木丛和苔原冻土地上生存。即便现如今,在南美洲、非洲丛林和太平洋岛屿上,冒险家和商人时不时会遇到一些(以 20 世纪的标准判断)严重依赖米色智能的半"石器时代"人。

一旦发现了这样的米色群体(尽管只是谁"发现"了谁,但对谁有好处,总是值得商榷),第一世界的人们在两个方向上犯了错误——要么傲慢地将米色视为原始、落后和需要启蒙的,要么将原住民的祖先浪漫化,认为他们比现代人更高尚。这两种观点更多是在服务于探索者的元模因,其程度远甚于被探索者,这支持了殖民地行政官员的民族中心主义假设,并使得整个文明沦为了博物馆的奇珍。

然而,如果略微支持高贵野蛮人的神话,看起来健康的米色系统与大自然确实是交织在一起的,并且它可以让我们找到大多数人业已失去且无法重新发现的感觉——除非我们要么再次直面 LC^1,要么使我们的螺旋具备弹性,能够降档到米色水平,才能发现那种感觉。尽管"现代"科学对此不甚理解,但米色元模因似乎对即将发生的事件抱有直觉(或许可以更好地进入"时间"维度),并且拥有独特的空间意识。在经历了濒死体验之后,据一些患者说他们当时看到了手术团队做手术的情形。遥视、灵魂出窍的能力,是否可能是数千年来"理性"思想所覆盖的我们大脑深层生存技能中的一部分?

在"丛林"中待了几周后,经验丰富的冒险家(以及退伍军人)表示他们的听觉和嗅觉能力显著提高了。也许这是米色思维系统的一种潜在能力,它能够让人类在 LC^1 层面上按照自己的条件与动物展开竞争。有一天,我们可能会发现,通过消除诸如自我意识的羞耻感、理性、内疚感以及战略规划等高级大脑功能的"混乱",基因记忆与其他感觉很容易就能获得。练习瑜伽和冥想的学员声称能够立即控制内在元模因噪音的干扰。

如果你进入米色思维,你就可以像鳟鱼一样思考,可以像鹿一样目光敏锐,过自给自足的生活。在这个层面可能是荣格原型的住所(可怜的蛇和蜘蛛!)以及从我们内心深处冒出来的一些冲动——当100美元1盎司的信息素存在时,你就会厌恶腐肉的臭气或性唤起;"脑袋后面长了眼睛",所以你会知道皮卡车上有个奇怪的家伙正在监视着你;留意去倾听内心的低语,能让我们从危险中脱离出来。

在米色的支配下,人们形成了群体(还不能算作组织),这仅仅比兽群高级一点点。尽管未作明确说明,但他们聚集在一起的目的就是生存和繁衍。群体成员似乎在场所位置和彼此间的关系方面都有着一种全息感,就像一群大象、一群鹅或一群鲸鱼之间那样,他们还可能会用"文明"人在很久之前就已调出的频率进行交流。内啡肽的释放通常能够缓解临终病人最后几个小时的痛苦,这可能是人类残存的米色适应,给予病人平静与安宁,从而也缓解群体的紧张感,使他们得以继续前进。这在严苛的 LC[1] 条件下通常是必要的。

如今,人们总能在婴儿、幼童、街头的精神病人或医院患者身上,找到米色的案例。有时,当一个人心理负担过重时,米色会增强。极端的压力,如精神崩溃、深切的悲痛、卢旺达种族大屠杀那种灾难,甚至是设法在遭受袭击的萨拉热窝生活,都会使一些人回退至米色。

除了新生婴儿迅速通过米色地带或那些脑损伤的婴儿可能受阻在那里,如今我们所见的米色通常像一潭死水,是一种退行的元模因。事实上,许多看似米色的现象,如有功能障碍的街头流浪汉、饥荒或战争的受害者、极端贫困和匮乏的人,都是社会中更复杂的元模因所带来的后果,因为它们将能量和资源都吸入自己的领地中,而让其余的简单的元

> 第一世界（橙色）社会和第二世界（蓝橙色）社会倾向于将米色掩盖起来，远离人们的视线，并希望人们可以忘掉它，而不去直面它所处的困境和局限。

模因一无所有。

尽管格雷夫斯批评了剥削性的红色和自以为是的蓝色动机使大量米色人口持续存在，但他认为形成消极、不健康米色的"罪魁祸首"是橙色元模因：

>"他身居高位，有着相对世俗的成功和职业优越性，"格雷夫斯说："他瞧不起第一层次的[米色]人，对他又是嘲笑又是指责，'如果他有点进取心，就会紧紧掌控自己，摆脱他的现状'，物质享受主义的[橙色]人纡尊降贵地说。'我做到了。看看我，我就是靠自己爬上来的。如果他有本事的话，也会这么做。'"

只要有利可图，经济、政治或伪精神上的利益都行，橙色就会出面调解米色困境。总的来说，第一世界（橙色）社会和第二世界（蓝橙色）社会倾向于将米色掩盖起来，远离人们的视线，并希望人们可以忘掉它，而不去直面它所处的困境和局限。因为米色几乎不在他们的关注辐射范围内，所以很容易被忽视。在电视台工作人员还没开始进行现场报道、活跃分子也还没开始行动起来之前，"有权势者"所做的工作相对很少。因此，对卢旺达成千上万的孩子来说，援助姗姗来迟。

足迹：应对米色元模因

只有得到滋养和温柔的关爱，米色才能够得到最好的管理，不论这种行为是暂时的还是永久性的。通常，米色人群甚至都不会去寻求帮助，你必须主动给予帮助。当悲剧发生并造成大量生命损失时，一些幸存者和他们的亲人至少会暂时退行至米色状态。必须首先由一个团队（如美国航空公司的护理团队）亲自来满足他们的基本需求，以稳定他们的状况。然后，可以构建一个阶梯式的过程，将他们从创伤状态中拉出来，度过悲痛阶段，进而恢复正常。

如果米色较浓厚且相对顽固，则应启用看护系统。看护系统不仅要提供药物和膳食，还必须处于看管之下。由于米色中没有健康或保健的概念，而只有疼痛或舒适的概念，因此，如果周围世界的复杂性超过LC^1，监控是必不可少的。不要指望时间效能，也不要为将来节省或远离当下。因为他们的符号处理能力很弱，书面指示毫无用处，甚至口头指示也必须简短且经常做反复提醒。

随着人类的生存技术不断进步，治疗费用呈指数级增长，我们将遇到更紧迫的米色伦理问题。当我们不时地看到令人震惊的饥饿孩童的画面时，无论他们是在非洲还是在巴尔干半岛，我们看到他们跌入了米色地狱。为什么我们这些"高级"存在会让它发生呢？答案就在一些核心问题中，如：我们愿意将多少主流资源用在那些穷乡僻壤的人身上？当代人为米色元模因智能赋予了什么样的价值？谁来决定什么时候来干预螺旋中残酷的一面？

米紫色：退出阶段

· 非正式的群居型人类生存遭受到食物资源、配偶和领土争夺的严峻挑战。

· 随着LC^1基本生存需求得到满足，新的大脑连接形成了一种不同于其他人、植物或动物的"我""自己"的清晰认知。

· 随着时间推移，开始思考事情发生的原因，直接的观察开始将原因与结果关联起来。(其他一切则归因于"魔法"。)

当我们挥别了婴儿期和受疾病侵扰的核心米色世界,LC^2 就会出现。当自我开始分化,一个人感受到了外部世界强大、可怕的力量,随之而来的是对危险的认知(来自大自然和其他人的威胁)。群体所具有的数量优势促进了人们对人际关系、亲缘关系和情感纽带的关注。随着大脑的精细化和复杂化,大脑深层的遗传程序和本能也参与到了新皮质的处理过程中。记忆开始将现在与以后、行动与结果联系在一起。这一新发现使人们开始依恋人和物。在早期人类留下的骨图腾和石质丰收符咒中,我们可以找到第二次大觉醒的有形遗迹,这种做法就像我们这些更"高级"的人类可能会把曾经钟爱的玩具和泰迪熊存放在阁楼里,或者会把很久之前在舞会上用过的那枚压扁的胸花珍藏起来那样。LC^2 带我们进入一个新世界,在那里,魔法、团结和神秘的紫色之爱深入人心。

第 10 章　紫色——亲族精神：氏族元模因

- 服从神秘神灵的欲望
- 效忠于长者、习俗、宗族
- 保护圣地、圣物和神圣仪式
- 团结起来，共渡难关、寻求安全
- 居住在充满魔法的村庄里
- 寻求与自然力量的和谐共处

紫色的核心——生命背景：

我们出于对血缘关系、大家庭的纽带和进入精神世界之魔法力量的信任，为我们的同类寻求安全和保障。因为祖先甚至现在仍与我们同在，我们尊崇祖先的方式是神圣的。我们的生活中排满了各种季节性仪式、阶段仪式、传统音乐及舞蹈。我们力求通过仪式与大自然和谐共处。

> 紫色是社区／集体元模因之母，也是首个应对个体以外力量的元模因。它为家庭的产生开辟了空间（需要组建亲密关系），而后发展出了氏族和部落来管理家庭。

从本能和生物学到有意识的头脑

人的天性会随着成长加速期与整合巩固期的出现而产生交替变化。每次转变都会在较复杂的元模因（逐渐点亮）以及之前的元模因（逐渐消退而失去影响）之间形成一种动态张力的状态。当这个紧张的过程结束时，就会稳定形成一个新的元模因排列，以适应现在已经改变的生命背景。

当风生水起的米色生活使人们对"外面"更大的世界充满好奇心并意识到它所有的安全威胁时，紫色元模因便首次被唤醒。尽管兽群般的米色生活满足了生物学方面的需求，但随着其他人也进入这个场景中，它并不能满足人们在 LC^2 下产生的社会需求。

紫色是社区／集体元模因之母，也是首个应对个体以外力量的元模因。它为家庭的产生开辟了空间（需要组建亲密关系），而后发展出了氏族和部落来管理家庭。亲缘关系和亲近度是黏合因素。如果在儿童早期未能将这些纽带融入个人的生活本领中，可能会留下一块空缺，待将来在生活中靠帮派、邪教和脆弱的婚姻来填补。

当紫色智能问事件为什么会发生时，它会在看不见的自然力量和强大的神灵行为中找到答案。虽然米色无法理解起因，但紫色将这种能力激活了。在整个历史背景下，或许：

- 松散的采集者开始过度利用当地资源，发现有必要迁徙到更葱翠的牧场，并在迁徙过程中变得更有组织性；
- 迁徙群体邂逅了"其他人"，因此就会需要使用人际规则和社会结构来维持和睦的关系。（10~12 个成员似乎就是紫色控制范围内的合适数量了。）

家庭、氏族和部落在人的组织管理和提高生存机会方面大获成功，这解放了人类的思想能量——神话、艺术、口述历史、运动、礼仪和仪式等大放异彩。新兴文化对神经系统的分析理解以及对保留集体记忆，甚至规划未来的能力提出了更多要求。于是一套富有活力但仍相对简单的世界观随即出现，产生了第一幅宇宙图像和第一种现实模型。紫色的丰富想象力让人类看到了星星上的生灵、洞穴壁上的动物，以及许多魔幻森林里的精灵。

紫米色：进入阶段

LC^2 会调用内在机制，将事件连接成因果序列。例如，一头奶牛在月圆时死去，而后，月圆就成为导致奶牛死亡的原因。像这样的经验便成了迷信，成为故事流传开来，甚至被定为律法。许多真理的起源都消失在历史的迷雾中。

万物有灵论早期根植于紫米色对河流、山脉、太阳、天空和火等的关注。稍稍适应后，这些力量便被寄托在丰收的象征物、图腾、护身符、文物、幸运符和药袋等物品上，可贴身携带。在这个区域内，人们还没有控制自然的感觉，只是为了抚慰内在的灵魂，希望避免伤害，实现和谐。

早在希腊神话出现之前，"……食尸鬼、幽灵、长腿野兽……"这些已经在古代世界存在很久了，历经莎士比亚（Shakes peare）与史蒂芬·金（Stephen King）等人之手。《格林童话》（*Grimm's Fairy Tales*）

和《鹅妈妈童谣》(*Mother Goose*)消除了恐惧,米色让位于紫色或其他元模因。如今,电视节目《芝麻街》(*Sesame Street*)与《巴尼和朋友们》(*Barney & Friends*)也在承担着这样的任务。它们也反映出这些元模因在我们这个乏味的世界中所承载的孩子般的惊奇。

紫米色的崛起标志着婴儿期的结束和童年的开始。宝宝开始意识到某些行为会让自己得到食物和拥抱,象征性思维开始了,随后就会说"妈妈""爸爸"和"奶奶"之类的词语。身体及其功能之所以耐人寻味,是因为紫米色思维仍然是直接和有机的。当成年人的生命背景因疾病退行至此时,相应的元模因也点亮了——相较于商业、政治和医院的病员服,洗手间和鸡汤更具吸引力。

经历过紫米色发展阶段的孩子会开始变得依赖于他们领域内的物体:小安慰毯、橡胶小鸭、幼儿便盆或小熊维尼(他们以后会被教导红色的顺从,并在蓝色出现时学习辨别对错)。大约在半岁时,孩子们开始明白人(和动物)是有知觉的,而不仅仅是物体。许多青少年罪犯(和连环杀手)似乎遗憾地错失了这一发展阶段。

紫色:波峰阶段

尽管我们每天都会体验到各种形式的紫色思维,但很难想象数万年前它最初的表现形式是怎样的。爱德华·哈里森(Edward Harrison)这样来描述这个神奇的紫色世界:

> 这是一个充满活力的宇宙,每个白昼都由太阳之灵唤醒,

而每个黑夜都由月亮之灵哀悼。星星点点的营火闪耀夜空；炫彩的天空之灵展现着彩虹、日落和北极光；威猛的大地之灵在地下隆隆作响，经火山喷涌而出；飞来荡去的小精灵居住在隐秘的角落，它们会偷走迷路的孩子。这是一个魔幻的世界，萦绕着未出生和死亡的永远召唤。言语无法回想，心灵也无法再现这些极其生动的意象。[《宇宙面具》(*Masks of the Universe*)]

征兆：紫色思维体现为泛灵论、萨满教与神秘主义

紫色元模因中充满了所谓的"右脑"倾向，如更强的直觉，对地域和事物的情感依恋，以及费解的因果感。心灵之眼被神力、图腾崇拜、迷恋癖、符咒、萨满论、巫术、魔法、丰收、迷信和起源神话占据。在充满各种预兆和魔咒的大熔炉中四处行走，通常是恐怖的。一系列生动的神话、传说和寓言在紫色中蓬勃发展，以至于现实与幻想之间的界限常常变得模糊。就像孩子常常难以区分真实与想象一样，处于紫色区间的组织也常常混淆寓言与"科学"。

这个元模因将狩猎、找水及采药等能力的荣耀归于神灵。同样地，那些拥有特殊能力的人，能读懂人们情感的细微差别，也能协调人际关系。因为他们对维持群体的和谐存在发挥着重要作用，而和谐存在对群体的生存至关重要，所以，他们会得到敬重。

就其本身而言，紫色先于文字而出现。写作需要的是线性、结构化的思维，而这更倾向于蓝色的范畴。然而，民间故事、歌曲、绘画、舞蹈、艺术品和代代相传的精细周详的习俗总是丰富的。詹姆斯·弗雷泽爵士(Sir James Fraser)的《金枝》(*The Golden Bough*)展现的是

> 紫色思维是二分的。人们要么在此地要么不在此地,要么属于我们要么属于他人。

紫色信仰、神话和人类活动的概貌,通过19世纪英国人的视角汇编而成,当时的世界比之前要大得多。到了现代,哲学家约瑟夫·坎贝尔(Joseph Campbell)将紫色复活了。迪士尼公司设计"幻想工程"主题公园就依赖于此,世界各地的毛绒动物玩具制造商和机场礼品店也依赖于此。

紫色思维是二分的。人们要么在此地要么不在此地,要么属于我们要么属于他人。在死后,人或许能改变状态,在灵性领域加入祖先,或者干脆不存在。在他们看来,时间是循环往复的环形(甚至圆形),而不是我们大多数人所理解的直线,这意味着在紫色思维中,人们常常难以区分过去、现在与未来。关于某时发生了某个事件的记述中,人们也会更多地描述某个地点和此地的人,很少会提及时间。这种将事件与环境背景和经验相关联,而不是与格林尼治标准时间相关联的做法,往往会使"见过世面"的西方人困惑不已。在"原始"地区,健康的社交互动比生产计划更重要,他们会因对方缺席约会或变动的工作习惯而感到被冒犯。

征兆:集体记忆承载着细微的紫色元模因

紫色集体记忆中蕴藏着巨大的智慧,这些智慧往往会通过某个民族的民俗形式而得到强化、神秘化并延展开来。寓言、传奇和传说可能源自真实的事件。很多宗教也都共有相似的紫色根源。许多教派都提到过一场大洪水(有地质证据支持)。有些宗教还将紫色时代留传下来的遗迹和圣像完好地保存了几个世纪。许多教派的节日与无宗教信仰者算出的月亮和太阳的运行周期相一致,原因在于人类行为的推动因素仅仅是从紫色变成了蓝色而已。

征兆：群体只关心本族的生存与福祉

无论是像霍皮族印第安人那样的小群体，还是像中国王朝那样的大群体，都将自己的本族视为一个"民族"，而"异族"就是外族、蛮夷、倭寇或洋鬼子（在纽约唐人街仍存在这种说法）。这种强烈地将本族与异族区分开来的做法，既是紫色的优势，也是其劣势。内向聚焦的能量解决了安全问题，但是这也孤立了紫色群体，群体团结得越紧密，就与其他群体及其新发现分隔得越远。有时，这会导致部落间或部落内部发生以"种族清洗"或"种族暴力"为名的战争，比如波斯尼亚或新几内亚高地发生过的此类事件。

传统方式是事物本性所固有的特点，不是随意选择而来的。紫色不会想到其他生存方式，如果改变当地人的生活方式，会引起骚乱。由于无法适应突然改变的生命背景，许多紫色民族消亡，而幸存的紫色民族则完全融入螺旋发展的社会当中，通常是在殖民时期的蓝色地带或工业化的橙色地带。

如今，原住民、非裔美国人、澳大利亚土著，甚至蒙古人都试图紧紧抓住他们过去残存的紫色印记，避免后代将其冲淡。因为日本认识到紫色的故事讲述、艺术和历史传承者是无法转换为录像带传承的，所以他们对"在世国宝"予以补贴。一旦勤奋而急躁的橙色元模因占据主导，这些精妙之处就会逐渐消亡。古老习俗的深远意义在教科书中消失不见；神圣的紫色锅罐成为收藏品；随着紫色褪去，曾经私密的仪式也变成了俗套的旅游项目。紫色灵魂不看好剥削，会主动离开收取门票或庆祝舞者期望收到小费的地方。

紫色元模因尽管脆弱，但它是一个非常强大且古老的元模因，能引来好事也能招致坏事。在第二次世界大战期间，从紫色中提取的神秘符号和仪式集结了那些高呼"希特勒万岁"的狂热追随者。他们创造了雅利安神话并以一个主导人物为其中心,深深植根于德国的 LC^2 恐惧和封建传统,以及螺旋更高发展阶段的权力、教条和扩张欲望之中。我们从中得到的教训是,如果领导者能够到达紫色螺旋层,他们就会对民众产生强大的掌控力,依靠"事实"甚至人性尊严或许都无法将其打败。

征兆:我为人人,人人为我

互惠是紫色契约的一部分,是几乎每个部落社会的关键组织原则。由于世界环境具不确定性,(大部分的)财产是群体所共有的:"如果今天我找到了食物,我会乐意与你分享,因为明天你可能很幸运地找到食物,而我却没找到。"这种合作式的相互依存关系构成了非洲社会主义/人道主义的基础,通常称为乌班图(Ubuntu)。

在需要分发物品时,通常由一个特定的氏族来做管控(羚羊氏族将位于新墨西哥州山顶的阿科马村落中的少数几个可用住宅基址重新进行了分配),或依据既定的习俗行事(将始祖事宜或房屋交由最小的女儿来打理),以尽量减少冲突。争强好胜的个人主义会使群体陷入危险境地。

从这种牺牲自我的视角看来,个体生命从属于部族。就像庞贝古城的父母亲以防御姿势护在孩子身上一样,为了他人的安全和群体的生存,个体宁愿做出自我牺牲。群体内与群体外的生命有着如此不同的价值,也难怪在紫色集体精神占主导的社会发生过活人献祭这样的事情。

在更商业化的层面上,因为人们在奖励个人成就的同时也会将优秀员工与团队分离开来,所以,强烈的紫色使薪酬与福利规划的施行变得有些困难。而从另一方面来看,团队某个成员的损失也是所有人的损失，所有人必然会共同体验到那种失去感。如果一个人丢了面子，所有人都会丢面子。整个家族的成员虽然长期不和，但都有义务维护家族的荣誉。工会的正式成员或许会通过罢工来实现给员工一致加薪，而不会使元模因转向个人激励。

紫色群体中的社交活动具有礼制性和仪式性，以确保时间是连续的，并会强调人与祖先的联系。吟唱和反复的敲击给紫色带来抚慰，给群体心灵带来秩序。西藏转经轮的咔嗒作响声，土著民族艺术中涌动的传统韵律，甚至说唱乐和西方乡村音乐的脉动节拍，都回荡在紫色群体中。因为这个元模因关照螺旋的方式是教条主义或海量信息无法做到的，所以当代教会最好不要舍弃这个元模因所吸引的所有丰富礼制和仪式。

征兆：萨满、长老和酋长

为了应对令人敬畏而又无法解释的自然之道，紫色群体会找出那些看问题的视角比他人更为详细周密的人。这样的人似乎离灵性领域更近，也更能触及大母神的力量。被称为萨满、药师、神谕祭司、幻术师，甚至是巫婆的这类人都将成为部落／宗族与另一个世界之间的联络人，是外界信息的解释者，也是未来事件的预言者。

萨满的角色可能包括治疗师或药师。在解释预兆、梦境和征兆的同时，这些紫色治疗师会合成药物来抵御邪灵或获得战胜敌人的优势（回想下第2章提到的"松格玛"）。他们常常会对政治领袖产生影响，可能拥有与"酋长"同等或更大的权力。

在祖鲁人看来，一个人的土药和符咒（祖鲁语 muti 意为土药、符咒）对人的生命绝对至关重要。现代医学中的土药种类也远远超过了西

> 蓝色祈望能治愈疾病，橙色致力复制人体器官并使用模拟自然的基因工程化学物质，而紫色则通过抚触和天然草药疗法来调整身体的力量。

方人所愿意承认的数量。安慰剂效应似乎是紫色群体的激活剂，能够使人身强体健，抵御疾病的侵袭。大蒜驱逐吸血鬼的神秘功效，与它控制胆固醇的能力相匹配。

蓝色祈望能治愈疾病，橙色致力复制人体器官并使用模拟自然的基因工程化学物质，而紫色则通过抚触和天然草药疗法来调整身体的力量。中医和针灸都认可紫色区域。从较小的层面看，整骨疗法和现代整体疗法都在试图连接紫色力量，从而产生积极的改变。人们担心地球上大片森林的消失，其中一个原因是紫色资源的同时消失。土生土长的治疗师不复存在，他们的药典被磨成纸浆或被焚毁给农田施肥。

紫色以禁忌和民俗为导向，其中一些信念深藏在灵魂深处，例如对乱伦的憎恶。在蓝色基调的犹太教和伊斯兰教中，忌食猪肉的紫色规定被编入法典，这对于那些没有冷藏设施或不懂得旋毛虫病治疗方法的人来说，确实相当明智。几个世纪以来，精神疾病（精神错乱）引发了人们对紫色的恐惧，就像如今艾滋病和"癌症"一词使人们感到恐惧一样。

随着紫色的发展，米色直觉运用的智能变得更加谨慎。梦游、探访灵性领域和灵魂出窍都与这个元模因有关。各种形式的冥想和宗教研究也都集中在这个方面，将其作为通往可调态意识（alter consciousness）的一扇门。正统的超心理学试图去理解心灵的这些方面，而昂贵的"心灵热线"电话则利用它们剥削轻信者。

除了萨满，长老也因具有智慧和经验而备受尊崇。他们体现了人们与过去的联系，他们有朝一日会加入受尊敬的祖先之列。长老会通常是氏族的决策机构，而酋长则是"主席"或决策发布者。酋长的角色通常由血统而定，其职责和特权由族属商定。尽管部族成员会达成共识并挑出最佳人选，但神灵的考验也是其中的检验标准。无论是怎样遴选出来的，酋长角色的确定征询过祖先和长老的意见，向拥有魔法者寻求过建议，并能诠释人民的意愿。在紫色世界中，地位高的人不是绝对的统治者，意见协调者、促进者和团体福祉的监督者才是。酋长的生命属于宗族，他们必须为宗族服务，而不是让宗族为自己服务。

征兆：神灵，神灵无处不在

在泛灵论中，紫色的自然界中到处都是神灵和灵魂。善恶势力必须保持平衡与和谐。鬼神学、驱魔术和吸血鬼的传说都以紫色元模因为支撑。巫术既令人恐惧又受人尊重，处于广阔紫色地带的人们甚至都不愿与"外人"或"新人"谈论这些事情。紫色处于支配地位时，魔幻之地和有异能的人（"邪恶之眼"或抚触治疗）都是司空见惯的。

紫色给自然和对象（泛灵论）赋予了生命力和意向性。古老的橡树不仅是潜在的木材或具有审美的风景，它还是灵魂的家园，也是无数事件的鲜活见证者。紫色越浓厚，保留下来的遗迹和圣地就越多。山中有神灵居住，河流神圣不可侵犯，星星守护着我们。老一辈的美国中西部家庭农场的人们，脑海中经常萦绕着关于出生、结婚和死亡的紫色记忆。这片土地上满是祖先的梦想、灾难与墓地。难怪如果将它出售给农业综合企业会让人们如此痛苦。

家族的传家宝，如祖母的盘子或祖父的剃须杯，都是紫色的。中国的帆船上仍有"船眼睛"（鱼眼或龙眼），戴维·克罗克特（Davy Crocket）将步枪命名为"老贝琪"，职业足球运动员脚穿"幸运"鞋，中国台湾地区的高管以濒危老虎为食给朋友们留下深刻印象，这些高管还会将神像请到数十亿美元的交易现场。高尔夫球手对推杆有着神秘的信仰；因为脆弱的生命要托付给它们，烦躁不安的高管们与自己的汽车交谈，飞机和轮船都被称为"她"。

我们之前提到过小熊维尼。谁会把一只泰迪熊的胳膊扯下来？不合情理。即便是对这种可怕行为的提议也会使我们感到恼火。洋娃娃坏了要去洋娃娃医院修理。如果宠物已经具备紫色特征，那么宠物的死亡就会像失去父母一样让我们感到心情沉痛。实际上，在与"凯蒂猫"、"斑点狗小波"或"虎皮鹦鹉"交谈时，许多处于螺旋位置远端的人都会回移到紫色区域。

宗教勋章、结婚戒指和幸运符通常都带有紫色，它们的丢失可能会带来创伤和恐惧。当天主教传教士将他们的信仰向外传播到以紫色为主的区域时，他们出行时身上都带着雕像、十字架、圣杯和其他有形的信仰标志；在法国卢尔德，纪念品生意仍然兴隆。古老的家传《圣经》传达出的紫色和蓝色通常一样多。

汽车仪表盘上的塑料耶稣像、狂欢节盛装、兔脚、敲击木和肩上撒盐，都反映着紫色的神秘主义。自由钟、英国王冠和耶路撒冷城，都有着强烈的紫色面向。每年的万圣节和亡灵节，紫色元模因都会活跃起来。

把孩子的照片镶嵌在盒式吊坠里并戴在心脏处，将孙子孙女的照片放在钱包里，以及用各种纪念品装饰办公桌，都是紫色遗留下来的元素。消防员救火时，先别去管音响或彩电，最好先把家庭相册抢救出来。保险永远无法取代丢失的紫色物品和它们所代表的各种回忆。

紫色元模因存在于我们容易忽视的许多迷信行为中——路遇黑猫时会再三思忖，有人打喷嚏时会礼节性地说声"祝你健康"，以此来保持自己灵魂的完整，并将魔鬼拒之门外。甚至《体育画报》(*Sports*

Illustrated）也会时不时谈论到一些不祥的征兆。六角形魔法标志在宾夕法尼亚州卖得很好。在太子港和新奥尔良，魔药比比皆是。火山神仍然活跃在皮纳图博火山（Mt Pinatubo）一带。球王贝利（Pele）经常在夏威夷购置橙色房地产。富士山的神灵由日本神道教士和地震学家照看。

征兆：时局艰难时拜访母亲

由于这些系统存在于人的内在，因此我们的许多思想和行为都可能会被一种紫色阴霾笼罩。尽管许多第一世界的人们认为自己只受到这个元模因的轻微影响，但当生命背景变成不如人意的紫色时（深深地恐惧，有压力、疾病威胁，孩子陷入困境），或变成令人愉悦的紫色（孩子们在庆生、再次恋爱或听到"我们的歌"时），这个元模因很快就会在人们心中重新被激活。

某些最深层次的紫色与父母关系和核心家庭有关。它是健康人格的重要组成部分，然而我们有时在忙碌而积极上进的生活中会忽略它。如果孩子们过快地跳过这一阶段，那么螺旋在不稳固的基础上向上生长，就会变得摇摇欲坠。爱有多种表现形式，但其中最持久、最热烈、最无条件的一种形式是在紫色元模因的场域中。这也是最难以用语言表达的。

征兆：地图即领地

文字即实物；地图即领地。有些话是非常神圣的，只有由特定的人在特定的地方（如普埃布洛印第安人的地下礼堂），才可以说出来。因为有力量蕴含在它们内在，行为是"不可言说"的，描述行为就会唤起善或恶的力量。"不要说,不然它可能就成真了。敲击木头。念一通咒语。"

令人惊讶的是,美国国旗是一种紫色的象征。许多爱国者已经准备好为这面旗帜捐躯,就如同为真理献身一样。相较于世界其他大多数地方,美国人把对国旗的亵渎看得严重得多。或许是由于在这里带有欧洲血统的文化相对还年轻,这就使民主的象征显得尤为重要。

紫色艺术倾向于二维性和象征性的扭曲。紫色经常强调放大生殖器、乳房,重视生育。许多作品代表着神灵或是给神灵的祭祀物。当代的"草坪艺术",无论是林泉雕像还是园林里的土地神塑像,都带有紫色意味。食客们经常在吃完中餐和幸运饼干之后拍拍弥勒佛的肚子。

当紫色浓厚时,人们会为自己的同类留下领地标志或危险标记。流浪者巧妙地给那些可能提供施舍的人家贴上"标记"。吉卜赛人的标语、帮派的涂鸦和祖父母的保险杠贴纸都是这个元模因活跃的明证。这些公示很容易被局外者忽视。局外人对紫色代码的无知,使得他们易于受到群体内人们的攻击,并有可能会得到意外的结果。爱尔兰旅行者特有的不成文语言仍保护着那些日渐没落的吉卜赛式锡匠和商人群体,使他们免受外来者的侵扰。如果在紫色结构中归属感是微妙的征兆,那么"老派领带"、"卡帕钥匙"或街头帮派对鞋带"颜色"的选择,则是有形的。

征兆:性别、性和亲缘关系

社会生活由具有紧密血缘关系的小而有凝聚力的群体塑造。任务是按年龄或性别分配的,并指派给特定的子群体——适合男性的工作和适合女性的工作。当紫色激活后,小女孩和小男孩会有各自的俱乐部。成年人有自己的秘密握手、象征性的颜色和服装、成人仪式和交配仪式。在与其他部族发生冲突时，按照约定和"计票政变"，这是一个更加仪式化的解决方式，而不是现代机械化战争的血腥动乱。

女性的"月经期"（后来变成了蓝色"诅咒"）和为了维持部落生存而保护孕妈妈的强烈紫色冲动，仍然微妙地影响着女性战斗角色的设定。无论是男权社会还是母系社会，都存在着基于性别的劳动分工和社会角色。在可靠男孩和/或女孩关系网络持续存在的许多商业中，紫色暗流仍在阻碍性别平等。

紫色的性爱既不是红色的征服，也不是顺从的（或满负罪感的）蓝色，因此它是生活中非常容易的一部分。虽然遗传物质的转移来自米色的本能驱动，但在紫色中，它承担起了家庭、家族和部族永续发展方面的责任——传播种子。因为死亡率很高，而体力劳动又对生存至关重要（因此人们通常偏爱生男孩），紫色 LC^2 要求高出生率。孩子是紫色社会的保障，也是年长者的保护对象。（在印度的一些地区，只有儿子才能履行丧葬职责，因此家庭要一直发展壮大，直到有足够数量的男孩出生。）后代子孙还可以占领部族的土地，人们还可以利用他们来与其他部族建立联系，这通常是通过交换女儿（甚至卖掉女儿）以及安排联姻来实现的。

紫色有着广泛的亲缘关系结构，因此裙带关系是很自然的。首先要照顾好自己的家庭成员。"血浓于水""歃血为盟""同胞兄弟"这些都是紫色的核心理念。在非洲的很多地区，习俗规定尚存，兄弟有义务照顾已故兄弟的妻子和家人，并将已故兄弟的妻子视同为自己的妻子。（由于这种做法增加了劳动人口，因此紫色通常施行一夫多妻制，也信奉多神论。）然而，如果一个人的兄弟死于艾滋病，那么就会有很大比例的病毒性未知因素进入这种制衡模式中。不过通常来说，由于橙色和蓝色医疗保健尚不普及，最终还是紫色传统（以及红色冲动）胜出。艾滋病在非洲中部和南亚地区猖獗，是因为这些地方受类似元模因堆栈的控制。

征兆：对环境的影响

紫色生活方式非常有机化，只要人口少，对环境的影响就很小。但是，当螺旋上的更高层级因素介入，改变了这种微妙的平衡时，就像橙色在亚马逊、东南亚、太平洋岛屿以及非洲大部分地区那样，会对紫色生活方式产生极大的破坏。当紫色系统被冲动的红色和短视的橙色污染时，森林里的树木就会在刀耕火种、自给自足的农业活动中被砍伐殆尽，或被作为柴火烧掉，就像扎伊尔的卢旺达难民营那样。人们牺牲脆弱的土壤仅用来换取少量的矿物质，野生动物的数量也大量减少，因为人们将它们作为食物或用它们换取金钱来购买不再生长的东西。因为毕竟这些抽象的思想对饥饿的人们或渴望为村里增添一台大电视的人们来说没有多大意义，生物多样性和大自然的基因仓库沦为换取"经济"作物的牺牲品。一代又一代传承下来的精妙而古老的智慧几乎一夜之间悄然消失，它们被冷漠和链锯割断，少许的悲痛也被摇滚乐淹没了。

紫红色：退出阶段

- 更多地接触世界，会揭示许多迷信实际上是多么毫无根据，这对紫色领导者的可信度构成了挑战。

- 满足人们的安全保障需求会释放出能量和资源,从而使系统处于随时改变的状态。
- 为了控制紫色,领导层抛出了更多的传统和仪式,扼杀了那些渴望挣脱束缚的人。在精心设置的部族秩序中,个人自治的需求会造成混乱(叛逆和与他人格格不入)。
- 对富饶生存环境的自然争夺最终会导致紫色族群之间相互对抗,那些能够彰显自己的力量(如沙卡祖鲁)并取得掌控地位的人才能获得奖赏。一山不容二虎。

安德鲁·施穆克勒(Andrew B. Schmookler)的《部落的寓言》(The Parable of the Tribes)描述了从紫色转变到红色的必然性。相对平等的几个群体似乎不可能长期在一片共同的领土上共存。由于这样或那样的原因,一个群体会转而控制其他群体,从而推动螺旋向上发展。

在紫红色退出区间,随着自我意识的萌发,个体开始梦想着直接采取行动。他开始发现"领导者"的弱点(妈妈和爸爸不是绝对可靠的!),并得出结论:神灵不是万能的,甚至可以被操纵。一开始,他会小规模地发起挑战,顶嘴或对较小的预兆视而不见。胆大者更是敢于报复,去打破神话和禁忌的限制,看神灵是否会降罪给他。

随着红色隐隐呈现,人们日渐意识到,有权势的人实际上可以影响整个世界。安抚神灵并不总是有效——它们不可靠、不可预测,有时很古怪。在退出中的紫红色神灵,如宙斯、雷神托尔及其他成员、沃坦,甚至耶和华,都有拟人化的人格缺陷,即有报复心、傲慢自大、脾气暴躁。当红色开始增强为红色波峰时,因为它们容易受到回报、奉承和操纵的影响,像这些不那么神秘的神灵可以用来赋予自我力量。这非常瓦格纳(Wagnerian)。

> 无论是积极还是消极的形式，红色都标志着原始个人力量的极大高涨，在这个基础上人们从心底发出呐喊："我存在着！"

然而，紫红色部族威风逼人的勇士，虽然看上去和听起来都非常强大，但要是没有周围的支持群体，他们实际上却是软弱而优柔寡断的。在集体行动中的感染性热情，使得精英们成了一时的英雄。在周围有人支持时，具有不确定性的帮派分子是最难对付的，而当他们分开或单独处置他们中的每一个时，他们就很弱。在这个区间，当观众为勇敢行为欢呼时，虚张声势仍然最有效。

回想一下，在紫色波峰，酋长是群体活动的协调者和代言人。退出阶段意味着有更多的个人影响力。人们对强者的依赖和对神灵的依赖一样多，酋长获得了新的权威，成为一群人中最有魅力的领袖。

这是个人崇拜的起点。在儿童成长过程中，健康的紫红色代表着坚定的自我和充分的自信。而在圭亚那的吉姆·琼斯（Jim Jones）的"人民圣殿教"信众和查尔斯·曼森（Charles Manson）的"曼森家族"信众身上，则演变成一种极不健康的版本。无论是积极还是消极的形式，红色都标志着原始个人力量的极大高涨，在这个基础上人们从心底发出呐喊："我存在着！"

第 11 章 红色——权力之神：自我为中心的元模因

- 在由有产者和无产者构成的世界里，成为有产者是好的
- 避免蒙羞，捍卫名誉，得到尊重
- 立即满足冲动和感官需求
- 无情地抗争，毫无内疚地打破束缚
- 不必担心可能不会发生的后果

红色的核心——生命背景：

　　生活就像丛林。适者生存。我很顽强，也期望周围的人能够顽强。我掌管人，能够战胜自然，使其屈从于我的意志。尊重和声誉比生命本身更重要，所以你要尽一切努力避免被羞辱或被贬低。除非你有资格，否则你不可以从任何人那里拿走任何东西。你总能把它们找回来。无论你需要做什么，你都毫无愧疚地去做。没有任何事、任何人可以阻挡你。我们只拥有当下，所以我会做那些让我感觉好的事情。你不必担心尚未发生的事。我就是我的全部，我会成功的，不然我就拼命去尝试。

> 红色是第一个明确表达自我、以"我"为导向的元模因。乍一看,它似乎是原始的、冲动的和狂野的;然而它也是解脱的和创新的。

红紫色:进入

基于共有及氏族的紫色,为其对应的群体提供安全和相对而言的保障。解决这些问题之后,元模因就失去了某些神奇的、基于恐惧的控制,并释放出个人能量。红色世界唤醒了普罗米修斯神话,催生出一批决心进行掠夺性扩张的新型战士。号角已吹响,在小人物们(即使只是家犬!)的崇拜之下,权力之神大踏步出场了。

红色是第一个明确表达自我、以"我"为导向的元模因。乍一看,它似乎是原始的、冲动的和狂野的;然而它也是解脱的和创新的。对孩子们来说,这种思维在1岁晚期就开始觉醒,到了"可怕的2岁"开始爆发,而后大约到了中学时期它会再次出现。对于整个人类来说,红色主导期的标志是军阀纷战、探险开拓、剥削开采、建立帝国以及战胜自然的理念。

红色会顽强抵抗施加给它的力量。当红色被挫败时,它会产生大量的负面情绪,如愤怒、报复、仇恨。如果处理得当,这种原始的自决能力有助于人们形成一种积极的控制感,使群体摆脱形式上的传统束缚,激励整个社会走向世界的尽头。

红色旗帜:从魔法到男子气概

随着紫色的神灵、魔法和神话褪成红色,神灵变得像神。对地球母亲的崇敬转而变成与她的抗衡——战胜急流,攀登高山,征服大海,或在沙漠中生存。魔法成为一种控制人与事的武器。祖先们协调统一的传统成就了鼓舞人心的传奇——造就了英雄事迹、击败了敌人和做成了不可能做到的事情。紫色的"另一个世界"变得更有条理,就像进入了瓦尔哈拉殿堂或登顶了奥林匹斯山一样。众神也会习得人类的弱点,他们会心怀恶意,要求苛刻,嫉妒心强,古怪地行善。红色神灵在印度教中颇为流行,曾被阿兹特克人供奉,作为塔卡拉什(takalash)藏在非洲人的床下,或作为怪兽藏在美国孩子们的衣柜里。

旗帜:从共识到主导

紫色领导者负责宣布共识,并服务于群体的平衡。随着红色的增强,强大的个体会进行单方控制。由于个体/精英元模因倾向于垂直分布,因此酋长上升为权力金字塔顶端的首领——"朕即国家"(法国路易十四的豪言)。因为魔法用来对付竞争对手猖獗的阴谋诡计非常管用,萨满被梅林化。

当红色是主要的自我表达元模因,有了紫色作为牺牲自我的支持时,某些假设就会适用:

- 因为他们是通过变得坚强、挣脱束缚、独立自主和变得勇敢来获得他人尊敬的,所以红色的欲望是由无力者满足的。元模因系统将强者(有产者)和弱者(无产者)结合在一起。
- 红色使用恐吓、魅力和身体力量来强迫别人接受自己的意愿,而不会感到内疚或悔恨——死亡之吻。
- 红色通过咒语、巫术和诅咒等方式,无辜地利用紫色迷信来控制人民,并消灭竞争对手或敌人。

・红色催生了君主的绝对权力和互惠互利的封建制度——由骑士来保护那些供养他们的农奴,领主要与新娘共度初夜[大卫·考雷什(David Koresh)的风格]的要求,诈骗者行骗的权利,以及镇压殖民主义。

这个元模因喜欢米色的生理冲动以便让紫色家族得以扩张。身体部位和性爱是日常对话中不可或缺的组成部分,而红色就会利用英语中的"四字母经(Fuck)"作为武器来控制受到冒犯的蓝色。"更衣室"中对外生殖器的强调更多的是与统治、权力和权势等级秩序有关,而不仅仅与生殖相关。在这个充满直觉的世界中,机智的巧辩很难博得好感。(可以回想第 2 章中的古惑仔。)

当红紫色在战斗中活跃时,为了适应残酷的生命背景,战士们就要发生改变——只有最强壮、最敏捷和最有力的战士才能生存下来。同时,在更深层次的元模因水平上,这还得确保"我族"能够在基因层面占上风,因此,屠杀、强暴和抢劫会很常见。

狂暴的红色冲突过后,幸存者可能会被当作奴隶或奖品。他们的头颅、头皮和耳朵作为获胜证明被取走,惨遭杀戮之后他们的性器官还会被毁掉,这是终极的奇耻大辱,因为如此一来可剥夺受害者繁衍或享乐的机会,甚至是死后的。1879 年,祖鲁人在南非纳塔尔的伊桑德瓦纳战役中获胜,他们切开了战死的英国士兵的肚子来释放紫色神灵。一些美军曾在越南收集尸体残骸。据说在 20 世纪 90 年代的前南斯拉夫,塞尔维亚人曾用强奸手段来增加部落人口,以此稀释对手波斯尼亚后裔的血统。在 1994 年的暴乱中,卢旺达的图西族和胡图族互相屠杀,红色元模因和紫色元模因再次统治了那些日子。

> 红色不是一种反常现象,而是人类元模因库中的正常组成部分。

旗帜:我们每个人都自带红色元模因

红色不是一种反常现象,而是人类元模因库中的正常组成部分。因为孩子们要学会如何应对红色恶龙、陷阱、顽劣小孩和"坏"人,所以,健康充实的紫色对孩子的成长至关重要。孩子们在3~5岁期间会持续完成由紫色到红紫色的转变。由于表达元模因的可接受手段才刚刚发展出来,因此不恰当的行为和噩梦经常出现。到了青春期荷尔蒙紊乱,会激增更浓厚的红色,很多人都无法从这种状态中走出来。

如果孩子刚表现出叛逆和独立,就会受到专制父母的压制,他们很可能会终生僵持在愤怒中。一个机能健全的人必须学会解决困难,管理个人力量,直面生活中的妖怪。父母的过度保护会损害孩子应对真实外部世界的能力。

处于紫色退出到红色波峰过渡区中的人们会变得不愿意或无法忍受束缚。然而,当红紫色尖叫着"别烦我"时,他们的喊叫是针对那些看着他们的家人、邻居、老师或同伴。虽然可以迅速表达出侮辱或奚落,但这也是自由的。非语言的表现形式包括怒视、冷笑、摆出其他傲慢无礼的"我谅你也不敢"的姿态或做出竖中指挑衅的手势,这些行为都能传达出明显的控制信号(通常是性方面的)。而后是口头嘲讽和说"脏话",如果不加以控制,接下来就会发展成肢体冲突。

美国年轻人过去会玩"战争""牛仔与印第安人"等游戏。现在,红色(和紫色)元模因的表现形式显得更加真实和暴力。为了加入街头帮派,年轻人会劫持汽车或随机射击受害者,作为他们入会仪式的一部分。(1994年,在得克萨斯州沃思堡,一晚上发生了10起这样的枪击未遂事件。)他们认为,如果无辜的受害者被击中身亡,那就更好了。

当神秘的紫色轮回转世信仰加入宿命论的街头生存中时，高风险行为确实没有什么可奇怪的。这在伯恩斯坦（Bernstein）的经典作品《西区故事》（*West Side Story*）中被传奇化，或在最近的电影如《街区男孩》（*Boyz n the Hood*）和《我的疯狂人生》（*Mi Vida Loca*）中被讨论，我们看到强大的个体在这些过渡性的 LC$^{2/3}$ 环境下竞争至死。（人们总是去寻找紫色恐惧和小群体的纽带，它们通常支持看似纯粹的红色行为。元模因很少独存，如果无法解决最基本的紫色问题，即"有个积极的人关心我，我有个安全的地方可安身"，那么将导致世界各大主要城市的街道上红色的升级。）

红色：波峰阶段

在美国历史上，像吉姆·布里杰（Jim Bridger）那种传说中的山地人有着很宽的红色频带，这驱使他们向西行，摆脱"文明"的束缚。幸运的是，那里有他们可以自由探索的边界。当今发达国家面临的一个最大挑战是寻找新的地平线，以便可以建设性地释放红色能量。这是很困难的，因为把它塞进城市脏乱的环境中只会制造愤怒，而对第三世界人民的殖民剥削不再像以前那样被接受。红色能够去哪里玩乐和冒险呢？人们会走上街头，或去玩电子游戏。（在互联网中创造新疆域，如魔兽争霸游戏世界、比特币世界；或提出移民火星计划、清理海洋垃圾、植树一亿棵等。）

在卡通动画、传说和神话中，充斥着大量浓烈而正面的红色例子——保罗·班扬（Paul Bunyan）、约翰·亨利（John Henry，钢铁司机）、"大坏蛋"约翰（Big Bad John）、兰博（Rambo）、阿诺·施瓦辛格在《终结者》中扮演的角色等。注意，他们都是雄性人物。直到最近，美国社会才承认，虽然睾酮可能在红色行为中起到一定作用，但红色元模因对女性同样适用。元模因解放者坦雅·哈定（Tanya Harding）毫不客气地揭露在花样滑冰和冰球运动中都有红色元模因的存在。

旗帜：这不是我的错

1958年，克莱尔·格雷夫斯从他的数据中首次分离出红色元模因。和我们所有人一样，他也曾遇到过红色，但却无法让系统中的人回答他的面试问题，更别说进行纸笔测试了。（人们通常会告诉他可以把研究仪器放在各种地方，但没有一个地方让他觉得具有吸引力。）他最终揭示的主题是："你要不惜一切代价表达自我，而不是去承受损失颜面的痛苦耻辱。为了得到赞扬，一个人将会永远活在他人的口中。"

他发现，以这种方式思考的人们往往会把困难和失败的原因归咎于自我之外的因素。你可能曾听过这样的话："他们是来抓我的；这是一个用来压制我们的阴谋；如果不是她，我早就出人头地了；他自找的。"在其他情况下，过失的原因在于"天上的那位（上帝）"或决定运气的超级神灵。

由于无法进行克制或做好计划，因此红色无法做到未雨绸缪，无法进行预防性维护，也无法遵守日常承诺。如果电池耗尽，便携音箱就被摔在墙上（坏痞兔）；汽油耗尽，汽车就被抛弃在阿拉伯沙漠中（坏奔驰）；不好用的高尔夫球杆被扔进水障碍区中（坏贝莎）；或者愤怒之下将配偶赶出家门（坏布巴）。

在20世纪80年代初期，格雷夫斯与我们一起飞往新奥尔良，那

> 红色思维的人以自我为中心且不加掩饰。由于没有内疚感，也不关心他人，强烈的自主、权力主张和获得特权是常态。这些人敢于反抗紫色神灵，志在征服世界，至死不渝。

里的波旁（Bourbon）街是红色圣地，尤其在狂欢节期间更是如此。我们的目的是与圣徒橄榄球组织的几名工作人员会面，包括当时的主教练"布姆"·菲利普斯（O. A. "Bum" Phillips）。菲利普斯的直言不讳和真诚的作风一直是格雷夫斯的最爱。（格雷夫斯教授和菲利普斯教练在他们的个人元模因曲目中都有不少红色部分。）

可卡因问题刚刚在国家橄榄球联盟中浮出水面。格雷夫斯指出，因为可卡因的化学成分似乎能将即时满足的需求与全能感联系起来，所以，它的分子结构与红色元模因完美契合。由于红色元模因中既无罪恶感又无悔恨感，因此被捕的球员会公开否认自己涉毒。事实证明，因为强效可卡因能更有效地切入大脑，所以它的危害性更大。

旗帜：恢弘壮阔

就像小时候幻想成为当权的主人公一样，红色想要超越生活——酷毙了。敢于挑战詹姆斯·邦德（James Bond）的大恶棍比比皆是。红色元模因的需求包括脱离氏族、行使独立控制权以及通过让自己对抗他人来建立统治权，终极目标是挑战死亡并获胜。因为他已经与群体决裂并已在挑战极限了，一个人必须拥有"正确的东西"。需要凭借压倒性的外部力量才能减缓红色进程，即便如此，他也不可能会不战而退。

红色思维的人以自我为中心且不加掩饰。由于没有内疚感，也不关心他人，强烈的自主、权力主张和获得特权是常态。这些人敢于反抗紫色神灵，志在征服世界，至死不渝。他们害怕没面子，却不怕光荣战死。在某种程度上，它释放了红色存在的痛苦，树立起了极其重要的声誉，让人永远被铭记在心中。或者这也是红色想要的结果。

美国前总统乔治·布什用红色来定义萨达姆·侯赛因（Saddam

Husseim），就像很多神权统治下的伊朗人将美国视为"大撒旦"一样。《教父》系列作品以及大多数武术电影中扣人心弦的黑社会罪恶都吸取了红色元模因。理查三世（Richard Ⅲ）、成吉思汗（Chengis Khan）、北欧海盗（the Vikings）和卡利古拉（Caligula）都有红色声誉。法国大革命期间，断头台上砍掉了许多红色贵族的头颅，而红色中产阶级成员也为这种"无痛"机制欢呼喝彩。

旗帜：当红色首次出现时

除了紫色魔法以外，在儿童文学中还充斥着红色恶狼、邪恶的女巫和怪物。因为在自我意识得到巩固并首次得到检验时，红色主题显得非常重要，电视和电子游戏都迎合了这一点。我们所有人都是在童年时期唤醒这个元模因的。要"成熟且负责"就意味着要控制它，除非在有些时候狂欢和"胡闹"是社会许可的。在希腊的厄洛斯岛、曼谷的部分地区、得克萨斯州西部的小酒馆、里约热内卢的狂欢节期间以及在星期六蒂华纳的龙舌兰酒雾中，红色寻欢作乐的一面就得到了释放。

借用《星球大战》（Star Wars）的说法，红色的"黑暗面"是造成1992年灾难性的罗德尼·金（Rodney King）事件，引发洛杉矶骚乱的重要原因。警方断定，金先生处于危险的红色状态，因而会诉诸暴力，而显然那几名警官也被触发了红色开关。后来，随着这一元模因将破坏性能量扩散到整个社区，卡车司机雷金纳德·丹尼（Reginald Denny）也遭到了市民的殴打。（幸运的是，更为冷静的蓝色领导者重新获得了控制权，但橙色已开始撤出投资。）

因为它让人相信"我很特别……我将永远活着……我是不朽的，不像其他人那样"，所以膨胀的红色自我常常会将人置于危险的境地。如同驾驶跑车的 18 岁青年一样，他们所向披靡。当红色被激活时，疼痛阈值实际上可能会更高。要认识到元模因和神经递质是直接相关的（研究人员才刚刚开始了解到它们之间是如何联系的），内啡肽含量似乎在升高，这改变了大脑的感觉化学。当内啡肽升高，同时肾上腺素也激增时，就能够解释为什么战士们在受重伤后仍会继续履行他们的职责，为什么有些人喜欢在酒吧里打架斗殴，而另一些人却觉得打架斗殴令人厌恶，以及为什么人们愤怒时会鲁莽蛮干。在强烈的红色影响下，人们可能会否认自己受伤，并像年轻时的"世界头号飞车超人"埃维尔·克尼维尔（Evel Knievel）那样，遭遇了严重的撞车事故却屡屡脱身而出，要换做是我们这些人早就无法动弹了。（这位不怕死的冒险者上了年纪之后，又在自己的曲目中增加了更多的蓝色和橙色。最近他在电视广告中宣传一种无药止痛设备。）

在艾滋病时代，性活跃的人后悔自己坠入红色泥沼，且随后不加防护地脱下了约束（和裤子）。红色思维是不考虑后果的，尤其是对于那些荷尔蒙爆棚、满口否认的青少年，他们需要证明自己的生育能力并迅速征服他人；或对吸毒者而言，"追求高潮"是他们生活的中心，更不用考虑后果。专注于眼前的满足，拒绝考虑负面的结果，都会使未婚怀孕和患上疾病的情况加剧。正如我们在上一章紫色部分中所指出的中非的情况，艾滋病在亚洲迅速蔓延主要归因于紫色元模因和红色元模因（以及橙色卡车运输）的流行。这是伺机通过螺旋上的元模因来施展攻击的几种疾病之一，它一旦进入高风险群体社区，就会在任何地方盛行。

旗帜：LC^3 是数百万人的真实世界

不幸的是，城市贫民的生活环境常常被负面的红色控制。社区街

> 只有通过健康的紫色和红色的建设奠定了基础土壤，才能让寻找到的蓝色道德锚点和学习到的橙色商务技能扎根。

道、住房和学校都面临着风险。在 LC³ 环境下，对于那些以红色视角看世界的人来说，抢劫游客或贩卖强效可卡因可能是有效的调节行为，而锚定在帮派中已无家属牵挂的紫色，他们在螺旋移动过程中看到了难以逾越的障碍——要么是实际的，要么是想象出来的。成为街区里最好的毒品贩子可能就是他们所定义的成功。在这里，人们预期寿命很短，危险不断。（为妓女与皮条客的关系做辩护或容忍家庭暴力和配偶虐待这样的行为也在这个范畴内，尽管外表可能是富裕的橙色或品行端正的社区标兵蓝色。）

当紫色家庭破裂，而没有其他共有的、自我牺牲的系统可以替代它们的作用时，红色浪潮就会随之而来。美国和其他地区的核心家庭都年久"失修"，因此红色仍在高涨，螺旋急剧向"我"和"我的"一边倾斜。

与许多政客和评论员所相信的相反，无论是建造更多的监狱，还是通过简单而自以为是的说教，都无法解决问题。替代性的紫色安身之所最初是从运动队、代孕家庭、好的儿童护理和良好的营养开始营建的。然后，精心管理项目可以将不健康的红色转化为健康的红色，如进行武术训练、户外运动式冒险、清理垃圾社区以确保安全。

只有通过健康的紫色和红色的建设奠定了基础土壤，才能让寻找到的蓝色道德锚点和学习到的橙色商务技能扎根。这些步骤是迫切需要的，但却很少有人提供。过早地试图用蓝色取代红色，只能证明生活的不公，人们只能用最好的方式来反击。相反，满足紫色的归属需求，并努力将不健康的红色变成积极的形式，而后自然就会出现只有蓝色才能解决的问题。

许多青少年，甚至是儿童，都还没有脱离红色，反而自豪地谈论

> 如果没有回报，就没有学习。如果一个人的恰当行为被迅速予以强化，并受控于不当行为的发生，那么斯金纳式的条件反射会对红色起作用，并有希望改变不恰当的行为模式。

着"前科记录表"（罪行清单）的长度。在 LC³ 世界中，"坏"和让人怕是好事。被逮捕证明一个人是斗士而非懦夫。难怪枪支会在小学校园中出现，防弹背心对于老师来说比苹果更重要。迟到、嚼口香糖、在大厅里聊天，甚至旷课等昔日的"罪行"已经被袭击和企图谋杀所取代。

旗帜：命不值钱

因为他们认为行为与后续的结果无关，没有愧疚感，而出现问题总是别人的错，所以，红色波峰不会通过受罚来学习。但问题在于："现在对我有什么好处？"如果没有回报，就没有学习。如果一个人的恰当行为被迅速予以强化，并受控于不当行为的发生，那么斯金纳式的条件反射会对红色起作用，并有希望改变不恰当的行为模式。因为退缩是软弱的表现，所以，永远不要威胁，只要做出承诺。"不"表示"绝对不"而不是"或许不行"。在这些新手心智训练营中，形而上学的确定性是必需的。永远不要许下超出自己能力的承诺。结果必须实际且恰当。

确实被负面形式的红色所阻碍的人们，应该被监禁起来，而有些人认为，或许消灭他们才是唯一的处置办法。蓝色倾向于对难以控制的红色判以"三振出局"式的终身监禁。橙色已成功地将这种监狱建设热潮转变为价值数十亿美元的增长型产业。然而不幸的是，大多数监狱都只是政府补贴的 LC³ 复制品。

因为这个元模因的行为是冲动的（而非预谋的），并且他们看不到遥远的后果，所以，即使是蓝红色的死刑判决，对重度的红色犯罪也几乎起不到预防作用。因为在他们看来生命毫无价值，最为悲惨的情况是没啥可失去的。如果迅速执行处决，确实可以为监狱节省空间，让蓝色见证正义的惩罚,并给绿色提出抗议的机会。然而,他们也完成了红色被判有罪的暴行,并验证了红色世界观中的残酷。

红色:生活是丛林

简而言之,生活在红色区域就像在丛林中生存。因为他们是弱者,弱者会输,他们就应该输。每个人都是一座孤岛,尽管他们可以在相互有用的情况下团结起来积聚力量。当不再合宜时,红色团体就会分裂,关系被抛诸脑后;团体成员间的忠诚是短暂的。这是一个弱肉强食的世界。

有时,表面上的红色只是摆姿态、虚张声势和自我防卫的掩饰。用力将它刺破,它可能会沿着螺旋退行到紫色,甚至触底至米色。但是不要指望它。你的所见所闻可能不是为了作秀,而是一种不计后果的自信的真实体现。街巷里的野蛮青年可能会"一看到你就开枪",因此不要冒险,除非冲突无法避免,否则赶紧躲开。请记住,受红色支配的战士不会将他人视为有权利和有价值的生命体。驾车枪击案的无辜受害者"就像是突然冒出的蘑菇挡在路上,妨碍我去做必须要做的事。无论如何,她都不应该在走廊上"。如果你必须参与战斗,那就迅速以压倒性的力量(例如像缉毒行动中的特警队那样)来最大限度地降低反击力度。要尊重他人,但要以绝对的、不容置疑的权威行事。昆斯伯里(Queensbury)侯爵的绅士规则不适用于红色。

这种对他人的漠不关心被视为彪悍和自制的表现,"我不需要任何人。没什么事情能让我难过"。(旧语"反社会者"可能适用于极端不健康状态下的封闭式红色,但其他元模因同样也有可能会致人精神错乱;它们只是表现形式有所不同。)

遗憾的是，有些人试图为这些深刻而具有破坏性的趋势贴上种族主义标签。这是不对的。它们更多是与生命背景以及它们所唤醒的元模因有关，而不是与任何肤色或血统有关。一个人的种族、性别、智力水平或种族肯定会影响就业机会、住房选择、教育和法律规定的各项待遇。美国看守所和监狱中的少数族裔群体的人口数量充分说明了他们过去的生命背景，也说明了在许多社区中正在活跃和缺失的价值体系。

与其问"为什么监狱里的男性黑人比白人多那么多"，不如来思考这几个问题：是什么原因造成我们这么多社区的红色元模因升高？为何会出现那种把在监狱里的"艰苦生活"当作一种积极成就来赞扬的道德观念？是什么人和什么力量在阻挡人们做出更为健康的选择？螺旋魔法师可以为此做些什么？

另一场红色高潮出现在第13代美国人身上，他们是婴儿潮那代人的孩子。许多人认为婴儿潮那代人作为父母失败的原因有两个。首先，由于流行的人文主义和放任的育儿方式（也许是对父母极为蓝色的大萧条时代警告的过度反应），他们拒绝严格管教孩子（蓝色太少）。其次，他们以牺牲子孙后代为代价，贪婪地享受显赫的物质财富。如今，老龄化的婴儿潮一代即将开始领取社会养老金，与此同时，对他们的子孙来说，技术含量高的工作机会也变少了。

除非当前的经济出现转机，并且可以利用脑力的就业机会大幅增加，否则第13代美国人将无法像父辈那样拥有非常多的财富，因此他们必须重新定义自己的价值观，或学着利用手上很少的资源来生活。几代人之间的不平等感加剧了十几岁和二十几岁青少年群体身上的愤怒不安和以自我为中心的红色思维。对许多人而言，利基市场的稀缺，只会使基于民族和种族的紫色恐惧线更加尖锐，并加剧贫富差距扩大带来的红色愤懑感。因为这一元模因自带功效极佳的谎言探测器，能看穿虚假承诺，且不容忍欺骗行为，所以，我们必须直面这些分裂，并"实事求是地说出来"。

旗帜：不平等的社会——有产者与无产者

红色社会由少数有产者与多数无产者构成。有进取心的有产者标榜自己的成功，自知他们有办法逃脱惩罚。他们想方设法让无产者卑躬屈膝、困苦潦倒，抛出足够多的面包屑让无产者充满希望却又虚弱无力。他们会惩戒服务水平低下的人，以儆效尤，来刺激那些期望能小有所得的无产者。没有人敢躲在窗帘后面偷看奥兹魔法师（Wizard of Oz,《绿野仙踪》中人物），也没有人胆敢评判皇帝的新衣。

红色无产者的行为通常是暗中进行的、迂回的。当有产者未曾注意且其周围都是比他们更弱小的人时，他们会去炫耀自己仅有的那点东西。这就产生了学校霸凌现象以及老板副手对下属的残酷剥削。建立在红色基础上的组织（和文化）认为贿赂和回扣是做生意的自然方式。每件事都应有必要的回报（贿赂、给小费）。一些称之为腐败和暴力的行为，在红色元模因不断增长的情况下，会被视为正常的做法。

在这个层面上没有利他主义，但是却存在着债务操纵和利益交换。"你帮我，我也帮你"，债务可以随时收回——"你欠我的"。同样地，怨恨和宿怨可以持续数年而得不到宽恕或妥协。红色对觉察到的轻视会记忆很久，会痛苦地等待"报复"。这些债务混合着紫色血统，作为持续的世仇（哈特菲尔德和麦考伊家族，the Hatfields and McCoys）和种族冲突（前南斯拉夫）世代相传。就像鳄龟一样，以红色区域为中心的人都不愿放手，而宁愿享受争斗。大西洋和英吉利海峡两岸的红色欢

> 健康的红色喜欢有趣的事物，富有创造力，并且足够自由，可以尽情探索和享受生活。

呼更是加剧了北爱尔兰的"麻烦"。

红色世界是可触摸的、坚实的、具体的。口袋里的一卷现金或挂在脖子上的金链子可比"毫无价值"的废纸（债券甚至支票）好得多。银行不值得信任。如果红色拥有卡车、汽车、牧场或"约会对象"，你最好离他们远点。除非准备干仗，否则不要轻视他人。留意保险杠贴纸上写的诸如"本车受王二麻子保护"，或者牧场上写的"擅自闯入者将被击毙"的标牌，并要当心提防温彻斯特·芭比（Winchester Barbie），她和少年犯罪集团肯恩帮派分子（Gang Banger Ken）一样危险。

红色是流血运动意识形态的一个组成部分。斗熊游戏、斗鸡和斗狗，甚至是高度仪式化的（紫色）斗牛活动，都颂扬"游戏性"，并将"崇高"的死亡看得比日常生活更重要。职业摔跤、橄榄球和全接触式搏击吸引了红色层面的一众男女粉丝，并催生了紫红色英雄神话，但有时明星们难免也会跌落神坛。由于麦肯罗（Messrs McEnroe）和纳斯塔斯（Nastase）两人的加入，网球运动有了一些红色意味，提升了这项运动对人们的吸引力。利物浦的足球迷们以狂热的红色而闻名。篮球现在是一项接触性运动。甚至在耗费脑力的棒球运动中人们也发现，播放双方球员从休息区倾巢而出参与群殴的场面会提高电视收视率。

旗帜：究竟是谁有危险

一提到红色元模因，尽管你可能更容易意识到它带来的消极结果，而不容易想到它的积极结果，但这个元模因是人性中的重要组成部分，既不是天生的好也不是天生的坏。这种自豪、强壮且坚定的生活方式可以激发活力和想象力。健康的红色喜欢有趣的事物，富有创造力，并且足够自由，可以尽情探索和享受生活。在打破"体制"的过程中，就会产生在紫色习俗或蓝色执行约束下不可能实现的创新。它会像催化剂一样给螺旋补充能量,并激发出行动和回应。

以红色为中心的人们不断地通过"英勇"行为来证明自己——将身体探出窗外,在窗台上保持平衡,明目张胆地践踏草地等。(觉得自己是英雄,在别人眼中却是幼稚的"狗熊"。)生活是一系列的考验、冒险和挑战,人们最终战胜了恶龙。在组织中,这个过程通常以与主管或管理层进行权力争夺的形式出现。获胜者会进入下一个惊心动魄的竞争中,直到他们也败下阵来,或被其他元模因掌控为止。

在波峰阶段,红色无法客观地看待自己。自我参与度非常高;当想法受到挑战时,防御即刻会产生。由于人们无法以旁观者的身份客观地审时度势,因此几乎所有事都被个人化了。在这个元模因的主宰下,冷静而理性的对话是不可能的。

红蓝色:退出阶段

这是红色的僵化位置,在此罪恶感开始潜入,这个元模因拼命地抓取掌控权。有迹象表明,彪悍的个体无法独自解决世界上的问题。可是,留神去听那些大声否认自己的罪行、责任和义务的声音,留意去看那些有意不去关心他人的行为。当"恶行"开始看起来"不错"时,可能就会形成一种"反成就"道德观。

因为人们蓄意作恶就证明他们意识到蓝色正在监视自己,所以在红蓝色区域,有太多抗议活动。人们渐渐开始对无节制的欲望和冲动行为产生怀疑。在追求生活的意义和目标的更为有序的世界中,厚颜无耻的勇气是不合时宜的。

有产者和无产者都会死去，除了少许共同点，他们的死亡率是一样的。有产者在得知自己的好运也是上帝的旨意时感到高兴。穷人认为他们长期遭受痛苦是有道理的，他们希望在美好的将来，一切都会"越来越好"。这两类人开始感到，尽管他们的计划和打算都做得很好，但一股压倒性的力量正在干预。不论是奴隶还是奴隶主，在愤怒的上帝手中他们都是罪人。

精英有产者开始强力推行他们的道德观和社会秩序，以应对正在出现的蓝色问题。在群体中占少数的统治者"为了他们自己的利益"将这套制度强行灌输给大众。（检察官往往会非常喜欢做这样的事情。）正式的规则（而非个人的奇思妙想）出现了，而对正当生活的规定就像十诫那样（不是精英阶层的专制要求）超越阶层而存在。激进的自我否定主题依靠铁腕手段付诸实施。

亚伯拉罕的上帝以人们所能理解的红蓝色讲话——公正地打击怀疑者和对秩序的神圣咆哮。不再有紫色多神论或红色偶像崇拜。人们必须遵守律法；它既不是建议，也不是指导方针。律法可辩论的余地很小，也不容反驳。人们做了错事很快就会受到惩罚，但这是依据律法而非君权来决定的。

亚瑟王努力在他的封建圆桌骑士团中引入了蓝色条例。《大宪章》（*Magna Carta*）阐明了元模因的世俗作用。布莱船长的英国海军建立在这样一个假设之上：水兵们主要是红蓝色群体，所以必须通过恐吓和定量供给烈酒来管理他们。"醉酒的水兵"是红蓝色暴徒，要对他们进行鞭笞，并由彬彬有礼的（蓝橙色）上司来对他们施以严格的处罚。因为大海给那些敢于乘船出海的人带来了棘手的紫色和红色难题，所以红色手段和紫色神话长久以来伴随着水手们是有道理的。

因为对他人的意识开始悄悄潜入，所以，那些以红蓝色为中心的人表现出对自我服务冲动的担忧。他们做事会考虑后果，但会花更多的精力来合理化自己的行为，而不去担心救赎。这类人认为自己高人一等，并会担负起管理他人的任务——可能是通过棍棒或胡萝卜来实现的，但谁在掌控局面、谁在为其他可能存在的权力发声是显而易见的。蓝色的本质是服从于终极权威。

元模因实例——达拉斯新黑豹党与白人雅利安民族峰会：不是黑白问题，而是皆为红蓝色问题

1993年5月29日，在得克萨斯州的达拉斯举行了一场奇特而又出人意料的峰会。新黑豹党的一场集会吸引了近200人参加。他们表情严峻，身穿黑色衬衫、军装长裤，头戴黑色贝雷帽。激昂的演讲宣扬着暴力、革命、"城市游击战"，并呼吁推翻联邦政府。人们充满红色的愤慨，但也明确表达了蓝色的使命。他们志在必得，愿意为事业而献身（甚至牺牲）并愿意接受独裁管理。

耐人寻味的是，白人雅利安抵抗组织的负责人汤姆·梅茨格（Tom Metzger）得到了现场全体黑人群众的热烈欢迎（《达拉斯晨报》1993年5月30日报道）。这种场面令那些局限在白人与黑人两极对立刻板印象中的人感到难以置信。然而，从螺旋视角看来，梅茨格和新黑豹党领导人以及密尔沃基市前议员迈克尔·麦基（Michael McGee）都说了相同的话。他们都想来一场革命，他们都同意建立相互独立的州，他们也

> 在螺旋复合体中，红色元模因就像火箭的第一级结构。它发出一声巨响，强力地推进，但在能量喷涌过后，发出嘶鸣，掉落回地球。

一致认同通过"一切必要手段"来达成目标。虽然他们分别来自"雅利安"和"黑人"种族，但他们的思想却都是红蓝色的。他们在心理上是孪生的，因此能够"尊重"彼此。

在螺旋复合体中，红色元模因就像火箭的第一级结构。它发出一声巨响，强力地推进，但在能量喷涌过后，发出嘶鸣，掉落回地球。在组织中，项目大张旗鼓地启动，但由于缺乏后续行动，很快就失败了。他们还没有发展出协同行动的能力、信任的关系以及长期规划新方案的能力。官太多而兵太少。随着企业的崩溃，权力之神却继续要求得到荣誉、尊重和特权。在这种情况下，自我不会做出让步，也不太可能理解更高的目标，因而为了扭转局面而要求做出妥协是不可能的。

当蓝色开始悄悄潜入时，它就与红色联合起来创造了一个不稳定的力场，这个力场在历史上孕育过辉煌和残酷。蓝色因素使红色行为合法化，而红色强制执行蓝色标准。其中不仅囊括了血腥的革命和起义、大清洗、"暴戾的"警察、河流源头，还牵涉玛雅人的天文和数学见解、古埃及的建筑技艺、伟大宗教传统背后的推动力，以及你能叫得上名字来的国家的许许多多的军事英雄和体育英雄。

第12章 蓝色——真理力量：目的性元模因

- 找到生活的意义和目标
- 为了得到延迟奖励而牺牲自我
- 为一切事物带来秩序和稳定
- 控制冲动并回应内疚感
- 落实正义生活的原则
- 神圣计划指派人们去各自的应许之地

蓝色的核心——生命背景：

只有一种指引力量控制着世界，也决定着我们的命运。它的永恒真理为生活在地球上的方方面面提供了结构和秩序，也统管着天堂。我的生命之所以有意义，是因为救赎之火在我心中燃烧。我遵循指定的道路，它将我与比我自身更伟大的事物（事业、信念、传统、组织或运动）联系在一起。我坚持正确、适当和良善的主张，并始终听从真正的权威的指示。我期待着美好的将来，所以我甘愿牺牲眼前的欲望。

蓝红色：进入阶段

在蓝红色区域，我们发现红蓝色的少许内疚感已经变得集中起来。对结果的关注和延迟满足显然正在取代红色元模因以自我为中心的冲动。他人作为有权利和有价值的个体，变得越来越相关；世界看上去"文明"了，但它是有规定的。我们并不完全平等。蓝红色思维产生了自以为正义的找错者和判罪官，他们倾向于将"好"与"坏"区分开来，并让他人为自己所是的样子感到羞耻。红色的一面想要消除不纯洁、不正义的想法，而蓝色的一面则想强加正义与秩序。

蓝红色元模因被唤醒，来平复红色的纷乱竞争。个体的自我必须被一个比他们或他们信奉的小神明更强大的权威压制。在《圣经·旧约》中，摩西从西奈山传达的十诫，标志着蓝色的到来。这种绝对的"你应该"和"你不应该"是将秩序、纪律、意义和目的引入人类进化洪流所必需的。对于那些从血淋淋的封地逃出来的野蛮人、军阀和雇佣兵来说，还有什么方式比对拥有绝对权力的盛怒的上帝的恐惧更有威慑力来控制他们呢？上帝可以把他们送进但丁式的地狱，或赐予他们永生，被天使围绕。

这个元模因将冲动束缚在内心，而不是狂放地向外表达。人们认为坚定沉着地克制是一种美德，并有自我牺牲的倾向——愿意为正义事业付出生命，或愿意承受体罚、忍受匮乏或接受最严格的饮食习惯和生活方式。当蓝色觉醒后，人们发觉苦行的感觉很好，而且膝盖或背部的一丁点生理疼痛能让他们欢欣鼓舞。履行职责，保持自豪感，"忍住疼痛"，放弃世俗享乐而去追随更崇高的召唤，这些会带来恒久的满足感。

> 蓝红色的一个驱动力是能净化不纯洁的思想和转变（或消除）那些有错误想法的人。因为蓝色需要由目标来唤醒，而红色渴望行动，所以蓝红色常常充满斗争性。

  作为一个"成长"阶段，正在成熟的蓝色最早表现在孩子对是非对错、公平与否、平等分享和借助权威解决问题等方面的试探性探索——"问老师"。青春期之前的孩子们在情感上拥抱资源回收的事业，而受挫的青少年却戴着耳机奋力思考："这到底是怎么回事呢？"

  当 LC^4 开始逼近，死亡就在眼前时，这个元模因真的会萌动。不过，只有蠢笨的人才会对这个过渡区内棘手的红色特征视而不见。如果蓝色尚不稳固，或者在紧张的回撤过程中，人们可能会退回到更强的红色。抗议活动分子可能会以保护动物权利的名义伤害实验室工作人员，反对堕胎的人也可能会以为胎儿伸张正义的名义杀害医生。最近，一名谋杀邻居的罪犯在沃思堡向警方认罪时说："我不是坏人。因为他盗窃我的财产，我才开枪射他。现在我要自首，接受即将到来的一切。"经典。

  蓝红色的一个驱动力是能净化不纯洁的思想和转变（或消除）那些有错误想法的人。因为蓝色需要由目标来唤醒，而红色渴望行动，所以蓝红色常常充满斗争性。战线划得很清楚，要捍卫信仰，行使权利，而且几乎总能取代短期获取私利的行为。蓝红色元模因在激进的犹太复国主义者和守旧的巴勒斯坦人身上都表现得非常明显，在三K党和黑人社区中的激进分裂分子、民主革命者或新纳粹光头党身上也有明显的体现。

蓝色：波峰阶段

  当蓝色元模因牢牢生根后，人们会感受到人生有了目标、动机和方向带来的喜悦。"右脑"认识抽象观念并与之结合的能力（而不是紫色宗族或红色回报）增强了。现在有一个可识别的更高力量在监督和管控人类的生存。例如，带有"重生"意味的宗教皈依，就具有所有蓝色印迹的作用。当它涌动时，这个元模因会允许启动一个新的"原谅"机制来清除障碍重新来过。人们必须清除旧的方式，并在使命、角色、关系或主义中找到新的意义。有人认为，"尽管我曾迷失过，但现在我又找到自我了，我已是一名基督徒（或穆斯林、法国人、非洲人、支持堕胎的活跃分子、哈佛校友、女权主义者或获得认证的世界公民）。"蓝色元模因能转变人生。

蓝色元模因在解放精神的同时，也在维持着一种政治上的左翼或右翼现状，甚至是维持一种根深蒂固的中立态度。当你深入地看蓝色时，你能够区分容器及其内容，即人们如何思考（大型元模因智能的本质）与人们思考的内容（它所吸引的特定结构）是特别重要的。

蓝色箴言：给混乱和无政府状态带来秩序和结构

蓝色运动，无论是宗教、文化还是民族主义运动，都是在混乱、匮乏和苦难的条件下形成的（通常是从红色沿螺旋向上发展，或是从不合适的橙色沿着螺旋退回来）。LC^4 使人们寻求秩序而不是无政府状态，这意味着莫名不安和忍受痛苦的缘由。解决社会混乱需要蓝色思维。当这个元模因到来时，人们乐意接受独裁主义来清理杂务并让一切重新步入正轨。智慧和真理的新来源被揭示出来（通常还会与紫色神秘主义和象征符号相呼应）。

任何依附于这个元模因的不二真理之路都有其自身的生命。服从于其权威（而不是现在已被妖魔化的个人断言）已成为一种强劲的驱动力。它使每个人都有正当的社会角色、种姓、等级、种族、阶级、资历水平或军衔。这提供了 LC^4 所渴望的井然有序的稳定性。社会期望人们知道自己的位置并坚守它，不去结交高于自己等级的人，充分利用已分配的资源，并为此心存感激。

当红色占主导时，迫切的个人欲望是最为重要的。而在蓝色主导下，"体制"的期望定义了什么是对的和好的。个人和社会最看重的事情不再是表达自我，而是转变成为了共同利益而牺牲自我。由于思维也是两极分化的，因此非体制的方法是隐含错误的，可能是有罪的，而且可能是为了检验人们对信仰和真理的承诺而引入的。此外，公然谋私利是邪恶的，证明信徒不值得与这样的人交往。

蓝色创建的分类世界也是有等级的。绝对权威（上帝的话语或是师长、总司令、"守则"的教导）屹立在荣耀之巅，向世俗权威发话，后者则沿指挥链发号施令。这样一来，红色通过阴谋和权势所逃脱掉的惩罚，现在必须通过耐心、正当生活、履行职责和缴纳费用重新赢得。自发地屈服于顺从，通过服从命令牢牢束缚住红色冲动。即使是浪子，只要认罪悔过，也有救赎的希望。

箴言：蓝色忧郁

从气质上讲，蓝色经常给人一种刻板、教条和冗余的印象。只要你同意就行。蓝色一遍又一遍地不断重复同一个话题，来证明他确实应该如此。你问他："我们以前不是已经听你说过了吗？"他会回答说："是听过了，不过再听一遍对你有好处。"问："这段话是什么意思？"得到的回应是："它表示的就是字面意思。"书应逐字逐句地阅读，它的深度永远无法估量，在解释上不能有任何分歧。

内疚感在蓝色中达到顶峰（在绿色中以另一种形式激增），并作为日常生活的一部分而得到整合。这个元模因在许多单口喜剧演员讲述的"犹太母亲"（或意大利、俄罗斯等国的）故事中都充满讽刺意味，这些故事讲述的都是慈爱而又挑剔的父母，他们会给孩子注入情感来控制孩子——喜剧演员理查德·刘易斯（Richard Lewis）以他父母在新泽西州的家为例，认为那是"由内疚搭建起来的房子"。教区教育（修女们用尺子打遍顽皮孩子的指关节）曾经也依靠蓝色。尽管神学基础不同，伊斯兰民族也规定了蓝色教育模式，还配备了整洁的制服，以减少红色嫉妒和物质财产纷争。

箴言：正当行使公正权威

为进一步克服红色的极端，蓝色采取了一种严厉的态度，但并不是不快乐或无爱心的态度。生活的乐趣来自服务正道和服从规则。在宾夕法尼亚州兰开斯特县周围的阿米什（Amish）文化中，人们努力维持着一百年前的生活方式，正如他们信奉的神所期望的那样。哈西德派犹太教徒也带有类似的元模因配置，而独身的（也因此离世！）震颤派（Shakers）教徒运动也如此。的确，大多数人都需要一块蓝色基石，不管它是基督教、儒家、克里须那教还是世俗的都没关系，用它来维系他们的生活，锚定道德、伦理和文明。

如今，太多年轻人还没有找到一个牺牲自我的道德罗盘，因此必须依靠自身利益和自己的欲望——当然就没法走好人生道路。对此的强烈反冲往往会变成严厉的蓝色权威——具有惩罚性、严厉的、清教徒式的、愤怒的且不露声色的。与现代（20世纪90年代）许多家庭中的元模因鸿沟相比，20世纪60年代的"代沟"相形见绌。

> 在蓝色中，一切事物都有其存在的目的、时机和原因。

箴言：对与错

在这个范畴内，善与恶在持续的统治权之战中相互对抗。其结果可能包括开悟、永生、遗忘或难以想象的折磨（意在抑制红色）。在虔诚的"忠实信徒"看来没有妥协的余地或灰色地带，对他们而言，稀里糊涂地温和比向敌人宣战更糟糕。阿尔及利亚、墨西哥南部和底特律的部分地区，目前正在穿越从红色到蓝色的区段。

在极端形式下，蓝色必定会责骂作恶者——《我控诉》(j'accuse!, 1938年上映的法国电影)。作恶者（在证实无罪前被认为是有罪的）在做错事后将会面临惩罚。与此同时，他们还必须直言不讳地指出别人的缺点和处事方式上的错误。在其更为严苛的形式中，蓝色会让人恐惧不安，以避免因不当行为而招致谴责、嫌弃或被逐出教会。它让人总是担心把事情搞乱或违反秘密订立的规则。行为自由被内心的罪恶感和对惩罚的恐惧严格限制着。（当纽带最终断裂时，这些人可能会回弹到蓝红色状态。这就是一些人离婚后的"狂野疯狂期"，也是另一些人的"中年叛逆期"。当保守派被彻底击溃时，禁锢人们思想的铜墙铁壁也随之轰然倒塌。）

有一家鸡肉加工厂发生了火灾，几名工人因出口被锁死（橙色干的）而身亡。表面上看，将出口锁死是为了防止苍蝇飞入，蓝色元模因通过受害者亲属发表的看法是"减少偷盗行为"，而疏忽大意的高管则声称："奉耶稣之名，他们理应受到惩罚。"

箴言：原因与目的

在蓝色中，一切事物都有其存在的目的、时机和原因。这个世界被各种屏障和防护手段包围着。时间是沿着一条单一轨道（单色）行进的，一件事接着另一件事。（"把手上的事做妥当了，然后继续去做下一件事。"）最终的审判在最后等待着我们所有人。

一切事物的存在及其目的的背后都有一个宏大的设计，尽管凡人可能无法理解它。上级权威一直在监视着，"列出清单并再三检查"，最终的奖赏等待着那些肯排队并做正确事情的人。而其余的人就有意见了，因为他们得不到那块金表。

由于这种永恒的奖惩机制，这个元模因有的是时间，因此它比不安的红色更有耐心，也更不那么不切实际。

书面语言是蓝色元模因智慧的一部分，因此这些蓝色教条通常被记录在"书"中。从底比斯的图书馆到区县的档案室，知识被永久地记录下来，克服了细节上的信息丢失和紫色口头传统那种必然走向消亡的命运。圣书、小册子和宣言被整齐地分类归档，通常一式三份，没有印刷错误。例如，手写的《摩西五经》卷轴对犹太教堂的会众来说就是如此珍贵（出现一个错误就意味着要从头重来）。许多基督徒都相信，他们的《圣经》是由前人毫无遗漏地逐字抄写下来的完整无误的上帝话语。如果是经验不足的年轻陆军游骑兵中尉，在发出太多命令之前，最好先参阅手册（及听取陆军军士长的建议）。

当红色元模因选择攻击蓝色系统时，它认为摧毁内容也会摧毁这个元模因的容器，因此它会洗劫图书馆，烧毁书籍，摧毁博物馆。当意识形态在一个蓝色占主导的世界中进行争夺时，他们会选择性地破坏，清除修正类的思想，审查图书馆，整理"事实"，指控异端，还会解读历史以符合他们对真理的演绎。（当橙色出现时，我们会开始"编造"一些真相，并修改历史以符合我们的议程。）

在 20 世纪 90 年代后期，蓝色元模因非常活跃。美德与道德是主要的政治主题。移民法和民族主义身份的争论到处都是。在美国，许多选举都变成了关乎某个问题的竞选，而候选人在堕胎或枪支管制等问题上的立场最为重要，至于其他优点或缺点都无关紧要。无论是美国、德国还是日本，在试图"回归基础"或恢复那些使"我们"伟大的坚实可靠的价值观、道德和传统时，都应该仔细审视其积极与消极影响。

1993 年 12 月 12 日，《沃思堡星报》(*Fort Worth Star-Telegram's*) 的主要社论呼吁"复兴传统价值观"，并坚称我们所有人都在"……重建道德秩序……在 20 世纪的最后 10 年间，美国人可能会觉得奇怪，钟摆正在从关注自我和自我需求，转变为认识到对基础和根本价值观的需求"。

注意"复兴"和"重建"这两个词。它们都表示我们曾拥有过的某些东西遗失了，必须把它们重新找回来。这通常表现为家庭价值观的崩溃或个性特征的缺失。显然，随着橙色"我的十年"让位于另一个"我们"的时代，LC^4 又重新浮现了。

在 1994 年 3 月 7 日出版的《时代》杂志上，谈及威廉·贝内特（William Bennett）那部 831 页的《美德书》(*Book of Virtues*) 时，兰斯·莫罗（Lance Morrow）警告说："从某种意义上说，怀旧的道德主义者几乎总是正确的。问题在于，怀旧的道德主义者可能会把自己变成一个政治纲领，从而催生出过分简单化的军事压迫——法西斯主义。在它即将到来时人们会感受到新鲜空气的气息，但待它过后，却会带来世界末日般的大灾难。"其危险之处在于，他们承诺会把未来最大的奖赏留给这项事业中的英雄、烈士和战士们。

当蓝色强盛时，强制性的国家服务很受欢迎，因为它可以对他人灌输有关责任、纪律和专注的观念。每个人都肯为共同利益而牺牲。（这个元模因曾参加两次世界大战。）如果橙色希望做到削减监狱成本并培养有能力的公民，同时还能完成必要的工作，则应当建立起像美国罗斯福时代的那种服务项目，如平民保护团（Civilian Conservation Corps，CCC）、工程进度管理局（Work Progress Administration，WPA）以及更为复杂的心智训练营，以满足人们退出红色元模因并过渡到蓝色元模因的需求。

欧洲第二次世界大战胜利五十周年纪念日的怀旧浪潮，与蓝色元模因产生了共鸣。许多生活在第一世界的西方人似乎真的很怀念那种为无可争辩的正义事业而献身的思想。

箴言：谁会去那里？是敌是友

当蓝色介入时，人们的反应是基于理性判断而不是基于同情心的；谅解与宽容是有限度的。根据总体规划，我们最终会得到应得的成果。以更消极的形式来看，这意味着人们首先会找出错误并将责任归咎于有罪的一方，而不是先去认可那些良好的表现。事实上，严厉的监工可能永远不会满足于不完美的表现。因为没有凡人配得到满分，所以，原则上，他们可能不得不在"白手套检查"中发现一些错误。因为孩子不打不成器，所以孩子们从未被认为表现得足够好。

在蓝色影响下，人们在选择朋友方面非常讲究。密友间往往有着相同的信仰，甚至信奉相同的宗教，持有相同的政治观点。在商业方面，蓝色通过教堂或共济会会址使人们保持联络，确保了客户基础和可靠的供应商网络。钻石贸易中除了橙色元模因，还有大量蓝色元模因。在西得克萨斯州，一次握手能促成许多石油交易。一个人往往只有几个密

> 蓝色元模因为人们带来井然有序的生活、整洁的工具箱并平息动荡的强烈需求。当元模因健康时，我们会看到在地球上活得最舒适、最安心和最宁静的那些人。

友，但他们是久经考验、值得信赖的。这些核心圈子守护着人们的信仰、银行账户和孩子们的未来。然而，当蓝色内部爆发冲突时，人们又是恶毒的，因为冲突双方都太知道如何能让对方伤得最深。兄弟之间可能老死不相往来，而内战是最不文明的。

箴言：秩序与严格管制，一切各居其位

当处于蓝色（忧郁）状态时，人们更喜欢紧凑的结构、特定的时间表和明确的结果。元模因存在于绝对的基础上——一生的保证和形而上的确定性。誓言和诺言不容亵渎，因此当人们处于蓝色区域时，荣誉守则是最有效的。现今的军校学员承诺不撒谎、不欺瞒、不偷盗，也不会容许别人这样做。（当红色或橙色元模因接管时，丑闻就会出现。）

就像以前的工厂工作守则那样，规范行为的标准不但很详细，而且被严格执行。遵守当局的规定是蓝色存在的首要原因之一。蓝色会假定违反行为有罪。即使没有交警看着，也遵守交通标志的指示，限速行驶也有其意义。

一个人的个人价值感主要来自外界权威的评价。不劳而获或得到不应得的利益会让人产生罪恶感，并且很可能会降低积极性。得到太多的自由同时又缺乏明确的方向会使人有压力。着装和发型、语言标准以及良好的举止都有明确的规定。《罗伯特议事规则》（*Robert's Rules of Order*）中规定了会议礼仪，正如蓝色博斯沃思战场或《日内瓦公约》上适用的绅士交战规则那样。

蓝色元模因为人们带来井然有序的生活、整洁的工具箱并平息动荡的强烈需求。当元模因健康时，我们会看到在地球上活得最舒适、最安心和最宁静的那些人。他们知道自己为什么会在这里，他们也知道将来

会发生什么。只有德高望重的当局发出相互矛盾的信息时才会干扰到LC[4]。只要"说法"一致，螺旋就是平衡的，生活就是安宁的。

在蓝色区域内，耐心工作者是出于对国家、教会或公司的责任和义务来完成任务的，他们认为人本来就要去"工作"并保有"一份稳定的工作"，而不是无所事事。勤勉避免内疚，服务带来满足。（元模因家族中因个人成就而感到欢欣鼓舞的温暖，直到橙色出现才再次得到了唤醒。）蓝色过去运营着美国铁路，现在仍运营着许多欧洲火车。蓝色还充斥着"烟囱工业"，随着工厂关闭，或随着橙色机器人（和韩国人）从自以为有着终身铁饭碗的日本熟练工人手中抢走了工作机会，许多人内心的螺旋便开始崩塌。

传统的排场让蓝色倍感舒适和滋养。"古老的宗教"和熟悉的颂歌使一切保持稳定。一个人的遗产是时间线的延伸，它可以直接传承给后代。在美国，阿灵顿国家公墓的无名战士墓是唯一一个设有24小时军事守卫的纪念碑，确保了蓝色的不容侵犯性。（由于蓝色在克里姆林宫逐渐消退，列宁就没这么幸运了。）

不论皇室成员之间相处得好不好，白金汉宫的卫兵也都会发生改变。然而，如果家庭问题或预算问题增加，因为皇家产业中几乎不会存在粗俗的红色或过于明显（念作"常见"）的橙色，英国王室面向公众的蓝色螺旋可能会由于运转不灵而崩溃。

在严肃的蓝色组织中，几乎没有轻浮的余地；有许多严肃的场合——"这可不是开玩笑的事。"王位继承人或董事会主席必须保持清醒。《圣诞欢歌》中的守财奴（Ebeneezer Scrooge）在圣诞节前夜入睡前也会这么说。然而，这个元模因并不是冷酷无情的。实际上，许多蓝色信仰规定要乐于分享、乐善好施、热情好客并愿意照顾身处困境的同伴。未来之灵带他旅行归来后，小气鬼先生放弃了自己那苛刻的红色一面，转而投身于蓝色波峰义务为他人服务。小提姆（Tiny Tim，《圣诞欢歌》中生病的小孩）也因这个螺旋发展而被拯救！

像"匿名戒酒互助会"（Alcoholics Anonymous）和类似的 12 步模型这样的方案不仅比圣诞幽灵更易于接触，而且它们在帮助人们减轻毒瘾的同时，也会带来积极的蓝色效应。增强这种元模因可以为我们带来自我力量之外的更高力量的权威，并支持强大的社群/集体，用一些紫色来对抗毒品、酒精和否认所带来的即时（红色）奖励。只要能访问一个人螺旋上的这个元模因，并且有足够的支持来控制它，就可以通过将这个人的生活转变为健康的蓝色结构，来控制虐待行为和其他失调。

但这存在一个问题。有些人身上的蓝色非常微弱，即使被唤醒，其强度也不足以平衡红色化学反应、LC^3 的拖拽或自鸣得意的橙色傲慢。针对这个问题的处理方式必须与螺旋易于使用的思维系统保持一致。如果不考虑这一点，流行的通用疗法的失败率肯定会很高。不过对于治疗"高风险"的青年或压力过大的高管的商业临床医生来说，这些疗法同样有利可图。

综上所述，蓝色元模因有序的牛顿世界，为那些发现了自己的正当位置并安于其上的人带来了极大的满足感。在有良好滋养的蓝色系统中的人们，能够找到心灵的平静，对未来有明确的希望，对生活的意义和目标抱有始终不渝的信念。文明社会的形成很高程度上得益于这种"俭朴、勇敢、干净、虔诚"的元模因，它的倡导者常常会被誉为"高尚的人"。

蓝橙色：退出阶段

那种顺从而实诚的好童子军反映的是一种元模因，却不是一种类型。一旦蓝色使世界安定下来并带来了稳定的秩序，"我"就有了重新开始骚动的奢望。在蓝橙色退出阶段，我们发现了一种谨慎、温和有礼而又可控地回归到独立思考的发展方式。蓝色波峰对权威既恭敬又顺从。而到这里出现了一种从被动接受到适度许可和控制的转变，甚至会怀疑权威是否真的完全如人们所吹捧的那样。随着人们突然需要对自主权施行严格监督，一种怀旧情结便得以延续下来。

蓝橙色的真相是人们从自己尊敬的名副其实的权威那里听来的。对于这种解释，仍然没有偏离的余地；但请注意，这种"名副其实的权威"已不再是普遍的标准。相反，它是个人选择的"主义"中的特定权威。处于蓝橙色退出阶段的人们已经开始区分不同版本的真理，并将它们变成私人财产，这一点橙色会导致信众内部产生很深的分歧。他们很容易倾向于谴责那些持不同观点的人，并对所有对立的观点不假思索地不屑一顾，而这会无休止地困扰着蓝色波峰阶段的人们。尽管这种争论往往拘于形式，并且侧重于语义而非宽泛意义上的原则，但宗派分裂、政党分化都是由这样的"小"问题引起的。

当蓝橙色进入合同谈判时，业务会出现问题。双方的代表听取各方的意见，都试图想办法驳倒对方而赢得谈判的胜利，不去想如何找到共同立场，从而停止这种博弈。通常，讨论会逐渐演变成争论，以掩饰双方之间的自我争斗，而不是去解决实质性问题。

> 处于蓝色波峰时,一个人会努力把事情做得绝对正确,但同时他也知道"唯有上帝能创造一颗树"。

如果有来自螺旋其他位置的人加入谈判,这些"主义"内部的争论可能会给人带来很大的情绪压力。因为蓝橙色要耗费大量精力来保护它的小世界免受挑战和威胁,所以这并不容易。他们更喜欢和睦相处的盟友,即"我们这类人",他们遵从对真理的解释,并且一定程度上尊重他们内部自我定义的权威。然而,拥有这种元模因特质的人更喜欢橙蓝色领导风格,因此他们很容易成为橙蓝色的代理人。引入一些活泼的红色或自由的绿色,在委员会和平台听证会上,长老会成员、弗洛伊德派学徒或共和党人将会"一决高下",那将是一场大戏。

在这一区域中,人们对顺从的需求仍然比表达自己观点的需求更大,但是天平正在向自主的方向倾斜。个体会去做权威想要他做的事,但会开始考虑以自己的方式去做,尤其是当权威没有在监视他的时候。这就需要谨慎的自我控制能力,标志着工于心计的开始。在蓝色保护伞下,缺乏自由会给人带来痛苦,激发出指导原则中的独立、个人能力和自我控制等橙色主题。

处于蓝色波峰时,一个人会努力把事情做得绝对正确,但同时他也知道"唯有上帝能创造一棵树"。在这个退出阶段,通过独立思考几乎可以做到完美,只是少了点来自当权派的约束。随着个性的回归,权威将面临挑战。对其绝对无错的怀疑使人们得以重新解释真相,以解决更多"现实世界"问题。这种受约束的自由催生出了一种自以为正义的生活方式,这种生活方式在更令人不悦的形式中变得浮夸、肤浅和自满,但并没有用到蓝红色所偏爱的严厉的批判主义。相反,这有一点像《故园风雨后》(*Brideshead Revisited*),几乎对一切都进行了批判,还有傲慢者在叫嚣:"我是最好、最值得的信徒。"诺埃尔·考沃德(Noel Coward)把维多利亚时代的蓝色到橙色的过渡变得很有趣,甚至有点让人不舒服。许多"我们的小镇"仍然被这种思想所支配。

如果将为事业服务视为个人存在的目的，那么很难获得对人的弱点和失败的同理心。虽然蓝橙色可能会出于责任感、义务和同情心而帮助他人，但它却很难具有真正的同理心。善行也能惠及他人，如贵族的恩惠，但更多的是家长式的监督，而不是热情接纳式的友谊。这就产生了一个广受尊敬的朋友圈，但却很少有人能变得非常亲密。大多数人都很难拥有蓝橙色标准下特有的家庭价值观、端正的品行和正直的品格。那些紫色和红色区域的人就更不走运了。

蓝橙色在努力超越自己标准的同时，还会炫耀其自以为正义的纪律，并谴责他人的软弱。这些人有时会强迫自己在现有条件下完成最多的工作。他们被驱使着这样去做，会因完成任务而感到宽慰，但这样也只是为了把下一个日程安排好。尽善尽美才是目标。在这个区域，要实现的需要［大卫·麦克莱伦（David McLellan）所述的"成就需要（N-Ach）"］很高，但它仍然严重依靠群体支持。迄今为止，还不曾出现强烈的压力需要一个人完全独立实现。

箴言：工作

在蓝橙色区域内，工作仍是工作。在这种高度分门别类的思维模式中，人们没有玩红色赛马游戏的空间，也没时间去享受自我；甚至蓝色的祈祷早餐情谊也在变弱。把事情做好本身就是回报。清教徒的职业道德是浓厚的蓝橙色。一个人会觉得有一种道德承诺，即生产整洁、精确和成功的产品。快乐和放松是来世的事，不属于现在。

一方面，红色倾向于"挑战极限"，敢于挑战不可能，为了获得荣耀而甘冒一切风险，就像敢于侧翻跟斗的江湖艺人。另一方面，蓝色擅长预防性维护、库存控制和监控规范，就像维护测试领航员。随着蓝橙色占据主导，列车不仅能够准时运行，而且增设了极高规格的"东方快车"头等舱专属空间，它们变得更快，也更可靠。重质量轻数量，这正是劳斯莱斯或兰博基尼的制造理念。这些东西均由手工定制完成，并采用"传统工艺"手法悉心装配而成。蓝橙色的目标不是制造昂贵或花哨的东西，而是把事情做得尽可能地好。

学徒制和行会制属于这一螺旋范畴。执照、测试和许可证是满足蓝橙色规范的保证。这种思想在大多数国家的消防部门、很多警察机构、职业军队和有着严格术业区分的学术界象牙塔中都普遍存在。

不过，这仍然是蓝色区域中一个狭窄的禁区。规章制度僵化，且有时会被用作惩罚性手段，以打击傲慢者使他们屈服，或惩罚懒惰者使他们参与到生产中去。通常，如果当权者过度要求提高生产率，员工会觉得受到了攻击和束缚。

在这种环境下工作的人对上级是恭敬而亲和的，但对下属可能是专横且残忍的。蓝橙色感觉被权威所驾驭，因此他们可能会像小暴君一样驾驭下面的任何人。他们就好比背着一只顺从的猴子，既厌恶它的存在，又不敢将它甩掉。猴子虽然重，却代表着他们仍然需要的稳定性。在快餐业中，过度使用蓝橙色是一个普遍存在的问题，仍在巩固自身螺旋的青少年，被雇用来试图管理过渡期的其他人。

这样的领导者声称关心同事，但却不断地评估他们的表现，衡量他们是什么样的人。蓝橙色经理人倾向于激励员工，成为仁慈的独裁者，继续推动更多、更快产生的结果。然而，当以其他方式抗议时，他却不把员工当人看，而是倾向于采用"临时工"的方式，轻易就会放弃那些行为测试不合格或无法承受重压的员工。（与红色不同的是，公司或许会提供咨询服务甚至是再就业协助，而不是简单地让员工"卷铺盖走人"。）

尽管如此，在这样的体制下人们只是会要求成立工会。通常，他们不知道为什么员工会不满。经理认为："员工应该感谢我给了他们一份工作和合理的薪酬。他们还期望什么？"员工们的回答是："为什么你只做了那么点事就能得到那么多薪酬，而相比之下，我们要做那么多事却只能得到很少的薪酬呢？我们理应得到更多，而你只给这么少，却还指望我们感激你。"这个根植于蓝橙色频带的问题是美国劳工管理面临的困境。

蓝橙色区段非常适合弗雷德里克·泰勒（Frederick Taylor）的科学管理——时间—运动研究或类似的研究。这种思维通常使人成为强迫性劳动者，但也可能是一个令人满意的劳动者。过去，公司青睐那些戴绿色遮光眼罩的工作狂，只要他们不在需要创造力和适应性的岗位上。老一套的钟表匠、工具和模具生意，以及在退休时能拿到金表的许多旧时的保险代理人和银行家，全都具有这种元模因。如果一个人把辛苦工作当成生活的目标，那么辛勤和汗水便会使他收获颇丰；而强制退休对他而言可能会是致命的打击。

实体被封锁在蓝橙色思维中，就会陷入僵局。他们达到了一定的能力水平，就无法向更复杂的水平发展了。经理们建立并巩固了能充分发挥作用的权威领地，但这往往会造成人员流动性高，员工士气低落，而且下属会有很多抱怨。低级公务员的原型是"小官僚"，通常是蓝橙色的。甚至大型公司（例如美国汽车业）都在努力避开这一雷区，远离狭隘的对抗性视角。正是在这个层面上，许多"再造工程"和"全面质量"项目的成功率有限。除非它们能够沿着螺旋继续向上发展，否则憨

> 蓝橙色思维通常擅长按照权威的指示组织事务并负责管理（从而避免受到责难、指责或批评。

墩胖墩效应还将占上风。

正如管理者那样，被封闭在蓝橙色中的父母也常常会在孩子们心中激起怨恨。许多旧时的军人家庭［如《霹雳上校》(The Great Santini)中那样］都很容易受到蓝橙色问题的影响。在这种视角下，理直气壮的专权是没有错的。它通过责任、苦修和纪律来增强人们的自信心，但同时也让人们对爱与接纳产生了深深的怀疑。当权者可能会发出傲慢的嘲讽，还设定出人们无法达到的标准。对于某些人来说，这样的挑战会促使他们沿着螺旋继续向上发展，但是另一些人则会退缩，变得愤恨，并将这种情感伤疤传递下去。

从更积极的层面来看，蓝橙色思维通常擅长按照权威的指示组织事务并负责管理（从而避免受到责难、指责或批评）。这样的人通过调节自己和周围的环境来找到自己的价值，但他们总是能表现出正确和适当的行为。这样的人渴望被认为是真实、善良又可靠的，并且他们时刻做好了准备——永远忠诚（并随时待命）。一直以来，螺旋中的这一区域是几代人的慈善事业、志愿服务和中产阶级稳定性的主要寄托。红十字会和联合劝募会依靠蓝橙色来募集他们的"公平配额"。

当蓝橙色与他人合作时，他总是会将重点放在完成任务上。任务本身会比社会需求或情感更重要，要么能完成，要么完不成。当管理者未意识到其他人在螺旋上有其他优先事项（例如家庭事务或时间管控）时，蓝橙色的优势也成了劣势。对于蓝橙色而言，在处理与绿色和黄色有关的问题时会显得尤为困难，这两种元模因对适用于当前范畴的领导风格根本不会做出反应。

箴言：权威被撼动

当居于蓝色中间地带时，具有资历或公认职权的人提出的权威性意见显得最为重要。发展到蓝橙色退出阶段时，只要一个人仍然贴近权威，就有可能会偏离已被证实的真相。新兴的独立性仍然不允许人们有太多的试验空间，因此人们倾向于避免极端、新奇或创新的风险。发挥到刚好压线，但不要越出线外（直到橙色更亮了）。

虽然基本的蓝色观点是"在名副其实的权威的要求下，牺牲现在以赢得未来的权益"，但在退出范围时，蓝橙色会公开蔑视所有名不符实的不良权威。最初，蓝橙色会开始温和地坚持自我，抵制那些缺陷和错误。例如，在教室里，会有学生说："但是，老师，请等一下……根据……你似乎讲错了。"（说这句话时，学生会眨眨眼，轻指一下，好言劝服老师。）

对"名副其实的权威"的评估从外界重新回到一个人自己那思想健全的头脑中，而这个头脑，正如格雷夫斯所说，"……知道自己知道自己知道……"。蓝橙色开始默默相信"我是比你更好的权威"。（无论是不是罪有应得，克林顿在其总统任期内深受其害。）

如果所觉察到的不端行为继续发展下去，那么政治丑闻和《60分钟时事杂志》（60 Minutes）工作人员的来访往往是蓝橙色"揭发"的结果。湿了脚的掌权者有祸了。不端行为将得到调查，并被痛快地报告给更高的权力机构，以使其采取适当的（惩罚性）措施，进行处罚并纠正错误。通常，这也正是其需要的。

蓝橙色区域也是白手起家的殉难者们的家园。为了得到信任，这类领导者需要受到"体制"的惩罚，这样他们才能获得重生甚至变得更强大。通过回应，"建制派"将蓝橙色思维者合法化为一股有价值的力量。

因为"他们"必须抨击，如此一来，这类人就变得更加确信自己是对的。如果他们被某些人忽视，那些人将设法被逮捕、监禁或以某种方式成为受害者。

这是蛊惑民心的政客和宣传家的惯用伎俩。希特勒深知，"敌人"的袭击能够活跃社会气氛，具有刺激性，还有助于征兵；红蓝色追随者很吃这一套，并成为忠诚的褐衫党。如果仍然受挫，蓝橙色就会在谴责压迫者的新闻发布会上先表现得义愤填膺。如果这还不起作用，他们就会一改表面上的沉着冷静，以捍卫正义事业的名义发动进攻。

因为有许多重要的事要做，所以这种蓝橙色世界观喜欢简单直接的方法。新加坡模式就是一个很好的案例。严明的纪律，明确的期望，以及对共同利益所担负的道德义务，这些因素都有利于控制潜在的不稳定的紫色派系。被指控故意破坏公共财物的美国少年会遭受"鞭刑"（若妥协则可少打一些），就是这个元模因在起作用。

然而，这个退出阶段可能是动荡不安与充满冲突的。一方面，人们试图依附于绝对真理来维持稳定，另一方面，权威人士也在教导人们独立思考。内部和外部锚点之间的矛盾会激发混乱的罪恶感。它有时会表现为消极主义和一种狂热的驱动力，消除邪恶，把事情做对。真相存在于何处，谁有权解释它，以及如何施行它，诸如此类的问题成了永恒的难题。

许多有抱负的企业家、准备在教会里尝试启用备选方案的不安分的灵魂们，以及刚刚崭露头角的政客们都在这个螺旋区域内四处游走。这既令人痛苦又令人振奋。尽管旧有的确定性岌岌可危，但走向独立性也令人兴奋。这个世界开始有了新的复杂性，同时也有了新的可能性。橙色具有感染力的热情开始盛行起来。

第13章 橙色——成就驱动：战略型元模因

- 争取独立自主
- 追求"美好生活"和物质丰盛
- 通过寻找最佳解决方案取得进展
- 通过科技改善许多人的生活
- 参与是为了赢，享受竞争
- 通过可靠的经验学习

橙色的核心——生命背景：

我想要成功，想要赢，想要在我的人生中有所建树。对于那些能抓住机遇并愿意冒一些风险的人来说，世界充满了机遇。没有什么是确定的，但如果你是优秀的，你就可以把握机会，在众多选择中找到最佳选择。你必须先相信自己，然后其他的一切就会水到渠成。你不能被框架困住，也不能让规则阻碍你进步。相反，通过实践应用可靠的经验，你可以做得越来越好。我对自己的能力很有信心，并希望在这个世界上有所作为。我要做的就是，收集数据，制订战略计划，然后追求卓越。

> 新兴的橙色带有来自红色智能的个人力量感和来自蓝色智能的有目的的存在感。

橙蓝色：进入阶段

在欧洲历史的背景下，中世纪之后的启蒙运动让橙色元模因应运而生。旧（蓝色）世界曾经辉煌灿烂，有圣礼、礼仪和僵化的社会结构。然而，它的成功播下了威胁到这一既定秩序基础的种子。五六个世纪前开始运转的五种力量仍能在"现代"社会引起共鸣：

- 市场经济（最初由亚当·斯密在1776年出版的《国富论》中提出）
- 功利主义政治哲学（反映在民族国家的崛起中）
- 窄化科学（在客观、实证主义的科学方法中概念化，取代了神话、迷信和"盲目的"信仰）
- 技术的普及（随着工业革命的兴起，机器迅速取代了人工）
- 个人的崛起（体现在各种对自由、解放、权利和个人自主权的保障）

该元模因唤醒了有产者和无产者之间的中产阶级，他们欢欣鼓舞地认识到，在这个世界上，几乎每个人都可以自力更生。在前橙色时代，国家往往是相当贫困、疾病缠身、封建和停滞的。橙色元模因的出现，无疑给人们带来了追求个人成就的新希望。

新兴的橙色带有来自红色智能的个人力量感和来自蓝色智能的有目的的存在感。从红色那里，它也获得了按照自己的意愿做事的欲望。现在，由于蓝色对规则的认同和一股为完成赋予生命意义的事业而奋斗的冲动，这种欲望得到了缓解。这些混合感为橙色元模因补充能量，它已经通过电视和MTV潜入地球上的每个角落。曾几何时，它甚至把我们推进太空，憧憬着"更美好的生活"就在前头。

就个人而言，进入橙蓝的主题曲可能是美国著名男歌手弗兰克·辛纳特拉（Frank Sinatra）唱的"……我按自己的方式来做"。这个元模因小心谨慎地行动，避免引起他人的过度愤怒。因此这个阶段的人（谨慎地）尖叫着要获得自由，释放被压抑的自我，并（微妙地）显露出打破这些障碍的渴望。然后，他们又会为自己的出格行为道歉。

在这个进入橙蓝色的过渡区域，当权威在场时，人们会表现出尊重（和蓝橙色的表现一样），但当权威不在场时，人们就会表现出彻头彻尾的贬损。很快，内在被赋予力量的"我"与外部残留权威之间的对决，就变成了"尿尿比赛"和"谁说了算"的心理游戏。这类人开始表现出对权威的公然否决，而不是像蓝橙色那样勉强恭敬。它是父母与青少年大吵大闹的交易关系，也是许多民事诉讼的核心。

建立在信仰绝对真理之上的自主性，会让一个人认为自己完全正确。随着蓝色保障了生活的稳定和安全，事业上的成功也为来世（无论是去天堂还是在地球上）提供了担保，此时，人们对荣耀的代价提出了质疑。当个人/精英类元模因开始掌权时，曾经占主导的讲求圣洁、刻板和牺牲的生活方式开始瓦解。

从与他人的关系所带来的束缚或者教条信仰所带来的限制中解脱出来，是这个元模因获得幸福的核心。当它很强大时，当外部的界限限制了橙色所渴望的完全独立时，这类人会感到（有时会表现出来）无比愤怒。人们的注意力都集中在打破束缚上，不管束缚是真实存在的还是想象出来的，授权与赋能是反复出现的主题。再加入一些红色，这些就成了大众的必需品。

事实上，这种元模因混合的很多行为都让人联想到红色的极端自信。但是，穿越蓝色的旅程将尖锐的棱角从侵略性变成了自信，将精明的狡猾变成了巧妙的算计。随着蓝色日益增强，人们概念中的时间框架也被延长，原本的冲动性（红色的"要么现在，要么永不"）会变成专注自身事务的紧迫性。

这也是为什么我们说，蓝色的经历对于帮助被红色主导的青少年提升螺旋层级是必不可少的。从强硬到繁荣的成长过程中，如果匆忙地绕过蓝色元模因，那么，也会忽视耐心、责任和对后果的考虑。这是一个失败的公式，这样的话，一个人就很难融入组织并表现出可靠的职业道德。

退出中的蓝橙色元模因可能会采用否定、评判的方式来表达想法，而进入中的橙蓝色元模因的特征是充满敌意、反复无常、随时爆发的。因为处于这个螺旋层次的人明白，公然拒绝权威会让自己失去那些仍然相信权威的人的支持，所以这些情绪通常会得到缓和。他们攻击的方式是含沙射影地讽刺、选择性解释和操纵事实。"永远要讲真话，但不一定要把全部真相都讲出来。"

在商界，橙蓝色以"霸道"著称。它引入了计算风险的概念以及"不冒险就没收获"的思想，这对螺旋的进一步精细化发展是至关重要的。当上帝决定要让人类成功而不仅仅是顺服时，该元模因混合体席卷了整个工业时代。这是聪明的企业家、职业棒球运动员、冷血（但负责任）的工头以及资本家的世界。这些资本家在周六或周日对蓝色（牧师）充满敬意，但可以在工作日"不惜一切代价"实现目标。这些在20世纪伊始建立了石油巨头的元模因在俄罗斯和南非迅速繁殖，以至于坚固的蓝色围墙正在倒塌。

在由蓝色到橙色的转变阶段，真相得以向大众敞开，而这不仅仅是顶层神职人员的专属。圣典的内容经过批量生产与发行，被传递到每个人手中。人们开始阅读并渴望获得信息。毫不奇怪，在橙蓝色领域有一个巨大的文学市场，专门兜售专家们的智慧。整架子的书籍、杂志、录音带和录像带都是关于如何自助、如何获得成功、如何赋予你内心以巨人的力量、如何成为自己最好的伙伴、如何蓄势发力、如何获得你梦想中的一切。消费者们已经拥有足够多的蓝色，就等着获得权威的许可，开始采取行动。而现在他们可以自己购买权威，并根据自己的情况听取意见。这也是主导脱口秀广播和电视节目的元模因组合。

挣脱束缚而"独立"思考的人们也粉碎了蓝色社会中各居其位的宿命论。少数人会退回到红色愤怒中，但大多数人会迈向渴望富足和影响力的橙色。因为进入橙蓝色通常会引发竞争对手的抵抗，他们认为自己在同一利基市场拥有优先权，所以做得太快会被指责为"自视甚高"和"搅局"。因为人们会直面障碍发动攻击，而不是巧妙地通过联盟铲除障碍，所以进入橙蓝色时不留情面、咄咄逼人的做法会引发负面反应。蓝色必备的"礼节"已经荡然无存，因此新势力在行使自主权时常常显得笨拙且令人恼火，新势力更多地把自主性当作挥舞的棍棒，而不是撬动改变的杠杆。然而，因为它是螺旋之旅中的必经之路，组织必须容忍这种鲁莽的做法。要明白，只有当更多橙色出现时，人们才能用更巧妙的方式来处理问题。

虽然这一范围内的整体基调是自主驱动，但橙蓝色需要其他人来为失败负责，因为（如在红色中）错误肯定不是自己造成的。学习如何将问题上报给上级或将责任推给下属，可以减轻很多麻烦的责任。通常，蓝色元模因会继续向前并承担责任，因为在他们看来，承担责任是理所应当的，担起重担可以减轻内疚感。（你很快就会发现，绿色也会陷入自责中，尤其是在社会弊病和不平等等方面。）

　　因为身居高位的橙蓝色经常认为，下属是不称职、不主动或愚蠢的，所以在管理中，橙蓝色只授予下属不重要的权力。真正的权力仍然握在他们自己手中。在这样的体系中，即使公司总体处于衰退之中，高管精英们也总是将巨额奖金留给彼此。当然，不健康的橙蓝色执掌工会时，也会出现同样的现象。尔虞我诈的状况推动着工人们走上街头，他们扬言要关闭工厂，而他们表面上的领导人则与谈判代表和MBA喝着卡布奇诺。

　　精英主义造就了人际距离。这个区域的个人过于挑剔和太有偏见，无法建立很多彼此信任的关系，尽管他们周围可能都是唯唯诺诺的人。任何冒险接近他们的人，都会因为情感倾吐而遭到攻击，也会在赢取信任并努力消除自己的错误时受伤。他们总是审视性的，当别人遇到麻烦时，这类人通常会表现得势利、厌恶和疏远，而不是安慰或支持。言下之意是"你不能照顾好自己吗？成熟一点吧！"离婚律师之所以蓬勃发展正是因为螺旋这一部分的存在。

　　处于这个区域的人感到无聊时，表现也非常明显。他们很少会不带评判地倾听（不论有没有声音），而且很快就会分心、烦躁不安或不屑一顾，比如找借口说"我得打个电话"。极度以自我为中心妨碍了对他人真诚、无私的关注，所以他们的注意力范围受制于他们自己的好奇心。当一个很热情的销售员或转变为"咨询"模式的人感到厌倦并突然结束对话时，你会明显感受到上述模式。在家庭中，父母经常无心倾听孩子的话；孩子长大后的情况会反过来。

　　橙蓝色的优点在于，有能力在创业和创新活动中表现出色。然而，这种"有想法的人"可能会一次又一次地开始,而不是把任何事情进行到底。快乐来自追逐,而不是捕获。(无论如何,蓝色会完成,而绿色则很难决定从哪里开始。)他们充满热情并有很多巧妙的创意,但只有当拥有互补元模因(而不是更多橙色)的伙伴们开始行动时,这些想法才能够得到落实。这类人知道什么是可取的、什么是最好的,但不能保持足够长时间的专注,直到实现它。因此,橙蓝色元模因非常需要他人,然而挑剔、苛求的性格往往令他们很难保持亲密。这也是为什么,好莱坞和艺术领域的许多"天才"迷失在未实现的梦想中,余生都耗在堪萨斯州的一个小剧院里,逐渐被人遗忘。

这一范围内的个体更善于处理想法和事而非管理人,他们的管理弱点就是人际交往能力。一个善于处理数据而非管理人的技术人才,可能会被提升成为一名糟糕的主管。在被提拔成管理者后,曾经表现出色的销售人员可能会变得狂躁和杂乱无章。

针对橙蓝色问题,尽管人力资源部门经常会将团队建设作为补救措施,但是,将团队协作强加给好辩的橙蓝色系统无疑是白费力气。虽然他们会利用团队,并欣赏团队活动的成果,但他们从不加入团队。这些人不愿为团队努力做出贡献,因此他们不得不放弃控制权,否则就有被人发现的风险。而且,当一个人认为所有的好想法都是自己想出来的时,他也很难给予团队应有的权利。

那些处在橙蓝色进入阶段的人渴望有机会表达自己并取得成功。橙色的竞争热情和超越蓝色标准的信仰,推动了其自身的发展。励志研讨会、自助磁带节目、横幅标语和群情激昂的销售会议会鼓舞他们的士气,即使是累积得分的电脑游戏也令人振奋。这种建立自我的方式能给生产力带来非常积极的、建设性的影响,特别是当事业值得奋斗、能量非常聚焦时。

然而，橙蓝色的高强度、致力实现目标的行为也会导致过早地耗尽精力。心血管疾病和肠胃问题是这种思维/生活方式产生的压力的生理性显化。只要一个人被驱使着去完成任务，并感到有点内疚，而且没能监测到内在的压力，爆炸就有可能发生。这是日本和"亚洲四小龙"面临的重大风险，在这些地区，大批经理人正在迅速、狭隘地被迫进入这一螺旋层次。

橙蓝色正变得不被他人的言行所束缚。这不是那种叛逆、不顾一切后果的红色，而是一种认为自己头脑最灵光的感觉。广告商以此为主题销售各种各样的商品，从汽车（比如用成就、卓越、无畏和翼豹等名字）到名牌香水。烟草业特别擅长针对有这种思维的女性群体和第二、第三世界国家的消费者进行营销。

在这些媒体广告上，人们被告知要超越极限，开拓新领域。在橙蓝色阶段，人们的个性还不足以无视他人的想法，但却有领导群体的强烈渴望。1992年巴塞罗那奥运会的超级设计体现了这一元模因的作用。这也是许多追求精英社区和自给自足封闭社区生活方式的人的心态。

这个元模因过渡正在进行中，数百万人正在离开蓝色僵化的阶层分化，沿着螺旋上升。例如，中国在解决粮食和人口问题的过程中，储存了足够多的能源和资源，从而创造了LC[5]，这是大规模激活以消费者为基础、迅速扩张的、精英驱动的橙色元模因所必需的。在其饲养基地附近，"他们都去过中国香港地区了，你还怎么把他们留在（集体）农场呢？"这种想法在中国的南方省份很流行，并将在未来几年内在中国内地蔓延。

相比之下，印度仍然更多地活在它古老的、牺牲自我的元模因家族中——紫色的氏族和神灵，蓝色的种姓制度和许多通往上帝之路，以及多样化的绿色统一。英国短暂的两百年橙蓝色殖民统治并没有改变印度历史神圣长河的走向，宗教多元文化仍被保存下来。个人主义的橙色只能靠边站。

橙色的觉醒虽然可以减轻基于蓝色元模因的内疚感，因为在生活中人们仍需要考虑到其他人，所以它并没有消除这种内疚感。一个人必须找到方法来处理残留的内疚感，说服自己不要被它所束缚，并重新定义消极，使它们变得积极。"我注定要发家致富。"橙蓝色的人需要为他们的行为辩护，但他们开始意识到，一旦十诫变成了建议，就连"山谷里的棕色小教堂"都开通了以 800 开头的电话（在更极端的橙色中，它变成了 900 开头的号码！），这样好的借口是多么容易找到——因为你可以说这是神的旨意：发（8）。你已经可以把你的祷告传真到耶路撒冷，那里有一种服务可以帮你把它们塞进哭墙里。接下来上线的可能是忏悔服务。

当这种思维活跃时，许多想法都值得考虑，但大多数想法将被判定为质量低而不值得深究下去。极端的蓝色将不同意见视为邪恶的，而橙蓝色阵营则认为它们只是愚蠢的。因为那是最好和最正确的做事方式，其他人需要遵循这些人的方式。显然，如果橙蓝色的人是聪明和机敏的，那么他的想法很可能是最好的。然而，来自螺旋其他地方的人通常会反抗橙蓝色这种自我重要的自信，如果不是反抗其思想实质的话。当几个这样的人碰在一起时，会议室或卧室里的争吵可能会非常激烈。

各种系统都是活跃的,并且在不断变化。因为科技的进步让我们几乎能做任何事情,只要我们不陷入形而上学的漫谈或无意义的辩论中,最终,人类可以通过操纵自然来学习它的秘密,在地球上创造更好的生活。

橙色:波峰阶段

橙色闪耀:大自然的运作方式是不断变化的,而不是永恒不变的

来自物理学、天文学和生物学的证据证明,各种系统都是活跃的,并且在不断变化。因为科技的进步让我们几乎能做任何事情,只要我们不陷入形而上学的漫谈或无意义的辩论中,最终,人类可以通过操纵自然来学习它的秘密,在地球上创造更好的生活。如果选择行动起来,每个人都可以获得成长、改进,朝着成为最好的自己的方向进步。"现代"生活源于节省劳力的设备,这些设备解放了精神去享受更美好的事物,更好的医疗保健和药品,改良后的动植物,也发展出我们可以主宰一切的信念。

蓝色思维是绝对主义的(只有一种正确的方式),橙色思维则是多重主义视角——可能有很多种方式,但只有一种是最好的。随着蓝色的减弱,人们的时间观也会从单一的线性时间,转变为复杂的多事项非线性时间。现在,许多重要的事情可以同时发生,人们的注意力可以在它们之间迅速跳转。橙色越强,同时要做的事情就越多,也就需要越多的技巧来应对。这种思维对于华尔街和复杂的国际市场来说是必不可少的。在橙蓝色进入阶段,仍然存在着规则约束、对传统的坚守和对权威的服从,而现在,这些特征都已转化为一种务实的、以结果为导向的做事方式。

闪耀：权威来源于经验、实验和自己正确的思维

当一个人走向橙色中心时，对权威的反对就变得不那么重要了。这类人会认为，凭借技巧，权威很容易被安抚，或者干脆被忽视。对教条的信仰已不复存在，取而代之的是实验数据、"科学方法"和持续评估，以确定目前最有效的方法。能带来成功的行动确立了什么是正确的，而不是由更高权威的指示或独裁人物的命令来决定什么是正确的。在欧洲，中世纪的蓝色思想被后人用橙色的语言写在威登堡门上，真相成为争论的焦点。

可能性思维，我们来了。机会比比皆是，整个橙色波段都由自主性掌控着。最重要的是，人们下定决心要独立自主并获得掌控。每个人都是宇宙间独立的存在，必须依靠与生俱来的才能和能力。要想在橙色生活中获得成功，就没有内疚的余地，也没有时间和精力可以浪费。在进入阶段，人们偶尔可能会有同情（一种非常主观的情绪），但没有同理心（一种非评估的、设身处地为他人着想的心理现象）。当橙色确信自己正确时，自信就会增强。这是一个"负责任的男人"，也是一个"知道自己想要什么以及如何得到它的女人"。他们都想要一切，而且现在就想要。

在这个区域的人崇拜金钱至上，贪得无厌，但这是因为金钱是人生的成绩单，"好东西"是橙色获得成功的有形证据。胜利和成就带来的兴奋感是给橙色的真正回报；人生是一场游戏，赢得游戏非常重要，第二名是失败者中的第一名。在世界大部分地区，橙色开始绽放，而在美国，里根/布什时代的雅皮士、储蓄贷款、炫耀性消费和不断增长的赤字，可能已经被证明是橙色曲线的顶点。

闪耀：人们注定要成功，并成为赢家

这个元模因出现在寻求利用机会来创造"美好生活"的个人或群体中。这些人想要从失败走向成功，想要操纵影响底线的人和事，倾向于运用大量的分析来优化解决方案，协调复杂的决策。此外，橙色拥抱的价值观和信念，信奉唯物主义而非唯心主义，推崇实用主义而非原则，追求短期胜利而非长期保障。人们渴望继续生活，但绝不陷入专制主义或难伺候的神学困境中。

多元思维是比较性的，生活是充满竞争的。蓝色绝对的意识形态标准被情境主义和谨慎的实用主义所取代——做有用的事，说他人想听的话。最重要的是对市场变化做出灵活反应和快速行动。然而，当天真的橙色经理人掌管公司时，他们试图通过裁员和强迫退休的方式赶走过去的蓝色，留下一群对组织缺乏忠诚但很有竞争力的下属。没有什么比增长和扩张更重要。在奔向快速繁荣的过程中，原则变得模糊，伦理往往被忽视。

闪耀："如果要做，最好赶快做（趁我能得到认可）"

橙色想要直接参与（并被认为是）进步。这常常会把任务时间限制在"在我的监督下"和任期内。长期规划如果不能让橙色现在看起来很好的话，它就会被绕开，转而启动短期的、更能带来成果的项目。隐蔽的基础设施被忽略，反而去打磨更为华丽的纪念碑。战略规划、目标设定和愿景是经常出现的主题，它们的旋律萦绕在权力的走廊里。由于其螺旋发展历史及其遗留的武士道牺牲精神，迄今为止，日本企业在将橙色计划延伸到蓝色和紫色中的能力，要比那些缺乏耐心、目光短浅的美国竞争对手强得多。

处于壮年期的橙色有自己的流行期刊，例如《福布斯》《财富》《悦己》《黑比诺》《欲望都市》《建筑文摘》《南方生活》《金钱》《精粹》《尼曼的圣诞节目录》《鉴赏家》、*Savvy*、*Go*、*Vogue* 等。（越"上档次"的读物对橙色越有吸引力，特别是对进入新兴市场的暴发户来说。）人们努力跟上潮流，磨砺自己的优势，并在竞争中保持领先地位。虽然不一定博览群书，但橙色知道自己需要知道什么，并致力成为该领域的专家。生活是一系列的执行摘要，声声催命、快速反应。

闪耀：符合成功和时尚的形象

橙色波峰的许多自我概念是反思性的，尽管他极力主张个性和个人自由。一个人可以自由地遵循精英们的方式，而成功与否取决于他自己的评价。橙色渴望的首选生活方式有如下特征：精神分析式的头脑，昂贵的套装，携配偶出现在戛纳红毯上（一种新改良、富有弹性或壮实的形象，取代了土气的、肥胖的、"不成熟的"、为完成学业而勤工俭学的蓝色），在高档餐厅与奢侈品商店中（作为常客）的被识别率。他们还会乘坐游艇在地中海巡航，在棕榈滩（Palm Beach，在美国佛罗里达州）或斯普林斯（Springs，在美国科罗拉多州）有个"小地方"，对协和式飞机（英法联合研制的中程超音速客机）了如指掌。

当橙色活跃时，形象往往比实质更重要。如果没有"漂亮的脸蛋"，至少要开上一辆彰显身份的车——"你开什么车，你就是什么人。"开着这些高档车的人成了自命不凡的重要人物，礼貌让位给了竞争——轰、轰、嗖、嗖。通常不会有红色的轮胎吱呀作响；相反，橙色只是假设其他司机知道该为他们让路。22岁的美女们一边化妆一边用手机"交流"，和那些说着"成交"和"大赚一笔"的西装笔挺的绅士一样，确信自己已经掌握了知名赛车手马里奥·安德雷蒂（Mario Andretti）驾驶雪佛兰巡洋舰时的驾驶技术。

既然门面是有用的，一个人就不需要实际拥有有形的物品，来获得橙色所崇尚的"美好生活"。虽然仿冒品没有设计师的原创那么好，但外观撑着，总比被别人当成"呆子"或"怪胎"好（除非那样看起来很"时髦"）。自信的举止和成功的外表可以在橙色区域中创造奇迹。红色依赖心怀抱负但又不讲求道德的橙色来进行一些不正当的商品交易——"我为你提供一只货真价实的劳力士、一台苹果电脑。想要一些音响吗，便宜的？"只要一个人还在时髦圈中，而且"有了它"，就有可能成为"时尚玩家"。拉斯维加斯的赌场经理、阿斯彭（Aspen，美国科罗拉多州的一座城市）的酒店经营者和执行选角的戏剧制片人对这一事实都充分理解。

闪耀：与橙色世界一起成长

有人会认为，富裕家庭环境中的孩子会潜移默化地自动获得父母的价值观和愿望。实际上，有些人会，但大多数人不会。要想学习处理LC^5，需要的不仅仅是殷实的家底。即使在经济贫困的家庭，鼓励勤奋行为、独立行动和自力更生的育儿经历也能唤醒橙色能力。让孩子勤工俭学送报纸，在学校里接触清教徒或儒家的职业道德，甚至参加说唱乐队，都有助于年轻人发展出橙色元模因。然后问题就出现了。它会吸引哪些信仰和想法呢？蓝色的地基是否牢固到足以辨别是非？这种橙色会选择什么样的生活方式呢？

以橙色为中心的父母把婴儿（和他们自己）视为宇宙的中心。当他们表现得彬彬有礼时，细致入微的养育行为是非常吸引人的。可惜的是，一些橙色的父母变得如此以婴儿为中心，当别人没有注意到婴儿的

> 橙色带来的个性是精打细算、承担责任和渴望支配。他们发号施令是出于一种更大的能力感，即使遭受批评，也仍然保持这种自我形象。他们很少因为反馈而改变自己的想法。

哭闹声，或者没有注意到这一切多么引人入胜时，他们会惊讶。（红色则会更大声地喊叫，而忽略后者，这更糟糕！）在飞机上，橙色的后代在过道上招摇过市，在长途飞机上尚且如此，更不用说降落后的仪式了——从头顶的行李架上取下钛框、戈尔特斯（Gore-Tex）内衬、绣有字母的婴儿车和古驰尿布包。

橙色活跃在世界各地的富裕郊区中。这些财富新贵想要自己的地盘，无论是带迷你游泳池和微型草坪的豪宅，还是其他的在他们的环境中代表着成功的东西。无论是离开索韦托（Soweto，南非最大的"城镇"）搬到约翰内斯堡（Johannesburg，南非的"黄金之城"）的一座联排别墅里，还是从利物浦搬到伦敦的一套公寓中，橙色的机动性很强。对他们来说，在爱炫富的邻居中保持领先是游戏的一部分。

橙色带来的个性是精打细算、承担责任和渴望支配。他们发号施令是出于一种更强大的能力感，即使遭受批评，也仍然保持这种自我形象。他们很少因为反馈而改变自己的想法。然而，橙色又一直在寻求反馈——"告诉我你对我的看法"，但如果批评意见不符合先入为主的想法，他们又会拒绝接受。他们相信他们的方法显然是最好的，必须用其他方式来说服他们。

闪耀：生活是一系列的挑战、考验和机会，可以做得更好

橙色喜欢推论和辩论，就像他们喜欢运动比赛一样。他们对自己的想法充满自信，但总是用小小的胜利证明自己。橙色的真理取决于自我发现和自己敏锐的观察。有时，他们会否认相反信息的有效性，或转而攻击源头。但是，通常情况下，最大的功劳应该归功于对手，他们做到了全力以赴、以牙还牙，而任何无法加入游戏的人都会被低估。探究性

的问题是意料之中的，如果你在见橙色之前未能"做好功课"，那么你注定要失败。

闪耀："把它挂在旗杆上，看看谁在致敬"

橙色的商业和政治充满了军事和体育的隐喻。生活是与间谍、联络人和盟友共同进行的一系列演习。在营销战中，他们会攻击竞争对手，用迂回战术包抄他们。然而，其缺陷在于，鹬蚌相争，渔翁得利。当他们把注意力集中在双方的小冲突上时，第三股更大的力量压倒了游戏中的双方。（你可以回顾一下第 8 章关于战略联盟的讨论。）软弱的、不健康的橙色会错失良机，他们承担了过多任务，其从中作梗让人们对立的行径，被抓了个现行。当行为败露时，他们的策略是用精心编造的故事来恐吓他人、曲解是非和推卸责任，同时持续"巧言令色地否认"。要小心这些人。尽管他们用自己的美德和不称职同事的缺点巧妙地说服了自己，但他们的职业生涯是踩在同事们的尸体上建立起来的，他们认为这些同事都太差劲了。

橙色的生活是有方向的、专注的、高强度的和相互联系的。1994 年的伍德斯托克（Woodstock）音乐会为参与者提供了移动电话的充电器和传真服务，让该元模因听众保持联系（尽管米色所需的水和厕所没有得到很好的满足）。电脑化日志（当"我的人"不在时）可以帮助你记录联系人和繁忙的日程安排，但橙色却在这种活动中茁壮成长。挑战极限的测试会引起肾上腺素激增。如果橙色思维的政客失败了，他们就将其合理化，从中吸取教训，然后重新进入赛场，成为更好的候选人。他们的生活是建立在成本/收益率基础上的，因此，交学费和接受一些打击是其中的一部分。

> 在元模因配置中有明亮橙色的人通常会显得精干和强大，因为他们正在实现自己的目标。对初创企业和需要扭亏为盈的企业来说，适量的橙色至关重要。

闪耀：人才是资源，所以"……对你自己真实"

远离公众监督的评价就会直言，很像《尼克松录音带》(Nixon Tapes，1971—1972)。批评是冷血无情的，但也是直截了当的。当橙色离开时，它不会平静或顺从地走开。他们为了胜利而奋斗并保持领先，且在这个过程中经受溃疡、离婚或心脏病发作的折磨。

他们只会对有用的人在有用时展现出表面的热情，但橙色比同事有更多的人脉。忠诚基于效用而非义务。为了最大化其选择范围，橙色必须与他人保持一定距离，将理解他人作为一种操纵工具。因为他们认为每个人都应该在这个世界上自立，所以他们公开蔑视同理心。发生在别人身上的事情可能是有用的信息，但一个人不能投入情感。公事公办。当人们没有利用价值时，他们就会被抛弃，就像过时的设备被废弃一样。这可以不用处理得那么绝情，但信息是非常明确的，它务必要执行。

因此，在橙色程度高的企业中，人际关系非常脆弱。橙色知道自己的不可预测性，并将自己的动机投射到其他人身上，因此，信任他人被橙色认为是有风险的。尽管他们可以给出表面的关怀，但这样的人很难把注意力放在除了自己的其他人身上。一切都围绕着自我利益运行，存储的信息可供以后使用。一个人感到的压力越大，他的行为就越以自我为中心，有时甚至到了疯狂绝望的地步，甚至可能有内部间谍活动。

闪耀：领土带来自信

在元模因配置中有明亮橙色的人通常会显得精干和强大，因为他们正在实现自己的目标。对初创企业和需要扭亏为盈的企业来说，适量的橙色至关重要。橙色会给人一种自信和积极向上的氛围，这种氛围具有感染力,会把别人也吸引到橙色的行列中来。大量的销售研讨会和公司培训计划都是为了提高人们的橙色。如果他们在聆听公司内部宣传时体会到了一些成功,那么就足以改变他们的生命背景,可以巩固他们在螺旋上的长期变化。如果没有获得支持,"脑海中的画面"会很快消失。

从负面来看,橙色可能会缺乏良知,尤其是在涉及重要结果的时候。他们可能是肆无忌惮的,将对他人的伤害视为"必须要做"的必要条件,或者将其合理化为"实际上是为了他自己的利益着想"。然而,橙色永远不会像红色那样冷酷无情,因为从长远来看,这种做法不会带来回报。回头客是最好的;如果欺骗他们的话,坏消息就会传开。得到过好处的人以后可能会派上用场,所以要尽可能少地过河拆桥。因为过于明显的欲望、野心或骄傲会让其他人反感,所以,情感的表露是受控制和受监控的。然而,就像第2章中的新加坡雅皮士一样,在法庭上赢得胜利以后,他们会在高档酒吧里与其他同伴开香槟庆祝,或在法庭后面的洗手间里大喊一声"耶!"。

橙色有能力独立运行。这种想法导致了单枪匹马的创业风险,他们就像老派的野心家一样分散风险,出售未探明的油田的股份。该元模因对新鲜事物和持续改进的追求通常会推动社会变革和经济发展。套利者(或任何其他精明的商人)必须有健康橙色的理解力和一位巧舌如簧的律师。

决策基于冷静的定量评估和概率计算。"事实,女士;这只不过是事实,"橙色说道。他们不能指望他人的支持或建议,因为这是软弱的证据,破坏了他们完全自主的妄想。他们只希望别人对他们的"投入"进行评估。为了提高做出明智决策的概率,他们必须收集和处理数据,并做成无数的表格与图形。

闪耀：自由市场、自由企业、自由放任模式是最受欢迎的

涓滴效应[1]根植于橙色元模因。每个人都要对自己负责。最好的人会获得成功和富足。反过来，他们也会利用别人来达到目的，不可避免地将战利品向下扩散。最终，因为涓滴效应的影响，即使是最不称职的人也会获得一些好处。它吸引了一些模因，这些模因表达了对给贫困地区或贫困阶层特别优待的社会项目的不满，这些项目支持那些无所事事的人不劳而获。在橙色元模因眼中，工资而非福利，是这里首选的安全网。他们投资于人，而非施舍于人。在美国，随着中产阶级细分市场的数量在减少，医疗保健需求在增加，而整个国家的螺旋在未来10年将被重新调整，如何做到这一点将是一个巨大的问题。

橙绿色：退出阶段

退出阶段仍然是一种以自我为中心的存在方式，但这类人现在感到了来自他人及其需求的侵犯。橙绿色也会感受到持续竞争带来的孤独感和阵痛。这里选择的策略是让别人满意，换位思考，或者保持距离，但这段距离又足够近，可以在有事或需要在"黑暗和暴风雨之夜"获得安慰时找上他人。在他们看来，团队有时是有用的。

这是一个冷静的经营者，因为他知道如何避免糟糕的交易和失败的局面，所以有更多的机会获得成功。他的特氟龙（防粘）系数[2]很高，因为会给他人造成破坏的问题很快就消失了。领导权力正从第二次世界大战一代手中移交给婴儿潮一代和他们的孩子们，因此这是当代许多年轻政治家的一种常见思维方式。正如非常简单的冷战军事背景变得更加

> 整个橙色带的一个特征是有无限的自我和无限的可能。橙色元模因主导的人不受严酷现实的束缚。

复杂一样,随着LC⁶的出现,冷战战士的蓝橙色和橙蓝色心态正在给反叛的绿色让路。这是现在最不寻常的事。

这并不是说今天活着的大多数人都在橙色带的上端思考——我们不是。但是,与他们的蓝橙色和橙蓝色前辈相比,杰出的第一世界领导人和新兴的第二世界与第三世界领导人有着更加务实、经济、多元化的橙色波峰思想。接下来,绿色元模因将聚集力量。

橙绿色思维让人们可以非常成功地达成见面交易。尽管他们可能无法完全理解眼前的复杂性,但他们并没有被复杂的情况吓倒。他们处理问题时镇定自若,心如止水。他们充当有用的麻烦解决者,是训练有素的门房、领班,或者政治竞选的前线人物。他们拥有的是"传令兵"的思维,可以在需要的时候得到任何想要的东西,但却能让给他们东西的每个人给得心甘情愿。他们与别人相处时总保持着一定的距离,也很清楚自己真正效忠于什么,但他们带来的服务让人如沐春风。其罪行的受害者可能都不愿意作证。

一个人的卓越才能(和信心)占上风。整个橙色带的一个特征是有无限的自我和无限的可能。橙色元模因主导的人不受严酷现实的束缚。正是因为这种乐观,他们经常会进行过度解读,把"可能"变成"绝对",把"以后"变成"现在"。如果梦想没有实现,他们的感情就会受到伤害,他们会变得沮丧。不过,如果橙色比绿色更强烈,这种情绪也不会持续太久。"振作起来,掸掉身上的灰,重新开始。"

在橙绿色阶段,人们的感情意识开始增强,所以这类人变得很擅长人际交往,比如当今完美的年轻政治家们。橙绿色的存在提升了人们理解他人情况、评估情绪以及采取正确行动的技能,所以人们会感到好奇:"她怎么对我这么了解?我们才刚认识,但她能在我说出来之前就知道我在想什么。"这些评价可能相当客观，通常也相当冷淡；但随后表现出来的行为又透露出温暖和关心。

与此同时，他们也能更好地管理自己的形象，控制自己的情绪，并表现出温暖和关心的样子。然而，由于橙色控制的强大吸引力，他们可以立即从关系中抽身而出，并停止对他人看似真正感兴趣。温暖的表现仍是为了方便控制。在忙碌或分心时，橙绿色可能不会有太多时间或注意力给他人，这常常会令那些认为自己更重要的人感到惊讶。

处于橙绿色退出阶段的人不喜欢刚刚发现的自己对他人的需要（把它视为弱点），但认识到了自己对实现目标的重要性。到目前为止，一个人已经学会了如何利用人、如何把人们整合起来作为资源，以建立共同的成功。现在在互联网上抢劫的黑客团伙可能就是这种元模因配置的代表，封闭的这类人不会认为，他们以牺牲美国电话电报公司或花旗银行为代价展示自己有多聪明有什么错。

例如，队员们在为队伍加油的同时也会互相竞争奖牌，因此这个元模因集合在奥运村中很常见。当绿色比例过低时，整个队伍的力量就会被削弱，因为运动员会肆无忌惮地试图打败对方，把注意力放在橙色重视的自我表现上，而不是团队协作上。然而，当达到更合适的平衡时，人们会努力发挥出个人的最佳表现，也会支持团队在比赛中名列前茅。这也是选美比赛在宣布亚军时，选美选手试图展示的形象。

橙绿色真心想成为善良而又真诚的"好人"。然而，他们必须努力做到开放和真诚。他们的情感表现往往显得矫揉造作，而自我表露则是被迫的。之所以给他人提供帮助，通常是为了满足橙绿色的规范（橙色知道它最了解），并配合他们的日程安排。当其他人的想法和意愿开始变得重要起来时，他们往往很难做出具体决策。民意测验、调查和讨论弥补了信心差距，这种差距在轮廓分明的橙色波峰不会出现。在克林顿当政期间美国出现的外交政策混乱和美国国内的动荡，恰好是橙绿色元模因堆栈在起作用的绝佳案例。

真正想要培养人才和解决问题的愿望，是残留的、善意的橙色控制需求想要彰显自己的地方。在政治领域，它指导着社会工程学（终极实验室）努力工作，以使整个阶层的人成长，并按照"最优秀和最聪明的人"制订的计划，为他们提供获得更健康的身体、更好的福利和做出贡献的机会。绿色元素包括关注人们的感受，以及对当前的各种情况做出回应的愿望。然而，在蓝色批评者眼中，这种有求必应的态度会导致承诺未能兑现和感觉被欺骗（被骗者不一定是应得的）。

在企业环境中，一些橙绿色可以成为卓越的导师、优秀的教练和成为希望每个孩子都能出类拔萃的老师。然而，当该元模因集合经营组织时，上下级之间仍然存在一定的距离。橙绿色的热情表现是有条件的，因为发展到这个螺旋层次的人仍然会感到脆弱，当别人过多地了解他们或窥探他们的"私人生活"时，他们可能会产生防御心理。他们也还需要保持自身的优势，而这往往会妨碍他人全心全意地与他们合作。"让我们都自我表露内心的真实感受吧，你先来……"

橙绿色可能会选择性地解释真相，试图让每个人都感到满意和顺从。当故事受到质疑时，他们会变得困惑，并试图将注意力转移到别处。另一个策略是"卖惨"，让自己被误解——这看起来可能相当真实。然而，当社会计划，有时是政治正确且以盈利为目的的计划，遭到阻挠或得不到赞赏时，他们会表现出愤怒和失望。"可是我们的用意是好的。他们只是不明白这对他们来说有多好。"这种挫折感会变得令人难以承受。

总结一下橙色元模因带来的智能，想想这个元模因给螺旋增加的这些力量：

・以科学方法表达详细、规范和聚焦的问题解决顺序的能力

・让个人和群体有能力摆脱神话、传统和信仰的务实意识，从而在不可避免的变革中开启新的可能

・对探索、外出冒险、体验小说以及率先发现、发明或征服许多"隐藏"知识的永无止息的渴望

・相信人类可以通过智慧努力地工作和不断优化迭代来完善自己

・释放竞争的信号，敦促那些想要征服新市场、拿下比赛或者在政治舞台上获胜的人不断自我强化

值得称道的是，这个元模因是现代生活的起源。它解放了个人意识、技术进步和探索思想的意愿。然而，它也是当今社会问题的根源，让许多人怀疑政府是否在运作。它也让人们开始思考，如何让数十亿人保持一定的生活质量，地球资源能否支持数十亿人维持这个时代的消费水平。

在退出阶段，当焦点从"我"转向"你和我"时，内疚感又再次出现。无论是在"深生态学"[3]运动中蓝绿色双波峰的呼吁，还是在新时代运动中的紫绿色双波峰口号，橙色元模因正被公共/集体类的"我们"元模因的复兴所淹没。美国著名剧作家亚瑟·米勒（Arthur Miller）通过《推销员之死》（*Death of a Salesman*）迫使观众质疑"工作"的价值（生活的意义是什么，以及个人和家庭可以做出什么选择），来充实余下的人生。正是这些问题引发了LC[6]。

注释

1. 涓滴效应又译作渗漏效应、滴漏效应、滴入论、垂滴说,也称作"涓滴理论"(又译作利益均沾论、渗漏理论、滴漏理论),指在经济发展过程中并不给予贫困阶层、弱势群体或贫困地区特别的优待,而是由优先发展起来的群体或地区通过在消费、就业等方面惠及贫困阶层或地区,带动其发展和致富,或认为政府财政津贴可经过大企业再陆续流入小企业和消费者之手,从而更好地促进经济增长的理论。

2. 特氟龙系数:特氟龙即聚四氟乙烯,一般称作"不粘涂层"或"易清洁物料"。当年有人称里根为"特氟龙总统",就是因为他总能让各种腐败和丑闻不粘上自己。

3. 深生态学(Deep Ecology):由挪威著名哲学家阿恩·纳斯(Arne Naess)创立的现代环境伦理学新理论,它是当代西方环境主义思潮中最具革命性和挑战性的生态哲学。深生态学旨在突破浅生态学(Shallow Ecology)的认知局限,对所面临的环境事务提出深层的问题并寻求深层的答案。今天,深生态学不仅是西方众多环境伦理学思潮中一种最令人瞩目的新思想,而且已成为当代西方环境运动中起先导作用的环境价值理念。

第 14 章　绿色——人类纽带：相对主义的元模因

- 探索自我和他人的内在存在
- 促进社区意识和团结
- 与所有人共享社会资源
- 将人类从贪婪和教条中解放出来
- 通过共识达成决策
- 更新灵性，带来和谐

绿色的核心——生命背景：

　　生命就是要体验每一刻。只要我们接受每个人都是平等和重要的，那么，我们就能理解我们是谁，以及生而为人是多么美妙。所有人都可以分享团聚与圆满的喜悦。在我们的社群中，每种精神都与其他所有人紧密相连；每个灵魂都一起旅行。我们是相互依存的存在，都在寻找爱和参与感。社区通过协同生命力而发展；人为的分裂会削弱每个人。对于那些对宇宙敞开的人来说，宇宙中有一个永恒的秩序。当我们审视每个人的内心并看到每个人内在的富足时，坏的态度和消极的信念就会消融。愿每个人都感受到爱与和平。

绿橙色：进入阶段

绿色元模因是第一层级思维系统的最高点，是这些以生存为基础的生活方式"古脑"的顶点。截止到20世纪前后，前五大元模因主导了人类历史上的成与败。（正如你将看到的，绿色还不足以应对人类在21世纪要面对的复杂生命背景。但对当今绝大多数人来说，进化到绿色俨然是很大的进步。）

当蓝色元模因和橙色元模因接近其生命周期的尽头时，绿色元模因就会被唤醒。前者往往让人们困在僵化、狭隘、充满教条思想的信仰体系中。皮特·西格尔（Pete Seger）的老歌《小盒子》（*Little Boxes*）（"……尽是令人讨厌的俗气……所有的一切看起来都一样……"）抨击了蓝色的专制主义，用绿色拒绝了砖石般坚硬的边界和约束，这让后自治时代的人们感到窒息。虽然绿色元模因是社群/集体类别的，但它会让条条框框更有弹性，让规则变得很模糊，让隔阂布满玫瑰。绿色的棘刺只会刺痛那些没有通过绿色社群主义测试的人，因为那些人表现出太强的独立性，试图摆脱群体分配给他们的任务。

随着橙色的减弱，许多"成功人士"开始扪心自问，借用帕蒂·佩奇（Patty Page）小姐的歌："这就是一切吗？"物质上的丰富也许已经实现了，豪宅、豪车也都有了，但代价是巨大的。当绿色元模因变亮时，它照亮了一个事实：人与人之间仍然不平等。许多人拥有的比他们真正需要的多，而更多人仍然没有基本的生活保障。环境问题也令人感到不安——地球似乎变得越来越糟糕，机械/化学时代的残留物到处渗透。造成分裂的竞争让人们很难找到内心的平静。

那些通过橙色波峰获得"成功"的人通常感觉不被他人真正接纳（在橙绿色阶段，他人的接纳开始变得很重要）；在经历了残酷的竞争，将许多人踩在脚下获得胜利之后，人们可能会回到家中歇息。操纵他人的做法曾经让人感觉很好，但现在却伴随着罪恶的痛苦。内心的灵魂感到不自在。

其余没有"成功"的人开始认识到垂直等级制度中的基本不平等，并希望看到事态趋于平稳，这样，所有人都可以"拥有足够的资源"。大多数绿色都读过卡尔·马克思的书或认识读过此书的人。绿色元模因的出现会让人们对为维护社区利益而立法的行为产生兴趣，并支持那些可以帮助被压迫者和无助者的有价值的事业——"为自己和他人的利益，牺牲旧现状以获得新现状"。

在描述"绿橙色进入阶段"时，格雷夫斯称其为"引人入胜的生活方式"。这样的人为了共同利益而吸引他人来到自己身边，渴望取悦每个人，并让整个群体获得成功/繁荣。这个元模因组合在保护动物权益和倡导儿童权利的组织中非常活跃。这是社会合作的指导原则，也是许多斯堪的纳维亚（Scandinavia，欧洲西北部，包括挪威、瑞典和丹麦，有时也包括冰岛、芬兰和法罗群岛）政治家的政治纲领。

因为建设性的、温暖的互动是自我满足不可或缺的一部分，所以绿色的人际交往能力往往处于波峰。在这里，直觉和洞察力是很有价值的商品，所以每个人都努力磨炼自己的技能，如共情倾听。对于处于这个阶段的组织来说，"人际关系""敏感性""多样性"和"文化意识"的阅读和培训通常是必不可少的。

在之前的橙绿色区域中，其他人是在必要时可以操纵和使用的资源，但要带着最亲切的关注——这是一种有人情味的进取精神。这些

> 在进入绿橙色以后,绿色变得更强,其他人被热情烧伤的风险更小,但由于缺乏方向,他们不得不绕圈飞行直到精疲力竭。

"热情如火、人见人爱"的家伙吸引其他人像飞蛾扑火一样来支持他们,但也可能会吃闭门羹。在进入绿橙色以后,绿色变得更强,其他人被热情烧伤的风险更小,但由于缺乏方向,他们不得不绕圈飞行直到精疲力竭。现在,"感觉"开始变得比"成就"更加重要,对成就的关注曾强烈吸引橙色的注意力,并给它带来孤立和孤独感。随着 LC^6 将焦点转移到与包容、归属感和大规模和谐有关的问题上,企业家精神现在得到了人性的调和。因为以前的 LC^1 到 LC^5 现在都是可以管理的,或者看起来是这样,所以他们允许反物质主义的奢侈。

1992 年 12 月 14 日,《华尔街日报》刊登了一篇题为《强调精神的商业书籍》(*Business Books Emphasize the Spiritual*)的文章。这篇文章的主旨是"贪婪已经过时了"。它接着说:"在新的商业指南中,与其说商场如战场,不如说企业已经变成像家庭或部落一样的存在。忘了恐吓吧,时髦的管理者们更喜欢'赋能'。"《华尔街日报》已经看到了商业图书市场(还不是商学院)从橙色向绿色的转变。接下来是爱、接纳和精神的转变。

实际上,从冰雪皇后冰激凌和苹果电脑到美国军队和荷兰警察,成千上万的私营企业和公共组织正处于从橙绿色到绿橙色摆荡的阵痛中。生活方式、组织责任和公民身份,以及如何让公司成为一个大家庭等决策,正占用着关键决策者的时间。他们需要考虑的绝不仅仅是经济效益,而是要把员工当成资产来培养,不是把员工当成需要削减的费用。在流行的质量运动和再造工程中,管理者会更加重视员工对工作的感觉,以及彼此在工作中的感觉。在团队能够自主管理之前,他们必须首先成为团队。这意味着,"公司"不能是对手,"工会"也不能是战士。相反,双方必须在共同的立场上有共同的目标。

绿橙色的个体仍然具备企业家精神，但需要一个朋友圈，加入一个关爱（但有钱赚！）的商业联盟。许多创意初创企业都是在绿橙色的怪咖聚会中发起的，但因为这群怪咖拒绝让橙色孤鹰参与市场营销，也不愿让蓝色信鸽来跟进库存和账目，所以它们只能挣扎。在极端情况下，人际互动成为组织"文化"的焦点，前提是生产和谐。

然而，处于绿橙色进入阶段的人还是不愿意全身心投入，"让一切都自由自在吧"。橙色对控制的需求限制了这种文化所需要的开放和信任。风险要用资本和观念来承担，而不是感情。完全透明几乎不可能，我们看到的是那种欢喜愉悦地交往和进行有意义的互动，但又留有一些个人选择余地的快乐好人。这类人是爱交际的派对动物（他碰巧做房地产规划），因为他确实把客户的利益放在首位，所以也是偶尔会失去佣金的销售人员。（如果用更多的橙色来解释的话，如果客户的思维中活跃着强烈的蓝色元模因或绿色元模因，短期的损失反倒会带来长期的关系，从而带来更多收益。）

这个系统并非充满甜蜜与光明。有时绿橙色会借做好事来赢得他人的接纳。你还应该提防那些"穿绿色衣服的橙色人"——那些处于橙色波峰，甚至是更聪明的、受过良好训练的、知道如何"侃侃而谈"的红色人，他们装出一副绿色的样子，以期得到自己想要的东西。即使人们真的处于绿橙色范围内，他们也会在"我们"和"我自己的正确思维"之间摇摆。在谈判过程中，你应觉察是哪个在主导。

绿橙色用相对主义取代了蓝色真理的确定性和橙色经过验证的真实经验。有这么多同样好的可能性，但也许没有一种是最好的。也许每个人按自己的方式在某些时候就是对的。正是绿色的这种根据情况选择解决方案的做法，扰乱了蓝色的秩序，也挑战了橙色的耐心，例如，情境伦理学、文化相对主义和成果导向教育（不评分数，没有人不及格）。

绿色的柔和体现在语言上。他们的想法历经修饰、反复填充，又用冗长的对话包裹着，这给重新解释留出了很大的空间，就像20世纪60年代后期的"嬉皮谈话"或十年前"垮掉的一代"的咖啡馆对话一样。现在的自由发言必须体察与尊重他人，表达的立场必须是中立的，没有刻板印象，不带垂直区分。

绿橙色已经经历过橙色波峰的物质主义，并且发现了橙色的不足。现在，在寻找的是那种围绕在印第安村落"中心"的东西，它才能带来真正的心灵安宁。个人的个体/精英思维是不够的，而蓝色所信奉的更高权威又太老套。随着社群/集体精神的回归，生活开始围绕着对开悟的无休止追求而运转，从玄学的指引，到一个又一个的疗愈培训。新时代的绿橙色精神萨满（以及橙色自身的营销）取代了在个体商业世界中晕头转向的紫色巫医和药师；现在连汗蒸小屋都在用美国运通快递了。在这个探索可调态意识和连接宇宙的紧急时刻，使用"思维扩展"药物总是一种选择。"通过化学改善生活"，也被应用于业力。

当人们被困在这一区域时，生活往往由一系列"啊哈"体验、觉醒时刻和成长台阶组成，但实际上，这些是重复的甚至是循环的。绿橙色在不同的上师、高峰体验和神秘道路之间不停地跳来跳去。虽然这些启悟性的冒险让人暂时感觉良好，但这类人并没有在螺旋上取得进步。如果他们正处于LC[6]，有些人会在安静时扪心自问："为什么我没法再次感受到那束光？"对其他人来说，这个阶段的生活可能会变得非常充实，他们的生活里有力量强大的绿松石宝石、健康的食物，他们还能去一些风景宜人的地方修行。这个元模因在北加州、科罗拉多州博尔德、奥克兰、阿姆斯特丹等地蓬勃发展。

在这样的组织中,你会发现它们强调身体/心理健康计划(可降低医疗保健成本并提高生产力)、自主管理的团队(可让员工承担更多直接责任,减少对主管的需要,并说服最高层管理者相信他们是值得信赖的)以及多样性/敏感性培训,以帮助员工了解人与人之间的差异并减少人际关系问题。若以上这些举措以蓝色的方式执行,即基于种族、性别等对人进行分类,而没有注意到不同人群实际上是如何思考的,这些努力就会失败。

当绿橙色项目有效时,"冷漠的"工程师可能会重新发现他们自己富有人情味的一面,也会意识到与孩子相处是多么重要;而独来独往的"电脑极客们"会发现他们其实是多么享受与同事一起工作。性别平等成为现实,而不是某种标榜着"女权主义"的花言巧语。警官们发现,"我们与他们"分裂中的"他们"是各种个性、世界观与需求的复杂融合体。只要这些努力不削弱基本的、稳定的蓝色——对超越自我的力量及其基本组织原则负责的信仰,绿橙色就能很好地发挥作用。

在个人领域之外,绿橙色增强了生态系统意识。由于"适者"的接手,橙色的机械化使生物多样性成功锐减,没有考虑长期后果和环境污染。切尔诺贝利事故发生前,苏联核机构曾表示,"一点点污染"是成功竞争和提高橙色生活水平的代价。在该机构看来,为了改善我们的生活,创造更美好的未来,承担一些可控的风险是必要的。

为了回应橙色元模因的过度行为,接下来的LC^6问题将调控不受控的增长和保护濒危生物摆在首位。绿色元模因的觉醒将生态(动物、植物、人类与栖息地之间的相互联系)放在了首要位置。当橙色政客们还在协商法案,而蓝色将他们的强制举措变成一种宗教时,困难就出现了。

处于波峰时，绿色代表社群主义、平等主义和共识主义。这类人对合作事业充满热情。人的精神因连接而生机勃勃，因分享积极情感而丰富。

绿色：波峰阶段

处于波峰时，绿色代表社群主义、平等主义和共识主义。这类人对合作事业充满热情。人的精神因连接而生机勃勃，因分享积极情感而丰富。随着橙色个人主义的需求进一步减弱，绿色群体开始有了自己的生活。它比依赖亲缘关系形成的紫色大家庭更开放，也没有蓝色机构的教条束缚，但社群/集体的协同作用已全面回归，准备好消除橙色不公平的薪酬等级，重新分配资源，让那些有需要的人得偿所愿。

工作场所以团队为导向，讨论和分享想法与感受。每个人都有发言和贡献的机会。绿色决策的短期成本是付出相当多的时间和经济资源；但它最初达成的 70% 的协定得到了人们高度的投入和几乎 100% 的决策承诺支持。只要对此感兴趣、有智慧且能接触到好的信息的人参与进来，这个决策过程就会非常有建设性。

绿色模糊：团结、和谐与接纳驱动着决策

绿色的群体取向解决了在橙色退出阶段出现的孤立和孤独的问题，这个问题在 LC[6] 中变得非常突出。通过放弃竞争性和个人上进精神，至少在当前直属群体内，一个人可以与他人重新建立连接，形成更大的群体来提供支持，并满足由紫色延续至今的归属感需求。公社、"开明"的宗教秩序和志愿医疗机构为绿色元模因提供了庇护。虽然有时绿色表现得天真或被感动得流泪，但这样的年轻人会通过教堂和学校团体来承担社会责任，帮助老人、保护环境或辅导比他们年纪小的孩子。通常，只要涉及的是开放系统，帮助者实际上比被帮助者收获更多。

模糊：玄学和感觉开始取代旧的科学分析

在进入绿橙色时，灵性回归，成为非教派、非宗派的"统一体"。正如爱因斯坦在寻求一个能合理解释牛顿物理学和亚原子世界的统一理论一样，绿色是通过尊重甚至敬畏灵魂和自然力量，来寻求它们的联合，而不是通过盲信神叨的迷信或遵循传统的规则来寻求。套用威廉·詹姆斯的话来说，当这个元模因强大时，一个人就会寻求事物无形秩序的和谐。

随着橙色成分的消失，人们的思维变得更加老练，就像一个非营利的民间音乐节。焦虑被爱取代，束缚不再被习得，竞争的信条让位于分享、理解、欣赏和宽容。因为绿色对"思想开放"（当然，这是就该团队同质化的平等主义立场而言）有非常严格的要求，而且非常愿意为解放被压迫者和争取人权而参战，所以只有评判主义才会受到严厉的评判。不幸的是，在当今的政治中，这个元模因的倡议→抗议→制裁→维和周期往往缺乏蓝色的政策基础或潜在的橙色战略。就像所有第一层级的元模因一样，绿色可能对螺旋的其他元模因不屑一顾（或视而不见），认为自己的方式才是唯一正确的方式，而不是正确方式之一。

模糊：每个人都有足够的空间

当这个元模因确实变得很突出时，性别歧视就会被弱化，玻璃天花板会被打开，平权行动计划会被实施，社会阶层的区分会被模糊。由于绿色权威存在于群体心智中，而不是来自外部，因此，与他人的比较就变得没那么重要了；每个人都"在团队中"。发生在"我们"与其他群体之间的竞争，是为了"我们"共同的利益，而不是为了获得个人的赞誉。

它们看起来像什么？蓝色是标准化的类似军装的服装（或中山装等），橙色是阿玛尼和唐娜·卡兰（Donna Karan）的高级套装（或任何流行的服装），而绿色的服装不是量身定制的套装，而是天然纤维、印着直言不讳的标语和有艺术气息的扎染图案——让每个人都感到舒适、可以适应。这并不意味着没有一套规范在起作用；这仍然是一个社群/集体类的元模因，他们拒绝使用聚酯纤维，更不用说动物毛皮了。然而，这些规范存在的目的是培养团结感，并与消耗过度的橙色划清界限。有些结合"正装"元素的设计可能是为了重现蓝色权威，如燕尾服T恤、穿军装的摇滚明星和印有国旗图案的内裤。

模糊：我辈有着共同的愿景，也有共同的弱点

绿色易受群体思维的影响。支持集体决策与集体行动的压力可能是巨大的。想要融入集体并感受到被接受的需求可能会压倒一个人不同意的声音——"参与才能相与"，并做出事后当其他元模因再次占上风时会后悔的举动。

绿色的另一个弱点是有集体负罪感。蓝色会因为个人违反权威和规则而感到内疚，而绿色会因为所在群体（国家、种族、公司、经济阶层等）的不足而感到内疚。不论他们是在为哪个群体发声，他们经常会认为"我们让他们（穷人、儿童、受虐待的妇女、难民、处境危险的年轻人等）失望了"。如果他们有胆色并有出色的橙色代表，他们就会提出赔偿。在这个过程中，牺牲会让绿色感觉更好。一些日裔美国人会因为在第二次世界大战期间遭受虐待而获得赔偿。成群的美国印第安人正在起诉，要求重新获得前部落土地的所有权。一些非裔美国人提议应给予奴隶制和种族歧视的受害者补偿。

在企业界，当团体被分裂时，负罪感会出现在裁员过程中。对于那些留下来的人和离开的人来说，这些时候通常都是痛苦的。生产受到影响，士气陷入低迷。支持团体、再就业、再培训和自愿离职都能起到帮助作用，但痛苦是必然的。

即使在压力较小的情境中，极端的绿色也会导致医疗保健、执法和教育领域的"倦怠"。给予关怀的压力会变得难以承受，以重度绿色为主导的人有抑郁和自杀的风险。对团队来说，当某人因为"……我已无能为力……"而感到沮丧时，及时介入很重要，将这个人调换到不同的（惩罚较少的）工作中，或实施同伴咨询来冲淡这些感受，而不是任由他们憋在心里直到爆发。公共安全部门和军队已经认识到适度介入对于预防创伤性压力的必要性；它在学校和商业中同样重要，特别是在绿色元模因活跃的时候。

模糊：传达内容并传递感受

从积极的方面来看，这种高度的同理心有助于在零售业和医疗保健领域建立良好的客户关系。茶壶总是热着的，顾客们能感受到诚挚的欢迎。从务实的橙色角度来看，具备一些绿色思维有利于"解读"客户和准备销售的展示会，尽管可能还需要其他元模因来完成交易。令人悲哀的是，在服务业中很少发现健康的绿色元模因，而当面对普罗大众的残酷现实时，无论是在商场还是在医院病房，绿色元模因迅速被"燃烧殆尽"。当社群/集体的元模因被表达自我的个人/精英元模因"吃掉"时，会有人发出"……好人没好报……"的愤世嫉俗的观点。

温暖的感觉部分来自绿色组织中丰富的交流——大量的聊天、活跃的（虽然不是阴险的）小道消息和非正式的人际网络。不好的一面是，

> 橙色喜欢通过辩论赢得胜利，蓝色则坚持自己的信念，而绿色的讨论可以化解冲突，建立共识，增强每个人在团队中的归属感。

当每个人都认为所有人都有权知道任何事情时，信息安全可能会成为一个问题。橙色喜欢通过辩论赢得胜利，蓝色则坚持自己的信念，而绿色的讨论可以化解冲突，建立共识，增强每个人在团队中的归属感。绿色的教条主义程度较低。绿色可以接受许多信仰，没有一个真理是长期有效的，但真理的僵化程度很高。在这个区间的人们只能忍受以绿色的方式、温和地在集体中提出的分歧。"加把劲，坚强点"，行动"积极点"，或听起来像是唯利是图的语言，这些反倒会让绿色的愤怒爆发。他们情绪爆发时，往往会震惊到一些人，这些人天真地把绿色等同于温柔和无条件地爱着每个人。

这个元模因的其他有趣的特征包括易受暗示性、善良和一致性。绿色既分享情感，也分享物品，但交易双方必须属于同一个群体，它维护所属群体，自我披露，并尽其所能地做出贡献。那些拒绝参与并同意组织准则的人有麻烦了；自由只局限于组织认可的范围内。如果超出界限，则会遭到谴责、情感惩罚，并引发内疚感。

模糊：将多样性融入社群中

蓝色根据种族、年龄、性别、语言、宗教等将人们分类；橙色根据经济水平和一定的啄序地位对人们进行垂直分类；而在绿色看来，只要不同的人愿意分享经验，就可以将他们聚集在一起。那些曾为蓝色带来分辨力的因素，被这个元模因用于平衡和调平。每个人都与当前现状有关，与他们的历史或特定遗产无关。他们的独特贡献（语言使用、价值观、生活方式方面的贡献）提升了整体。随着绿色元模因增强，将人们从等级划分中解脱出来成为平等的群体，共享可能性并少评判的愿望随之增强。有时，这种平衡是强制性的。

> 绿色元模因崇尚朴素而不是花哨；它欣赏简单但不牺牲严格。

个人受益于整个团体的提升。社会通过团体之间的协作而变得更好。社会安全网、对以人为本项目的投资以及"社会化"医疗保健往往会与绿色社群主义密切相关。（克林顿及其夫人在1994年提出全国医疗保健计划时严重误读了该元模因的影响。）当受限于该元模因有限的能力和易被嘲笑的弱点时，高尚的想法难以落实，大量的努力付诸东流（并带来赤字）。当移民控制等问题出现时，需要更复杂的组织原则整合和协调资源，来为有关各方取得有效成果。我们需要去找黄色元模因。

当其他派系争夺绿色占据的同一群体时，所有的和谐与温情很快就会消失，仅仅因为该元模因是重视人文主义的，并不意味着它是软弱的或容易被征服的。看看加州的选民就知道了。由于它靠近橙色元模因，人们的兴趣仍然在成功、幸福和完成有益的工作上，尽管这些工作不一定带来经济繁荣。虽然人类的整体利益可能体现在使命宣言中，但平等社团首先考虑自己的利益。即使是绿色元模因组织，也有生存的迫切需要。

模糊：容忍与接受的界限

尽管绿色元模因可以出现在政治光谱的任何地方，但它不是稀里糊涂的。在极端情况下，关于"政治正确"的不可饶恕的自由主义就像死板的蓝色"歧视"一样让人难以接受，就像来自左翼的评判和自以为正义。无论统一原则是什么，狭隘的绿色会排斥那些选择不加入该团体的人。然而，只要人们表达了自己在组织内部寻求成长和提升意识的意愿，该元模因系统就会容忍内部人员的任何事情。

像它在螺旋上的表兄弟蓝色元模因一样，绿色元模因崇尚朴素而不是花哨；它欣赏简单但不牺牲严格。该元模因希望获得足够多的助力来完成工作，但断然拒绝展示自己的财富与成功，这些能让橙色感到开心。这类人喜欢用更少的花费来达到更好的效果，并摆脱物质主义的负担。梭罗和其他哲学家都写过极简主义生活的乐趣。许多和平部队的志愿者放弃了橙色第一世界的牵绊，选择追求一种更加"自然"的存在方式，更加依赖内在能力而非外在事物，在这个过程中他们获得了绿色的满足感。

如果走到极端，这种依赖会直接导致巨大的绿色错觉，认为每个人都可以得到最充分的发展，可以活出最好的状态，类似于马斯洛需求理论中的自我实现层级。橙色经常因为有"我比你优秀得多"这种傲慢的信念而感到愧疚，而绿色元模因形成了一种集体的傲慢，他们会说："我们中的任何一个人都可以活出其选择的人生。我们都有无限的潜力。我们是第一名！"

如果你愿意相信这一点（现在有许多人对此深信不疑），随便你。但你需要明白，从螺旋动力学的角度来看，你在否认人们有不同的能力和不同的极限，而且，我们每个人的可能性范围并不是整个范围，而是我们每个人在独特的生命背景下打开的一部分。如果你对每个人的潜力深信不疑，你是在告诉那些已经唤醒了绿色元模因但没有取得"成功"的人，他们需要被纠正，他们本应取得成功，但却没有。也许他们已经成功了，反倒是对此提出评判的人应该重新考虑一下自己的评判标准。

在培养人才的过程中，绿色经常将有限的资源投入劣势者身上和"正在失败"的事业上。橙色则相反，只投资已被证实的赢家。绿色元模因重视"特殊"案例，同情有需要的人，但有时会以牺牲那些看似"普通"的人为代价，而他们只需要多一点关注就能脱颖而出。对于学校、国内援助机构和国外救援基金投资者来说，在帮助有需要的人达到基准线和帮助正常的人超过平均水平之间找到适当的平衡，是一个持续的挑战。

在谈到美国对新南非的经济援助以及给在南非工作的美国顾问的援助比例时，一位国务院官员（略带讽刺地）说："……那些外国援助资金正回到它们本应投资的（巴尔的摩和华盛顿）环城公路上。"可见，当绿色提议为共同利益做出牺牲时，一定要有问责制和具体结果。太多的宏大计划变成了黑洞，时间和精力投入永远不会产生结果，而是变成了自行运作的官僚机构。这个机构由蓝色元模因执行管理，由橙色元模因榨取利益。

模糊：相对性可能是不确定的

就像我们之前警告说要警惕"身穿绿色衣服的橙色人"一样，也要警惕"说青色话的绿色人"。绿色思想者倾向于夸大对自我意识水平的评价，就像橙色对其聪明的评价。但橙色夸大的是自己的能力与智力，这是简历上有例证的体现，而绿色想象着更高的意识，并触及更高层次的理解力，是"哦喔"因素。当一个人通过同伴定义的开悟与他人联系时，可能会体验到一种美好的、空灵的超脱感。尽管总是以"我们、咱们、俺们"的水平说话，但这种极不健康的绿色形式会看不上那些对超凡没兴趣或不说这种行话的人。

这种精神上的混乱驱使着美国许多主流的蓝色教会争先恐后地启动新项目，希望可以吸引新一代绿色人群，而他们想要体验的不是传统的说教和威胁，也不是橙色的娱乐和表演。当更多的传统派系在橙蓝色双波峰阵营间摇摆不定、不知所措时，后雅皮士运动的另一部分正迅速从

> 当绿色元模因占主导地位时，被喜欢和被接受比赢得胜利或获得物质利益更重要。社交网络消息会强烈影响人们的自我价值判断。

橙色向绿色转变。能够适应这些元模因的"社区教会"提供了适合 LC^6 的替代方案，同时也允许一些人际网络和道德锚的存在。他们的困难在于设计出能达到 LC^7 的项目。LC^7 是一个复杂的世界。在这个世界中，所有元模因都可以同时互相影响，人口呈对数增长，而资源却在减少。对许多人来说，蓝色规则实际上可能与黄色原则联系得更好。

模糊：每个人都有自己独一无二的美，因此为爱而牺牲自我

当绿色元模因占主导地位时，被喜欢和被接受比赢得胜利或获得物质利益更重要。社交网络消息会强烈影响人们的自我价值判断。这里仍然存在某些形式的操纵，但是是通过集体的内疚感、抑制影响和控制群体包容性来进行的。在这个范围内，无论社群怎么认为，都是最好的、真实的、正确的和恰当的。社群中的成员绝对会相互理解，从而确保彼此被接受。人们对差异有很强的容忍度（这保持了群体的完整性），只要生活方式和行为不会造成伤害，就将其选择合法化。如果绿色发展到极端，会助长过度放任和缺乏限制，这让许多X世代感到困惑——甚至连名字都不知道。但是，"爱意味着永远不必说对不起"。这种极端的绿色元模因导致了"心在流血"的心态，经常被警官们指控为"社工类型"。警官们更喜欢是非分明的蓝色。

过多的绿色，就像任何生长过度的元模因一样，会产生盲点。例如，它会导致人们对紫色的能力的误解（既能表现出健康的行为，也能表现出消极的行为），浪漫化的"高贵的野蛮人"神话，以及像凯文·科斯纳（Kevin Costner）主演的、绿色元模因主导的《与狼共舞》（*Dances with Wolves*）这样的电影。当我们透过绿色的滤镜观看时，我们剥夺了人们拥有完整人性光谱的权利，给他们涂上了错误的色彩。一

方面，绿色元模因的平等主义同质化也带来了一种错误的认知，即"没有坏男孩这回事"——只有被误解、被误导的年轻人。人们坚决拒绝接受"目前的治疗方法可能无法修复某些受损的大脑"的说法。另一方面，当绿色太弱时，坚决的惩罚措施甚至不考虑给第二次机会——"砍掉她的头！""三振出局！"正义只属于那些有经济能力和经过考验的忠实信徒，概莫能外。

这些悬殊的差别使绿色与教条主义的蓝色相悖，因为它们在灵活性、是非判断以及感受与信仰孰重孰轻等问题上存在差异。找到一位健康的同有蓝色元模因和绿色元模因的人，你就有了一个真正关心你的人，他有坚定的信念，但也会接受你的全部，让你自由地表达。

也请做好与橙色发生冲突的准备。以绿色元模因为中心的人们可能会被他们自己的橙色历史和那些仍然乐意参与竞争、争名逐利、寻求自我满足的同事所困扰。在未来几年里，在自由企业、资本主义、个人导向、LC^5 主导的社会中，绿色元模因新兴的角色将上演最好的大戏。橙绿色的克林顿和绿橙色的希拉里只是社群主义的冰山一角，整座冰山将逐步变得更绿。

绿黄色：退出阶段

集体主义的有效性受到质疑以及在 LC^6 中被扼杀的个人主义重新复苏，这些驱动着绿色波峰继续沿螺旋上升。不论是否置身于团队中，人们都会开始感受到一股来自内心的个人力量的涌动，它可以充塞宇宙。人们开始意识到，与他人建立良好的关系是存在的重要组成部分，但不

> 重要的是要记住，元模因并不是孤立存在的，而是在过去发展的背景下延续下来的。

是存在的目的。随着灵性与量子力学相遇，第一层级求生存的担忧变得不那么重要了。

当钟摆把控制焦点从外部（社群/集体）摆向个人/精英类别时，绿色的第一次幻灭就开始了。第一个 LC^7 问题是关于大量的人文关怀成本的，无论是在经济还是人力资源方面。在组织中，盈利能力和生产率下降，而成本却出人意料地增加——全员福利的报应开始显现。

处于绿橙色退出阶段的社会开始意识到，不要求做出任何贡献，就让每个"在场"的人享受福利的代价是多么高昂。当宽松的移民政策使贫困人口膨胀时，这一点就变得尤其明显。大多数高尚的伟大社会计划都没有奏效（绿色理念由橙色实施、蓝色监管）。那些尝试发展绿色版本社会主义的人发现，这也不是答案（通常绿色理念由蓝色实施、橙色资助）。几个北欧国家正在这个螺旋地带发展，它们要么将面临第二层级的问题，要么将很快面对倒退，变成贪婪的橙色、顽固的蓝色和动荡的红色。因此，重要的是要记住，元模因并不是孤立存在的，而是在过去发展的背景下延续下来的。大规模的变化将在多个层面同时发生，管理这种复杂性是未来 LC^7 问题的标志。

在这个退出阶段，如果社群/集体的思维系统没那么根深蒂固，也没被赋权的话，人们就可以决定如何更有效地利用时间和资源。有时，绿色帮助实体的业务是让该机构的利益相关者保持持久的关系。有时，个人目标会因团体利益而受挫，人们发现自己被和谐所束缚。

如果管理不当，对感受和团队的关注会减慢输出。宽容易变的绿色思维也难以在不断变化的情况中作出迅速、集中、有力的回应，特别是在行动之前必须达成共识，任何单方面的行动都可能遭到拒绝的情况下。在事情发生之前，每个人都必须有机会参与决策；否则，就会有怨恨与不安的情绪需要被安抚。与此同时，一位老练的橙色竞争对手占领了市场。

在绿黄色区域中，自我开始重申其影响力。这类人又敢说"我"了，就像说"我们"一样。他们开始在团队/社群之外寻找其他想法，在其他群体和能人身上寻找关联。如果自由变得不和谐，那么这类人通常会后退并回到收缩状态。要把他们赶出舒适的绿巢，需要巨大的能量和/或深刻的问题。尽管绿色会员需要付出个人代价，但只要 LC^6 够强大，它就是值得的。

当一个人开始（再次）独立完成事情并且把事情做得很好时，绿色元模因统治的终结就开始了。集体决策过程无法应对 LC^7 问题的复杂性，因为这会消耗太多的时间和精力。让每个人都开心的代价是难以承受的；保持和谐的代价有时过于高昂。元模因会过滤这个世界，以适应它的定义和能力。

走出第一层级的人拥有太多的新视角，看到了太多东西，以至于对事态发展的简单程度难以置信。随着 LC^{1-6} 成为历史，全螺旋做出判断，开始取代绿色相对主义。个体和组织行为的生存能力都得以提升，个人同时处理多样性和复杂性的能力也提升了。一点不和谐变成很自然的事情，一个人对公开矛盾的容忍度也提高了。绿黄色开始表达对团队需求的失望和不耐烦，但仍然尽量不扰乱它。除了斯堪的纳维亚和荷兰，你还可以在新西兰、加拿大、瑞士甚至印度找到这些元模因。

或许绿黄色退出阶段最重要的标志是恐惧的消失。毕竟，生命就是生命。部落的安全、原始的冲动、永恒的救赎、个人的成功以及被接受的需要，都不再那么重要了。取而代之的是，人们对在广袤的宇宙中活着越来越好奇。当人们接受自己有限的生命时，他们会意识到还有很多东西需要去了解和探索。人们开始客观地看待这个群体,也会关切这个群体。没有人故意拒绝归属感,但成为某样事物的一部分的需求正在消退。更大的问题出现在地平线上,这超出了任何社群独自处理的能力范围。随着黄色元模因的觉醒,人类也踏入了第二层级的存在中,一种与以往完全不同的思维即将出现。

第 15 章　进入第二层级（黄色）

人类发展的第一层级，即从米色元模因到绿色元模因的"行动人"阶段，是我们灵长类动物天性的顶峰。有时看到晚间新闻里播报出来的各种社会问题，会让人感觉我们似乎只继承了祖先们的粗野，而没有继承优良传统。尽管我们应用的科技（使用的工具）非常精妙，我们的社会等级、性别角色、政治结构和暴力倾向仍然与我们在地球上的灵长动物同伴非常相似。

每个新元模因的点亮都是人类发展的重要一步。但是，正如格雷夫斯所说，从绿色到黄色的转变是"一个重大飞跃"，它把我们从第一层级的生存水平带到第二层级的存在水平，而不仅仅是在发展阶梯上迈出了下一步。LC^6 中的绿色问题包括了之前 LC^{1-5} 世界中所有出现过的问题，并且经常与它们产生共鸣。有了 LC^7，所有元模因几乎可以重新开始，就像重复一个音乐主旋律，只是按键有所不同。第二层级的元模因并不会被生存水平的泛音所吸引；它们可以合作但不必跟着唱。

LC^7 引入的复杂性甚至超出了第一层级最优的思维，即憨墩胖墩效应的工作能力。之所以存在庞大的组织和庞大的人口群体，是因为人们完全理解生存问题的存在，即使没能把这个问题完全解决。这又导致了新时代的巨大难题，因而必然需要新的思维。

在 20 世纪的最后几十年中，棘手的难题和混乱的事件让发展至今的体制不堪重负。有很多危机（生态的、政治的、卫生保健的、种族/

民族的、经济的、社会的）出现在所有人面前。许多人都在争辩说《忧天小鸡》（*Chicken Little*，主人公是一只担心天会塌下来的小鸡）是对的。臭氧层被耗尽的天空正在变薄。但正如格雷夫斯所说："它（绿色元模因系统）必须分解，才能释放能量，人类才能跃入存在的第一层次，即 G-T [黄色] 状态。这是当今人类发展的最前沿。"

当绿色国王的所有人马都无法复原憨墩胖墩时，一个新的视角横空出世。它就像一位已经踏遍全世界的骑士，准备找出新的互联，做出新的合成。这位骑士带来新的胶水，告诉憨墩胖墩还有希望，欢迎来到黄色元模因世界。

黄色——灵活流动：系统观的元模因

- 接受自然流动与形式的必然性
- 关注功能、能力、灵活性和自发性
- 促进相互冲突的"真相"和"不确定性"间的自然融合
- 在不伤害他人或过度利己的情况下发现个人自由
- 在如此多元化的地球上体验生命的丰富多彩
- 需求整合和开放系统

黄色的核心——生命背景：

在一个混乱的世界中，必须恢复生存能力，这个世界因前六个系统对地球环境和人口的累积影响而濒临毁灭。黄色的人生目的是在理性中保持独立；尽可能地博学；关心他人，尽可能地实际。然而，我是我自己，我对自己负责，我是他人组成的群岛中的一座孤岛。继续沿着自然道路发展比努力去拥有或去做更有意义。我是这个生命系统的一部分，它们对我有影响，因此我关心这个世界的现状。

黄绿色：进入阶段

进入黄绿色，对心灵平安的追求仍在继续，但它不再是单一的目标。交互式宇宙（天人感应）变得比自主甚至社群更加吸引人。追求秩序的绿色集体主义与第一层级的其他元模因一同上架，可随时取用，但不再占主导。他人的接纳与关系的和谐是幸福的外围因素。他人的想法并不重要，只是有趣。自主管理团队是手段，不是目的。透过黄色视镜看世界是很清楚的。

在进入黄绿色范围后，其他人的看法仍然很重要。他们的意见可以在情感和理性上左右决策。但是，温和的个人主义也在从集体主义中崛起，现在没有了对橙色独立岛屿或红色强硬剥削的限制。这种相互依存的关系解放了一个人选择做自己的天性，个体有时会寻求包容与合作。但是，在必要的时候，同一个人也可能会变得冷酷无情。

随着向第二层级思维的转变，人类的概念空间大于之前所有螺旋层次的总和，行为自由度也呈对数（格雷夫斯的术语）增长。因此，当黄色思维的个人或群体接受一项任务时，他们通常会花费更少的时间和精力得到更多更好的成果。他们经常以别人意想不到的方式来开展活动。

> 当群体的吸引力减弱时，完成一件事有了许多可行的方法——蓝色对生命真义的持续追寻，橙色的追求卓越，红色对权力和征服的渴求，以及紫色希望把人们团结在一起的渴望。在健康的状态下，所有元模因的存在都有助于维持螺旋的完整。

这不仅仅是效率提升的问题；它反映了迄今为止尚未被开发的脑力的激活。当然，这些问题的复杂度和危险度也要高出一个数量级。

虽然这听起来像是在描述一种新人类或超能力组织，但黄色元模因潜藏在每个正常的大脑中。关键是，在历史的这个阶段，只有少数人意识到了 LC^7 的力量，因为 LC^7 还没那么凸显。一旦跳出第一层级，想法就变成多维度的了。从绿色向黄色升档的人可以忍受，甚至享受矛盾和不确定性的存在。当群体的吸引力减弱时，完成一件事有了许多可行的方法——蓝色对生命真义的持续追寻，橙色的追求卓越，红色对权力和征服的渴求，以及紫色希望把人们团结在一起的渴望。在健康的状态下，所有元模因的存在都有助于维持螺旋的完整。很少有思想是神圣不可侵犯的，所有想法都要经过审视并升级，以获得更多功能。

当黄色元模因被点亮时，教条主义的程度仍然很低。但是，僵化是绿色元模因的一个主要问题（尽管绿色公开宣扬自由与解放），而这种僵化也延伸到了黄绿色进入阶段。团队意见的"正当性"很难被舍弃或否认。由于人们试图适应集体规范的期望，对多样性和个人自由的束缚仍然存在。在黄色波峰阶段，这些义务被客观原则取代，僵化也逐渐消失了。

黄色：波峰阶段

随着黄色波峰的到来，各项评判滤镜从我们眼前掉落，我们第一次完整地看到了发展至今的所有人类思维系统的合法性。它们是人类的存在形式，它们都有权存在。这些系统被视为动态力量。在健康状态下，它们有助于螺旋提升整体生存能力，从而有助于生命本身的延续。

唤醒了黄色元模因的 LC⁷ 是在回应类似米色元模因的生存问题，但是是在一个快速移动、信息丰富、高度互动的世界中。人类文明的大地上布满了前六个人类存在系统的残骸和荣耀。黄色意识到，在第一层级获得成功的人将一切推入了险境之中。然而，复杂的生命背景在危及智人物种生存的同时，也带来了前所未有的机遇。显然，在这种环境下，我们需要新的社会优先事项和新的决策模式。正如我们试图在本书的前两部分所展示的那样，新时代需要新思想。

灵活流动的视角

黄色元模因带来灵活流动的视角。这种视角不但尊重价值体系的差异，而且会促进人们在人类螺旋中上下移动。这产生了一种分层感，即对在人类和社会内在运作的人类系统的分层动力的认识。如果紫色生病了，就必须使其康复。如果红色运转狂乱，就必须引导这股原始能量。如果蓝色变质并凶神恶煞，就必须使其洗心革面。由于我们社会中的许多"混乱"是由不同层次的人的互动造成的，因此，只能通过可融合多种智能和资源的黄色复合体来处理。

黄色可以进入前六个系统的概念世界，说它们的心理语言，以它们的频率与其互动，因此黄色是"灵活的"。黄色尊重（尽管不一定赞同）它们的世界观、表达方式，以及它们独特的习惯、风俗和文化。

黄色与自然演化的过程密切相关，因此黄色是"流动的"。自然演化似乎是我们人类的特征。每个元模因系统都被视为人类发展螺旋的下一步，而非最后一步。正如格雷夫斯所言："每一个连续的阶段、波动或存在水平都是一种状态，发展中的人们通过该状态过渡到其他存在状态。"

黄色心灵目睹了全球人类系统的起落。这些人类系统,而不是民族核心、文化或民族多样性甚至政治结构,决定了人类与社会之间的互动。每当出现重大问题时,黄色就会匆忙走到幕后,直接对导致问题的最深层次的动力采取措施。他们就像电力公司的巡线员,可以在暴风雨后迅速恢复电力,也像富有创意的大脑,这里转转那里转转,就能玩转魔方。黄色思维的人能够解决问题,而其他人则在烦恼、操纵、质疑上级机关、组建学习小组或玩理论游戏。

当然,不管人们嘴里怎么说,并不是每个人都希望问题被解决。存在许多依赖于尚未解决的难题而维持生计的挣扎行业,比如种族主义、性别主义、监狱生意等。实际上,找出根本原因反而会让解决问题的从业者失业。当第一层级的元模因找到匹配其兴趣与能力的利基市场时,它会努力保留这个利基市场,即使整个螺旋可能会在这个过程中受损。

黄色的内部控制

黄色元模因基于一个内部导向的核心进行思考并采取行动。个人陀螺仪使人在矛盾的世界中保持平衡,在有原则、知识渊博的自我内旋转。这类人有自己可以做出理性选择的强大道德锚。这种道德锚有许多来源,但不会被基于外部教条或权威要求的僵化规则所束缚。尽管他们很乐意承认他们需要他人来完成一项任务,但他们在情感上并不需要(不像绿色那么需要)。

格雷夫斯观察到强迫和焦虑(恐惧)从先前的层次上逐渐消失,从而增强了人们沉思默想和理性评估现实的能力。随着恐惧的消退,好主意和解决方案的数量和质量都急剧增加。黄色的主动让人可以避免掉进任何系统的坑里，从橙色肆无忌惮的野心到绿色天真的利他主义。这类人在面对复杂性时既不畏惧也不会漫不经心。相反，这类人会从源于自己的核心信念而自生的信息和指令中提升自信。而且，螺旋提供了一条穿越动荡和不确定性的可靠途径。

黄色属于表达系而非牺牲系的思维系统，因此，它不会像飞蛾一样飞入任何人的明火中。不要指望它会代表公社、传统、你的真理或全人类而牺牲自己。黄色没有口袋来装负疚的灰烬。它能真正听到自己的心声并做出回应。正因如此，它会用自己的标准来衡量自我，而不是用他人的标准。但是，黄色思考者并不是独行侠，他们会根据情况和产出需要，独立工作或进行团体工作。最终，这类人通过自我棱镜来诠释世界，在一个充满选择和场景的自助餐厅里做出个人选择。

这样的评估来自一种已经成熟的自我观念，它超越了红色的自我中心主义或橙色的傲慢与自主。不妨把它看作是积极的或基于信息和情感的高度自尊状态。这种开明的自我接纳会勇于承认自己的缺点和错误，甚至原谅自己的失败，但又会将这些造成失误的扭曲因素纳入决策过程。如果一个人、一个问题或一件事让他内心充满混乱的情绪，他甚至会取消自己参与关键决策的资格。

一些格雷夫斯式金句

- 植根于知识和现实的存在伦理是行为的基石。
- 昨天是对的事情，可能明天就不一定了。
- 昨天做错的事情永远都是错的，正如昨天做对的事情，今天不一定是对的。
- 如果快乐是实际情况并适合当前情境，那么快乐就是好的。如果受苦是实际情况，那么受苦就是恰当的行为。

・如果现状需要独裁主义，那么做个独裁主义者是恰当的；如果形势需要民主，那就民主。设定必要限制的"好权威"，在许多家庭和学校里已经成了一门失传的艺术。人们把这种权威与惩罚、约束和僵化混为一谈。与此同时，"民主"几乎被神化为决定性的、通用的终极决策模型，也不管群体中活跃的元模因是否真的有能力做到民主。

・价值观来自存在的瑰丽宏伟，而不是自私或集体利益。它们是生命本身与生俱来的——基本的自然法则。

流动：黄色是开放的，随时向任何来源学习

虽然复杂的学习涉及一系列高阶思维技能，但它不是取决于个人的智商或正规教育。相反，它的特征可能在于信息收集的诀窍，获取多层次知识的能力，完成长期任务的精神能量和纪律，以及对新生事物和新奇思想的敬畏感和玩乐感。

由于黄色拥有一个不断改变和变化的概念世界，清晰观察和快速学习的能力是必不可少的。因此，对学习与实验终生感兴趣是天生的。黄色思考者将辨别学习内容的螺旋层级，并激活相应元模因的学习风格。如果学习内容需要蓝色固有的耐心、专制氛围和自我克制，那么他们会启用这个思维系统。如果信息获取需要与他人进行比较，那就切换成橙色系统。如果需要合作，那就点亮绿色。

同样地，这类人会以深思熟虑的第二层级的方式，激活自己内在巨大的第一层级资源，从对事实的回忆到直觉的白日梦。显然，他们将挣脱过去的束缚和他人的期望，产生新见解，发现新方向。然而，他们将

> 黄色确实能触及问题的核心。当它处于封闭状态时,即使不是完全冷酷无情,也会显得漠不关心。

在丰富的传统和已经建立的基础上继续发展,而不是将过去的成果拒之门外。在这个元模因领域,你不会发现太多的傲慢或自鸣得意的自我满足感。

黄色在做某件事的时候能学到很多东西,其中很多与手头的任务无关,这经常会让朋友和同事感到惊讶。"你是怎么知道的?"他们会问。这种虚拟现实型的大脑可以探索许多平行版本的存在,对它们进行交叉比较,并从每个版本中选择合适的片段。黄色的思考者擅长整合复杂性并找到清晰的路径。对他们来说,生命是一幅没有水泥的马赛克画,可以被重新排列,在特定的时间内呈现出最合适的存在画面。

流动:黄色思考者仰仗必要的、自然涌现的事物

虽然绿色系统总是充满理想主义和以人为本的担心,但黄色系统可能会突如其来地想要"让它继续下去"。黄色关注的是何为必要,而对参与社交活动的兴趣较小。黄色确实能触及问题的核心。当它处于封闭状态时,即使不是完全冷酷无情,它也会显得漠不关心。健康开放的黄色对其他元模因的需求更加包容——紫色的欢迎礼仪、红色的勒索和较劲、蓝色的议程设置和签到、橙色的握手和地位比较,还有绿色的拥抱和热情的、多愁善感的自我介绍。

当黄色思维开始在一个组织或社区中传播时,你会注意到,豪华办公室、地位象征、特权等级或任何代表权威或权力的装饰品在逐渐消失。取而代之的是,人们对功能性和"谁最懂什么"的重视,这些才是高价值的商品,与官方资质或权力无关。这些变化不是由绿色的平等主义和牺牲动机驱动的。少即多。当橙色让位于黄色时,极简主义的结构取代了宏伟的方案,优雅的简约打败了炫耀的装饰。

> 黄色的"权威"取决于背景。装备最好、能力最强的人会获得权威,而不论其级别、任期,甚至感受如何。与当前需求相匹配的能力、知识、技能和洞察力是主导因素。

黄色的"权威"取决于背景。装备最好、能力最强的人会获得权威,而不论其级别、任期,甚至感受如何。与当前需求相匹配的能力、知识、技能和洞察力是主导因素。同样,在这种情况下,"自然"的东西才会占上风。随着个人责任与自主意识的觉醒,人们开始为自己做更多的事情。首先要考虑的是,什么才是完成工作、执行任务或能为流程增加价值所必需的。

自然的而非人为或人工的事物、事物实际运作的方式、最适合这项任务的技术、在真正的草地而非塑料人造草皮上玩耍,这些都很吸引黄色。这并不是要求人们只能过一种只吃健康食品、讲究养生的生活,也不是要求人们只买宾恩(L. L. Bean)的特供产品。在特定情况下,使用塑料制品、食用快餐食品和身着萨维尔街(Saville Row,世界顶级西服手工缝制圣地)的高级西装都是合适的。

黄色理解之前每个元模因所创建的概念和个人世界的独特性。从仪式、礼节和神秘主义的角度来看,对于紫色来说很"自然"的东西,对蓝色或橙色来说是另外一回事。因为每个元模因认为的"自然"不同,导致其建筑偏好、可接受的生活条件、学习方式、对"家庭"的礼节,甚至宗教表达都会有所不同。这种理解引出了诸如"龙生九子各有不同""因材施教""千人千面""各美其美""各有所长"这类熟悉的说法。

黄色的目标是找到供应充足的方法,这样其他生命系统就不再受苦,全人类也不再受苦,从而使每个人可以保留自己选择的自由。黄色的评估铅锤指向生命螺旋,旨在让它保持健康并持续发展。这是在地球村中的个性化生存方式。这是一个复杂的共存现实,所有人都在努力占据各自认为重要的独特领域。来自螺旋的所有元模因都是"自然"的——不论是单个元模因,还是元模因组合。

黄色元模因认识到展开人类元模因序列的必然性，以及控制其产生的价值观体系的必要性。想象一下深海潜水员。如果上浮得太快，他的身体会变形，他的血液可能会沸腾。如果上浮得太慢，他很有可能会缺氧。正如深海潜水员在上浮过程中必须经历不同的减压阶段一样，人们必须在一定的时间序列中经历不同的人类系统。

流动：黄色思考者表现出第二层级的生活方式和长远思考

虽然不可能在单个个体中识别出以下所有特征，但这些是人类发展进程中第七级元模因（黄色）觉醒的一些重要标志。当它占主导时，个人或团体有如下特点：

- 不愿意花太多精力在敷衍的细节上，除非它们对在场的其他人来说很重要；
- 不会把时间浪费在人际游戏技巧、无意义的解释、人为的意义划分或语义琐事上；
- 重视好的内容、清晰的信息，以自己的方式发现更多的信息开放渠道，保持开放、质疑和发现的态度；
- 赞赏适当的技术、最小的消耗，并刻意避免浪费和混乱；
- 不需要出风头、展示权力或地位，除非所处的生命背景需要权力；
- 享受人性的欲望，但不会成为任何欲望的强迫性奴隶；
- 关注的是时间的长跑，而不是任何人的寿命；
- 充分表达愤怒，甚至敌意，但会理智使用情绪，而不是被情绪驱动或操纵利用；

· 将人生视作一段从出现问题到解决问题、起伏不定的旅程，所以混乱和有序都被视为正常现象；

· 用自发性、简单性和"合道义"的道德伦理，取代任何虚假或矫揉造作的说法和做法；

· 追求各种兴趣，并会选择做自己喜欢做的事情，无论它是否流行、受欢迎或被别人重视；

· 因为没有控制他人的强迫性或被他人控制的欲望，所以不受胁迫、贿赂或恐吓；

· 根据环境和生活本身的整体利益，将会有温和或冷酷、从众或不从众的不同表现；

· 将自己的核心动机和评估系统锚定在自己的内在上，因此相对不受外部压力或判断的影响。

流动：黄色参与许多独特问题的解决和决策过程，这些过程在设计上非常复杂，在执行上却非常简单

那些处于螺旋其他地方的人会被黄色搞糊涂。对紫色来说，他们几乎是不存在的。对红色来说，他们很奇怪，但有时和他们一起玩很有趣。对于蓝色人来说，他们显得前后不一致，不尊重人，而且不够聚焦。对橙色来说，他们似乎不愿意全力以赴地实现目标。从绿色的角度来看，他们似乎很冷静、矜持，情感非常克制，没有全心全意地融入集体。

聪明的黄色通常喜欢低调地站在组织的边缘。他们会以自己解决复杂问题的超凡技能来宣告自己的存在。他们的思维在过去、现在、未来

> 黄色问题解决者会骑着爆炸性螺旋,寻找主要缺口、不匹配处、触发点、自然流动和潜在的觉醒或倒退。

的时间线上自由穿梭。他们可能会提出一个全新的、未加思索的行动方案。稍稍倒腾几下,他们就迅速解决了一些棘手的难题。他们采用了许多富有想象力的问题解决机制,让人们参与到系统的、有纪律的、以解决方案为焦点的计划中。然后,他们很可能会消失,把庆祝和赞美留给其他人。当他们被其他有趣的问题吸引,或者当他们的个人兴趣消失时,他们也同样会消失。

黄色元模因解决问题的工具包中包括以下几种能力:

第一种能力

黄色问题解决者会骑着爆炸性螺旋,寻找主要缺口、不匹配处、触发点、自然流动和潜在的觉醒或倒退。黄色知道深刻的变化只会出现在严重的生活问题周围。他们就像热寻导弹一样,被吸引到不同热点附近,那些地方不断演变的危机,需要引入新的洞见。他们意识到许多突破性想法都是在这样的熔炉中形成的。黄色思考者敏锐地意识到变革的条件。他们认识到不同的解决方案是沿着螺旋排列的,都是专门针对某个元模因范围设计的,可能在其他元模因范围内就没么可行。这种洞见经常让黄色思考者想要退缩,让一切顺其自然。他们意识到,有些力量在发挥作用,他们根本无法操纵,也不应该操纵。与其实施不恰当和短视的干预措施造成未来的问题,不如让它们顺其自然。

就像 Windows 或 OS/2 软件包,黄色思考者可以将相互冲突的元模因的兴趣联合在一起,同时让每个元模因继续独立运行。黄色定义了各种情形,其目的是让所有系统的健康共存成为可能——尽管不能完全保证。摆脱了第一层级思维的强迫性(一定要、必须、恐怕、害怕),黄色活动家是唯一有资格消除元模因之间的障碍,让一切平滑流动的存

> 黄色问题解决者擅于解决矛盾，创造丰盛，带来多赢的结果。

在。简而言之，黄色能够进出不同的第一层级元模因系统，一方面能让它们保持健康，另一方面，能维护不同元模因之间的联系。

第二种能力

黄色问题解决者擅于解决矛盾，创造丰盛，带来多赢的结果。在解决矛盾时，黄色善于将彼此矛盾的观点（甚至产生这些观点的元模因）置于两难境地中。那么，面前的任务就变成了，展示为什么"两者都好"比在两者中"二选一"更好。橙色对"增长和进步"的心心念念，和绿色对"人民需求"的关注，完全可以同时出现在一个"以人为本，实现繁荣发展"的项目中。这两者可以恰当地和谐共存。

在创造这种丰富性的过程中，黄色寻找各种方法来增加选项范围、利基市场和机动空间，也为每个元模因扩增机会。如果每个系统都要以健康而非破坏性的形式来表达，这可能是必要的。我们在这里所说的"丰盛"，并不是指橙色世界观所定义的物质主义辉煌或炫耀性消费。相反，我们指的是增加并随后分配——无论付出什么代价，人们都想要在人类存在的各个层次上"拥有足够"的东西。严重的人类冲突往往是由于实体想争夺不断变小的蛋糕的更大份额。寻求充裕（的资源/能源）是解决复杂社会问题的必经阶段。它常常被忽略，而倾向于高度竞争（如果不是暴力的话）的再分配方式。

多赢是我们在螺旋动力学中的说法。除非在谈判中考虑到更大的善以及整个社会和大自然中的人类螺旋，否则，谈判双方只会达成一个简单而自利的双赢协议。从长远来看，这种狭隘的结果不会产生积极的结果。随着黄色增加，工会和管理层正在形成联盟，共同为公司、行业和市场提供服务。不幸的是，共和党人和民主党人，有产者和无产者，甚至公共部门和私营部门的组织都陷入了橙色的输赢模式中，充其量也只能达到双赢局面。如果要打破僵局，缩小发展差距，那么，第三个"赢"——对整个螺旋有益的因素，必须纳入考量中。在这种情况下，必须立即启用黄色思维。

黄色：退出阶段

在第七个元模因的个人主义世界观中，我们对差异、独特性、不同层次的人和不同组块都很敏感。我们知道，差异是不可避免的，我们积累了大量关于不同元模因系统的起源、特征、轮廓的知识和信息。我们甚至开始寻找整合不同实体的方法，连通它们之间的能量流，并让每个实体得到充分的发展。在这个过程中，我们严重依赖"自我"，信任自己的评估能力。很多时候，黄色会选择独立自主，依靠知识和信息的力量，而不是依靠同伴，来证实生命的独特性。

然而，随着螺旋再次在"我"和"我们"之间来回摆动，一种新的群体意识开始取代个人主义。青色元模因促使不同个体形成的全球化群体崛起并包含黄色的信息精英。事实证明，孤立的个体无法回答，也无法充分解决在这个生命背景中出现的重大黄色问题，不论他们知道多少，也不管他们在网络空间中联系得有多频繁。

在这个转变过程中，还会发生其他变化，并开始形成趋势线：

- 在天体物理学家、杰出的哲学家和数学家等人群中，灵性悄然回归。
- 随着生命有机体的出现，人们更加尊重系统中更大的

"整体"智慧。

- 黄色元模因对"什么"和"如何"的担忧被"为什么"和"谁"的考虑所取代。
- 人们再次探索普遍的因果关系和重新恢复世界混乱秩序的必要手段。
- 一种新的社群主义感觉重新出现,但没有绿色群体那种沉重的情感负担。
- 知识本身也有自己的生命,这表明对个体和粒子的关注将被对群体、场和波的认识取代。
- 如果宇宙始于一次大爆炸,那么也许有一种意识引导着,推动了引发大爆炸的活塞。

第 16 章 在第二层级上迈出第二步

（青色）

记住螺旋动力学的中心主题。环境因素（时间、地点、条件和环境）唤醒人们和社会内部的系统，为的是应对和适应当前的生命背景。有些人可能并不属于他们所在的时代。他们的思想高度可能是大多数人难以企及的。在最好的时代，他们被尊为先知、开拓者和预言家。而在其他时候，他们被监禁、被烧死或者被放逐到蛮荒之地。

20 世纪末出现的末日预言和大灾难的异象超乎寻常地多。显然，我们这一代正在跨越若干个重大的技术门槛和环境门槛。在每个交叉路口，都可能埋藏着一颗进化"炸弹"。一旦被引爆，可能会完全改变我们人类的发展方向。这些巨大的进步可能包括环境危机、改变对我们自身和宇宙看法的文化冲击、瘟疫一样的流行病、基因工程无法预测的影响或者仍然可能爆发的核战争。

在格雷夫斯看来，进化"炸弹"之前已经在地球上爆炸过 7 次。第 8 次爆发的早期振动，即青色元模因世界的到来，目前正在被感受到。在这里，我们将再次迎来一次大规模的钟摆式摆动，从表达自我／个体类元模因朝着牺牲自我／集体类元模因摆动。这是在进入第二层级之后的第一次转变。

当新的人类形式出现时，无论是新的行为方式还是新的元模因，通常会先出现某种形式的"突变"，然后会形成新的"惯例"。这样的转变可能会持续数年或数个世纪。最后，新的临界质量会在人类社会中聚集起来，变成几乎人人都认同的思维范式。再后来，这变成人类社会中的常态。在人类社会发展的现阶段，青色元模因尚处于萌芽阶段。尽管我们的一些祖先早在 5 000 年前就已经冥想预见到了新范式的出现，但在时间的洪流中，这一新阶段的发展前景仍不明朗。然而，随着第 8 个元模因逐步显现于现实的迷雾中，成为一股不可忽视的力量，某些重要的"子整体"已经变得越来越明显。

"子整体"一词源于希腊语 Holon，表示一个"完整"块。例如，全息图（"完整的信息"）以某种方式对信息进行编码，当通过"全息"照相版重新照射时，就会产生三维图像的错觉。

青色元模因——全球观：整体性元模因

- 将所有人都融合到一个强大的集体之中
- 注重所有生命作为整合系统的利益
- 扩展使用人类大脑/心智的工具和能力
- 自我是更大的有精神意识整体的一部分，它也照顾到了自我
- 全球（和整个螺旋）交流成为常态
- 践行极简生活，认为少即多

> 因为青色社区不仅仅是物理性的，还是概念性的，并且可以通过网络连接和精神契约发挥作用，就像橙色在周一员工早会上画的大饼一样，所以，青色加强群体联系是可能的。

青黄色元模因：进入阶段

这一阶段建立在先前元模因的信息和洞见网络的基础之上，同时开始转变为一个更加社群/集体类的视角。黄色在 LC^7 中意识到的问题不能依靠孤立的个体来解决，不论他们知道多少或学到多少。要想充分利用大量的原始信息，人们需要协同合作，为这些信息梳理出新的秩序。这是 LC^8 的因素之一，也是接下来要解决的问题。由黄色元模因释放的第二层级能量必须被聚焦并谨慎引导。

这些青色 LC^8 的唤醒（我们甚至可能还没有意识到其中最严重的一种）为我们带来了既复杂又广泛的挑战。为了聚集足够的人力，找到应对青色复杂性的解决方案，有必要跨团体、派别、社群和自然联合行动。物理学家可能会将其描述为一种整体场理论，推断宇宙中任何元素的变化都会立即影响到其他所有元素。

在人类社会中，联盟是由共同目标驱动的，而不是像绿色那样由和谐驱动，也不像蓝色那样以教条为中心，或者像紫色一样由神秘力量和血缘联系在一起。这第 8 个元模因的出现可能会比黄色更快、更有紧迫性。黄色会提出疑问，但又难以投入牺牲自我的时间和精力。因为青色社区不仅仅是物理性的，还是概念性的，并且可以通过网络连接和精神契约发挥作用，就像橙色在周一员工早会上画的大饼一样，所以，青色加强群体联系是可能的。

在青色集体主义的复兴中，情感和情绪重新得到强烈的发挥。这种转变融合了感受和认知，似乎也组织了感受与能力。由于对教条的信仰和对技巧的依赖，这些感受和能力曾在螺旋中间层次范围内被削弱。整体的理念在当代医疗实践中是很清晰的，尤其在一些综合考虑身心健康及环境的全科医学体系中。尽管当今以橙色为主导的主流医疗机构仍不愿接受这种"未经验证的"（也通常是古老的）医疗方法，但是，这些替代疗法的流行热潮（及其疗效）应该让我们有所思考。

绿色总是更愿意接受整体的、有机的、自然的、略带神秘感的处理方式，而不是橙色冰冷的技术统治。青色远远超越了绿色的新时代时尚和风靡一时的灵性。似乎当一个人真正开始理解疼痛和身体信号时，这个人就习惯性地对身体过程有新的掌控力，从血压到心态。从青色元模因的角度来看，神秘主义并没有那么神秘——这一事实让绿色的幻想无限破灭。

黄色也对意识的其他可能性很感兴趣，并希望了解它们。在青黄色范围的入口，大自然所提供的心智/大脑得到了更多认可。一种灵性形式在这里复活，但并没有一个具体的人在主动有意地控制着这一切。相反，一种统一的力量和一套指导原则控制了宇宙的进程，并让意识出现。有些人对这种力量选择了拟人化的观点，这很好。其他人会通过他们的极力否认来认识这一点。绿色会试图把这一新视角带入他们的小组中，黄色会质疑并探索这些观点。格雷夫斯预言，青黄色会试图了解本质是什么，同时相信有比他们所见所知更多的东西存在。

这个进入阶段仍在"突变"范围内，人们试图集中大脑/心智来激发行动。商业又有了灵魂，科学与玄学之间的鸿沟也缩小了。这引入了一种新的社群意识，对每个人都有很高的期待。随着青色带变亮，人们将开始采取具体行动，解决黄色的疑问和问题。地球村村民们将忙于处理各类全球事务，比如，让非洲实现现代化而不产生橙色病态，在南斯

> 在青色阶段，人们不仅可以通过观察和参与来学习，还可以通过简单的存在状态来学习。人们信任自己的直觉和本能（早期的元模因被重新激活，达到新的水平），大脑可以同时处理意识与潜意识的信息。

拉夫和中亚等地建立起良好的社会秩序，重新调整南美地区的螺旋，以及在没有联合国的授权或没有全球治理病态的前提下，消除美国日益严峻的种族、教育和经济等方面的问题。

青色：波峰阶段

在青色阶段，人们不仅可以通过观察和参与来学习，还可以通过简单的存在状态来学习。人们信任自己的直觉和本能（早期的元模因被重新激活，达到新的水平），大脑可以同时处理意识与潜意识的信息。你将发现一些灵魂出窍的体验——"走向光"。人们报告说，可能是来自螺旋深处的感觉系统重新激活了紫色元模因。在第二层级的元模因中，我们似乎重新连接了自己在第一层级生存水平上被强大力量压抑或取代的其他面向，同时启动了我们心智和大脑中其他尚未开发的资源。

随着这些更深层次的心理与精神能力的觉醒，人们将在发展中迈出一大步。如果更充分地利用分布在黄色及其余整个螺旋上的心智，人类将发展出广谱潜能，将有更广泛的新可能。再提醒一次，这并非意味着这些人更好、更友善或更聪明智慧。他们（将）拥有的是更广阔的思维和更广泛的行为选择。这也并不能保证他们会快乐或善良，而是他们可以基于更有力的视角来看。

当青色元模因到达波峰时，它会以一种非常流动的方式在之前的元模因系统之间移动。我们认为，这就是第一层级"生存"和第二层级"存在"之间的核心差异。与黄色相比，第二层级的第二步青色元模因更理解螺旋的完整性，并且由于社群/集体类元模因被点亮，它可以主动且整体地使用其层次。这有助于调整我们复杂世界的混乱现实，格雷夫斯称之为"存在的二分法"，这只是第二层级的自然组成部分。

子整体：在生命系统中，万物一体，互相流动

青色元模因把世界看作一系列的因果关系、相互作用的能量场以及一系列的联系与互通，这都是我们大多数人尚未意识到的。这个元模因解放了一种相互交织、相互融合、相互协调的生命系统的感觉。这是另一个寻求秩序的系统，但却是第一个寻求宏观视野的系统。在做任何具体的事情之前，"一目了然看全貌"主导着整个思维过程。集体的责任和相互的依赖是至高无上的。

黄色元模因试图将粒子、人、功能和节点缝合在一起，形成不同的网络与分层，而青色元模因则会探测环绕在人与事周围、自然流动的能量场。黄色元模因连接着这些点，而青色元模因是将所有色彩都融合到一起的"艺术之手"，画面瞬间变得生动起来。从螺旋动力学的角度来看，黄色元模因在处理混乱时变得肮脏不堪。而青色元模因会后退一步，创造出另一种形式的秩序。

对于青色元模因来说，处理这些不同但同时存在的现实并不是什么大问题。如果维度略有不同，那就把它们桥接起来。人们体验存在不需要像对事物那样进行量化和分类。人们通过更加全然地临在来学习，而不仅仅是学习什么或对任何事物感到自在。

悖论是另一种了解青色复杂性的方法。例如，在医疗改革中，综合考虑以下因素：人们渴望获得优质的保健，以延长寿命，也希望降低保健费用，使其变得更普遍；与此同时，还要保证人口数量与现有资源的匹配程度，或者考虑使个人自由最大化，同时确保整个社会的福祉。在学校里，公平对待每个学生，帮助最聪明的人发光发亮，帮助最后进的人获得成长。创立一家既能为员工提供优厚福利，又能创造出高利润的公司。悖论的构建和解决是一个很好的工具，可以用来追踪黄色混乱之下优雅、潜在的秩序。因为这是人们第一次从超级群体即全人类的角度，来理解螺旋的复杂性，所以，毫无疑问，青色元模因将向我们展示如何以新的方式利用多样性。

子整体：青色元模因怀有全球共同体的意识，却不会侵犯个人权利

青色在更广大的层面上定义了世界社区，不要误认为这是新时代伪科学和伪神秘主义词汇，或者是只与价值观相同的人建立联系的绿色做法。在某种程度上，盖娅（Gaia）假说[1]出现了，该假说以生命本身为中心——涵盖所有形式的生命（而不仅仅是人类）。每个人、每个生命、每个物种都属于她。地球本身被视为一个单一的生态系统。个体之间并不是相互分离的，也不允许以国界、种族或精英特权武断地把人区隔开。

用这个元模因进行思考的人并不是独自存在的，而是存在于集体和他人的关系中。在青色元模因中，"我"可以（但不是必须）舒适地融入整体。一个人通过观察并积极贡献系统性思维与系统协同工作。人们一直在关注行动和行动发出者之间更广泛的含义以及它们之间不可避免的联系。从青黄色到更集中的青色的转变，更像是从"了解到……"到"实际应用……直至融入群体"的转变。这一集体/社群类的元模因既增强了感官意识，又提高了人们对时间和空间的多个维度的敏感度（正如土著和印度教所教导的那样）。

青色生命由分形组成，从微观到宏观无限重复。这也是青色的认知体系。适用于整个宇宙的自然法则取代了蓝色的教义法则，也取代了绿色的人际情感联系。尽管青色乐意承认自己的知识不完整，但它仍然秉持一个信念，即大统一是可能的，一切事物都以某种方式与其余一切事物相联系。

用音乐比喻，青色是紫色音调的重现。乐章演奏至此，再次弹奏起了全球部落主义的主题。实际上，当摆锤从黄色的"我"摆到更宏大的青色的"我们"时，令人恐惧的负面影响是大规模的群体分裂：黑种人、黄种人、白种人、红种人、棕种人之间的划分；不同半球或不同大陆上的居民像超级部落一样密谋对抗对手；或者蓝色的意识形态——宗教的、政治的，或者两者兼而有之——形成团体内/团体外的组织，人们跨越五大洲四大洋联合在一起，但会彻底隔绝不信教者。这种派系间的冲突可能是灾难性的。使用橙色科技，已经让形势足够严峻了，更不用说再加上黄色或青色的互联网所带来的影响。（如网络巨头、网络金融、AI算法、加密货币、区块链、云计算等，都可能带来改天换地的影响。）

仅仅因为思维方式包含了更多螺旋层次，并不意味着摆脱了破坏性的想法或执着。人类总是以健康和不健康的方式展现他们的存在。事实上，关于存在的实际问题可能会促使人们转向更复杂的"我"系统，那就需要一些集中的控制和命令，以制止青色大部落之间的冲突。人们希望同情心、利他主义和合作分享，会驱动珊瑚色元模因的出现并掌权。然而，这并不能被保证，而其进入阶段可能会相当令人兴奋。

> 青色的生命体验表明，一个人永远无法知道或理解所有的事情。接受这一点会带来惊奇、敬畏、崇敬、谦逊、团结，以及对简洁的崭新认识。

子整体：青色元模因发现新版本的灵性

在紫色阶段，人们想要安抚那些能带来好运与厄运的神灵；人们希望能与这些神灵一起加入"快乐的狩猎场"。在蓝色阶段，灵性被定义为特定的信仰和真理、行为准则以及与邪恶力量永无休止的较量。在绿色阶段，实现解脱的力量最终都在每个人自己的内在，在这种人文主义背景下，最好与他人一起探索。玄学领域是变得更为整体的附属品。

在青色阶段，人们敬畏宇宙秩序，同一种创造力量遍布宇宙，从大爆炸到最小的分子。在螺旋的其他层次，它表现为紫色的"父母"形象；红色的"雷公电母"；蓝色的公平公正的功过簿记录者；橙色的缔造者；绿色的统一原则；黄色的混乱之源。

青色的生命体验表明，一个人永远无法知道或理解所有的事情。接受这一点会带来惊奇、敬畏、崇敬、谦逊、团结，以及对简洁的崭新认识。在这种观点下，真相可以被体验，但无法被知晓。具备这一思维的人会避免进入被他人掌控的关系中，但可以在需要时以不专横的方式提供方向。青色能轻松脱离关系并进行深思，然后以全新的视角重新进入关系。这类人以参与式观察者的身份，不断地审视着自己和情境。驱动生存层次的自我实际上是不存在的。在他们看来："（全体）生命是最重要的；但我的生命并不重要。"

子整体：青色的宏观视角转化为代表整个螺旋及其所有部分的行动

青色元模因对螺旋动力学的主要贡献之一是它带来的宏观"大局"视角。从太空向下凝视的卫星之眼可以探测到天气地图上云层和风的流动模式，可以绘制地球的地形图，可以用雷达探针穿透其地壳，还可以评估和测量其生命体征。在同样的意义上，青色思维让社群领导人"看到"他们从未觉察过的交互水平——无论是表面的还是内在的。在对社群的任何一个部分进行工作之前，他们可以观察到许多动态力量。

企业里的青色思考者们能觉察到任何组织、人员、智库和市场中弥漫的谐波、神秘力量、化学反应和无处不在的流动状态。他们可以收集并处理大量数据，以寻找最深的趋势线以及最微妙的思想和能量模式。黄色为螺旋动力学方程加入了更多所谓的"左脑"逻辑，而青色则提供了一种见多识广和进程复杂的"右脑"处理模式。总之，这些只是第二层级的开端，也是一系列令人兴奋的新元模因的开端。

注释

1. 盖娅假说：由詹姆斯·洛夫洛克在1972年提出的一个假说。"地球整个表面，包括所有生命（生物圈），构成一个自我调节的整体，这就是我所说的盖娅。"简单地说，盖娅假说是指生命与环境的相互作用，能使地球适合生命持续的生存与发展。

第四部分

动态螺旋上的全球秩序与混乱

在本书的最后一部分,我们将把螺旋动力学工具应用于大规模系统的分析和变革。如果你用螺旋式原则来看问题,地缘政治变化和新的全球市场的转变就更有意思了。

在充满智慧的寄主的携带下,模因散布全球。这些为理想主义、利益、勇气或荣誉而生的人,以活力和热情传播着模因。其速度之快、传播范围之广,连苹果佬约翰尼[1]都追赶不上。

——霍华德·布鲁姆(Howard Bloom),
《路西法原理》(The Lucifer Principle)作者

在"成熟之人的行为"这个概念中,我并不认为,在任何情况下,任何一种存在方式或人类存在形式都必然优于或好于另一种存在方式或人类存在形式。

我想说的是,当一种存在形式或人类存在形式更适合生存现状时,它就是更好的存在方式或人类存在形式。

我想说的是,当一种存在方式或人类存在形式对生存现状失效时,另一种存在方式或人类存在形式就是更好的,无论其层次高低。

然而,我的确认为,或者说,我深信不疑的是:从历史长河来看,就整个人类的生存福祉而言,高层次的存在方式或人类存在形式优于低层次的存在方式或人类存在形式。而且,在任何社会中,执政者的首要任务都应该是推动人类向更高层次的存在方式或人类存在形式发展。

——克莱尔·格雷夫斯

第 17 章　全球觉醒:"新世界秩序"（及混乱）

1991 年，乔治·布什在波斯湾发动的海湾战争，以及在华盛顿举行的恺撒大游行，成为他总统生涯中最后的光辉事迹。后来，他没能再复制他的成功。在宣布"沙漠风暴行动"的演讲中，他声称："我们有机会为自己和子孙后代建立起新世界秩序，而机会就在眼前。"

"新世界秩序"这句话不仅成了人们的笑柄，还在美国内部激起了极右分子的恐惧，在国外激起了反殖民主义情绪的强烈反弹。感到恐惧的宗教团体认为美国政府正向他们"伸出魔爪"，或捕捉到"反基督"的确凿迹象。许多第三世界国家感受到了第一世界国家霸权主义的威胁，并因此吓了一跳。同年晚些时候，布什在联合国大会的讲话中软化了他的态度："总之，我们希望在共同理解的基础上实现共同和平（pax universalis）。"

南非前总统纳尔逊·曼德拉在 1994 年美国国会上发表演讲时，也同样提出了"新世界秩序"的说法。他要求富国为穷国做些什么，然后以一句"向前进！"（Forward, March!）结束了自己的讲话。

在《下一个世纪》(*The Next Century*) 一书中，大卫·哈伯斯塔姆（David Halberstam）[2] 预言到曼德拉总统会提出这样的要求。大卫警告说："我们现在所生活的世界，其紧张局势可能是由南方与北方、白人

> 第一层级的问题只能运用第二层级的方法来解决。

与非白人、富人与穷人、发达国家与不发达国家之间的冲突导致的。"冷战时代的政治辞令和人为分群已经不适用了。无论如何，这些状况让我们看不到"真实"的现实。是时候换个完全不同的视角了，换一个能让我们更好地理解地球人的宇宙框架。

对螺旋魔法师的需求

詹姆斯·罗森诺（James N. Rosenau）在《世界政治动荡》（*Turbulence in World Politics*）一书中总结了全球现状，这将为新一代螺旋魔法师的行动带来挑战：

> 毫无疑问，对身处其中的人们来说，每个时代都是混乱的。20世纪的最后几十年也不例外。这就好比，地球号太空船每天都会遭遇狂风暴雨，因为它正侧身飞入变化莫测的未知领域。有时，当战争的雷雨云密布或危机的闪电划过全球天空时，变革的迹象就非常明显；但通常情况下，这种湍流只是一种空气清新的湍流，直到遇到挑战或破坏已造成之后，人们才意识到它所带来的浩劫。

要想在旋风来袭时保持平衡，准螺旋魔法师们首先应该做这三件事：

（1）激活自身的黄色元模因，并开始寻找青色元模因。第一层级的问题只能运用第二层级的方法来解决。

（2）把棉花塞进耳朵里，不要去听任何关于最终结局的虚假预言。只要人们在发展螺旋上，那些过度简化的解释就会走入死胡同。人们也应该明白，这些预言家，对其他人的领土、地盘和资产将是重大的威胁。

（3）检查改变的六大条件，并决定七大改变回应中的哪一个是合适的。地缘政治转变涉及许多元模因之间的同时转变。对一方有利的事情可能对另一方是灾难。

如果你的目标是促进改变的进程，螺旋一致性就是必需的。如果文化更加同质化且处于较低的发展水平，那么目标必须具体、实在（至少在书面上是这样！）和迫切的"大厦综合体"。如果文化处于更高的水平，那么制定更抽象、更广泛、更长远的目标是可行的。如果文化涉及的螺旋层次较广，有高有低，那么，目标就必须既具体又抽象、既切合实际又高瞻远瞩、既包含精神又包含物质。无论哪种情况，必须根据人们当前的存在层次来实施变革，而且要用他们能理解的心理社会语言来传达，而不是用公关机构在新闻稿上喜欢用的官方语言。

- 在全球联网的时代，螺旋魔法师深知"蝴蝶效应"对人类事务的普遍影响。看似孤立的事件可能会迅速波及全球网络。新闻记者摄像机的强光照亮了世界的每个角落：亚马逊的"原始人"现在有了电视；肯尼亚首都内罗毕有大量的传真机；南芝加哥的种族主义事件将在南非的索韦托产生影响。在这个后信息时代，蝴蝶扇扇翅膀很快就会变成全球飓风。

- 就像环绕地球的卫星对地球地形进行的三维扫描一样，你必须想象人们在整个螺旋上上下移动的样子。深入调查社会心理空间中的层次动荡和复杂思维。

- 及时回顾，追踪元模因出现的历史时间点及后续涌现，这能帮助你分析今天发生的事件的起因，以便预期未来可能发生的事情。

- 试着去看清人们本来的样子，而不是透过你的有色眼镜对他们进行评判。在扫描以前的世界秩序时，请定期擦拭你的镜片。戴上"他们"的有色眼镜，像"他们"那样看世界。我们只能看到我们能看到的，而不是全部。这也是为什么每次有新元模因开启时，我们就会修改历史，并用我们新发现的滤镜重写书籍。

元平面上的地缘元模因

文化的规范和特征是理查德·道金斯（Richard Dawkins）所说的小模因集合，包括服装、偶像、信仰、态度、模式、结构、宗教习俗、传统习俗和政治形式。但是，文化和个人及组织一样，有统领并引导模因运动的元模因配置。亚瑟·克拉克（Arthur Clarke）在《黑暗之墙》（*The Wall of Darkness*）中写道："宇宙像泡沫中的气泡，漂浮在时间之河上。"当每个元模因出现并到达波峰时，它宣称已经到达了其知识的顶点，"历史的一个终点"。

然而，每个新元模因世界都会随着时间流逝而衰落，被另一个元模因世界取代。这种文化"觉醒—上升—高峰—下降—消亡"的循环是由许多力量触发的，包括且不限于：

- 外来文化的冲击——经济、道德、政治、宗教或身体入侵；

·出现令人震惊的新情况和新想法，破坏了原来的"基本"前提和意识形态，使我们不得不面对重生和巨变；

·突然出现有远见或有主见的领导者，他们将一切塑造成新范式——救世主、发起者和先知的角色；

·因为外国人的入侵，人们积怨已久，却被殖民暴君或善意的"维和人员"划定的人为边界暂时遏制——被压制已久的老问题爆发；

·内部出现腐败——精英们享用着成功的战利品，却没有注意到这种纸醉金迷的生活催生的问题愈演愈烈；

·无法充分应对新生存背景带来的威胁，甚至绝望地否认它，这些威胁最终会压垮当前社会中的元模因。

每个新兴社会都是一个互动的、好莱坞式的动态影像，而不是静止的画面。在片尾的场景中，角色们可能"从此会过上幸福的生活"，或被留在怀疑和不确定的阴影中，发现他们自己"在平衡中挣扎，并发现不足"，或屈从于末日来临的厄运和忧郁。高潮的基调是由生命背景和元模因之间的连接决定的。问题是，不同的人和社会生活在不同的电影剧本里，却没有意识到这一点。

在扫描地缘政治局势时，要观察以下几种条件：

·闪点——危机起源于不同元模因之间为了争夺地盘产生的冲突（如在非洲的大部分地区出现的紫色和橙色）或有相似的元模因配置，但却有不同的诉求（如波黑问题、北爱尔兰问题、印度与巴基斯坦问题、约旦河西岸问题）。

·热点——地表下可能很快发生爆炸的起泡区域。比如，全球过度拥挤的城市中心的内城的生存环境；贫穷的国家羡慕富裕的邻国；超富国家仍在剥削其他国家；数十年乃至数百年未解决的紫色、红色和蓝色之间的争端可能会导致暴乱。

- 流散——拥有相同元模因的人在各大洲分散、传播或迁移。这一点在犹太人大流散、海外华人的聚集、欧洲殖民者"发现"美洲、非洲母系社会的日益壮大以及北非伊斯兰武装分子的扩散中表现得尤为明显。国与国之间的来往和便利的交通将促进全球化部落的形成。蓝色和橙色的力量正在行动。他们将根据元模因的诉求，在网络空间、民族家园或新部落聚集地为新首都选址。

- 倒退——由于元模因系统无法应对日益恶化的生命背景，导致个体或组织出现螺旋降档。巴尔干半岛、卢旺达、塔吉克斯坦和乌干达的部分地区就是鲜明的例子。但实际上，每个国家都容易受这些倒退甚至危险的自由落体的影响。

- 谐波——两个或更多的元模因系统的同步运动，其中强大的一方可以在螺旋上的多个地方释放能量。第一世界向青色的转变可能与第三世界向蓝色的转变产生共鸣。这两条轨道的特点都是独裁统治和集体行动。在第二世界中，橙色的激增引发谐振，增加了更多红色甚至一些黄色。

- 前沿——新元模因的首次闪现。几种螺旋颜色的烈火随时可能出现在地球上。前沿无法被协调或整合，要么碰撞，要么爆发，就像产生闪点的心理社会间歇泉。

- 阻塞——当生命背景发生变化时，系统被迫处于静止状态：陷入僵局、停顿或阻塞。有时，元模因堆栈处于受困或封闭状态会导致阻塞，由于生命背景中存在某些无法克服的障碍、压倒性的问题或难以改变的信念，也会导致阻塞。如果元模因堆栈处于开放状态，或者受困程度较轻，阻塞会变成催生热点的高压锅。

不同时代的不同世界秩序

螺旋动力学在人类发展的电影剧本中确定了 8 个元模因场景，第 9 个正在编写中。没有人知道这些力量沿着世界人口曲线的真实分布，但可以参考一下下表中的分布。你可以随意修改这些百分比（这些数据只是猜测的），但要认识到蓝色元模因和橙色元模因在制定政策、分配全球资源等方面的相对力量。

历史连续剧的主题无数。在"螺旋图书馆"的书架上，有德国的"生存空间（lebensraum）"[3]，日本的"共荣圈"，弗朗西斯·福山（Francis Fukuyama）的"历史终结论"，黑格尔的"自由国家"，卡尔·马克思的"共产主义社会"，马克斯·韦伯（Max Weber）的"新教伦理"，塔尔科特·帕森（Talcott Parson）的"进化的普遍性"，赫伯特·斯宾塞（Herbert Spencer）的"社会达尔文主义"，格哈德·伦斯基（Gerhard Lenski）的"技术进化论"，马文·哈里斯（Marvin Harris）的"进化唯物主义"，伊曼纽尔·沃勒斯坦（Immanuel Wallerstein）的"世界体系"，当然还有乔治·布什的"新世界秩序"。人类社会的发展是无止境的，对福山所称的"机制"（MECHANISM，即解释历史发展方向的机制）的探索既是无止境的，也是徒劳的。如果螺旋理论成立,那它将继续发展下去。

每个宇宙变化的尾端都是一段失调、混乱和动荡的时期。人类每走一步都会跌跌撞撞,站起来,然后再走下一步。这些模式不是由线性时间或周期振荡决定的。相反,整个过程是由螺旋动力学定律驱动的——来回、上下、一轮又一轮。临界质量生成、稳定,然后衰弱、碎裂,最后消散。

铅垂线与地球

把你的铅锤挂在月球上,让它指向地球。我们要做的工作是,找出什么能让整个星球的生命活得越来越好。从这个基准点出发,对齐所有地理、文化、社区、村庄或组织板块。为每个实体设计一个X模板,以解决与元模因相关的问题、差距和机会。

元模因颜色	系统	在20世纪后期系统处于"前沿",当时对"世界秩序"的解释	估计		
			人口百分比	权力百分比	使用率百分比
米色	前石器时代	自然秩序和法则优先	0.1%	0%	0.1%
紫色	部落式	神秘的神灵(好的和坏的)聚集在地球上,留下对重大事件的祝福或诅咒。这些神灵存在于祖先中,并以支持性关系将"人们"联系在一起。亲缘和血统建立了政治联系。部落之间通过联姻建立联系	10%	1%	1%

续表

元模因颜色	系统	在20世纪后期系统处于"前沿",当时对"世界秩序"的解释	估计 人口百分比	估计 权力百分比	估计 使用率百分比
红色	剥削式	巨灵、恶龙、野兽和有权势的人(如酋长)会根据他们的异想天开来支配他人,设定边界、惩罚和奖励标准。封建领主保护下属,以换取他们的服从和劳动。为了扩大影响力和控制而签订便利条约。控制和扩张地盘	20%	5%	5%
蓝色	权威式	深不可测的系统、真理或力量统治着宇宙,设定了人类的命运和限制,规定了对与错,为人类的存在赋予了意义和目的,并奖励忠诚的人。条约、教义同盟和边界。外交和宗派主义	40%	30%	10%
橙色	创业型	世界是一个运转良好的理性机器,它的内在运作方式和秘密,是可以被学习、掌握和操纵的。科学法则支配着政治、经济(看不见的手)和人类事件。世界是一个棋盘,赢家可以获得优势和高额回报。市场合作伙伴,战略联盟	30%	50%	75%

续表

元模因颜色	系统	在20世纪后期系统处于"前沿",当时对"世界秩序"的解释	估计		
			人口百分比	权力百分比	使用率百分比
绿色	社群型	在人类群体或玄学领域中的每个实体都是独一无二的,但它们属于同一个宇宙共同体,应该平等看待。世间万物相互连接的冲动支配着这个世界。人权问题,集体主义和互惠	10%	15%	10%
黄色	系统型	普遍的世界秩序是由不同现实的存在和响应不同存在的问题,在动态螺旋上上下运动的模式产生的作用。指挥中心通过不断增强的复杂性来促进实体的出现	1%	5%	5%
青色	一体化	宇宙力量渗透到所有形式的生命、能量和存在中,使它们的运动、变化和模式井然有序。宇宙中永恒的真理与力量	0.1%	1%	1%

认识物理边界的实质及其背后的原因

考古学家们在挖掘地层和文物时,发现了不同的文明。同样,在剖析世界的心理元模因层次时,我们要认识到每个层次是如何划定其物理边界和领地的。许多地缘政治冲突都是一场地盘之争,一群带着不同元模因与文化剧本的人在争夺主导权。请注意每个元模因是如何定义空间和边界的：

- 青色：地球上生命的功能性需求。生命所需的东西取代了任何特殊的、自然的、种族的或狭隘的群体。因此，人为的界限将会消失。诸如土地与资源利用、自然地质形态与结构等标准，将决定人类的边界和居住模式，以及共享地球的其他形式。

- 黄色：在给定情况下，螺旋上的任一层次都是活跃的。只要边界冲突、边界争端与所有权的冲突不危及螺旋本身的健康，就可以尽量满足不同元模因的需求。不同螺旋层次之间的一些冲突（见下文）是不可避免的。

- 绿色：开放的空间，可以满足人们想要聚集在更大社区中相互关怀的需求。民族主义的分裂和资源的私有制被视为人为把人们分开的手段。全人类是一个大家庭，生活在同一片蓝天下、同一片土地上，共享所有的资源。

- 橙色：经济影响范围和个人所有权。商业与帝国主义的利益、谈判合同、外交妥协、经济／政治联盟、以商品为基础的企业联盟（通过统一价格、防止竞争来增加共同利润）和贸易协议，影响着边界的调整。为了适应财政需要和政治的权宜之计，人们不厌其烦地重新划定界线。

- 蓝色：更高权威指派不同人去不同的土地。合法居住地被适当地调查，记录其历史，用栅栏围起来，然后作为神圣和永久的边界（可能成为受条约、契约、标记和军队保护的国家边界）。"上帝把这块土地赐给了我们。"

- 红色："我"这个大人物留下个人印记的地方。这些是权力之神、首领、国王、王后或封建领主统治的地区。这些边界取决于精英们能在多高程度上扩散恐惧和行使控制权。边界的存在与落实边界的力量直接相关。危险存在于这些边界之外，那里有凶残的军阀、凶猛的巨龙和拿着猎枪的敌对农场主。

- 紫色：神灵和祖先走过的地方。根据神话和传说描述，这是古人生活、去世并被埋葬的"圣地"。边界取决于人们的视线和步行距离。在人们的集体记忆中口口相传的传统，用标志物来界定领地——这棵树、那条河、翻过下一座山峰、沿着山谷上下。因为邪灵或另一个部落的威胁和伤害，遥远的土地是可怕与不祥的。
- 米色：小群体当前的所在地。小群体迁移到任何成员们知道的地方。所处的空间可供所有人使用，不归任何人所有。

全球地缘趋势

本节将说明元模因的大规模影响，包括：一个因政治而处于受困状态的螺旋的案例；三种主要的地缘趋势；两种次级地缘趋势——它们经常出现在报纸头条和媒体报道中。

被困于冷战的螺旋

40年的冷战将两种意识形态锁定在了一场激烈而昂贵的战争中，

即从蓝色到橙色的转变。一方宣扬共产主义，另一方崇尚资本主义。世界螺旋的大部分被困在二分法中——选择我们还是他们。双方都想"赢得"在全球传播他们各自大小模因的权利。

亚当·斯密在一神论和未来回报的保护伞下，表达了对市场的信心。其控制点位于暖色调的、混乱的、表达自我的螺旋层次上。这些思想体系带来的好处是，为想要自由、勇于冒险的个人，带来了充满希望的未来。橙色精英们用"上帝的旨意""神圣的权利""自然之道"和其他蓝色术语来体现自己的特权。

这些主义之间的冲突变成了一场圣战，使西方的意识形态与马列主义版本的美好世界形成了对立。

尽管比例不同，两种观点都有相同的红蓝橙信念容器。正如这些冲突所做的那样，它们阻碍了螺旋的运转。冷战像一层冰，人为遮盖了火热的民族核心、民族主义浪潮和复仇驱动的革命。这两种哲学在全球范围内竞相"收买人心和人脑"（争夺拥护者），并通过代理进行斗争。第三世界国家沦为残暴独裁者的牺牲品。这些独裁者得到了试图收买短期盟友的"超级大国"的经济和军事援助。最后，很明显，西方的资本主义占了上风，催生出了更复杂的思维和更先进的武器系统。

世界范围内两极对抗的谐波，在许多国家内以两党竞争结构的形式产生回荡。比如在美国，刻板印象的用法，一方是"自由派"，另一方是"保守派"。那些被认为过于自由的人被归类为"共产主义"。那些被认为过于保守的人被归类为"法西斯分子"。思维封闭的政治家们会采用这种两极模式作为治理模式。许多人仍然在这样做，而这否认了螺旋的复杂性。

地缘趋势1：红色—蓝色（民族主义、意识形态和种族）

目前不结盟的发展中的"贫穷"社会（拥有大量紫色和红色的人口），以及许多超级富有的沙漠王国，要么正进入红色—蓝色范围，要么正被困在这个范围内。

"第三世界"一词最早是1955年在万隆会议的一次不结盟国家会议上提出的。实行自由市场、多党派的社会被认为是第一世界；实行计划经济的社会主义体系被称为"第二世界"。实际上，对于螺旋动力学的学生来说，第一世界意味着橙色元模因的存在。它有如下特点：有以成就为导向的职业道德，源于清教徒的戒律、儒家思想等；有分析推理能力和分秒必争的时间观念；新兴中产阶级有追求物质卓越和个人成功的驱动力。

第二世界更像是处于蓝色波峰的专制主义中转站，旨在消除红色的无政府状态，用忠诚、服从、绝对的专制主义和大无畏的牺牲精神取代它。用螺旋术语来说，第三世界意味着极贫与极富之间的根本分歧，很少或根本没有中产阶级，需要更多地去解决紫色的种族问题，并共创一个蓝色的未来。在这个充斥着迷信、部落冲突、社会动荡的世界里，红色的权力之神仍然占据着主导地位。而第四世界元素，主要是孩子，还处在米色和紫色的求生存阶段。

重要的是，将这些划分当作思维的组成部分，而不仅仅是社会经济条件。要知道，第三世界国家有第一世界元素，第一世界国家或地区中也有第三世界元素。关键是比例有多少、影响力有多大，而不是类别是什么。

当红色—蓝色波动时，热点、闪点甚至倒退都会影响第一世界国家。在第三世界国家向第二世界国家艰难迈进时，更多的暴力事件将会出现。这里有一些例子：

非洲——非洲的紫色和红色核心被困在欧洲殖民者强加的人为的蓝色国界内。即使伴随民族解放的白日梦、准点的火车和第三世界多党民主的伪装，发展中的精神短路导致了进一步的剥削。其结果是灾难性的：

- 一系列军事政变（在南美大部分地区也是一个问题）；
- 莫桑比克、扎伊尔、尼日利亚、安哥拉、乌干达、埃塞俄比亚、苏丹、马里和利比里亚爆发内战；
- 卢旺达和布隆迪的种族冲突、大屠杀几乎导致种族灭绝；
- 乌干达、中非、索马里和埃塞俄比亚的残酷暴行；
- 出现一党制国家，催生出裙带关系、管理不善、腐败等情况，政府官员将海外财政援助转移到统治者的瑞士银行账户上；
- 对自然资源（包括野生动物）的忽视和灾难性破坏。

非洲的大部分地区（以及第三世界）还没有经历过土地革命。这是迈向蓝色第二世界中转的积极举措，这必须在橙色的自由市场和多党制民主方案生根之前完成。一位来自象牙海岸非洲开发银行的驻地高管曾经问我们："我们非洲人（指的是在银行工作的非洲员工）为什么没有职业道德，也似乎没有纪律和时间意识？"

我们解释说，这并不是非洲人所特有的。这样的评判是种族歧视。实际上，他抱怨的是缺乏蓝色的职业道德、纪律和时间观念。由于非洲大部分地区的生命背景比较原始，蓝色系统尚未被完全唤醒。米色、紫色和红色元模因的坚守，使殖民列强想要唤醒蓝色元模因的举措宣告失败，而这都阻挡了这片土地的发展进程。

在这个阶段,当第一世界的思维成分还很小的时候,某种形式的第二世界的泛非主义可能比试图建立独立的民族国家更有用。第二世界的蓝色发展将为第一世界的橙色剥削奠定基础。尽管蓝色最恰当的社会形态值得商榷,但事实上,南美的大部分地区也几乎是同样的状况。

中东——(多么美妙的欧洲中心主义!)部落、帝国和其他奥斯曼帝国解体后遗留下来的紫色封建残余尚在瓦解,中东地区继续动荡不安。西方帝国主义进行着橙色的冒险举动,蓝红色宗教狂热分子争相保护各自的圣地,而来自石油暴利的诱惑掩盖了这场动荡。难怪这个地区充满了爆炸性的洋流。

蓝色以穆斯林文化药方的形式存在,紫色以一党制(或大家庭)封建专制主义的形式存在。尽管有许多年轻人到西方旅游或从世界各地的"自由派"机构获得大学学位,但该地区仍处于高强度的蓝红色的受困或封闭状态。那些唤醒了橙色或绿色元模因的人会看到社会对"人权"的限制和对女性的限制。而对其他具有更一致螺旋配置的人(以及共享信仰内容的人)来说,这一切都很正常。因为那些唤醒了橙色或绿色的人不愿再继续等待,而红蓝色派系将为更僵化的现状而战,所以该地区很有可能会陷入伽马陷阱中。前者在东欧不安分;如果伊斯兰武装分子过于嚣张,后者可能会潜逃到美国。

尽管以色列已演变成一个具有更多的橙色,甚至是橙绿色的自由市场驱动的社会,但阿拉伯社会大多数地区尚未实现这种转变。冲突发生在垂直维度(螺旋层级之间)以及水平层面的主义、部落和帝国之间。该地区的一些难题来源于第一世界的橙色与第二世界的蓝色,甚至第三世界的红色和紫色之间的对立。另一些难题则来源于思想封闭的忠实信徒,他们坚持自己的信仰与主张。

在中东这样的第二或第三世界里，第一层级的谈判专家或冲突管理团队，尤其是拥有橙色波峰甚至绿色世界观的团队，往往会让事情变得更糟。就像领导力一样，仲裁必须在领先主要元模因半步之内发挥作用。阿拉伯国家不断出现类似圣战动员的威胁，或以色列先发制人的反圣战袭击，使蓝红色地缘局势动荡不安。只要红蓝色主导的武装主义盛行，就会有"战争和关于战争的谣言"。

直到这种从红色到蓝色的封锁被解除，出现积极、稳定、非惩罚性的蓝色，朝着务实和非意识形态的橙色的转变才可能发生。该地区可能会出现许多萨达姆·侯赛因那样的煽动者。他们利用自己的宗教信仰、反美情绪或者许下巴比伦式的承诺，让人们相信该地区将重归荣耀，重获辉煌。这些人型定时炸弹在每个地方滴答作响，威胁着目前的政府和它们的邻国。

新加坡——在新加坡，可以看到蓝色系统力量在应对强烈的紫色和红色元素的同时，为橙色思维的出现创造了第二世界过渡阶段。长期以来，因其开放经济、社会工程和专制政治的独特融合，这个岛国引起了人们的好奇，也招致了不同人的批评。新加坡是"亚洲四小龙"中规模最小但也是最成功的一个。（截至1997年，另外3个是韩国、中国台湾地区和中国香港特别行政区。）

这个国家的开国领袖李光耀非常推崇诚实的风气和儒家的职业道德。在他卸任以后，他的思想被延续了下来，包括对礼节和秩序的严格规定、对不当行为的严厉惩罚、通过法定节日强制承认国内的5个族裔群体，以及用国家青年服务等形式的爱国主义来强化集体牺牲意识。然而，其经济模式显然是以自由市场为导向的。储蓄、纪律、教育和努力工作都受到高度重视。新加坡多民族混合所带来的潜在动荡和对邻国的恐惧，加剧了其生命背景的严峻程度，催生了这种在经济和政治上牺牲自我寻求繁荣的思想。

虽然每个社会都必须建立自己独特的政治、经济和社会秩序，但新加坡是一个利用"柔和的"蓝色威权主义从第三世界的混乱中恢复秩序的极好例子。这种情况也同样适用于内陆城市。在这些城市里，第三世界成分引发的冲突在第一世界城市中愈演愈烈，要想实现社会变革，建立必要的过渡措施是至关重要的。

满足公民对社会秩序和个人成就的需求将迫使新加坡寻找打开阀门的方法，从而给人们带来更大的自由。新加坡要求的高度一致性和对政治异见的限制，被许多年轻的高管调侃。但他们不知道的是，如果人们在蓝色的稳定基础上获得成功，就更容易在思维中唤醒橙色、绿色、黄色和青色元模因。

地缘趋势2：蓝色—橙色（自由市场和多党民主）

有一点是肯定的，其他发展中国家将无法达到当今西方社会所实现并享有的物质消费水平。我们的自然资源是有限的。地球无法维系全世界的人都以第一世界的生活方式生活。但要记住，本质上来说，橙色是一种思维系统，它们总是在寻求持续改进，在众多选择中寻找"最佳"方案。它并非一定等同于炫耀性消费，或花费巨大的生活方式。在非西方化、不太以欧洲为中心的社会里，橙色元模因的表达方式可能与人们在纽约、巴黎甚至东京看到的完全不同。

诸如"私有化""解除管制"或用"自由市场"原则取代计划经济等术语，不时出现在电视广播中、报纸上，或是具备橙色思维的政府规划者与学者们的严肃对话中。顾问们纷纷来到南美洲和中美洲，兜售他们的橙色商品。来自哈佛大学、芝加哥大学、财政部的专家和前里根政府的工作人员纷纷涌入苏联。他们采取了一系列休克疗法，想要把崩溃的经济拉进20世纪的第一世界。这些操纵性的举措会奏效吗？美国的制度能完整地移植到东欧（更不用说非洲或南美）社会吗？坦白说，除非这些国家能有螺旋思维，否则一番努力将是徒劳的。

俄罗斯——几乎在一夜之间，俄罗斯和它的苏联邻国们，正在努力摆脱延续千年的红色帝国和蓝红色独裁政权遗留下来的东西。在个人权利、创业倡议或开放的国际关系等方面，它们没有任何经验。70年来，由少数红色精英控制的强制实行的蓝色计划经济实验宣告失败，它们随时可能面临无政府状态和社会动荡的威胁。失控的通货膨胀、大规模的失业以及越来越多的违法行为，这些都是对萌芽中的"民主"的真正威胁。

尽管戈尔巴乔夫对第五种和第六种垂直变化（突破与升档）有所了解，但他被困在第一种或第二种水平变化（微调和扩展）中。由于没有能力处理改变回应7的蜕变，他继续摇摆不定，结果被鲍里斯·叶利钦取代。叶利钦以其鲜明的红色（行政部门向立法机关发射坦克炮弹）吸引了人们的注意力，但他说的是橙蓝色的语言。和戈尔巴乔夫一样，叶利钦似乎明白，个人和组织都迫切需要变革，但他只能理解第三种（降档）或第五种改变回应（突破）。

在写到这里时，车臣红蓝色倒退的垮台已经证明，他甚至在如何实现这一目标上都举棋不定。数百万苏联公民的流离失所也表明，紫色甚至米色的问题在中亚地区仍然存在。橙色出现时，伴随着太多红色，导致垂直变化无法实现。为了适应这些混乱的元模因而出现的领导方式令人不安，而随后可能导致的恢复了平衡的严厉蓝色反弹则更为危险。这个国家没有像李光耀的领导人。这一事实反而为寒冷的俄罗斯带来了另一种可能,即红蓝色驱动的领导人出现,或者旧的强硬的蓝红色死灰复燃。

在俄罗斯和其他苏联国家考虑进入"民主"的橙色社会之前,它们必须首先建立一股新的、更健康的蓝色稳定力量。否则,西方化的自由市场思想和建设性的个人主义即使萌芽,也无法生长。20 世纪 50 年代甚至 19 世纪 90 年代的乐观向上而纪律严明的蓝橙色的美国模式,更符合俄罗斯人当前的发展阶段。可是,咨询师们往往会给它们推荐 20 世纪 80 年代和 20 世纪 90 年代的美国模式。螺旋魔法师们却知道,俄罗斯的重建首先需要卡内基、福特和洛克菲勒这类工业时代的企业家,然后才能迎接特朗普、史密斯(Fred Smith,联邦快递创始人)和艾斯纳(Michael D. Eisner,曾任迪士尼首席执行官)这类信息时代企业家的到来。

日本——环太平洋国家,特别是日本的成功,在很高程度上要归功于儒家文化巨石奠定的牺牲自我的思想。同样的冲动转化为强烈的爱国主义和民族认同感。公司也表现出类似的集体思维和行动倾向,从而形成了相对没有等级制度的组织,可以实现利润与福利的普遍分享。

的确,在 1995 年 1 月的大地震后,神户市民不悲不怜的坚忍,让美国记者深受感动。然而,让人感到可惜的是,由于缺乏个体/精英类的元模因的快速响应,在灾害现场进行指挥与部署,集体/社群导向的元模因难以达成共识、做出决策,结果导致救援工作的延误。这场灾难的两个方面都显示出了牺牲自我的元模因在日本文化中的力量。

但是,有证据表明,牺牲自我的价值观正在被表达自我的价值观挑战,主要是来自年轻人群体的挑战。随着终身工作保障的减少,日本公民的物质需求得到满足，对更多个人自由、休闲时间和子女职业选择的需求，将对旧秩序提出挑战。这将引发红色有组织的犯罪与暴力，而蓝色思维的日本人对此无法理解。日本著名的社会哲学家堺屋太一（Taichi Sakaiya）在《知识价值革命》（The Knowledge-Value Revolution）中指出：

> 但是，日本大型企业长期处在企业和政府机构之间的集体合作体系中，严重缺乏发展新理念所需的想象力。政府的所作所为，实际上是在压制人们的创造力。

中国——由于其庞大的体量和漫长的历史，中国属于一个单独的类别。只有建立起开放的蓝色系统，满足人们的基本需求（如今已经满足），人口增长速度受到控制，这个国家才能发展出橙色的社会结构，才有可能出现富裕的中产阶级。随着橙色波峰的香港特别行政区的回归，随着中国内地和海外华人发展出规模庞大的、全球化的橙色企业，这一阶段很可能会掀起一股新的地缘潮流。克莱尔·格雷夫斯经常说："我们应该帮助一个国家成为它下一步要成为的样子，这样它才能向更复杂的民主模式迈出下一步。"

巴西——随着货币的稳定和与他国之间相互依赖关系的深化，这个南美洲国家正在从第二/第三世界向第一世界转变。像南非一样，巴西是人类螺旋的缩影。这个国家的一极是靠近米色地带的人，另一极则是引领第一世界科技潮流的人。处于两者之间的是潜在的"拥有足够财富"的中产阶级，他们将涌入全球市场，平衡泛美自由贸易区。巴西的一大优势在于，由于其人口多样化，它能够充分利用不同元模因的优势，而不会让元模因陷入敌对的输赢冲突中。

如果最终能够通过适当的医疗保健、营养、教育、法律和命令，满足"无产者"和"无能力者"的迫切需求，这个沉睡的巴西巨人将在10年内苏醒。虽然少数本土的"富产者"可能不喜欢更广泛的经济权力分配，但社会影响已经在重塑这个国家。由于其非常广泛的元模因融合，这种新形式有可能成为进入第一世界的模型，它尊重所有元模因的健康方面，又没有犯欧洲文明迄今所犯的错误。

地缘趋势 3：从民族核心到全球化大部落

全球的社会结构已经开始从以国家为中心的国际政治世界转变为自治的多极化世界。在这种新世界秩序中，种族、民族、社会、宗教和政治正在削弱基于国界、经济领域和多国联盟的长期结构。巴塞罗那、圣保罗、布鲁塞尔、下诺夫哥罗德（俄罗斯城市）、墨西哥城，甚至亚特兰大等被孤立的国际大都会，将随着民族主义边界的弱化而崛起。在《权力的转移》(*Power Shift*)一书中，阿尔文·托夫勒（Alvin Toffler）将这些实体称为"马赛克"。乔尔·科特金（Joel Kotkin）将这种新的全球趋势称为"通往国际大都市之路"。科特金指出：

……全球化部落唤起了人们对有着同一起源和共同价值观的强烈认同感——典型的部落特征，也包含在现代世界取得成功的两个关键因素：地理分散和对科学进步的信仰。

换句话说，这些群体所形成的实体超越了国界，在区域活动或当前联合国中没有它们的代表。正如城球国家（cityGLOBAL states，作者自创的概念）将在冷战后的世界中蓬勃发展一样，这些独特的人类群体也将从共同的紫色基础上崛起，并沿着螺旋上升，形成更复杂的形式。科特金识别出五大"全球化部落"——犹太人、英裔美国人、日本人、中国人和印度人。这五个部落都有强大的垂直心理元模因堆栈，培养了独特的兴趣和身份。

其他许多全球化部落在历史上曾经存在过，当前也有许多正在发展。因为它们分散在五大洲四大洋，要想找到它们，你必须乘上飞行魔毯。新的全球化部落正围绕着伊斯兰和非洲裔美国人的权力顶峰而形成。在宗教方面，凭借其侵略式传教工作和在犹他州坚实的蓝橙双波峰紫色基础，摩门教（耶稣基督后期圣徒教会）正迅速成为一个全球化部落。

我们可以用螺旋颜色来描述科特金的五大全球化部落，以及其他不断发展的部落。它们的元模因堆栈将决定它们的影响力、多样性、排他性和适应性。它们应对崩溃的反脆弱性将有很大的不同，而50年后的脆弱性是不可知的。因为人类作为单一生命体的定义取代了基于民族起源、肤色、信仰或血统的划分，所以当它们进入绿色、黄色和青色的范围时，坚硬的边缘就会逐渐消失。这些伟大的元模因隐藏在诸如传统或保守、进步、改革、自由、正统、劳动或现代等词汇之中。在未来，整个人类可能会很好地遵循全球化部落的价值体系。下一个世界秩序的特征将是全球化部落和世界城市，而不是目前在全球地图上划分人群的国界。全球化部落将深刻影响人类在21世纪的未来。

两种次级地缘趋势

你还需要了解两种次级地缘趋势。它们的相对影响力取决于主要的地缘趋势能否成功吸引更多个体和群体。为了了解第一种次级地缘趋势，你需要想象一潭死水。而要想找到第二种地缘趋势，就要逆流而上，寻找未来的源头。

倒退的次级地缘趋势：死水和孤立的弯道

整个社会实际上面临着崩溃甚至解散，社会机制处在低水平运作中。这些螺旋下行的停滞或倒退通常会导致整个社会陷入伽马陷阱。显然，苏丹、海地、埃塞俄比亚和前南斯拉夫都是这样的情况。由于粮食供应不足、西班牙人的侵略和天花的侵袭，玛雅人和阿兹特克人的文明失去了往日的辉煌，几乎从历史舞台上消失。今天，一些南美洲和中美洲国家仍处于危险之中。

没有人能保证每个社会既能维持稳定，又能发展出更复杂的社会形态。瘟疫、自然灾害、内部冲突、外来者的入侵或任何其他对生命背景的重大破坏，都可能令实体脱离发展的正轨，转而陷入一潭死水中。无论如何，元模因总是倾向于匹配当前的生存环境，不论是螺旋向上还是螺旋向下。

涌现的次级地缘趋势：进入系统的源头

尽管许多突出的问题都围绕着从红到蓝和从蓝到橙这两个主要潮流徘徊，但你仍然会在全球范围内，在不同的国家或地区中检测到绿色、黄色和青色的存在。

1992年，欧盟推动了倾向绿色的欧洲议会选举。有意思的是，在过去10年，绿色政党的政治实力有所增强。这表明绿色政党对发展的兴趣超越了唯物，转而将其他人和生态因素纳入其中。

新的欧洲共同体被在成员国中再次显现的蓝色恐惧所困扰。这些恐惧的具体表现包括德国的光头党、法国的反叛农民、丹麦的不顾一切地想要保持其独特文化。众所周知的是，玛格丽特·撒切尔一直喊着"大不列颠万岁"，在政治立场上拒绝妥协，尤其是在货币、自治和文化等方面。此外，巴尔干地区尚未解决的紫色和红色问题也使整个地区陷于危险之中。

斯堪的纳维亚半岛以其早期的共产主义价值观和高税收的绿色世界而闻名，尽管由于经济问题，瑞典暂时处于低迷状态。加拿大的绿色政党制订了详细的国民健康保险计划，并对西北部因纽特人和魁北克法裔加拿大人想要分离的愿望提高了警惕。在另一个半球，荷兰仍在与绿色的社会良知、橙色的经济限制以及以蓝色、红色甚至紫色思维为主的移民潮做斗争。

正如我们在前文中讨论的那样，随着橙色和绿色落败并褪色，黄色和青色的思想元素出现在社会螺旋的顶峰，扩大了新的表达——精英（黄色）和牺牲——集体（青色）的存在范围。不妨继续关注这些元模因将给北欧和加拿大带来的变化。

宏观管理地球

现在，你开始用螺旋来理解全球系统，并认识到我们独特的生命背景（时代、地点、条件和环境）中存在的黄色和青色问题。这些第二层级的力量，比任何周期性理论和政治预测更能决定下一个世界秩序是正常还是混乱。毫不奇怪的是，还有许多人会继续在循环周期中停滞不前。

在冷战后，社会螺旋在世界的每个角落旋转，有些是自由独立的，有些陷入致命的竞争中，还有一些则被困在不自然的边界之内。我们依据民族构成划分了不同的民族国家。有些国家比较纯粹，如德国和博茨瓦纳；另一些国家则在种族和语言核心之间实现了内部和平，如瑞士和新加坡；而许多其他国家则是种族问题的热点或闪点，如南非、肯尼亚、墨西哥、印度和美国。

在柏林墙倒塌留下的真空中，全球化部落正在迅速扩张。毫无疑问，这些社会事件的爆发将挑战蓝橙色双波峰在国界明确稳固时绘制的地图。人们将如何"绘制"犹太人的全球化部落？归根结底，国界的划分真的重要吗？

欧洲的加泰罗尼亚人、苏格兰人和伦巴第人都在谈论独立。就连加州也在讨论将其分为三个部分，而得州人则开玩笑道，该州宪法保留了脱离联邦的选项。世界各大城市之间正在激烈争夺全球顶级赛事、跨国企业总部迁址和知名运动队。随着移民消除了传统边界，诸如拉雷多（得克萨斯州）等边境城市已成为文化、资金和商业双向流动的双边城市。其他城市则停滞不前，导致城市出现不受控制的暴力帮派战争。难怪澳大利亚导演乔治·米勒（George Miller）所拍摄的电影《疯狂的麦克斯》(*The Road Warrior*)引起如此大的轰动。这部电影讲述了现代的西哥特人[4]和汪达尔人[5]骑着哈雷摩托驰骋在荒野上，为保护濒临毁灭的部落，与一群无恶不作的武装集团展开生死决战的故事。

正如阿奇博尔德·麦克利什（Archibald MacLeish，美国诗人）指出的那样，当我们终于可以从月球上俯瞰地球时，我们第一次感受到，我们是"地球上的骑手"。作为全球公民，我们有什么选择？一种选择是我们顺其自然，最能适应生命背景变化的元模因或螺旋就能生存下来。我们应该让螺旋上的红色系统做法占上风，还是让橙色元模因主导的技术水平最高的国家或地区获得掌控权？

> 当我们的思维逐步接近第二层级的元模因系统,从生存过渡到存在的阶段时,我们就在发展自己的认知,追随历史演进的步伐。

然而,当我们的思维逐步接近第二层级的元模因系统,从生存过渡到存在的阶段时,我们就在发展自己的认知,追随历史演进的步伐。既然如此,我们可以采取哪些行动?

如果我们把一些螺旋魔法师召集到魔毯上,并激活Z地缘模板的指挥智能,那会怎样?我们会要求他们制定一个基于整个螺旋的全球战略。要做到这一点,他们必须在全球的宏观层面上按步骤有条不紊地完成整个工程流程。除非两个社会的生命背景相似,否则不要把一个社会的解决方案强加给另一个社会。然后,他们会为每个社会实体设计一个地缘模板结构,并知道它会随着生命背景的变化而变化。

提请联合国留意螺旋魔法师的活动!让CNN的记者转播整个过程!要想保持全球次级螺旋和人类螺旋的健康,有两个条件必须满足:

(1)当每个元模因都以积极的方式表达时,螺旋是健康的。当地缘趋势由红色转向蓝色时,"好的权威"是必要的,然而,狂热驱动的意识形态和激进的"圣战"会对社会螺旋造成破坏。地缘趋势从蓝色转向橙色,所追求的"美好生活"不必过于物质化,不一定会造成河流和空气的污染,也不一定会造成大量浪费。螺旋魔法师们总是会问这样一个基本问题:"给定元模因的表达是会增强还是削弱螺旋本身的力量?"换句话说,螺旋上的其他元模因是否还能自由地表达,并沿着它们的轨迹发展?

(2)当通往更复杂思维的通道打开时,人类螺旋是健康的。任何形式的阻塞都会导致螺旋体的运转停滞甚至内爆。人们开始觉得自己像是被困在天花板下的氦气球。如果是玻璃的天花板,那就更麻烦了。你还记得吗,我们在第4章中称之为伽马陷阱?陷阱必须解除,障碍必须打破,然后螺旋才能重新活跃起来。

政治与经济矩阵			
元模因	认为民主是……	政治形态	分配特征
米色	没有治理的概念	小群体	几乎没有交换。饿了就吃。只有一些物品
紫色	"我们的人"决定做什么。由首领宣布，由长老和神灵指导	部落（氏族会议和血统联系）	互惠互利，易货贸易。酋长根据亲缘关系按需分配
红色	大老板说什么就是什么。只有大老板和被选中的少数人有权力	帝国主义（可能是"腐败"的独裁，强权政治）	在封建分配制度下，有产者越有，无产者越无
蓝色	正义与公平。好人应当遵守规则、遵循传统	专制主义（一党制、政府专制）	人们通过努力工作、自律和储蓄来提高基本生活水平
橙色	在一场经济制衡游戏中相互让步的多元政治	企业制度（多党制国家，权利法案）	自由市场驱动的过程，经济中的"看不见的手"决定员工工资与津贴和市场价格
绿色	具有人文关怀，每个人都有平等的权利，可以参与共同决策	社群组织（社会民主，权利平等）	基于人们需求的平等分配，而不是从超额利润中获得任何利益
黄色	整合多数利益的流程，加速思维螺旋发展的进程	集成结构（螺旋智能中的分层系统）	为了实现更好的生命状态，在整个螺旋上同时发生价值增值活动
青色	对所有生命形式进行宏观管理，以实现共同利益和应对宏观问题	整体（全球网络和相互关联）	地球上的资源是按需分配的，而不是按欲望分配，这样所有生命体才能生存下去

Y 地缘模板上的结构

请注意上页"政治与经济矩阵"的指引。这些是 Y 地缘模板的工具。螺旋魔法师必须了解每项措施的本质是什么以及何时在特定状况中启用这些措施。针对各种模型进行辩论毫无意义。唯一的问题应该是"当前的问题和生命背景是什么？"。

每一项政治与经济措施都可以匹配螺旋上的特定范围。试图把过多的复杂性强加给一个新兴社会，只会让事情变得更糟，而不是变得更好。而那些没有考虑到社会的承受能力，有意降低复杂性的举措又浪费了关键的时间、资源和精力。一个明智的主人翁社会应该警惕这种家长式的作风。

要想实现螺旋层次向上的转变，螺旋魔法师必须看到每个社会必须在螺旋上循序渐进地发展。没有证据表明，一个实体可以跳过或绕过这些发展阶段，而不留下薄弱环节并给未来带来问题。

维持和平或防止饥饿的行动，如在索马里和海地的行动，最初需要一个健康的红色和平领主方案，能够对抗或征服红色军阀。这是稳定局势和消除破坏性力量所必需的领导力。如果掠夺性暴力升级，则可能有必要以某种手段维持俄罗斯的稳定。

非洲的大部分国家或地区还没有准备好接受橙色的自由市场体系，更不用说绿色的民主社会了。如果引入螺旋层次过高的发展方案，非洲国家可能会不堪重负。正如克莱尔·格雷夫斯所言，"从部落向民主的转变必须首先经历专制"。用螺旋语言来说，紫色和红色必须在橙色的企业运动萌芽之前，建立起蓝色"权威"在物质和心理层面上的基础设施。第三世界首先必须通过第二世界的蓝色通道，然后才能享受第一世界的果实。只有这样，中产阶级才能得到发展和增强。

任何试图摆脱殖民或专制的第三世界社会（或第一和第二世界中的第三世界组成部分）都必须采取某些措施来填补发展阶梯中的空白。在《谁是繁荣的：文化价值如何塑造经济和政治成功》（*Who Prospers: How Cultural Values Shape Economic and Political Success*）一书中，作者劳伦斯·哈里森（Lawrence E. Harrison）对比了那些实现繁荣的社会（摆脱了第三世界的困境、过度的威权主义结构和停滞的经济）和尚未实现繁荣的社会。在格雷夫斯语言中，哈里森所说的"繁荣"实际上是唤醒蓝色元模因和橙色元模因之后的一个展现：清教徒/儒家/伊斯兰式的职业道德；与个人主动性相联系的价值观；相对自由和开放的经济体系；更多的教育机会；让社会保持稳定的法律和秩序；尊重个人权利和财产。不妨关注巴西在未来十年的发展，将其作为案例研究。

一般来说，除非蓝色的基础设施已经建成，红色问题和障碍得到遏制，否则将橙色"企业制度"强加给第三世界国家的举措将会宣告失败。没有蓝色的基础，资源就会被浪费，满怀抱负的人会再次"失败"，情况反而会变得更糟。正如之前所说，供给侧理论、涓滴效应和那些主张用政府注资来刺激经济的人之间的辩论极具误导性。争论双方的主张必须以特定的方式相结合，才能促进人类的发展。确切的方式则取决于组织所在的位置，以及其在螺旋上的领导地位。

与其提倡增加政府支出或采用个人举措来刺激发展，不如思考一下当权者的元模因配置和现有集体制度的本质。红色必须被政府或神权赋予的法治体制所遏制。在个人竞争中，必须通过"遵守规则"的方式监管橙色。紫色需要有组织的、目的明确的蓝色配合，其冒险的创业行为才能开花结果。蓝色需要橙色的创业机会，理解自由市场倡议的"看不见的手"，才能获得进一步的发展。反过来，橙色的冲动必须被绿色对环境和人权的关注所缓和。当生命体向第二层级发展时，它需要黄色来管理 Z 地缘模板，从而协调这一复杂的过程。

宏观管理改变回应七之蜕变

多个元模因在整个社会中同时转变

在宏观管理整个社会时，同时有多个元模因在螺旋上经历变化，螺旋魔法师应该建议采取哪些措施？当这三股地缘趋势潮流同时涌动，都要求独占主导地位并独享资源时，你该怎么办？这就是南非和巴西等全球缩影所面临的状况。

当实体中包含如此多样化的元模因和价值体系时，模型将需要通过管理螺旋脊柱的核心智能来适应这些垂直层次。例如，只要两者之间存在公平的价值交换，并且两者都处于开放的状态，蓝色的专制主义就可以与橙色的扩张主义相结合。在其他情况下，只要它们保持积极开放的状态，就可以同时管理整个元模因阵列，从而保持螺旋本身的活力与生命力。

南非缩影

对大多数人来说，南非的问题一直是种族压迫和种族隔离。在我们看来，真正的冲突与元模因之间的重大冲突和限制有关。今天，南非的所有种族必须共同管理从第三世界到第二世界的发展次序，同时，保持和加强规模更小的第一世界成分。一方面，如果重心从蓝色或橙色转向红蓝色双波峰"占多数的黑人统治"的位置，以白人为主的第一世界成分将会消亡。不幸的是,这一直是非洲的传统模式。另一方面,如果欧洲或南非由白人主导的第一世界基建思想继续占据支配地位,财富将以昂贵的住宅与汽车、高层写字楼和购物中心的形式转移给橙色,但不再专属于白人精英。同时,为了扑灭阴燃的红色,几乎不会涓滴给紫色。

通过向南非领导层展示一个黄色思维策略,我们能解决这一悖论。该策略将两个关键群体置于协同而非互斥的安排中。现在,新南非人将不得不制定一套新的政治和经济方案,以应对他们的特殊情况。这样一来,他们很可能会发现宏观管理全球多样性所必需的模型。[有关这一战略性质的更多详情,请参阅《坩埚:锻造南非的未来》(*The Crucible: Forging South Africa's Future*)。]

并非只有南非有这样的复杂性,它只是第一个赢得全球关注的国家。在另一片土地上的巴西,与南非在许多方面有相同点。种族主义、贫富差距、教育分化也是这个国家不得不面对的主要问题。第三世界到第一世界各个成分之间的差距,在巴西社会中依然存在……

> ……在奴隶制时代,白人和黑人社区之间架起了桥梁。1888年(奴隶制被废除)之后……社会稳定下来,等级被消除了。上层阶级意识到白人和黑人之间的种种差别……曾经被"遗忘"的肤色现在成了贫富之间不可逾越的鸿沟。失败的白人被归为黑人一类……到处都有种族主义,到处都有反种族主义……在人与人之间的关系中,对谦卑、顺从和忠诚等美好品质的需求的迫切性比奴隶时代更加强烈。[卡蒂亚·德·奎利奥斯(Katia M. de Querios),《在巴西当奴隶:1550—1888》(*To Be a Slave in Brazil*)。]

> 再次提醒，关键在于螺旋，而不是种族或民族。我们若认真对待积极的人类发展，红色、蓝色和橙色等螺旋的颜色比肤色的划分更为重要。

再次提醒，关键在于螺旋，而不是种族或民族。我们若认真对待积极的人类发展，红色、蓝色和橙色等螺旋的颜色比肤色的划分更为重要。

下一个全球秩序

显然，在未来的一段时间里，世界将很危险，也许比以往任何时候都更加危险。在维护人权、追求美好生活等方面，人类还会面临许多挑战。不是所有人都能满足基本生活需求，也不是所有人都能提高自己的生活质量。相互竞争的细分市场将继续面向地球上的不同群体开放和关闭。有些细分领域能得到长足的发展，而另一些细分领域的存在是为了满足人类基本的生存需求。在这样的情况下，会发生什么？会如何发生？

权力精英、个别国家、不同经济势力和大型全球化部落将不得不通过商议，重新建立新的关系，否则不可避免的冲突所带来的动荡将很可能阻碍人类的整体思维沿着螺旋上升。毕竟，我们的未来没有任何保障。现在，一小笔钱就能买到大量的技术力量。然而，我们的智慧赶不上知识的增长。

国际社会应通过另一个联合国，或者某个新的、更高效的全球实体，建立起一个可量身定制的资源库。人们可以将不同人员分派到不同地方，为不同项目匹配不同的解决方案，以满足处于不同螺旋层次上的人的需求。训练有素的专业团队（其成员也是螺旋魔法师）可以迅速采取行动，以最适当的方式解决重大问题，带着和平的意愿，先发制人地预防致命的冲突和健康的灾难。我们已经具备解决问题所需的大部分知识，只是缺乏应用好这些知识的好方法。值得庆幸的是，在黄色元模因和青色元模因活跃的情况下，所有人都将具备灵活变通、高效执行的能力，既能本地规划、全球执行，又能全球规划、本地执行。

二十多年前，克莱尔·格雷夫斯在《人类的本性为重大飞跃做好准备》中提到：

> 目前，我们的社会正在试图应对人类迄今为止面临的最困难、但同时也最令人兴奋的转变。这不仅是向新的生存水平的过渡，也是人类历史交响曲中新"运动"的开端。基本上，未来有三种可能性：
>
> （1）最可怕的是，我们可能无法稳定整个世界的局势，连续不断的灾难使得人类社会倒退回石器时代。
>
> （2）稍微没那么可怕的是，D-Q/E-R/F-S[蓝—橙—绿]社会综合体的固化。这可能很像乔治·奥威尔（George Orwell）在《1984》中描述的那样，打着人道主义和道德理性化旗号的残暴、操纵性政府，在施行着独裁主义政治强权。这在未来几十年里是非常有可能的。
>
> （3）最后一种可能性是，我们可能会进化到G-T[黄色]的水平，继续稳定世界局势，也能让所有生命延续下去。如果这最后一个选择取得成功，我们将发现一个截然不同的新世界，也将以截然不同的方式进行思考。
>
> （《未来主义者》(*The Futurist*)，1974年4月）

我们可能会获得外部的帮助。图塔蒂斯（Toutatis）[6]是一颗绕太阳旋转的大型小行星，于1934年被一位法国天文学家首次发现。它大

> 一知半解是危险的，无知则更危险。如果你现在唤醒了螺旋动力学，你手中就握着一个万能工具组合的手柄。将它与你的智慧和洞见结合起来，然后明智地使用它，把它用好。

到足以在地球上留下相当大的印记。1992年12月，它离我们只有220万英里远。这个天文距离简直是太近了。哦哟！2005年，它再次出现在距离地球不到100万英里的地方。在接下来的几十年里，它还会来回数次。上一次一颗巨大的小行星撞击地球时，地球上的恐龙们应该度过了非常糟糕的一天。现在，天文学家再次预测，图塔蒂斯可能会在2069年给人类带来同样糟糕的一天，所有人都将无家可归。

如果到2050年，我们认定图塔蒂斯真的在碰撞轨道上逼近地球，而我们离大撞击只有19年的时间，那么智人物种将何去何从？我们或我们的孩子或他们的孩子会怎么做？这一警钟将如何影响人类螺旋？带来新的现实，形成新的优先级，甚至不同的思维方式？如果美国航空航天局或其他机构在监听太空生物的无线电信号时，在2069年之前找到了另一个星球呢？如果知道我们并不孤单，我们该怎么办？我们是向外星生命寻求帮助，还是跟它们挥手告别？

也许更大的问题是，"到那时，我们将选择成为谁？"人类正在面对一些严峻的事实。我们要做出一些强有力的选择。许多是政治上的，一些是宗教上的，还有一些是教育上的。无论我们当时是否认识到这一点，所有这些都取决于螺旋。一知半解是危险的，无知则更危险。如果你现在唤醒了螺旋动力学，你手中就握着一个万能工具组合的手柄。将它与你的智慧和洞见结合起来，然后明智地使用它，把它用好。

注释

1. 苹果佬约翰尼：约翰·查普曼（John Chapman, 1774 — 1845），绰号

"苹果佬约翰尼"，美国西进运动中的传奇人物。他生于马萨诸塞州莱姆斯特，是农场主的儿子。他在19世纪早期移居俄亥俄，随后在宾夕法尼亚等地种植苹果，并且生产苹果酒。

2.大卫·哈伯斯塔姆：美国著名记者兼作家，普利策奖得主。曾因报道"水门事件"迫使尼克松下台的另一位传奇记者鲍勃·伍德沃德曾尊称大卫·哈伯斯塔姆为"美国记者之父"。

3.生存空间是1897年，德国地理学家拉采尔（Ratzel）提出国家有机体学说之后提出的一个概念。他利用生物学概念与当时流行的社会达尔文主义，以生物类比的方式研究国家政治。他将国家比拟为有生命的有机体，如同生物需要一定的生存空间，一个健全的国家需要通过扩张领土来增加生存空间是必然的现象。

4.西哥特人：东日耳曼部落的两个主要分支之一，另一个分支是东哥特人。在民族大迁移时期，它是摧毁罗马帝国的众多蛮族中的一个。公元4世纪，西哥特人兴起于巴尔干地区，后加入对罗马帝国的战争。

5.汪达尔人：古代的东日耳曼部落，在民族大迁徙中于429年占领今北非突尼斯一带，建立了汪达尔王国。

6.图塔蒂斯，古代高卢和不列颠地区的人所崇拜的神祇，意思是"人"或"部落"，因此被认为是部落保护神。以图塔蒂斯命名的4179小行星是迄今为止靠近地球的最大的小行星之一。

螺旋动力学资源

魔法师工具箱：包含书籍、理论和思想

这些作者、理论、模型和概念，与不同的价值观元模因、元模因被唤醒的过程以及如何最好地引导、管理、教育和适应不同的元模因领域，具有特殊的相关性。里面有一些是大家熟悉的经典著作，而我们也会介绍一些不属于常备"商业书籍"的较新作品。你会发现它们被分类到适当的魔法师图书馆堆栈中，尽管你可能希望重新排列，毫无疑问，你还希望将你自己的模型、导师和大师添加到你的工具箱中。

部分特定价值观元模因工具

米色元模因——感官生存和深脑系统

Jean Auel's anthropological fiction (Clan of the Cave Bear, etc.).

The literature of development and early childhood such as the work of Jean Piaget.

Medical models for helping Alzheimers sufferers, schizophrenia, autism.

紫色元模因——泛灵论信仰，部落秩序，和谐，迷信

Aveni, Anthony, Conversing with the Planets: How Science and Myth Invented the Cosmos, Times Books, London, 1992.

Calvin, William H., How the Shaman Stole the Moon: In Search of Ancient Prophet-scientists from Stonehenge to the Grand Canyon, Bantam, New York, 1991.

Campbell, Joseph, Masks of God, and other works on mythology and religion.

Fraser, James G., The Golden Bough: A Study in Comparative Religion, 1890.

Moore, Robert and Douglas Gillette, The Magician Within: Accessing the Shaman in the Male Psyche, Avon Books, New York, 1993.

Morris, Desmond and Peter Marsh, Tribes, Gibbs-Smith Books, Salt Lake City, 1988.

Narratives and personal explorations with native peoples' healers and spiritual guides.

Wesselman, Hank, Spiritwalker: Messages from the Future, Bantam Books, New York, 1995.

红色元模因——以自我为中心的人格，帝国结构，权力中心型领导力

Behavorism – Positive Reinforcement and Control.

Tough Love.

Positive Discipline.

Colonial Management.

Leadership Secrets of Attila the Hun.

Hands-on-training.

"Street smart" behaviors.

Carry the biggest stick.

Old-time La Cosa Nostra.

Moore, Robert and Douglas Gillette, King, Warrior, Magician, and Lover: Rediscovering the Archetypes of the Mature Masculine, Harper, San Francisco, 1991.

Moore & Gillette, The King Within, Willard Morrow, New York, 1992.

Shay, Jonathan, Achilles in Vietnam: Combat Trauma and the Undoing of Character, Atheneum, New York, 1994.

The literature of "at-risk" youth intervention.

Applications of Lawrence Kohlberg's "Levels of Moral Reasoning" framework, especially in the prison setting.

蓝色元模因——道德罗盘和权威结构

Systematic Thinking.

Moral Education – Boy and Girl Scouts.

Behavorism – Negative Reinforcement and punishments.

Seniority-based Systems.

Basic "Plan, Control, and Do" Training.

Governance by theocracy or the state as god-surrogate.

Fundamentalisms in religious, secular, and political arenas.

Traditional military and paramilitary chains-of-command.

"Spare the rod, spoil the child".

Bellah, Robert Wn., et al. The Good Society, Alfred A. Knopf, New York, 1991.

Bennet, William, The Book of Virtues.

Johnson, Mark, Moral Imagination, The University of Chicago Press, Chicago, 1993.

Murchison, William, Reclaiming Morality in America, Thomas Nelson, Nashville, 1994.

Wilson, James Q., The Moral Sense, The Free Press, New York, 1993.

Wrong, Dennis H., The Problem of Order: What Unites and Divides Society, The Free Press, New York, 1994.

橙色元模因——企业结构，成功驱动型领导力

Managerial Grid (Blake & Mouton).

Achievement Motivation (McClellan).

Management by Objectives.

Zig Ziglar – "See you at the Top".

Strategic Planning.

SBOs – Strategic Business Units.

Situational Management.

The "Excellence" of Tom Peters.

Ken Blanchard's One Minute Manager Privatization as the solution.

Andreas, Steve and Charles Faulkner (Eds.), NLP: The New Technology of Achievement, William Morrow, New York, 1994.

D'Aveni, Richard A., Managing the Dynamics of Strategic Maneuvering, The Free Press, New York, 1994.

de Geus, Arie, Peter Schwartz, and Piere Vack approach: "Scenarios."

Florman, Samuel C, Blaming Technology: The Irrational Search for Scapegoats, St. Martin's Press, New York, 1981.

Kotkin, Joel, Tribes: How Race, Religion and Identity Determine Success in the New Global Economy, Random House, New York, 1993.

Maccoby, Michael, The Gamesman: The New Corporate Leaders, Simon & Schuster, 1976.

Seligman, Martin E. P., Learned Optimism, Alfred A. Knopf, New York, 1991.

绿色元模因——社群结构，共识驱动型领导力

Sensitivity Training.

E.S.T. and Esalen.

Wellness Programs.

Quality Circles.

Interpersonal skills development.

Conflict management programs.

Theory X and Y.

Maintenance, Motivation, and Hygenic Factors.

Autry, James A., Love &Profit, William Morrow, New York, 1991.

Baldwin, Christina, Calling the Circle, Swan-Raven & Co., Newberg (OR), 1994.

Berger, Peter L., The Capitalist Revolution, Basic Books, New York, 1986.

Berman, Morris, The Reenchantment of the World, Bantam, New York, 1984.

Bernstein, Richard, Dictatorship of Virtue: Multiculturalism and the Battle for America's Future, Alfred Knoph, New York, 1994.

Bruckner, Pascal, The Tears of the White Man: Compassion as Contempt, The Free Press, New York, 1983.

Capra, Fritjof and Charlene Spretnak, Green Politics: The Global Promise, W. P. Dutton, Inc., New York, 1984.

D. Quinn Mills' "Cluster Organizations".

Etzioni, Amitai, The Spirit of Community: Rights, Responsibilities, and the Communitarian Agenda, Crown Publishers, New York, 1993.

Farrell, Larry C, Searching for the Spirit of Enterprise, Dutton, New York, 1993.

Freeman, R. Edward and Daniel R. Gilbert, Jr., Corporate Strategy and The Search for Ethics, Prentice Hall, Englewood Cliffs, 1988.

Henry, William A., III, In Defense of Elitism, Doubleday, New

York, 1994.

Nair, Keshavan, A Higher Standard of Leadership, San Francisco, Barrett-Koehler Publishers, 1994.

Magnet, Myron, The Dream and the Nightmare: The Sixties' Legacy to the Underclass, William Morrow and Company, New York, 1993.

O'Toole, James, The Executive's Compass, Oxford University Press, New York, 1993.

Ozaki, Robert, Human Capitalism, Kodansha International, Tokyo, 1991.

Paepke, C. Owen, The Evolution of Progress: The End of Economic Growth and the Beginning of Human Transformations, Random House, 1993.

Peck, M. Scott, A World Waiting to be Born: Civility Rediscovered, Bantam, 1993.

Postman, Neil, Technopoly: The Surrender of Culture to Technology, Alfred Knopf, New York, 1992.

Redfield, James, The Celestine Prophecy, Time Warner, New York, 1993.

Roger T. Harrison's concept of "Attunement".

黄色元模因——整合结构，系统，系统性领导力
模型创立者：

D. Keith Denton – Horizonal Management.

Peter Senge – The Learning Company.

Charles Handy – The Age of Unreason.

Charles Hampden-Turner – Paradox Resolution.

Elliott Jaques – The Requisite Organization.

Russ Ackoff – Architecturally Designed Solutions.

James Brian Quinn – Intelligent Enterprise.

Erikson, Kai, A New Species of Trouble: Explorations in Disaster, Trauma, and Community, Norton, New York, 1991.

Fuller, R. Buckminster, Critical Path, St. Martin's Press, 1981.

Goldsmith, Edward, The Way: An Ecological World-view, Shambala, Boston, 1992.

Penrose, Roger, The Emperor's New Mind: Concerning Computers, Minds and the Laws of Physics, Oxford University Press, Oxford, 1989.

Pinchot, Gifford & Elizabeth, The End of Bureaucracy & the Rise of the Intelligent Organization, Berrett-Koehler Publishers, San Francisco, 1993.

von Bertalanffy, Ludwig, Perspectives on General System Theory, George Braziller, New York, 1975.

Wired Magazine and the journals of the "Information Age".

青色元模因——生态思考和整体结构

Barrow, John D., Theories of Everything: The Quest for Ultimate Explanations, Clarendon Press, Oxford, 1991.

Boulding, Kenneth, The World as a Total System, Sage Publications,

London, 1985.

Crick, Francis, The Astonishing Hypothesis: The Scientific Search for the Soul, Charles Scribners, New York, 1994.

Hall, Stephen S., Mapping the Next Millennium, Vintage Books, New York, 1993.

Harman, W. with J. Clark (eds.), New Metaphysical Foundations of Modem Science, Institute of Noetic Sciences, Sausalito, CA, 1994.

Kelly, Kevin, Out of Control: The rise of Neobiological Civilizations, Addison– Wesley, Reading, Mass, 1995.

Quinn, Daniel, Ishmael, Bantam/Turner, New York, 1992.

Sheldrake, Rupert, The Presence of the Past: Morphic Resonance and the Habits of Nature, Times Books, New York, 1988.

Sheldrake, Rupert, The Rebirth of Nature: The Greening of Science and God, Bantam Books, New York, 1991.

Stock, Gregory, Metaman: The Merging of Humans and Machines into a Global Superorganism, Simon & Schuster, New York, 1993.

Talbot, Michael, The Holographic Universe, HarperCollins, New York, 1991.

关于生命背景：时间、地点、问题和环境

Colinvaux, Paul, The Fates of Nations: A Biological Theory of History, Simon & Schuster, New York, 1980.

Crawford, Michael and David Marsh, The Driving Force: Food,

Evolution and the Future, Heinemann, London, 1989.

Edgerton, Robert B., Sick Societies: Challenging the Myth of Primitive Harmony, The Free Press, New York, 1992.

Gallagher, Winfred, The Power of Place: How Our Surroundings Shape Our Thoughts Emotions, and Actions, Poseidon Press, New York, 1993.

Harrison, Lawrence E., Who Prospers: How Cultural Values Shape Economic and Political Success, Basic Books, New York, 1992.

Hobhose, Henry, Forces of Change: An Unorthodox View of History, Little Brown and Company, New York, 1989.

Jacobs, Jane, Systems of Survival: A Dialogue on the Moral Foundations of Commerce and Politics, Random House, New York, 1992.

Nikiforuk, Andrew, The Fourth Horseman: A Short History of Epidemics, Plagues and Other Scourges, The Fourth Estate, London, 1991.

Reader, John, Man on Earth, University of Texas Press, Austin, 1988.

Schama, Simon, Landscape and Memory, Alfred A. Knopf, New York, 1995. Schreinder, Samuel A., Jr., Cycles, Donald I. Fine, New York, 1990.

Thomas, Lewis, The Fragile Species, Charles Schribner's Sons, New York, 1992. Weatherford, Jack, Savages and Civilization: Who Will Survive? Crown Publishers, New York, 1994.

关于心智如何创造出一个元模因

Bloom, Howard, The Lucifer Principle, The Atlantic Monthly Press, New York, 1995.

Bodmer, Walter, and Robin McKie, The Book of Man: The Quest to Discover our Genetic Heritage, Little Brown & Company, London, 1994.

Brodie, Richard, Virus of the Mind, Integral Press, Seattle, 1995.

Claxton, Guy, Noises from the Darkroom: The Science and Mystery of the Mind, Aquarian, London, 1994.

Csikszentmihalyi, Mihaly, The Evoking Self: A Psychology for the Third Millennium, HarperCollins, New York, 1993.

D'souza, Dinesh, The End of Racism, The Free Press, New York, 1995.

Davis, Philip J., Spirals from Theodorus to Chaos, A. K. Peters, Wellesley, MA, 1993.

Dawkins, Richard, The Extended Phenotype, Oxford University Press, Oxford, 1982.

Dawkins, Richard, The Selfish Gene, New Edition, Oxford University Press, Oxford, 1989.

Dennett, Daniel C, Darwin's Dangerous Idea: Evolution and the Meanings of Life, Simon & Schuster, New York, 1995.

Donald, Merlin, Origins of the Modern Mind: Three Stages in the Evolution of Culture and Cognition, Harvard University Press,

Cambridge, 1991.

Dozier, Rush W., Jr., Codes of Evolution, Crown Publishers, New York, 1992.

Edelman, Gerald M., Bright Air, Brilliant Fire: On the Matter of the Mind, Basic Books, New York, 1992.

Gazzaniga, Michael S., Nature's Mind: The Biological Roots of Thinking, Emotions, Sexuality, Language, and Intelligences, Basic Books, New York, 1992.

Harth, Erich, Dawn of a Millennium: Beyond Evolution and Culture, Penguin, New York, 1990.

Harth, Erich, The Creative Loop: How the Brain Makes a Mind, Addison–Wesley Publishing Company, Reading, Massachusetts, 1993.

Hundert, Edward M., Lessons from Optical Illusion, Harvard University Press, Cambridge, MA, 1995.

Kevles, Daniel J., In the Name of Eugenics: Genetics and the Uses of Human Heredity, Harvard University Press, Cambridge, MA, 1995.

Kingdon, Jonathan, Self-made Man: Human Evolution from Eden to Extinction, John Wiley & Sons, New York, 1993.

McKenna, Terence, and Dennis McKenna, The Invisible Landscape: Mind Hallucinogens and the I Ching, Harper, San Francisco, 1975.

Murphy, Michael, The Future of the Body: Explorations into the

Further Evolution of Human Nature, Jeremy P. Tarcher, 1992.

Penrose, Roger, Shadows of the Mind, Vintage, London, 1994. (First published by Oxford University Press, 1994.)

Plotkin, Henry, Darwin Machines and the Nature of Knowledge, Harvard University Press, Cambridge, MA, 1994.

Pollack, Robert, Signs of Life: The Language and Meanings of DNA, Houghton Mifflin, Boston, 1994.

Scott, Alwyn, Stairway to the Mind, Springer-Verlag, New York, 1995.

Volk, Tyler, Metapatterns: Across Time, Space, and Mind, Columbia University Press, New York, 1995.

Wills, Christopher, Exons, Introns, and Talking Genes, Basic Books, New York, 1991.

Wills, Christopher, The Runaway Brain: The Evolution of Human Uniqueness, Basic Books, New York, 1993.

Wills, Christopher, The Wisdom of the Genes, Oxford University Press, Oxford, 1991.

螺旋型思维和进化流

Abraham, Ralph, Chaos, Gaia, Eros: A Chaos Pioneer Uncovers the Three Great Streams of History, Harper, San Francisco, 1994.

Allman, William F., The Stone Age Present, Simon & Schuster, New York, 1994.

Barlow, Connie, (ed.), Evolution Extended: Biological Debates on the Meaning of Life, The MIT Press, Cambridge, 1994.

Calvin, William H., The River that Flows Uphill: A Journey from the Big Bang to the Big Brain, Macmillan, New York, 1986.

Carlsen, Mary Baird, Meaning–Making: Therapeutic Processes in Adult Development, W. W. Norton, London, 1988.

Cavalli–Sforza, Luigi Luca and Francesco, The Great Human Diasporas: The History of Diversity and Evolution, Addison–Wesley Helix Books, New York, 1995.

Chilton, Stephen, Grounding Political Development, Rienner, Boulder, 1991.

Corning, Peter A., TheSynergism Hypothesis, McGraw–Hill, New York, 1983.

Diamond, Jared, The Third Chimpanzee: The Evolution and Future of the Human Animal, HarperCollins, New York, 1992.

Eisler, Riane, The Chalice & the Blade, Harper & Row, San Francisco, 1987.

Eldredge, Niles, Time Frames: The Rethinking of Darwinian Evolution and the Theory of Punctuated Equilibria, Simon & Schuster, New York.

Elgin, Duane, Awaking Earth: Exploring the Evolution of Human Culture and Consciousness, William Morrow, New York, 1993.

Fagan, Brian M., The Journey from Eden: The Peopling of Our World, Thames and Hudson, London, 1990.

Fowler, James W., Stages of Faith: The Psychology of Human

Development and the Quest for Meaning, Harper, San Francisco, 1981.

Gardner, Howard, Frames of Mind: Theories of Multiple Intelligences, Basic Books, New York, 1983.

Gardner, Howard, Creating Minds, Basic Books, New York, 1993.

Habermas, Jürgen, The Theory of Communicative Action, Beacon Press, Boston, 1987.

Harman, Willis and John Hormann, Creative Work: The Constructive Role of Business in a Transforming Society, Knowledge Systems, 1990.

Hawkins, Gerald S., Mindsteps to the Cosmos, Harper & Row, New York, 1983.

Hoogvelt, Nkie M., The Sociology of Developing Societies, Macmillan, London, 1982.

Kegan, Robert, The Evolving Self: Problem and Process in Human Development, Harvard University Press, Cambridge, 1982.

Land, George, and Beth Jarman, Break-Point and Beyond, Harper Business, New York, 1992.

Leonard, George B., The Transformation: A Guide to the Inevitable Changes in Humankind, Tarcher, Los Angeles, 1972.

Mayr, Ernst, Toward a New Philosophy of Biology, Harvard, Cambridge, 1988.

McLuhan, Marshall and Quentin Fiore, War and Peace in the Global Village, Bantam, New York, 1968.

Miller, Jamer Grier, Living Systems, McGraw-Hill, New York, 1987.

Munitz, J. K., Theories of the Universe: From Babylonian Myth to Modern Science, Free Press, New York, 1957.

Parsons, Talcott, The Social System, Routledge & Kegan Paul, Ltd., London, 1951.

Pearce, Joseph Chilton, Evolution's End, Harper, San Francisco, 1992.

Salk, Jonas, The Survival of the Wisest, Harper & Row, New York, 1973.

Sanderson, Stephen K., Social Evolutionism, Blackwell, Oxford, 1990.

Saszlo, Ervin, Evolution: The Grand Synthesis, Shambhala, Boston & London, 1987.

Schmookler, Andrew Bard, The Parable of the Tribes: The Problem of Power in Social Evolution, University of California Press, Berkeley, 1984.

Sklair, Leslie, Sociology of the Global System, Harvester, New York, 1991.

Skolimowski, Henry, The Participatory Mind, Penguin, New York, 1994.

Swimme, Brian & Thomas Berry, The Universe Story: From the Primordial Flaring Forth to the EcozoicEra, Harper, San Francisco, 1992.

Taylor, Gordon Rattray, The Evolution Mystery, Seeker and Warburg, London, 1983.

Toffler, Alvin, PowerShift, Bantam, New York, 1991.

Toffler, Alvin, Future Shock, Bantam, New York, 1970.

Toffler, Alvin, The Third Wave, Bantam, New York, 1980.

Volk, Tyler, Metapatterns: Across Time, Space, and Mind, Columbia University Press, New York, 1995.

Wilber, Ken, The Holographic Paradigm, Shambhala, Boulder & London, 1982.

Wilber, Ken, Up From Eden: A Transpersonal View of Human Evolution, Anchor Press, New York, 1981.

Wright, Robert, The Moral Animal: The New Science of Evolutionary Psychology, Pantheon, New York, 1994.

螺旋工程流和模板资源

Adizes, Ichak, Corporate Lifecycles, Prentice Hall, New York, 1988.

Araoz, Daniel L., & William S. Sutton, Reengineering Yourself: A Blueprint for Personal Success in the New Corporate Culture, Bob Adams, Holbrook, Mass., 1994.

Badaracco, Joseph L., Jr., The Knowledge Link, Harvard Business School Press, Boston, 1991.

Band, William A., Touchstones: Ten New Ideas Revolutionizing Business, John Wiley & Sons, New York, 1994.

Beckhard, Richard, and Wendy Pritchard, Changing the Essence: The Art of Creating and Leading Fundamental Change in Organizations, Jossey-Bass, San Francisco, 1992.

Champy, James, Reengineering Management, Harper Business, New York, 1994.

Cohen, William A., and Nurit Cohen, The Paranoid Corporation, American Management Association, New York, 1993.

Conner, Daryl R., Managing at the Speed of Change, Villard Books, New York, 1993.

Covey, Stephen, et al., First Things First, Simon & Schuster, 1994.

Covey, Stephen, Principle-Centered Leadership, Simon & Schuster, 1992.

Covey, Stephen, The 7 Habits of Highly Effective People, Simon & Schuster, 1989.

Denton, D. Keith, Horizontal Management: Beyond Total Customer Satisfaction, Lexington Books, New York, 1991.

Depree, Max, Leadership as an Art, Dell Publishing, New York, 1989.

Goodstein, Leonard D., et al., Applied Strategic Planning: A Comprehensive Guide, McGraw-Hill, New York, 1993.

Grenier, Raymond & George Metes, Enterprise Networking, Digital Press, 1991.

Hammer, Michael & James Champy, Reengineering the

Corporation, Harper Business, New York, 1993.

Hampden-Turner, Charles, Creating Corporate Culture: From Discord to Harmony, Addison-Wesley, Reading, Mass., 1990.

Handy, Charles, The Age of Unreason, Harvard Business School Press, Boston, 1989.

Heifetz, Michael L., Leading Change, Overcoming Chaos, Ten Speed Press, Berkeley, California, 1993.

Imparato, Nicholas, and Oren Harari, Jumping the Curve: Innovation and Strategic Choice in the Age of Transition, Jossey-Bass, San Francisco, 1994.

Jaques, Elliott, and Stephen D. Clement, Executive Leadership: A Practical Guide to Managing Complexity, Blackwell, London, 1994.

Karasek, Robert, and Tores Theorell, Healthy Work: Stress, Productivity, and the Reconstruction of Working Life, Basic Books, New York, 1990.

Katzenback, Jon R., and Douglas K. Smith, The Wisdom of Teams: Creating the High Performance Organization, Harvard Business School Press, Boston, 1993.

Lawler III, Edward E., The Ultimate Advantage: Creating the High Involvement Organization, Jossey-Bass, 1992.

Lipnack, Jessica, & Jeffrey Stamps, Age of the Network: Organizing Principles for the 21st Century, Oliver Wright Publications, Essex Junction, VT, 1994.

McCarthy, J. Allan, The Transition Equation, Lexington Books,

New York, 1995.

Makridakis, Spyros G., Forecasting, Planning and Strategy for the 21st Century, The Free Press, New York, 1990.

Meyer, Christopher, Fast Cycle Time: How to Align Purpose, Strategy, and Structure for Speed, The Free Press, New York, 1993.

Morris, Langdon, Managing the Evolving Corporation, Van Nostrand Reinhold, New York, 1995.

Neuhauser, Peg C., Tribal Warfare in Organizations, Harper Business, New York, 1988.

Pascale, Richard Tanner, Managing on the Edge, Touchstone, New York, 1990.

Quinn, James Brian, Intelligent Enterprise, The Free Press, New York, 1992.

Savage, Charles M., 5th Generation Management: Integrating Enterprises through Human Networking, Digital Press, Boston, 1990.

Schräge, Michael, Shared Minds: The New Technologies of Collaboration, Random House, New York, 1990.

Semler, Ricardo, Maverick: The Success Story Behind the World's Most Unusual Workplace, Warner Books, New York, 1993.

Sproull, Lee, and Sara Kiesler, Connections: New Ways of Working in the Networked Organization, The MIT Press, Cambridge, 1991.

Treacy, Michael, & Fred Wiersema, Discipline of Market Leaders, Addison-Wesley, 1995.

Vaill, Peter B., Managing as a Performing Art, Jossey-Bass, San Francisco, 1991.

Wheatley, Margaret J., Leadership and the New Science, Barrett-Koehler Publishers, San Francisco, 1992.

关于影响螺旋动力学的全球力量

Adler, Mortimer J., Haves Without Have-Nots, Macmillan, New York, 1991.

Bauer, P. T., Equality, the Third World, and Economic Delusion, Harvard University Press, Cambridge, 1981.

Black, Jan Knippers, Development in Theory & Practice: Bridging the Gap, West-view, Boulder, 1991.

Cetrob, Marvin, and Owen Davies, Crystal Globe: The Haves and Have-Nots of the New World Order, New York, St. Martin's Press, 1991.

De Soto, Hernando, The Other Path: The Invisible Revolution in the Third World, Harper & Row, New York, 1989.

Fukuyama, Francis, The End of History and the Last Man, The Free Press, New York, 1992.

Hampden-Turner, Charles, and Alfons Trompenaars, The Seven Cultures of Capitalism, Currency/Doubleday, New York, 1993.

Inglehart, Ronald, Culture Shift in Advanced Industrial Society, Princeton University Press, Princeton, 1990.

Kennedy, Paul, Preparing for the Twenty-first Century, Random

House, New York, 1993.

Kennedy, Paul, The Rise and Fall of the Great Powers, Random House, New York, 1986.

Reich, Robert B., The Work of Nations: Preparing Ourselves for the 21st Century Capitalism, Alfred A. Knopf, 1991.

Roxborough, Ian, Theories of Underdevelopment, Macmillan, London, 1981.

设计和管理健康社群（意味着赋能、对齐和整合）

元模因	特征	决策	教育	家庭	社区	生活空间
紫色安全	神秘的神灵、征兆 安全的家族和巢穴 有权势的长者 我们的人与他们	习俗与传统 长老的忠告 征兆或梦满足氏族获得战利品	家长式教师 仪式和惯例 被动学习者 家庭式学习	扩展的亲属关系 阶段仪式 严格的角色关系 保护血统	尊重民风 荣耀种族 让团队自行其是 守卫神奇之地	古老的乡村方式 关注生存 可怕而神秘的充满灵性
红色权力	原始力量的显露 即时的快感 不受内戒的约束 丰富多彩且有创意	强硬的命令获得尊重 什么能下什么感觉很好 强力抢夺战利品	学习奖励 严历之爱策略 尊重他人 受控的自由	帮派式战斗 形成我们与他们的对立 价值测试 与制度斗争	掠夺者掌权 会威胁到外人 形成领地 地盘之争与仇杀	不受约束 强权才是对的 赢家和已死的输家 寻求关注
蓝色真理	只有一条路是对的 事业的目的 对结果有负罪感 为荣誉而牺牲	当局的命令 做正确的事，守规则 坚持传统 正直的人赢得战利品	权威的真理 传统阶梯 道德伦理课 对错误的惩罚	真理和价值所在 所有人各就其位 实施行为准则 教导道德方法	和平与宁静 小心谨慎 整洁，绿色，整齐 甫一出生就属于社会	守法公民 公共场所 寻求心灵的平静 即将到来的奖励

465

续表

元模因	特征	决策	教育	家庭	社区	生活空间
橙色繁荣	为成功而竞争 目标导向的驱动 改变导向以获得进步 物质收益/津贴	底线结果 测试最佳选择 咨询专家 胜利者获得战利品	通过尝试获胜 高科技，高地位 如何赢得利基市场 导师和向导	向上移动 寻求关注 高期望值 形象和意识	满足于繁荣 露富 向社会购买 维护精英安全	想现在就发达 总在竞争 利用影响力 追求物质化的东西
绿色社群	寻求内心的平静 人人平等 一切都是相对的 群体和谐	达成共识 所有人都必须合作 接受任何输入 共享战利品	探索情感 共同的经历 社会发展 学会合作	平等分组 参与性活动 高度接受性 所有的感觉都处理好了	社会安全网 "政治正确" 对内部人士开放 投资于自身	在归属感中绽放 需要接受 牺牲的感觉 很好 更新灵性
黄色系统	大局观视野 一体化结构 混沌的自然性 变化的自然必然性	高度原则性 以知识为中心 解决矛盾 能者获得战利品	变成以自我为导向 全天候举措 协调兴趣 非刚性结构	角色转换 期望胜任 照原样对待每个人 信息库	事半功倍 合适的技术 权力分散 综合系统	生活就是学习 对这程感兴趣 存在即自由 很少害怕
青色整体	扫描宏观世界 所有生命的协同作用 安全有序的世界 恢复和平	混合自然流 看上下游 做长远规划 生命获得战利品	访问世界 融合情感与科技 恢复过去的生活 最大化脑力	全球意识 成长意识 广泛的兴趣范围 寻求向外发展	互联 高度多样化 不是孤立主义者 信息丰富	属于宇宙 融入生命链 在这里做点什么 与生命力合一

通过螺旋上的元模因进行沟通

元模因	合适的来源	合适的信息设计要素
米色	看守人 提供者	生物感官——触觉、味觉、嗅觉、视觉、听觉 身体接触而非符号
紫色	关怀酋长 萨满或长老 来自部落/氏族内部 来自灵界 来自祖先的话 传统方式	传统仪式、仪轨、庆祝 包括神秘元素和迷信 呼吁大家庭和睦平安 承认血缘关系、亲属、团体 熟悉的隐喻、图画和标志 对书面语言的最小依赖
红色	有公认权力的人 直言不讳的老板 有可以提供东西的人 其他人是持尊敬态度的（害怕的） 可靠的实体	演示"此时此刻，这对我有什么好处？" 提供"如果……就立即满足" 挑战和吸引男子气概/力量 英雄地位与传奇潜力
蓝色	正当权力 当权机构当值 在指挥链下游 遵守手册的规定 职务权力人 尊敬的真理守护者	责任、荣誉、纪律的国家形象 为了更高的事业和目的而自我牺牲 诉诸传统和既定规范 运用阶级意识，知己知彼 礼节、正义、责任 确保未来的回报和延迟满足 以正确的后果减轻负罪感
橙色	有正确思维的人 成功的导师和模范 可靠的专业人士 成功精英的交往 对自己有利 以成熟的经验为基础 科学发现	吸引竞争优势和杠杆 成功动机与实现丰盛 更大，更好，更新，更快，更受欢迎 专家和所选权威的引文 实验数据和真实经验 利润、生产力、质量、结果、赢 演示几个选项中的最佳选项

续表

元模因	合适的来源	合适的信息设计要素
绿色	协商一致的社区规范 开明的朋友/同事 参与的结果 启蒙的结果 对事件的观察 参与决策 团队的集体发现	增强归属感,分享,群体和谐 对人类问题敏感,关心他人 深化对内在自我的认识和理解 公平、人性和纽带的象征 柔和的语言与自然意象 建立信任,开放,探索,通道 真人真情流露
黄色	任何信息来源 可采用米色至绿色 有能力、更有知识的人 相关的、更有用的数据 合并硬消息源和预感 有意识和无意识 无视地位或威望	互动、相关媒体、自助 功能性的"精益"信息 事实、感觉和本能 全局、总体系统、集成 跨界连接数据以实现整体视图 适应、网格、混合、访问、感知、聚集 自连接到系统和其他有用之处
青色	积累经验 在公共网络中学习 现实的整体观 任何青色的生命 整个星球的系统 与第一层级共鸣	多维洞察力模块 使用多层次意识访问 更新灵性和为整体牺牲 生态相互依存和相互联系 宏观问题的宏观(全局)解决方案 超越民族或党派的社区 高科技与高接触服务于体验性知晓

螺旋动力学彩蛋

本书英文原版首次出版于1996年,而如今是2021年。过去的这25年里,全球政治、经济、文化、人类生活方式的沧海桑田和风云变幻,在许许多多方面,更加深刻地证明了螺旋动力学的洞见、远见和真知灼见!

读者肯定会好奇:过去25年间,螺旋动力学体系发生了什么?有哪些最新的进展和发现?刚好阿尔比恩·巴特斯(Albion Butters)博士于2015年写了一篇《螺旋动力学简史》[1](*Approaching Religion*),或多或少可以回答这些问题。为满足中国螺旋动力学爱好者们的好奇,特翻译附后,以飨读者!

---

[1] 本文来自阿尔比恩·巴斯特(Albion M.Butters)的 "螺旋动力学简史"(A brief history of Spiral Dynamics)一文,发表于 Approaching Religion·Vol. 5, No. 2·November 2015。本文的两张图由胡尧进行翻译支持,其中图2 SD 和 AQAL 模型,与原文所用之图相似但表达更全面,特选取此图,并保留版权标识,如有任何异议请联系华夏出版社。——编者注

螺旋动力学简史

阿尔比恩·巴特斯/文 刘艳琴/译

螺旋动力学理论一直被用来动态建模人类进化与信息系统。然而，近二十年来，其间出现了该模型的许多不同版本和应用程序。本文将回溯螺旋动力学的历史，从克莱尔·格雷夫斯的基础理论到唐·贝克和克里斯·科万对其最初的介绍，再到肯·威尔伯后来的改编。对螺旋动力学各阵营以及他们不同解释的简要探索，使对模型本身进行一些批判性分析成为可能。

本文的目的是叙述螺旋动力学的简史，包括它的历史和背景、它的创造者们和他们的差异，以及它在世界上已经且正在被应用的方式。要连贯地做到这一点，首先需要解释什么是螺旋动力学（简而言之，它是一个描述人类用来解释周围世界概念模型的系统）以及对其在演变过程中出现的各种形式的关注。[1] 此外，由于螺旋动力学并非没有针对它的批评者，本文将讨论几个已经提出的主要反对意见。

---

[1] 由于螺旋动力学有不同的解释，在某些情况下，似乎最好让作者自己说出来。本文的资料来源包括他们关于这个主题的书籍、文章和互联网上的公开采访。我的目的是粗略地对这个系统提出一个批判且中立的评价体系。我个人没有接受过螺旋动力学方面的教学或培训。

体系的起源

1952年,克莱尔·格雷夫斯(1914—1986)[1]开始研究他所谓的"人类存在层次理论"。它的目的是解释为什么人们的反应和动机如此不同。14年后,他发表了第一个版本的七层思维模型。在此后10年间,随着数据的不断收集,这个模型发生了显著的变化。到1973年,格雷夫斯开始根据神经结构和网络、化学物质和外部现象所形成的心理发展脉络来进行心智与大脑的研究。

在许多方面,格雷夫斯真正的贡献在于他专注于数据的收集和应用;他的系统不仅仅是理论上的,而且建立在对受试者30多年的密切观察基础上。格雷夫斯所使用的数据收集方法以今天的标准看来可能是相当有争议的。例如,他把他的学生作为测试对象,却没有告诉他们他正在这样做。他通过双向镜监视他们,并在他们不知情的情况下用磁带录音(Rice, 2014)。出于伦理方面的考虑,格雷夫斯(1974)最终公布了一个由两个层级组成的八个层次体系,其中第一层级(生存)有六个层次,第二层级(存在)有两个层次:[2]

(1)机械式的(A-N):受生存和生理需求的驱使;

(2)部落式主义(B-O):寻求社会稳定,使用图腾和设定禁忌;

(3)自我中心主义(C-P):个人主义及以武力获取欲望对象;

(4)道德崇高(D-Q):承认规则的价值,以关注宗教为标志;

---

1 格雷夫斯的成果可以在一个专属他人生和研究的网站上找到(Graves, 2001)。

2 因为这里给出的定义表达稍后将成为螺旋动力学的代码,所以之后我不再重复它们。虽然非常基本,但它们也应该为读者理解不同层次所代表的内容提供足够的基础。有关详细介绍,请参见Bech等(1996)。

（5）唯物主义（E-R）：威权主义，教条被实用主义打倒；

（6）个人主义（F-S）：关心归属感，关心他人；

（7）认知存在（G-T）：在真正人性的门槛上；

（8）经验主义存在（H-U）：超越动物需求，努力使生活稳定。

为了识别这些层次，格雷夫斯使用了一个带有两个螺旋线的字母系统——螺旋线 1 表示"生命背景"，螺旋线 2 表示"心智中觉醒的能力"，分别由 A~H 和 N~U 表示范围。这些构成了螺旋动力学八层系统的基础。四十多年后，这个字母系统继续被使用。有人说，它有助于透视人们与其所沉浸的文化之间的关系。

正如格雷夫斯的工作从根本上揭示了后来被称为螺旋动力学的东西一样，他本人也受到了超个人心理学领域其他人的影响。特别是，我们能在他的系统与亚伯拉罕·马斯洛的需求层次理论之间找到相似之处。马斯洛的需求层次理论使用五层金字塔结构来描绘人类需求的演变：生理需求、安全需求、爱与归属需求、尊重需求以及最终的自我实现需求（后来被"超越"所取代）。在马斯洛的体系中，人们在不断地进化，从一个层次移动到下一个层次。然而，格雷夫斯和马斯洛的关系并非如此简单。他们以真正的学术方式，对格雷夫斯体系的优点进行了激烈的辩论。据报道，马斯洛在采用马斯洛体系之前与格雷夫斯争论了 8 年。争论的焦点（存在的"终极状态"的本质）实际上对于螺旋动力学的未来形式非常重要。马斯洛坚信人类以一种没有限制的"开放"方式发展。用他的话说，这是一个"无干扰接受感知与主动控制感知、扩大意识、不可言喻的体验"的问题（Maslow，1962，引自 Graves，1970）。

"开放"在实践中意味着什么？对那些在马斯洛的体系中达到最高水平（自我实现）的人的观察表明，那种状态可能终究不是发展的顶峰。换言之，进一步的成就和更高的运作模式仍然存在。因此，引入新的分类是很重要的（Graves，1971）。格雷夫斯将这种方法整合到他的体系中，不仅将第八层次的 H-U（在螺旋动力学中被称为青色）表述为意识的进一步扩展，反映人类通过新的思维体系获得新的应对机制的能力，而且提出了另一个层次（I-V，或珊瑚色）代表第三层次的发展。当格雷夫斯的学生唐·贝克和克里斯托弗·科万于 1996 年写了第一本影响深远的关于螺旋动力学的著作——《螺旋动力学》时，这最后一个层次纯粹是理论层面的，"神秘模因"至今仍然是个谜。据说，很少有人能证明这种进化阶段的实现，这使得我们很难描述它可能具有的特征。然而，有一点很重要：这个体系需要开放——就像一个螺旋。

螺旋与彩虹

在《螺旋动力学》一书中，贝克和科万使用了许多源于自然的精彩例子（分形和贝壳、DNA 带和星系）来解释他们为什么以螺旋命名自己的系统，"螺旋的魅力就在于其内部的完整性和优雅的结构"，以及"螺旋体是鲜活、神奇、强大且多维的"（Beck et al.，1996）。可以说螺旋反映了思想的本质，有时会回到同一个地方，但最终会进步。螺旋体是"广阔的、开放的、连续的、动态的"，是一个在视觉和功能上都代表意识进化发展的模型。

很有可能是格雷夫斯本人给了螺旋动力学这个名字灵感。他对自己工作性质的描述表明了这一点：

> 成熟人类的心理是一种展开的、涌现的、振荡的螺旋式过程，其特征是随着个体存在问题的改变，较旧的、低阶的行

为系统逐渐从属于较新的、高阶的系统。(Beck et al., 1996; Wilber, 2000)

然而，也许比谁取了这个名字更为重要的是，这个系统被解释为也代表了群体的进化发展。格雷夫斯的工作从个体扩展到集体，从而导致了对螺旋模型更丰富的解释，并在其潜在应用上取得了巨大突破。

如此，唐·贝克对螺旋的描述便建立在他导师的描述之上：

> 因为它们在不断增加的复杂性中进化，因而螺旋漩涡最能描述人类系统或模因的出现。螺旋的每一次上升，都标志着在已经存在的基础上，一个更精细版本的觉醒。每一个模因都是其时代和条件的产物，而这些模因在一个人、一个家庭、一个组织、一种文化或一个社会中形成了越来越复杂的螺旋。
> (Beck, 2002)

"模因"一词的使用（Dawkins, 1976; Csikszentmihalyi, 1993）在这里是一个有意识的决定，唤起了进化的科学语言和信息传递的文化语言。为了准确传达格雷夫斯对价值观的强调，这个词在螺旋动力学系统中被缩写并加在一起组成"价值观元模因（^{V}MEME）"，定义为"把模因和其他思想结合在一起的磁力"；进一步扩展，价值观元模因"建构整个文明的思想、价值体系、政治形态和世界观"（Beck et al., 1996）。通过这种方式，贝克和科万按照格雷夫斯的八层进化模型，将他们关于价值观元模因的宏大理论直接映射到格雷夫斯关于人类存在层次的理论上。但是他们选择不用数字来表示不同的价值观元模因。从一开始，他们就对建立一种等级结构持谨慎态度，在等级结构中，"更高"意味着"更好"。所以，他们使用了颜色。

在它的历史进程中，螺旋动力学的面貌（也就是它的色彩结构）发生了多次变化，从黑白到不同的颜色，再到彩虹色。虽然每一次这样的变化都有其自身的逻辑，但也并非没有争议。

在该理论的早期阶段，发展的不同层次根本没有任何颜色。色彩最早可能是克里斯·科万在用幻灯片制作教学材料时引入的。他声称颜色只是一个设计元素，比黑白能更好地说明不同的层次。[1] 因此，他说，它们没有形而上的意义，也不是基于印度七脉轮系统的颜色。[2] 事实上，他们有意识地选择不让它们与彩虹的光谱相匹配。[3]

但这正是肯·威尔伯（Ken Wilber）后来要做的。在将 8 个价值观元模因水平整合为"意识波"的"高度标记"时，他特意遵循脉轮的"自然"颜色进程，这类似于彩虹（Wilber，2006）。

1　如下所示，这一说法与科万坚持原来的配色方案相矛盾，因为颜色具有重大意义。

2　脉轮的颜色分配有时受西方的影响。然而，尽管它们在新时代精微能量体的解释中占据显著位置，但它们的原始外观可以追溯到印度的佛教和印度教密宗经文。参见一千多年前的《密集金刚》《时轮金刚》和《胜乐金刚》；另见 16 世纪的《六脉轮实解》（*Sat cakra nirūpana*）和《五圣履》（*Pādukā-pañcaka*），由约翰·伍德诺夫爵士（Sir John Woodroffe）于 1919 年译作的《灵蛇的力量》（*The Serpent Power*）。

3　参见科万和托多罗维奇的 NVC 咨询网站（2001—2012c）。为方便起见，引用自该网站的引文都出自科万本人。

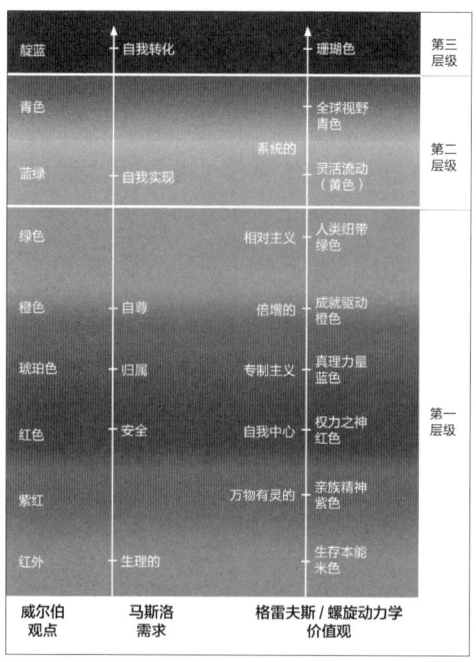

图 1*　层次和颜色主题

这种调色板的彻底改变并非没有受到挑战，它很好地说明了随着螺旋动力学的发展而引入的争论类型。例如，科万对这一举动予以了批评，"因为威尔伯试图运用格雷夫斯的理论而实际上却对其并不了解，所以他就像一个新手一样混淆了等级/颜色。他不知道绿色与橙色或黄色的区别"（《螺旋动力学》，2001）。当然，问题不只是关于颜色。配色方案突出了科万对威尔伯提出的一个更深层次的问题。在科万看来，通过挑选和选择不同的元素、更改名称并专注于"类型和类别"，威尔

---

*　本图的彩色放大版已成为文前彩插，您若想更清晰了解，可翻阅至文前。

伯忽略了格雷夫斯探索的主要本质："推动人类出现的引擎——为什么是我们以及是什么让我们变成了另外的样子"（《螺旋动力学》，2001）。这种说法有多真实是一个有争议的话题（当然，网上有广泛的争论），但科万对类型学的执念和对格雷夫斯的忠诚是显而易见的。

科万进一步批评指出，改变原来的配色方案是"彩弹生存游戏"，忽视了进入它的思想。情况似乎确实如此。螺旋动力学中使用的颜色不仅仅是设计元素。它们在"否认自我"冷色（偶数）和"表达自我"暖色（奇数）之间交替出现，颜色本身也有一个逻辑。例如，米色代表原始人类早期生存的大草原，红色是唤起血腥和暴力的颜色，青色是从太空整体来看地球的颜色。对于贝克而言，他则继续使用原来的配色方案。他还提到了暖色（"我/我的"）和冷色（"我们"）的交替。

不同的解释

如上所述，螺旋动力学最终会以不同的形式出现。一般来说，我们可以说有三种主要的解释，它们都以格雷夫斯和威尔伯的两个追随者的教导为基础，一直流传至今。

尽管克莱尔·格雷夫斯的研究也被其他人所采纳，但是两位社会科学家唐·贝克和他的研究生克里斯托弗·科万对它的开发和推广最多。他们首次见面是在1975年，而他们的合作一直持续到1986年格雷夫斯去世。贝克和科万在《螺旋动力学》（1996）出版之前，又对这一理论进行了长达10年的研究。正是在这段时间里，他们发展了配色方案，并转向了价值观元模因这个术语。尽管他们的导师没有全程陪伴在身边，但他们还是得到了他的祝福才进行了这样的改变。正如贝克所说，"虽然格雷夫斯提供了最初的蓝图，但他还是在很多场合告诫我要继续研究，把研究范围拓展到远超他所能想象的范围，并追求'永无止境的探索'"（参见贝克的网站，螺旋动力学整合）。

对贝克和科万来说，研究的目的是将理论应用于实际。1981—1988年间，贝克去过南非60多次。他和科万被认为帮助纳尔逊·曼德拉改变了南非人民的意识——当时该国大部分人都一心想报复其前压迫者，而曼德拉和平结束了种族隔离制度。正如在电影《成事在人》(*Invictus*)（2009）中所看到的那样，曼德拉想出了利用橄榄球比赛来超越种族和阶级认同、统一国家的策略。实际上，这是螺旋动力学的应用，不是去改变人们的价值体系，而是突出和关注已经存在的价值体系。

1999年，贝克和科万结束了他们的工作关系。他们之间激烈争论的问题显然是科万决定登记注册螺旋动力学名称的商标，而贝克想继续开放供学术研究使用。另一个冲突点是克里斯托弗·科万决定与娜塔莎·托多罗维奇（Natasha Todorovic，曾是股票交易员，拥有工商管理硕士学位）联手创建NVC咨询公司，这使得进一步的合作变得困难了。[1] 科万的新伙伴关系使得格雷夫斯的论文得以编辑成书，鉴于格雷夫斯制作了大量的材料但从未发表过，这一贡献颇受欢迎（Cowan et al., 2005），直到2015年7月，科万和托多罗维奇还在其圣巴巴拉总部和世界各地提供螺旋动力学培训。[2] 由于这项工作和对格雷夫斯作品

---

[1] 源自与唐·贝克的个人交流（通过Skype采访，2015年7月29日）。值得注意的是，在此之前，螺旋动力学的主要开发者都是白人男性。令人遗憾的是，基于历史和系统本身的关系讨论性别与螺旋动力学的关系，超出了本文的讨论范围，但却是今后研究的一个重要领域。

[2] 为了写本文，我于2015年6月给克里斯托弗·科万写了一封信。我没有收到任何回复，但在8月份，我收到了他的搭档娜塔莎·托多罗维奇发来的电子邮件，她告诉我他不幸刚刚去世了。我还通过其出版商和网站给肯·威尔伯写了信，但没有收到回复。

的进一步研究，科万发现了"我们正试图解决《螺旋动力学》[这本书]在先前版本中存在的明显错误"（《螺旋动力学》，2001）。然而，在他去世后，该项目目前的状况不明朗。不过，值得注意的是，从科万的角度来看，格雷夫斯的理论和螺旋动力学之间并没有实际的分歧；有些术语可能已经改变，但核心仍然是一样的。通过与格雷夫斯的经典相联系来定位自己，科万能够对非正统的解释提出批评。

唐·贝克将螺旋动力学的发展分为三个阶段：格雷夫斯技术（1975—1995）；严格意义上的螺旋动力学（1996—2001），包括他与科万分手后相对较短的一段时间；螺旋动力学整合或 SDi（2002— ）。[1] 在创建这个新的迭代时，他引用了伊查克·阿迪泽斯（Ichak Adizes）和约翰·彼得森（John Peterson）的研究。最重要的是，他被肯·威尔伯的著作所吸引，后者的《万物简史》（*A Short History of Nearly Everything*）提出了一个包含四个象限（4Q/8L）的 8 级系统。

在一份宣布他们合作的声明中，贝克对威尔伯的整合工作能为螺旋动力学带来的东西表示了明确的赞赏。特别是，他引用了所有象限/所有层次/所有线（AQAL）模型的能力，以"进一步扩展个人、组织和社会层面的螺旋动力学功能"。这两个系统共享一种强调开放性和进化的定量系统思维方法。从这个意义上说，它们彼此互补、相得益彰。贝克也很欣赏这种方式："与威尔伯的这种关系让他的广大追随者对克莱尔·格雷夫斯和螺旋动力学产生了巨大的兴趣，并且比任何其他影响都更能将这个系统概念投射到全球屏幕上（整合的世界）。"当然，这样的接触会带来经济上的好处，但与威尔伯更广泛的网络联系也意味着与其他思想家的潜在协同作用，以及与全球权力掮客的会晤：白宫、国会领

1　参见弗兰克·维瑟（Frank Visser）致力研究整合理论、整合世界的众多网站。

导人和唐宁街 10 号（英国首相官邸）。

然而，没过多久局势就紧张了。贝克和威尔伯之间的分歧最早出现在 2002 年。正如贝克于 2008 年所说的，"虽然我和威尔伯一起做了一些工作，但 6 年前，由于他对螺旋动力学/格雷夫斯模型的不断扭曲，这一切就开始减少了"。贝克和威尔伯的世界观不同的另一个例子是前者对格雷夫斯理论科学研究的持久兴趣，包括核磁共振成像研究。[1] 贝克指出，这是他和威尔伯之间的一个明显分歧点："因为他对任何不是基于精神的事情都有这样的困境，我的朋友威尔伯甚至都不愿和我谈这件事。"（Beck，2008）

这两人显然走上了不同的道路：贝克于 2004 年建立了人类崛起中心，威尔伯于 2005 年建立了灵性整合中心。[2] 他们都继续教授与整合理论相关的螺旋动力学，但方式不同。威尔伯的《灵性整合》(*Awakening to Your Life's Purpose*)（2006 年，中文版书名为《灵性的觉醒》）重新定义并边缘化了螺旋动力学，同时概述了它在灵性应用方面的局限性。关键是，你可以在你的冥想垫上坐上几十年，但你永远也看不到任何螺旋动力学领域的东西。你可以一直研究螺旋动力学直到骑牛归家（禅宗喻见性），但你永远不会顿悟。整合的观点是，如果你不把两者都涵盖进去，你很可能永远不会理解人类或他们与实相、神性或其他的关系。（Wilber，2006）

1　关于核磁共振成像（fMRI）对格雷夫斯价值理论的详细研究（受试者对符合他们世界观的刺激词的反应比那些不符合他们世界观的刺激词更快），见 Caspers 等（2011）。

2　威尔伯在商业上更加成功，但他从来没有为使用螺旋动力学而付酬。贝克承认，他对威尔伯利用这个系统的行为有些不满。源自与唐·贝克的个人交流（2015 年 7 月 29 日，通过 Skype 采访）。

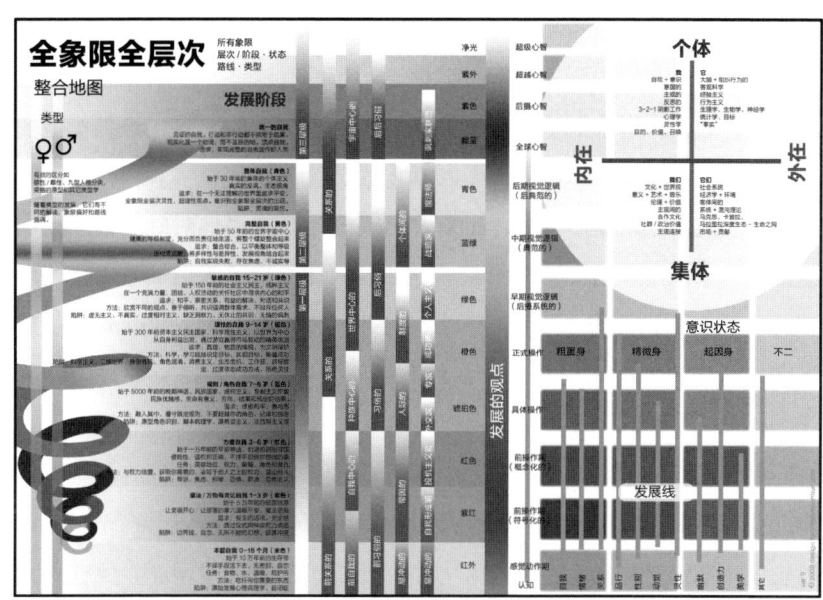

图 2*　SD 和 AQAL 模型：无形之山

威尔伯的内部/外部和个体/集体四象限模型与螺旋动力学的关系是一个棘手的问题。在威尔伯看来，格雷夫斯的水平属于左下角的"我们"象限（文化发展），相关因素出现在左上角"我"的象限（心理发展）；整合理论大体上在这两个象限内整合或吸收了螺旋动力学。

这种解释的分歧可以用来说明转型方法的一个重要差异："内部导向"（更关注个人）和"外部导向"（更关注社会）。威尔伯的工作显然属于前一类。例如，他在心理和精神上对意识的关注（以及对东方宗教传统的兴趣）就证明了这一点，如果他没有在他的模型中使用第一人称代词来定义象限的话。虽然贝克的螺旋动力学中包含了个人转变，但威

* 本图的彩色放大版已成为文前彩插，您若想更清晰了解，可翻阅至文前。

尔伯的模型对社会结构和文化价值观更感兴趣。[1]

因为格雷夫斯的理论实际上"整合"了所有这些，所以科万完全否定了这种定位。考虑到他的阵营和威尔伯阵营之间的距离，这种类型的竞赛（谁的"整合"水平更高）和功能脱节就不足为奇了。科万一开始就不喜欢威尔伯对螺旋动力学的解释。事实上，他说他对威尔伯的批评主要是基于他所认为的对那个系统的曲解，比如追随者们被不着边际地带进了一个由所有象限、所有层次的废话组成的迷宫。对于真正了解格雷夫斯理论的人来说，一读它立马就感到局促不安（《螺旋动力学》，2001）。

贝克的反应非常不同——嗯，是整合性的。即使在他宣称与威尔伯疏远多年之后，他仍然看到了螺旋动力学和整合理论被结合在一起使用的价值。他仍然致力整合螺旋动力学。定位仍然是一个问题，但在这种情况下，一个合乎逻辑的论点是，为什么螺旋应该占据 AQAL 模型象限的中心，而不是在其中被分割。根据贝克（2012）的说法，让螺旋贯穿四个象限有助于消除它们是独立实体的概念，它显示了在它们之间发生的运动。毕竟螺旋不是静态的，而是动态的。

威尔伯在 2006 年回应说："我个人喜欢将 SD 视为入门模型（认真的），我们肯定会继续使用它……"接下来针对科万和贝克说："你怎么看没有人愿意与开发螺旋动力学的那两个家伙合作？——事实上，他们甚至拒绝彼此合作，似乎在这一点上加了一个感叹号。"（Wilber，2006）

---

[1] 罗尼·雷瑟姆（Ronnie Lessem）热心地介绍了一种结合了这两种方法的新形式，阐述了这些转化方法之间的区别。他将这种新形式称之为整合动力学。雷瑟姆的系统还解决了螺旋动力学的线性性质问题。见 Lessem 等（2013）。

这确实引出了一个重要的问题：既然螺旋动力学（以及整合理论）强调个人进化，为什么会有这么多争论？人们得到的总体印象是，一群非常聪明的人分享着推动世界发展的动力，但仍然沉浸在非常人性化的（而不是第二层级的人性）动力中。虽然这个系统被描述为非常适用于外部环境和世界模式，但外部观察者如何从个人成长的角度来衡量它的成功呢？

一个螺旋救世神学吗

螺旋动力学和宗教系统已经整合，尽管螺旋动力学本身并不涉及宗教或精神层面，而是作为一种工具来描述与价值观元模因有关的各种信仰系统。基于实证研究，它本身并不是一个信仰体系。正如科万所说：

> 格雷夫斯博士自己可能不会去冥想，也不会对深奥的意识研究特别感兴趣，而这些研究却吸引了许多他的人文主义和超个人主义导向的同行。他更加好奇的是为什么他们如此着迷，他们如何看待心理健康和成熟的人，还有，超个人的方法可以帮助谁以及为什么帮助他们。（《螺旋动力学》，2001）

贝克和科万在采用格雷夫斯模型时也没有增加宗教层面的内容。如果说有什么不同的话，科万是这样做的：用螺旋动力学作为"精神阶梯"或"评估信徒的等级标准——把那些被选中的和愿意的人从其余的人中分出来"。这是宗教崇拜，应该避免（《螺旋动力学》，2001）。目前尚不清楚科万在谈论谁，但案例确实存在。例如，一位信奉基督教的作家所说："由于你读了这本书，你就处于螺旋的上层。"（Meier，

2009）

随着时间的推移，螺旋动力学将会对基督教的使命和团体进行系统性的反思。多年来，对话已经实现了，在某种程度上，这一进程得到了创始者的推动。尽管克里斯托弗·科万是一位无神论者，他的态度主要是科学的，但他从螺旋动力学解释不同层次的人如何处理宗教问题的方式中看到了价值。肯·威尔伯表示有兴趣与基督教领袖探讨整体生命的话题，包括螺旋动力学。唐·贝克在宗教组织中更为活跃（他愿意在得克萨斯州达拉斯的进步团结教会或加利福尼亚州伯克利的诺斯布雷社区教会举办研讨会就证明了这一点）。[1]

尽管贝克有神学和希腊语的学术背景，但他对宗教的兴趣并不在于宗教本身，而在于"模因论"；他指的是支撑宗教并在仪式中表达出来的价值体系。在他看来，基督教需要复兴，而螺旋动力学有助于阐明现代世界价值体系正在丧失的危机。举个例子，他发现今天的孩子们没有面临牺牲和纪律的挑战精神（紫色和蓝色的方面）。小年龄段的孩子，因为神经系统还未发育成熟，无法对价值观和道德做出细微的判断，除非他们学会了蓝色层面的服从准则，才有可能理解全球一体化的青色水平。

如果要进一步思考螺旋动力学应用于精神形态的方式，需要注意的是，它对人们所思考的事物和他们如何思考进行了区分。前者由分析对象组成，后者涉及分析模式本身。因此，螺旋动力学将无神论和有神论定位在蓝色（D-Q）水平，两者都有"真正的信徒"，他们的世界观是绝对的。宗教表达也表现在其他形式上。例如，激进的改教可以被视为

---

[1] 这种关系已经成熟到堪萨斯城神学院的所有牧师都接受了螺旋动力学的培训。

一种红色的态度，与绿色的宗教多元主义形成鲜明对比。

今天的基督教面临着认同和冲突的多重危机，当代基督徒也在努力理解自己的信仰，一些教会也转向了螺旋动力学（如整体基督教、新兴教会、七日基督复临安息日会）。这个系统正被用来为人们提供一个更广阔的视角来看待基督教，更具体地说，是看待他们与基督教的关系。这个系统甚至可以被当作一个镜头，用来观察上帝，或者针对不同类型的神的存在和媒介而构建的信仰系统。作为例子，我们可以来看布鲁斯·桑根（Bruce Sanguin）如何通过螺旋动力学的视角解读基督：作为替罪羊的传统的基督（蓝色）；现代去神话化的基督，如布尔特曼（Bultmann）的作品所见，或成功的领袖基督（橙色）；平等主义或后现代的基督（绿色）；正如泰尔哈德·德·查尔（Teilhard de Chardin）所看到的，作为"连接的模式"的宇宙基督（黄色）；或者是神秘的基督（青色），其中整个宇宙被视为上帝的身体。这不是神学上的概述，而是重新对基督教目的论的对比性进行评价，它对基督徒及其信仰的本质有潜在的影响。这在桑根自己关于转变理解的故事中体现得很明显："当我了解了螺旋动力学地图后，我开始将基督视为精神、进化冲动本身的隐喻，在不同的发展阶段以不同的方式表达。"（Sanguin，2014）这听起来像是桑根为了螺旋动力学放弃了传统的信仰，但他确实这样做了。在他的个人网站上，他宣布在任职27年后，从公理会牧师部辞职了。

对螺旋动力学的评论

批评的矛头直指螺旋动力学的多个层面。有些批评主要是学术性的，但也有更严肃的指控。它是邪教吗？它是一个挣钱的项目吗？它是一个为了控制大众而设计的等级制度吗？

对螺旋动力学提出的一项指控是，它的语言使人们没有意识到它产生和运行的背景，至少没有在其地图上明确表示影响的方式。地图中是否隐含了其他含义？更具体地说，螺旋动力学是否支持过时的殖民主义态度，例如将原始的米色层面与大草原（非洲）联系起来？贝克过去在南非的工作提供了丰富的案例研究来探讨这些问题。

然而，他目前关于美国种族两极分化加剧的研究，可以看作是他对种族和权力问题深切关注的反映。他认为，归根结底，"种族问题与种族无关——它与价值体系有关"[1]。

就这些价值体系而言，不能否认螺旋动力学使用了一种层次模型，但这里需要强调的是，螺旋动力学不仅仅是提升"阶梯"。每个层面都有不良表现的阴影面，或者有威尔伯所说的"卑鄙"面，并且每个层面都有自己需要克服的挑战。螺旋动力学试图通过将等级划分定位为人类的一种倾向来解决这个问题。这种倾向既可以是整体的，也可以是系统本身产生的。例如，螺旋动力学的老师解释的危险之一是，人们倾向于爬到绿色层面，然后认为自己高于或"超越"他人。这个层次的一个相关问题是试图否认等级的简化论！当以螺旋动力学的视角来审视权力结构和教育体系时，不同类型的话语因其各自的价值观而凸显出来。与绿色相关的关键词，如多元主义、多元文化主义等等被许多学术学科（如文化研究）用来把事物混为一谈。威尔伯质疑这是文化精英的"卑鄙的绿色模因"（Wilber，2003，2006），但他谨慎地强调绿色也有健康的方面（如民权运动、女权主义、环保主义）。简而言之，每个层面都有

---

[1] 源自与唐·贝克的个人交流（通过 Skype 采访，2015 年 7 月 29 日）。

健康和不健康两个方面，并运用解释学的自我反身方法来确定后者在系统本身中的表达位置。

从比较哲学的角度来看，系统的认识论可能会受到质疑。正如伯尼塔·罗伊（Bonnitta Roy）所指出的，螺旋动力学和威尔伯的结构观点（例如 AQAL 框架）使用了西方的思维模式，这些思维模式会忽略对现实的以过程为导向的理解。[1] 简言之，危险在于试图将僵化的类别和语言强加于事务的动态性质。贝克回应了罗伊，邀请她研究螺旋动力学在实践中是如何工作的（例如，在巴勒斯坦）(《梁和柱》，2011）。这一批评是否有效值得进一步讨论（特别是考虑到格雷夫斯明确表示的系统开放的意图，以及其继承者对其"动态"性质的强调），但这需要通过赫伯特·冈瑟（Herbert Guenther）关于藏传佛教大圆满传统的著作（《大圆满》）了解罗伊的过程模型。这样的讨论得等一等。

研究人员米歇尔·鲍文斯（Michel Bauwens）的著作包含了迄今为止对螺旋动力学最严厉的批评，尽管这些批评已经有近十年的历史了。鲍文斯首先宣称，螺旋动力学正被用作"新保守主义对现实的解释"的外衣，并引述贝克称赞小布什是"伟大的领袖"（Bauwens，2005）。事实上，威尔伯和贝克与政客们的关系延伸到了比尔·克林顿、戈尔以及布什（和他的兄弟杰布）（Wilber，2000）。[2] 此外，在螺旋动力学中，保守主义意识形态被鉴定为蓝色价值观，自由主义被鉴定为更高的价值观；单就这一点而言，很难相信贝克或威尔伯会支持前者。

---

1 关于这一主题的完整论述，见 Roy（2006）。
2 关于政治取向和整合政治的讨论远远超出了本文的讨论范围。然而，对于肯·威尔伯关于跨党派"第三条道路"的讨论，可见 DeVos 等（2008）。

然而,威尔伯对自由主义表示失望,因为它否认通向自由主义的各个阶段。他发现了自由主义的内在缺陷和自相矛盾之处。因此,他认为美国政治是"高水平的病态版本与低水平的健康版本"(Wilber,2000)。然而,必须指出,他对这种状况并不满意。理想情况下,应该有一个更高层次的健康版本。但鲍文斯继续说:

> 更普遍地说,SD 是作为一个企业来运作的,积极地维护它对术语的独家使用权,并作为一种社会操纵手段推销给商界和政界领袖。现在想象一个人以这种方式使用 SD 的世界愿景:他作为一个优越的存在周游世界,看到周围可怜的哭泣者需要启迪,知道只有极少数人有可能成为像他那样的人。正如肯·威尔伯,他先验地认为印度佛教的无我主义是精神进化的最终决定,这使得宗教间的对话实际上是不可能的。不少贝克的支持者持有与之类似但更世俗的观点,认为他们的存在形式在世界上具有先天的优越性。令人难以置信的是(至少对我来说),我甚至遇到过受 SD 影响的人,他们认为第三世界的穷人"有权经历饥饿和贫穷",因为这与他们的发展水平相适应!(Bauwens,2005)

逐一分析这些要点会发现,螺旋动力学确实有一个商业模式——人们参加培训课程,获得认证,并为此付费。对于螺旋动力学和 SD 以及参加威尔伯的整合课程来说都是如此。当然,可以指出的是,许多类型的专门培训涉及金融投资和信托。[1]

"优越存在"的批判再次提出了等级划分的问题。毕竟，价值观不依附于一个体系是不可能的。认识到世界上很大一部分人口仍处于相对初级的进化水平（用螺旋动力学来解释，是从紫色、红色或蓝色到橙色），被描述为促进进化的必要条件。从心理学的角度来看，和比自己所处的位置低的人一起工作并不会自动产生优越感。用威尔伯的话说，螺旋动力学的目标是"超越和包容"。事实上，较低的价值观元模因不理解并且可能与较高的价值观元模因产生冲突，这并不意味着较高的价值观元模因与较低的价值观元模因是对立的。虽然螺旋魔法师独裁者总是有可能试图利用螺旋动力学来统治世界，但格雷夫斯最初的研究表明，那些进化到拥有第二层次（黄色和青色）价值观的人只会增加对第一层次人的同情和关心。[2]

此外，人们一再被提醒螺旋的层次只是过程的一部分。科万澄清说："这不是一个智慧、礼仪甚至智能的等级体系，更不是幸福和价值的等级体系。"（《螺旋动力学》，2001）当为不同的8个价值观元模因提供目标时，它们在每个层次内都是水平的；实用的解决方案不是要求人们从他们所处的位置进化出来，而是在这个层次实现增长。[3]例如，

---

[1] 从人力资源和行政管理培训到组织制度改革，再到国家建设，这些培训项目支持了螺旋动力学在世界范围内更广泛的应用。

[2] 如果有人稍作停顿，看看螺旋动力学的创始人从事了哪些活动，就会发现一个令人印象深刻的清单：贝克和科万在非洲各地工作（如上所述）；2007年贝克在联合国就其全球问题发表了讲话。

[3] 这是理论中尚未讨论的一个重要部分。关于模因转化的详细讨论，请参见Beck和Cowan（1996）。

那些拥有紫色模因的人应该立志去保护部落的习俗和仪式，尊重传统节日和仪式，保护圣地，保护血统，通过保护民间的习俗安抚祖先的灵魂（Beck et al.，1991）。贝克使用"清洗螺旋"这样的语言，并不意味着他要清洗（类似于种族清洗）处于不同发展水平的人，甚至是消除这些层次。相反，它指的是将焦点放到他们身上，并将他们的表达从消极方面转移到积极方面，以促进运动和进化。一个具体的例子是煽动行为（红色或红蓝色），它阻止人们进入新的层次，与之相对的是红色的关注自由和探索。如何打破消极表达的僵局？贝克解释说，这是黄色的任务即融合，旨在促进转变。

然而，必须澄清的是，任务属于黄色的价值观元模因，而不是"黄色"个体（Beck，2011）。正如佛教自相矛盾地试图通过对无我的认识来实现觉醒，螺旋动力学强调的是人性而不是物化的身份。用来描述不同层次的例子有时确实将拟人（原型和实际）与强烈的语言结合在一起——例如，贝克（2011）用红蓝标记卡扎菲，但该系统与世间个体之间的关联可以被认为是一种有益的手段。最终，真实的人提供数据给系统！

威尔伯制订了应急计划，前往中东提出了解决以色列和巴勒斯坦之间冲突的替代方案。他最近一直致力解决冲突。

结论

正如标题所示，本文仅仅是对螺旋动力学的简要介绍；也就是说，已经充分详细地描述了一般模型和主要参与者之间的动态关系，以便那些被吸引而深入研究这个系统的人，能够以一种最符合自己利益的方式去做选择。

螺旋动力学的未来就取决于这种兴趣。它的拥护者都是老一辈人，克里斯·科万的离去肯定会对它的传播产生影响。然而，世界各地都有研究螺旋动力学的学生，其中许多人已经从事这方面的研究几十年了。作为一个成熟的体系，最艰难的分裂和宗派仇恨阶段或许已经过去。例如，在今天的讨论中，不鼓励人身攻击。最后，螺旋动力学不仅仅是一种理论。无论是在企业培训课程还是在政治和宗教背景下，通过在实践中加以应用，我们完全有理由相信螺旋动力将继续变得更加稳固并继续发展。

本文作者简介

阿尔比恩·M. 巴特斯博士（Albion M. Butters），在图尔库大学比较宗教学系执教。虽然他专攻印藏佛教，但他的兴趣也包括不同宗教形式和文化研究之间的交叉。他目前正在写一本"灵性小说"——《灵性演变漫画："灵性保真"的诞生》(The Spiritual Evolution of Comics:The Birth of "Spi-Fi")。

本文参考文献

Bauwens, Michel, 2005. "A critique of Wilber and Beck's SD-Integral", P/I: Pluralities/Integration, no. 61, <http://www.kheper.net/topics/Wilber/SDi_critique.html> (accessed 2.10.2015).

Beck, Don, 2002. "Interview with Jessica Roemischer: the never-ending upward quest", What is Enlightenment, 22, pp. 4–22.

——2008. Email response to Graham Wilson's blog "When dynamics spiral out of control", <http://www.the-confidant.

info/2008/when-dynamics-spiral-out-of-control/> (accessed 30.3.2015).

—2011. Interview with Russ Volckmann, PhD, "Fresh perspective: spiral interventions", Integral Leadership Review, October, <http://integralleadershipreview.com/ 4120-fresh-perspective-spiral-interventions-with-dr-don-beck/>(accessed 30.3.2015).

—2012. "The integral dance: how a master code pollinates and preserves the culture of bumblebees", column in Integral Leadership Review, <http://integralleader-shipreview.com/7174-the-master-code-spiral-dynam-ics- integral/>(accessed 30.3.2015).

Beck, Don, and Christopher Cowan, 1996. Spiral Dynamics: Mastering Values, Leadership and Change (Malden, MA, Blackwell Publishers, Inc.).

Beck, Don, and Graham Linscott, 1991. The Crucible: Forging South Africa's Future (Denton, New Paradigm Press).

Caspers, Svenja, et al., 2011. "Moral concepts set decision strategies to abstract values", PLoS ONE, April, <http:// www.ncbi.nlm.nih.gov/pmc/articles/PMC3069966/> (accessed 25.3.2015).

Cowan, Chris, and Natasha Todorovic (eds), 2005. Clare W. Graves: The Never Ending Quest (Santa Barbara, ECLET Press).

Csikszentmihalyi, Mihaly, 1993. The Evolving Self: A Psychology for the Third Millennium (New York, HarperCollins).

Dawkins, Richard, 1976. The Selfish Gene (New York, Oxford

University Press).

DeVos, Corey W., 2008. "Transcending both sides of the political divide: integral trans-partisan politics", blog published on 26.5.2008, <https://www.integrallife. com/video/integral-trans-partisan-politics> (accessed 25.3.2015).

Graves, Clare W., 1970. "Levels of existence: an open system-theory of values", Journal of Humanistic Psychology, 10(2), pp. 131–155.

—1971. "A systems conception of personality", paper presented at the Washington School of Psychiatry,16.10.1971, <http://www.clarewgraves.com/source_ content/WSP_cc_edit.html> (accessed 25.3.2015)

—1974. "Human nature prepares for a momentous leap", The Futurist, April, pp. 72–87.

Hughes, Charles, and Vincent Flowers, 1978. Value Systems Analysis: Theory and Management Application (Dallas, Center for Values Research).

Lessem, Ronnie, with Alexander Schieffer, Junie T. Tong, and Samuel D. Rima, 2013. Integral Dynamics: PoliticalEconomy, Cultural Dynamics and the Future of the University (Transformation and Innovation) (Burlington, VT, Ashgate).

Lynch, Dudley, and Paul Kordis, 1989. Strategy of the Dolphin: Scoring a Win in a Chaotic World (New York, Morrow).

Maslow, Abraham, 1962. Toward a Psychology of Being

(Princeton, NJ, D. Van Nostrand Co.).

Meier, J. J., 2009. God in the Mirror: Reflections on the Physiology of Faith (Bloomington, IN, Universe Books).

Rice, Keith E., 2014. "Clare W Graves' research", website of Integrated sociopsychology and the author, <http://integratedsociopsychology.net/graves_research.html> (accessed 25.3.2015).

Roy, Bonnitta, 2006. "A process model of Integral Theory", Integral Review, 3, pp. 118–152.

Sanguin, Bruce, 2014. The Emerging Church Revised &Expanded: A Model for Change and a Map for Renewal (Kelowna, BC, Wood Lake Publishing).

Wilber, Ken, 2000. A Theory of Everything: An Integral Vision for Business, Politics, Science, and Spirituality (Boston, Shambhala).

—2003. Boomeritis: A Novel That Will Set You Free!(Boston, Shambhala).

—2006a. Integral Spirituality (Boston, Shambhala).

—2006b. "What we are, that we see, part I: response to some recent criticism in a Wild West fashion", blog, kenwilber.com, 8.6.2006, <http://www.kenwilber.com/blog/show/46> (accessed 25.3.2015).

网站信息

Beams and Struts, 2011. "Why isn't Integral more popular?" article by Jason Digges, commentary, among others, by Bonnitta Roy and Don Beck, Beams and Struts: for Hungry Brains and Thirsty Souls website, December 2011, <http://www.beamsandstruts.com/articles/item/694-jargonless-integral> (accessed 10.9.2015).

Formless Mountain, nd. Formless Mountain: An Integral Atelier, <http://www.formlessmountain.com/ aqal.htm> (accessed 2.10.2015).

Graves 2001–2015. A website dedicated to the life, research and thinking of Dr Clare W. Graves, compiled and maintained by Chris Cowan, Natasha Todorovic, and William R. Lee, <http://www.clarewgraves.com/> (accessed 25.3.2015).

Integral World, nd. Integral World: Exploring Theories of Everything, <http://www.integralworld. net/sd-i.html> (accessed 2.5.2015).

PiALOGUE, nd. PiALOGUE: Disambiguation-of-Life Protocol, website, <http://pialogue.info/definitions/ Integral_Altitude.php> (accessed 2.10.2015).

Sanguin, Bruce, nd. Home for Evolving Mystics, website of Bruce Sanguin, <http://brucesanguin.com/> (accessed 25.3.2015).

Spiral Dynamics 2001–12a. "About SD – an overview" , Spiral Dynamics®, nd, <http://spiraldynamics.org/ about-overview/> (accessed 25.3.2015).

—2001–2012b. "FAQ KWBoomeritis", Spiral Dynamics®, 24.8.2002, <http://spiraldynamics.org/boomeritis/> (accessed 25.3.2015).

——2001-2012c. "FAQ colors and terminology", Spiral Dynamics®, nd, <http://spiraldynamics.org/colors/> (accessed 25.3.2015).

——2001-2012d. "FAQ integral and integrative", Spiral Dynamics®, nd, <http://spiraldynamics.org/faq_ integral/>(accessed 25.3.2015).

——2001-2012e. FAQ religion/cult/spirituality, Spiral Dynamics®, nd, http://spiraldynamics.org/religion-or-cult/ (accessed 25.3.2015).

Spiral Dynamics Integral, nd. Spiral Dynamics Integral website, <http://spiraldynamics.net/> (accessed 25.3.2015).